연구조사방법론

이해영 · 정홍상 · 도수관 · 사용진

도서출판 대영문화사

머리말

이 책은 연구와 조사에 관한 이론적 방법론(methodology)과 구체적이고 기법적인 방법(method) 등을 원론적 수준에서 이해하기 쉽게 서술하였다. 특히, 학부생을 주요 독자층으로 하면서 대학에서 한 학기에 공부할 수 있는 연구 및 조사 방법의 내용과 분량을 고려해서 이 책을 집필하고 편찬하였다.

먼저 제1장에서부터 제3장까지는 연구와 조사에 대한 기본적인 설명에 초점을 두었다. 제1장은 연구와 조사의 개념적 구분에 따른 인식론적 이해를, 제2장은 연구조사의 종류를, 제3장은 연구의 세 가지 방법으로 연역법, 가추법, 귀납법 등을 설명하였다. 특히, 연구 및 조사 방법론의 기초이론을 비교적 상세하게, 그리고 논리적으로 잘 설명한 제1장과 제2장 및 제3장은 학부생뿐만 아니라 대학원생 및 연구자들에게도 꼭 필요한 기초이론에 해당될 것이다.

제4장에서부터 제8장까지는 조사 및 연구 설계의 기초적인 기술이나 기법에 해당될 내용을 설명하였다. 먼저 제4장은 측정을 다루었고, 제5장은 표본조사, 제6장은 질문지 작성법과 실례를 설명하였다. 특히, 제7장은 자료를 구체적으로 수집하는 다양한 방법(기법)으로 우편조사, 인터넷 설문조사, 면접조사(대인 및 전화), 실험, 관찰, 문헌조사(내용분석 포함), 2차 자료 조사 등을 현장에서 직접 활용할 수 있도록 설명하였다.

마지막으로 제8장과 제9장은 수집하고 정리한 자료와 D/B 등을 분석하고, 그 결과를 해석할 수 있는 통계의 분석 기법과 해석 방법을 설명하였다. 특히, 제9장에서 이와 같은 계량적인 방법론, 소위 과학주의의 현실적인 한계 등을 설명하여, 연구 및 조사 방법론에서 보다 폭넓은 이해가 필요하다는 사실을 강조하기도 했다.

그리고 부록에서 현실적으로 연구논문이나 조사보고서 등을 작성하는 실천적인 기법이나 팁(know－how)을 제공해서, 주요 독자인 학생들이 현장 중심으로 이 책을 활용할 수 있도록 배려하기도 했다.

이 책의 제목을 『연구조사방법론』으로 결정한 이유를 여기서 간단히 밝힐 필요가 있다. 먼저 4인의 공동 저자는 우선적으로, 조사방법은 구체적인 현장 중심의 자료수집이나 분석 등에 초점을 두는 기법적 내용이라고 보았다. 특히, '조사방법'이라는 용어의 사용은 'research'를 '조사(調査)'로 번역하는 관행에서 비롯되고 있다고 할 수 있다. 따라서 학계나 실무계 등에서도 연구와 조사를 구별하지 아니하는 일들이 계속되고 있다고 할 수 있다.

그러나 학술적이거나 실천적으로 'research'는 연구에 관한 용어라고 할 수 있다. 반면에 조사는 법률적으로 수사에 해당될 개념이기도 하다. 그래서 수사계 또는 조사계 등과 같은 행정조직 부서의 명칭이 널리 알려져 있기도 하다. 이 책은 연구와 조사를 분명히 구분해서, 연구는 일이나 상황의 본질적인 이치를 탐구하는 생각이나 관점이고, 조사는 이와 같은 연구의 생각이나 관점을 정당화하기 위한 자료의 수집이나 분석 등이라고 보았다. 그러나 이 책의 제목을 연구와 조사의 개념을 병렬적으로 나열한 『연구조사방법론』으로 표기해서, 연구와 조사에 공통적으로 활용될 수 있는 방법론 교과서라는 사실을 강조하였다.

연구나 조사 등에 관한 수많은 교재용 책들이 발견되는 도서시장에서, 이 책을 기꺼이 출간해 주신 대영문화사 임춘환 사장님 및 임직원 모든 분들께 공동 저자들은 깊이 감사를 표한다. 또한 이 책을 대학의 방법론 강의에 활용해 주시는 모든 분들에게도 고개 숙여 감사드린다. 이와 같은 학은(學恩)에 조금이라고 보답하기 위해서, 저자들은 여러 가지 미숙하거나 부족한 또는 잘못된 설명이나 내용 등이 발견되는 대로 수정의 노력을 다하고자 한다.

2019년 여름철에

저자(이해영, 정홍상, 도수관, 사용진) 씀

차 례

머리말 / 3

Chapter 01 연구와 조사에 대한 세 가지 이해 11

제1절 연구와 조사에 대한 개념적 이해 ······ 11
1. 연구에 대한 개념적 이해 / 11
2. 조사에 대한 개념적 이해 / 12
3. 연구와 조사에 대한 개념적 이해 / 13
제2절 연구조사에 대한 인식론적 이해 ······ 14
제3절 연구조사에 대한 활용적 이해 ······ 16

Chapter 02 연구조사의 종류 25

제1절 연구조사의 종류 Ⅰ: 선행연구를 통한 연구, 조작화된 세계에서의 조사 ······ 26
제2절 연구조사의 종류 Ⅱ: 실제세계를 통한 연구, 실제세계에서의 조사 ······ 31
제3절 연구조사의 종류 Ⅲ: 선행연구를 통한 연구, 실제세계에서의 조사 ······ 35
제4절 연구조사의 종류 Ⅳ: 실제세계를 통한 연구, 조작화된 세계에서의 조사 ······ 37
제5절 우리가 하는 연구조사 ······ 40

Chapter 03 연구의 세 가지 방법 43

제1절 연구방법 Ⅰ: 연역법 44
제2절 연구방법 Ⅱ: 가추법 45
제3절 연구방법 Ⅲ: 귀납법 48
제4절 세 가지 연구방법의 비교 50
제5절 세 가지 연구방법의 활용사례 52

Chapter 04 측 정 57

제1절 측정의 의의와 중요성 57
1. 측정의 의의 / 57
2. 측정의 중요성 / 61
제2절 측정 방법 62
1. 명목 측정 / 63
2. 서열 측정 / 66
3. 등간 측정 / 68
4. 비율 측정 / 69
제3절 척 도 71
1. 척도의 의미 / 71
2. 척도의 종류 / 72
제4절 측정 오차 76
1. 측정 오차의 의미 / 76
2. 측정 오차의 종류 / 77
제5절 측정에 대한 평가 78
1. 타당성 / 80

2. 신뢰성 / 87
3. 타당성과 신뢰성의 관계 / 93

제6절 인과관계의 측정 94
1. 명목 측정의 인과관계 / 95
2. 서열 측정의 인과관계 / 95
3. 등간 및 비율 측정의 인과관계 / 96

Chapter 05 표본조사 99

제1절 표본조사 99
1. 표본조사의 의의 / 99
2. 표본조사의 특성 / 101
3. 표본조사의 문제점 / 105

제2절 표본의 구성 109
1. 표본 구성의 기초 / 109
2. 표본 구성 방법 / 119

Chapter 06 질문지 작성 135

제1절 표본조사에서 질문지 작성의 중요성 135
제2절 질문지의 내용 137
1. 질문지 내용 구성의 어려움 / 137
2. 질문지 내용 작성의 일반적인 방법 / 138

제3절 질문의 유형 140
1. 폐쇄형 질문과 개방형 질문 / 140

2. 리커트형 질문 / 141
3. 체크리스트형 질문 / 144
4. 매트릭스형 질문 / 145
5. 선별형 질문 / 146
6. 깔때기형 질문 / 148

제4절 질문지 작성 시 유의사항 150
1. 회수율 고려 / 150
2. 선도형 질문이나 강제형 질문 / 152
3. 이중목적 질문 / 153
4. 기타 사항 / 154

제5절 질문지의 배치 155
1. 표지 인사말 / 156
2. 질문지 응답에 필요한 일반적 유의사항 / 159
3. 질문의 배치 / 160
4. 질문지의 마지막 부분 / 162
5. 사전조사 / 162
6. 기타 사항 / 164

Chapter 07 자료 수집 방법 167

제1절 우편조사 167
1. 우편조사의 장 · 단점 / 169
2. 우편조사에 영향을 미치는 요소 / 174
3. 인터넷 설문조사 방법 / 178

제2절 면접조사 185
1. 대인 면접조사 / 186
2. 전화 면접조사 / 196

제3절 실험 방법 ·········· 201
1. 실험 방법의 기본 원리 / 201
2. 실험 방법의 구성 / 205
3. 실험 방법의 현실적 한계 / 214

제4절 관찰 방법 ·········· 220
1. 관찰 방법의 원리와 유형 / 220
2. 관찰 방법의 장·단점 / 225
3. 관찰 방법의 타당성과 신뢰성 / 228

제5절 문헌조사 ·········· 230
1. 문헌조사의 의의 / 230
2. 문헌조사의 장·단점 / 233
3. 문헌조사의 유형 / 236
4. 문헌조사의 타당성과 신뢰성 / 240

제6절 2차 자료 조사 ·········· 242
1. 2차 자료 조사의 필요성 / 242
2. 2차 자료 조사의 한계 / 244

Chapter 08 통계분석과 결과 해석 247

제1절 통계분석과 결과 해석 ·········· 247
1. 기술통계 / 247
2. 문항 간 교차비교분석 / 250
3. 독립표본 t-검정 / 252
4. 일원변량분석 / 254
5. 이원변량분석 / 256
6. 상관관계분석 / 259
7. 회귀분석 / 261

8. 회귀분석으로 매개효과 분석 / 263
9. 회귀분석으로 조절효과 분석 / 266

Chapter 09 사회과학에서 과학적 연구조사의 한계 269

제1절 사회과학에서 과학적 방법의 어려움 ······ 269
1. 사회과학 방법론으로서 과학주의 / 269
2. 과학주의의 한계점 / 271

제2절 이론과 실제의 괴리 ······ 276
1. 이론과 실제의 괴리 현상의 원인 / 278
2. 이론과 실제의 괴리 현상의 극복 / 281

제3절 가치–사실 이원론 ······ 284
1. 가치의 세계와 과학적 방법 / 284
2. 가치에 대한 과학적 연구방법으로서 간주관주의 접근방법 / 288

[부록] 학술논문 작성 / 289
참고문헌 / 317
찾아보기 / 327

Chapter

01

연구와 조사에 대한 세 가지 이해

제1절 연구와 조사에 대한 개념적 이해

이 책은 『연구조사방법론』이다. 여러분은 이 책을 통해 연구하는 방법을 배우게 되고 조사하는 방법을 배우게 된다. 그렇다면 그 방법을 배우게 되는 연구는 무엇이고, 조사는 무엇인가? 연구와 조사의 사전적 정의에 기초하여 연구와 조사가 무엇이고 따라서 연구조사는 무엇인지를 살펴보면 다음과 같다.

1. 연구에 대한 개념적 이해

무엇을 연구라고 하나? "어떤 일에 대하여 깊이 있게 생각하여 진리를 따져보는 것"을 연구라고 한다. 그냥 생각하는 것은 연구가 아니다. 깊이 생각하는 것이 연구다. 깊이 생각하는 것은 따져보는 것이다. 따져보는 것이 연구이다. 깊이 생각하는 것, 즉 따져보는 것을 한자로 "論(논)"이라고 한다. "論(논)"하는 것이 연구이다.

무엇을 "論(논)"하나? "진리(眞理)", 즉 "이치(理致)"를 논한다. 무엇의 진리(이치)인가? "일"의 진리(이치)이다. "일"은 무엇인가? 우리가 실제세계에서 만나는 어떤 상황이나 사실이다. 우리가 만나는 어떤 상황이나 사실의 진리(이치)는 어디에 있나? 우리가 만나는 그 어떤 상황이나 사실 "안(in)"에 있다. "안(in)"에 있기 때문에 그냥 생각해서는 알 수가 없다. 깊이 생각해야 알 수가 있다.

일(상황/사실)을 깊이 생각하여 일(상황/사실) 안에 있는 진리(이치)를 따져보는 것, 다시 말해 일(상황/사실) 안에 있는 일(상황/사실)의 진리(이치)를 論(논)하는 "論(논) → 理(리) – in – 일(상황/사실)"이 연구이다.

그림 1-1 연구에 대한 개념적 이해

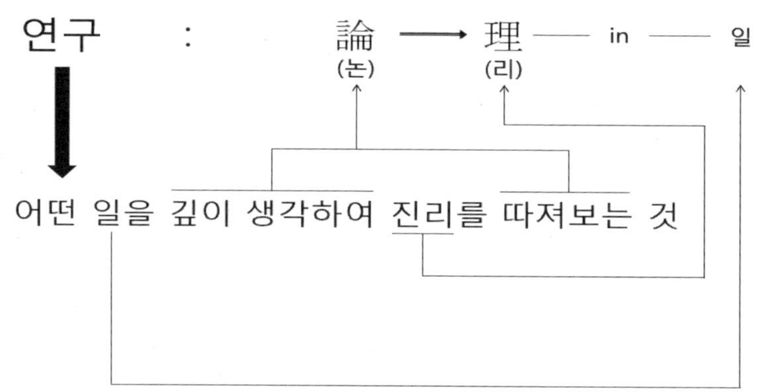

2. 조사에 대한 개념적 이해

무엇을 조사라고 하나? "일의 내용을 명확히 알기 위하여 자세히 살펴보거나 찾아보는 것"을 조사라고 한다. 무엇을 위해 자세히 살펴보거나 찾아보는 것인가? 무엇인가를 알기 위하여 자세히 살펴보거나 찾아보는 것인가? 아니다. 이미 알고 있는 것에 "명확성"을 더하기 위하여 자세히 살펴보거나 찾아보는 것이다. 조사의 과정은 무엇인가를 알아나가는 과정이 아니다. 조사의 과정은 이미 알고 있는 것이 맞는지 안 맞는지를 자세히 살펴보거나 찾아보는 검사의 과정이다.

무엇을 조사하나? 모르고 있는 것을 조사하는 것이 아니다. 알고 있는 것을 조사한다. 무엇을 알고 있나? "일의 내용(內容)"을 알고 있다. 일의 내용(內容)은 무엇인가? 일 "안(內)"에 있는 "모습(容)"이다. 일 안(內)에 있는 모습(容)은 무엇인가? 일, 즉 어떤 상황이나 사실 안에 있는 진리(이치)이다. 조사의 과정은 알고 있는 일(상황/사실)의 이치(진리)가 실제 일의 이치(진리)일 수 있는지를 꼼꼼히 살펴보거나 찾아보는 실증(實證)의 과정이다. 조사의 과정, 즉 실증(實證)의 과정을 통해 알고 있는 일(상황/사실)의 이치(진리)가 실제 일의 이치(진리)일 수 있음이 확인될 때('理-in-일' in 앎 ≒= 理-in-일), 일(상황/사실)의 이치(진리)에 대한 가설적 앎(불명확한 앎)은 이론적 앎(명확한 앎)으로 그 성질이 바뀌게 되는 것이다.

그림 1-2 조사에 대한 개념적 이해

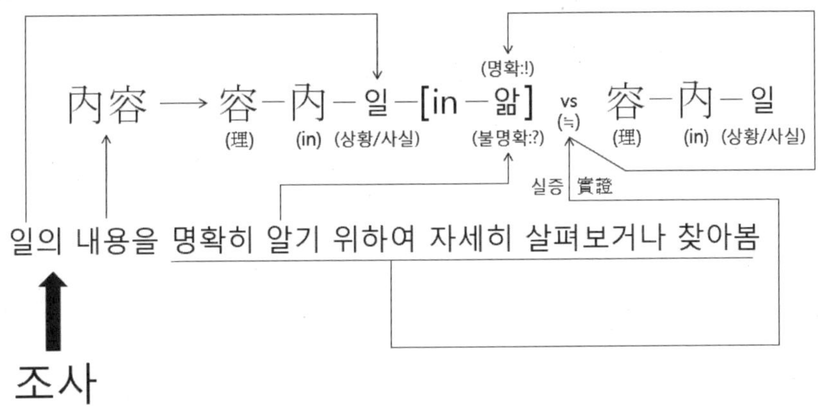

3. 연구와 조사에 대한 개념적 이해

연구는 논리적 과정을 통해 일의 이치를 발견하는 것이다. 조사는 연구의 과정을 통해 알게 된 일의 이치가 실제 일의 이치와 얼마나 가까울 수 있는지를 살펴보거나 찾아보는 실증이다. 여러분은 이 책을 통해 연구방법, 즉 일의 이치를 논하는 논리

그림 1-3 연구와 조사에 대한 개념적 이해

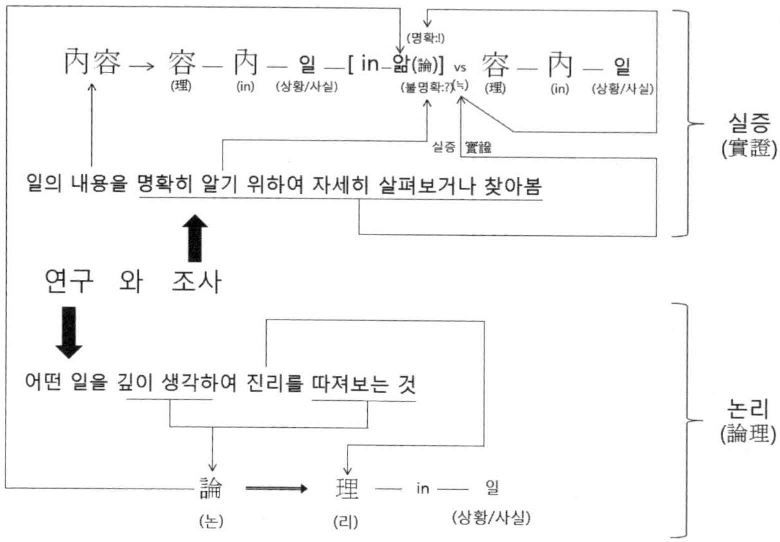

의 방법과 조사방법, 즉 논한 이치의 참·거짓을 검사하는 실증의 방법을 배우게 된다.

제2절 연구조사에 대한 인식론적 이해

연구는 일을 깊이 생각하여 일의 이치를 살펴보는 것이다. 조사는 연구를 통해 살펴본 일의 이치가 실제 일의 이치(理致)인지 탐색하는 것이다. 일은 바깥세계의 어떤 상황이나 사실이다. 바깥세계의 어떤 상황이나 사실의 이치(理致)를 우리는 어떻게 알 수 있을까? 우리가 알고 있는 어떤 상황이나 사실의 이치(理致)라는 것이 정말 그 어떤 상황이나 사실의 이치(理致)인가 아니면 앎의 과정에서 우리가 만들어 낸 하나의 허상인가? 인식(앎)은 그저 인식(앎)일 뿐이고, 우리의 인식 안에 있는 그 무엇이 우리 바깥에 존재하는 그 무엇에 대한 인식이 아니라 우리의 인식이 만들어 낸 하나의 거짓상에 불과한 것이라면, 앞에서 이야기한 연구도 의미가 없고 조사도 의미가 없어진다. 바깥세상에 존재하는 일의 이치(理致)를 내가 알 수 있다는 것이 부인된다면 바깥세상에 있는 어떤 일의 이치(理致)를 알아내는 연구도, 내가 알고 있는 이치(理致)가 실제 이치(理致)와 얼마나 가까울 수 있는지를 살펴보거나 찾아보는 조사도 그 행위 자체가 성립되지 않는다.

인식(앎)은 인식(앎)이 아니다(Consciousness is not consciousness). 인식(앎)은 무엇인가에 대한 인식(앎)이다(Consciousness is consciousness of something). 인식만 있는 인식은 존재하지 않는다. 인식(consciousness)은 반드시 인식의 대상(something)을 전제한다. 그래야 인식이 성립된다. 현상학에서는 이것을 지향성(志向性)이라고 한다. 지향성은 두 가지 성질을 가지고 있다. 하나는 외향성(外向性)이다. 인식(consciousness)은 인식의 대상(something)이 아니다(Consciounsess is not something). 인식(consciousness)과 대상(something)은 다르다(consciousness ≠ something). 인식(consciousness)은 그런데 인식이 아닌 인식 "바깥"의 그 무엇(something)을 전제하여야 인식이 성립된다(Consciousness is consciousness of something). 이것을 외향성(外向性)이라고 한다. 인식이 인식이 아닌 인식 바깥의 그 무엇을 인식한다는 것은 바깥의 그 무엇을 인식대로가 아닌 그 "무엇 그대로" 인식한다는 것도 포함한다. 이것을 일치성(一致性)이라고 한다. 예를 들어, 우리는 어떤 그림을 인식한다. 그 어떤 그림은 우리의 인식이 만들어 낸 허상이 아니다. 그 그림은 바깥에 존재하는 그 무엇이다. 우리는 인식 바깥에 존재하는 그 어떤 것을 인식한다. 인식의 외향성(外向性)이다. 바깥에 존재하는 그 어떤 것을 우리는 그림으로 인식한다. 그것을 사진으로 인식하지는 않는다. 바깥에 존재하는 그 어떤 그림을 그림 그대로 인식한다. 인식의 일치성(一致性)이다.

바깥세상의 어떤 일(상황/사실)에는 일(상황/사실)의 이치(理致)가 있다. 우리는 그것을 알 수 있다. 다시 말해, 인식할 수 있다. 우리는 바깥일(상황/사실)의 이치(理致)를 알 수 있는, 즉 인식할 수 있는 능력을 태어날 때부터(生: 나다) 우리 마음(心) 속에 가지고 있다. 우리는 이것을 이성(理性/性: 心+生)이라고 한다. 바깥일의 이치(理致)를 인식할 수 있는 이성(理性)을 가지고 있기 때문에 "바깥"일의 이치(이치)를 "이치 그대"로 "논(論)"할 수 있다. 바깥일의 이치(理致)를 알아보는 연구가 가능해지는 것이다. 이성적 사고 작용을 통해 바깥일의 이치를 논하는 과정에서 바

그림 1-4 연구와 조사에 대한 인식론적 이해

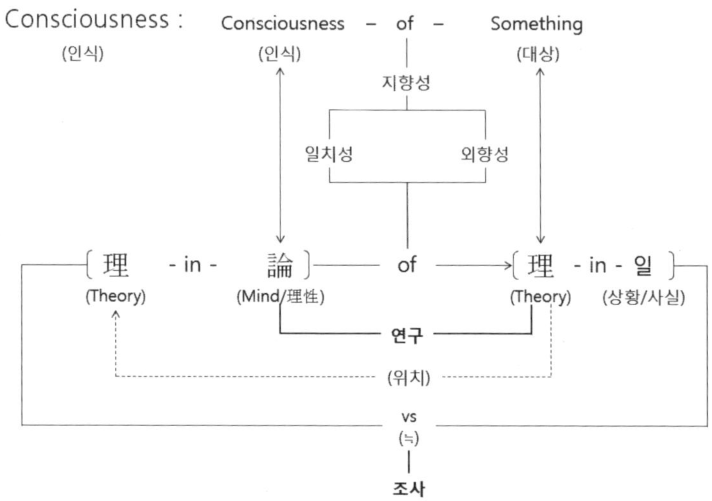

깥일의 이치(理致)가 인식 안에 들어온다. 그렇기 때문에 종전 내가 인식하고 있던 일의 이치(理致)가 실제 바깥일의 이치(이치)와 얼마나 가까울 수 있는지를 종전 인식과 지금 인식과의 비교 등을 통해 확인하고 판단할 수 있다. 연구를 통해 파악한 바깥일의 이치(理致)를 조사하는 것이 가능해지는 것이다. 연구조사 방법에서 이야기하는 연구와 조사는 이와 같은 인식론적 이해에 기반하고 있다.

제3절 연구조사에 대한 활용적 이해

홍길동 씨는 대구광역시 ○○구청 도시행정과에 근무하는 구청 공무원인데, 퇴근 후 ○○대학 행정대학원에서 공공관리 전공으로 행정학 석사과정을 공부하고 있다. 홍길동 씨는 요즈음 상관의 이슈리더십이 조직구성원의 혁신행동에 어떠한 영향을 미치는지를 살펴보는 석사학위 논문을 준비 중에 있다. 홍길동 씨가 자신의 석사학위 논문의 논문주제를 이와 같이 결정한 데에는 논문주제와 관련하여 그가 그의 직장에서 보고 느낀 바가 있었기 때문이다.

홍길동 씨가 근무하는 도시행정과에 6개월 전 새로운 과장이 부임하였다. 새로 부임한 과장은 이전 홍길동 씨가 다른 부서에 근무할 때 팀장으로 모셨던 직속상관이었는데 전임 과장과는 달리 새로운 사업구상에 열심이고, 구상한 새로운 사업에 구성원의 참여를 이끌어 내는 데 열심이고, 새로 구상한 사업에 필요한 것이 있다면 그게 예산이든 무엇이든 얻어내고 확보하기 위해 그곳이 시청이든, 인근 군·구청이든 어디든 찾아가서 아쉬운 소리 마다하지 않고 필요한 것을 얻어내고 확보하는 데 열심인 그런 상관이었다. 도시행정과에 과장으로 승진하여 부임한 홍길동 씨의 이전 직속 상관은 홍길동 씨가 알고 있던 그 모습 그대로였다. 놀라운 것은 새로운 과장이 부임하고 난 이후 과 직원들의 업무수행 행태가 몰라보게 달라졌다는 것이다. 새로운 과장이 부임하기 이전에 자신의 직장 동료들은 자신이 맡은 업무를 늘 하던 방식대로 그대로 하는데 열심인 사람들이었다. 그런데 지금은 맡은 바 업무를 수행함에 있어 새롭게 알아야 할 것들은 어떤 것들이 있고, 바꾸어야 할 것들은 어떤 것들이 있을 수 있겠는지 스스로 찾아보는 데 열심을 보이는 등 이전과는 전혀 다른 모습들을 보이고 있다.

상관이 누구이냐에 따라 부서의 분위기가 많이 달라진다는 것을 익히 알고 있던 홍길동 씨였지만 과장이 바뀐 이후 달라지는 동료직원들의 업무수행 행태 변화는 홍길동 씨에게 새삼스러운 경험이었다. 홍길동 씨는 행정대학원에서 리더십이론과 조직행태론을 수강한 적이 있는데, 사업발굴·추진과 관련하여 과장이 보이는 행동들은 리더십이론에서 배운 "이슈리더십"이었고, 업무수행과 관련하여 과원들이 보이는 행태들은 조직행태론에서 배운 "혁신행동"이었다. 대학원 수업에서 배운 것에 바탕하여 홍길동 씨가 새로 부임한 직장 상사의 행동과 직장 상사 교체 이후 직장 동료들의 업무수행 행태 변화를 통해 본 것은 "상관의 이슈리더십은 조직구성원의 혁신행동에 정(+)의 영향을 미친다"이었다.

이슈리더십과 혁신행동과의 인과관계를 살펴보는 것이 논문의 주제로 적합할 수 있겠는지 홍길동 씨는 지도교수와 상의하였다. 지도교수는 이슈리더십은 리더십 중에서도 새롭게 논의되어지고 있는 리더십이라 연구된 바가 상대적으로 많지 않고, 경영학 분야에서 주로 논의되어지는 리더십인데, 공공기관을 대상으로 이슈리더십에 관한 논문을 준비한다면 나름 의미가 있을 수 있겠다고 조언하였다. 변화에 상대적으로 둔감한 공무원에게 가장 필요한 것 중에 하나가 혁신행동인데, 공무원의 혁신행동을 담보할 수 있는 상관의 리더십을 상정해 본다는 것은 그 자체만으로도 연구조사 해볼 만한 가치가 있겠다는 지도교수의 말은 홍길동 씨를, 특히 고무시키는 말이었다. 홍길동 씨가 생각한 주제로 논문을 준비하는 데 있어 지도교수가 염려하는 바는 있었다. 지도교수 말로는 자료를 수집하고 이를 분석하는 방법에는 여러 가지가 있을 수 있겠지만 설문조사를 통해 자료를 수집하고 회귀분석을 통해 자료를 분석하는 것이 유력한 자료수집과 분석방법이 될 수 있겠는데, 특히 자료 분석과 관련하여 통계적 지식이 부족한 홍길동 씨가 논문을 준비하는 데 어려움이 있을 수 있음을 이야기하였다. 홍길동 씨는 야간 특수대학원에 진학한 이유가 새로운 것을 배우기 위해 왔고, 대학원 수료까지 두 학기가 남은 상태에서 학기 중 통계학 관련 과목을 수강하고, 개인적으로도 공부하고, 지도교수의 지도를 받는다면 쉽진 않겠지만

그림 1-5 연구조사에 대한 활용적 이해(예: 홍길동 씨의 연구와 조사)

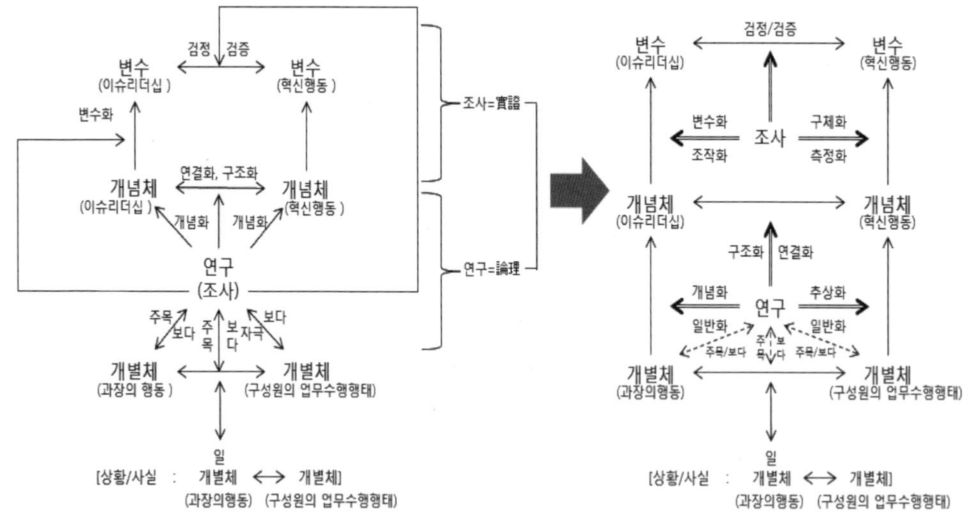

도전해 볼 만하겠다 싶었다. 홍길동 씨는 무엇보다 직장생활의 경험을 통해 자신이 생각한 바, 즉 "상관의 이슈리더십이 조직구성원의 혁신행동에 긍정적 영향을 미친다"가 실제로도 그러한지를 논문을 통해 확인하고 싶었다. 현재 홍길동 씨는 대학원에서 통계학 과목을 수강하고 개인적으로도 공부하면서 논문 준비와 관련하여 수시로 지도교수의 지도를 받고 있다.

위에서 제시한 에피소드는 연구와 조사를 진행함에 있어 있을 수 있는 하나의 예를 가상해 본 것이다. 위의 예에서 홍길동 씨는 자신의 직장에서 발생한 일을 통해 상관의 이슈리더십이 조직구성원의 혁신행동에 미치는 정(+)의 영향을 논(論)하고 있다.

홍길동 씨가 "주목"하여 "본" 것은 그의 직장에서 발생한 어떤 "일", 즉 전임 과장과 대비되는 새로 부임한 과장의 행동, 과장 부임 후 과원들의 업무수행 행태 변화, 그리고 변화된 과원들의 업무수행 행태이다. "주목"하여 "본" 그 어떤 "일"을 "통해" 홍길동 씨가 "진짜" "본" 것은 상관의 이슈리더십과 조직구성원 혁신행동 간 정(+)의 인과적 관계이다. 홍길동 씨가 "본" 것은 직장 내의 어떤 "일"이다. 그 어떤 "일"을 "통해" 그가 "본" 것은 "일의 이치"이다(looking through 일 at theory–in–일). 홍

그림 1-6 연구에 대한 활용적 이해(예: 홍길동 씨의 연구)

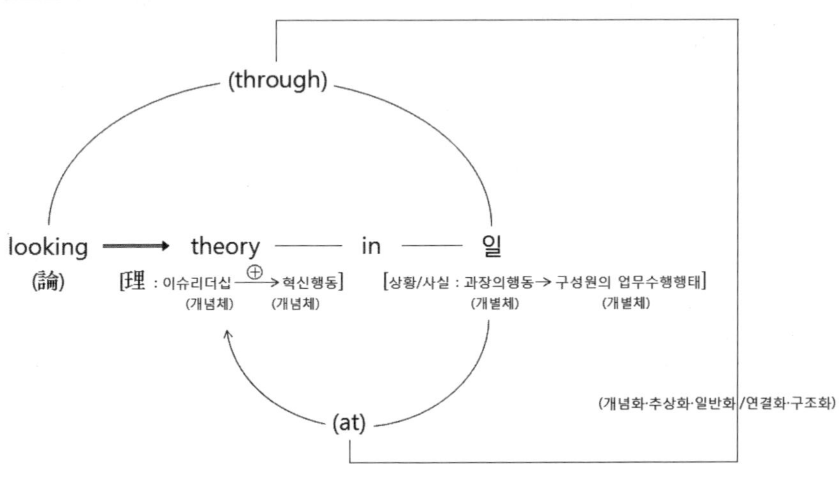

길동 씨가 일을 통해 일의 이치를 보는 과정은 일에 대한 홍길동 씨의 '개념화(추상화/일반화)'와 '구조화(연결화)'의 과정이었다. 새로 부임한 과장은 사업 추진과 관련하여 이런저런 행동들을 보였을 것이다. 홍길동 씨는 사업 추진과 관련하여 새 과장이 보인 이런저런 행동들을 주목하여 보고 새 과장이 보인 이런저런 행동들을 '이슈리더십'으로 개념화/추상화/일반화시켰다. 새 과장 부임 후 직장 동료들은 업무수행과 관련하여 이전과는 다른 이런저런 모습들을 보였을 것이다. 홍길동 씨는 업무수행과 관련하여 새 과장 부임 후 과원들이 보인 이런저런 업무수행 행태들을 '혁신행동'으로 개념화/추상화/일반화시켰다.

부임한 새 과장이 보인 이런저런 행동들의 실제 모습들은 하나하나 다 달랐을 것이다. 과장 부임 후 과원들이 보이는 업무수행 행태의 실제 모습들 또한 하나하나 다 달랐을 것이다. 사업 추진과 관련하여 과장이 보인 하나하나의 실제 행동, 신임 과장 부임 후 과원들이 보인 각각의 실제 업무수행 행태는 서로 다른 "개별체"이다. 홍길동 씨는 각기 서로 다른 개별체를 개념화/추상화/일반화시켜 서로 같은 개념체/추상체/일반체로 만들었다. 개념화, 개념체의 개념은 한자어로 槪念이다. 槪念의 槪는 木(나무)과 旣(없애다)의 합성어이다. 槪念의 念은 뜻을 나타내는 心(마음)과 음을 나타내는 今(금) 합해진 것으로, '(마음에) 두다'라는 의미를 가지고 있는 한자어이다. 홍길동 씨가 서로 다른 과장의 행동(개별체)과 서로 다른 구성원의 업무수행 행태(개별체)의 그 서로 다름을 "없애고" 그의 "마음에 둔" 것이 대학원 수업을 통해 배운 "이슈리더십(개념체)"과 "혁신행동(개념체)"이었다. 홍길동 씨는 각기 그 모습을 달리하는 과장의 행동(개별체)과 각기 그 모습을 달리하는 구성원의 업무수행 행태(개별체)로부터 서로 다른 과장의 행동(개별체)과 서로 다른 구성원의 업무수행 행태(개별체)에 공통으로 적용될 수 있는 "한 가지(하나: 一, 가지: 般)" "상(象)", 즉 '이슈리더십'과 '혁신행동'을 "뽑아내었다(抽)." 이슈리더십, 그리고 혁신행동으로의 홍길동 씨의 "개념화(槪念化)" 과정은 개별적인 신임과장의 행동(개별체)과 개별적인 구성원의 업무수행 행태(개별체)를 대표하는 한 가지 상(象), 즉 이슈리더십과 혁신행동을 뽑아내고 뽑아낸 그 상(象), 즉 이슈리더십과 혁신행동으로 과장의 행동과 구성원의 업무수행 행태를 이해하는 홍길동 씨의 일반화(一般化)/추상화(抽象化)의 과정이었다.

홍길동 씨는 사업 추진과 관련한 신임 과장의 행동과 구성원의 업무수행 행태만 주목하여 본 것이 아니다. 사업 추진과 관련한 전임 과장과 신임 과장의 행동 차이, 과원들의 업무수행 행태 변화, 전임과 신임 과장의 행동 차이와 과원들의 업무수행 행태 변화 간의 시간적 선후관계도 주목하여 보았다. 이를 통해 홍길동 씨가 "본(연결화/구조화)" 것은 상관의 이슈리더십과 조직구성원의 혁신행동 간 정(+)의 인과관계였다.

홍길동 씨는 직장생활의 경험을 통해 자신이 이해 한 상관의 이슈리더십과 조직구성원의 혁신행동 간 정(+)의 인과관계가 진짜로 그러한지를 살펴보고 싶었다. 지도교수와 상의한 결과 홍길동 씨는 설문을 통한 응답자의 답변을 통해 조직에서의 상관의 이슈리더십과 구성원의 혁신행동의 정도를 살펴보고, 회귀분석이라는 통계분석을 통해 응답자의 설문 결과를 분석하여 상관의 이슈리더십과 구성원의 혁신행동 간 원인결과관계(인과관계) 여부 및 관계의 성질(+, − 관계)이 실제로 어떠한지를 찾아보기로 결정하였다.

만약 홍길동 씨가 대구시 시청, 군 구청 공무원을 대상으로 설문조사를 하기로 하고, 상관의 이슈리더십과 구성원의 혁신행동을 알아보기 위한 설문 문항을 [그림 1−7]과 같이 준비하고 있다고 가정하자.

[그림 1−7]에서 살펴볼 수 있는 바와 같이 홍길동 씨는 상관의 이슈리더십을 묻는 3개의 설문 문항과 구성원의 혁신행동을 묻는 2개의 설문 문항을 준비하고 있다. 각각의 설문 문항은 응답자들로 하여금 상관의 이슈리더십과 자신의 혁신행동 정도를 판단 할 수 있도록 홍길동 씨가 이슈리더십과 혁신행동의 '모양새'를 '갖추어준 것'이다. 홍길동 씨는 설문 문항을 통해 이슈리더십은 '세 가지 모양새'로, 혁신행동은 '두 가지 모양새'로 '모양새'를 '갖추도록' 하였다. 설문 문항을 통해 이슈리더십과 혁신행동의 '모양새(몸: 體)'를 '갖추어 주었다(갖추다: 具)'는 의미에서 홍길동 씨의 설문문항 준비는 이슈리더십(개념체)과 혁신행동(개념체)의 "구체화(具體化)"였다. 홍길동 씨가 설문 문항을 통해 이슈리더십(개념체)과 혁신행동(개념체)의 모양새를 갖추게 하였다는 것은 홍길동 씨가 자신이 인식한 이슈리더십(개념체)과 혁신행동(개념체)의 의미를 자신이 갖추게 한 그 모양새, 즉 설문 문항을 통해 응답자도 경험(겪어 앎)할 수 있도록 관찰 가능의 형태로 전환시켰다는 것이다. 홍길동 씨는 자신이

그림 1-7 조사에 대한 활용적 이해(예: 홍길동 씨의 조사)

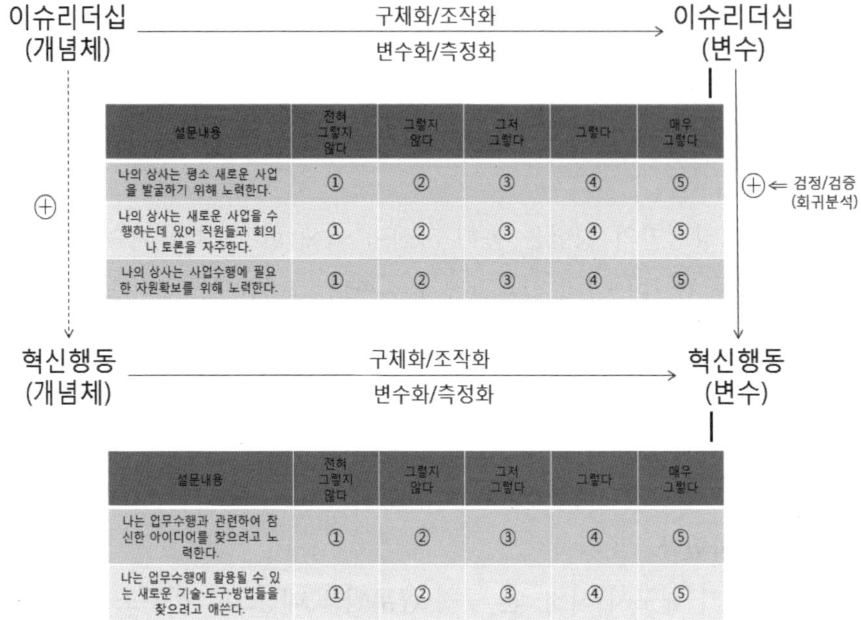

설문내용	전혀 그렇지 않다	그렇지 않다	그저 그렇다	그렇다	매우 그렇다
나의 상사는 평소 새로운 사업을 발굴하기 위해 노력한다.	①	②	③	④	⑤
나의 상사는 새로운 사업을 수행하는데 있어 직원들과 회의나 토론을 자주한다.	①	②	③	④	⑤
나의 상사는 사업수행에 필요한 자원확보를 위해 노력한다.	①	②	③	④	⑤

설문내용	전혀 그렇지 않다	그렇지 않다	그저 그렇다	그렇다	매우 그렇다
나는 업무수행과 관련하여 참신한 아이디어를 찾으려고 노력한다.	①	②	③	④	⑤
나는 업무수행에 활용될 수 있는 새로운 기술·도구·방법들을 찾으려고 애쓴다.	①	②	③	④	⑤

인식한 이슈리더십(개념체)과 혁신행동(개념체)을 설문 문항을 통해 "구체화(具體化)"시켜 관찰 가능의 형태로 전환시킴으로써 응답자의 경험(겪어 앎)을 통해서도 이슈리더십(개념체)과 혁신행동(개념체)의 의미가 '작동(作動, operating)이 가능'하도록 이슈리더십(개념체)과 혁신행동(개념체)를 "조작화(操作化, operationalization)" 시켰다. 한편 홍길동 씨는 설문 문항을 통해 이슈리더십(개념체)과 혁신행동(개념체)의 모양새를 갖추어 놓고 각각의 모양새가 '변하는 모습'을 5단계(① 전혀 그렇지 않다, ② 그렇지 않다, ③ 그저 그렇다, ④ 그렇다, ⑤ 매우 그렇다)로 '계량화 · 수치화'시켜 응답자로 하여금 상관의 이슈리더십과 자신의 혁신행동 정도를 '헤아려' '결정'할 수 있도록 하였다. 홍길동 씨는 설문 문항을 통해 이슈리더십(개념체)과 혁신행동(개념체)의 '변하는(變: 변하다)' 모습을 '수치화(數値化) · 계량화(計量化)', 즉 '변수화(變數化)'시켰다. 홍길동 씨는 "변수화(變數化)"의 과정을 통해 응답자로 하여금 상관의 혁신행동(변수)과 자신의 혁신행동(변수)의 정도를 '헤아려(測: 헤아리

다)' '결정(定: 결정)'할 수 있도록 이슈리더십(개념체)과 '혁신행동'을 "측정화(測定化)시켰다.

홍길동 씨는 구체화/조작화/측정화/변수화의 과정을 거쳐 이슈리더십(개념체)과 혁신행동(개념체)을 관찰 가능/경험 가능의 형태로 전환시킨 뒤(개념체 → 변수), 응답자의 응답 결과에 대한 회귀분석을 통해 이슈리더십(변수)과 혁신행동(변수)의 인과관계를 살펴보기로 결정하고, 회귀분석에 대한 이해를 위해 관련 수업을 대학원에서 듣고 개인적으로 공부하고 있다. 홍길동 씨가 설문 결과에 대한 회귀분석을 시도한다면, 홍길동 씨는 컴퓨터를 이용한 회귀분석 과정에서 이 책 제8장에서 살펴보는 바와 같은 과정을 거치면서 이른바 '귀무가설: 상관의 리더십은 조직구성원의 혁신행동에 영향을 미치지 않는다'에 대한 "단측검정"을 통해 자신의 석사학위 논문 연구가설이기도 한 이른바 '대립가설: 상관의 이슈리더십은 조직구성원의 혁신행동에 정(+)의 영향을 미친다'가 참일 수 있는지를 "검증"하게 될 것이다. 홍길동 씨는 상관의 이슈리더십이 조직구성원의 혁신행동에 정(+)의 영향을 실제 미치는지를 회귀분석을 통해 실증하는 과정에서 이 책 제8장에서 이야기하는 바와 같은 일정 '유의수준' 하에 자신의 연구가설의 채택 내지 기각 여부를 결정하게 될 것이다. 홍길동 씨의 석사학위 논문은 상관의 이슈리더십과 구성원의 혁신행동 간 정(+)의 인과관계를 논(論)하는 과정, 즉 "연구" 과정, 그리고 논(論)한 정(+)의 인과관계를 실증하는 과정에 대한 설명 및 실증 결과에 대한 제시, 즉 조사 과정에 대한 설명과 조사 결과에 대한 제시를 그 주요 내용으로 하는 논문이 될 것이다.

Chapter

02

연구조사의 종류

연구란 어떤 일(상황/사실)의 이치를 깊이 생각하여 그 일(상황/사실)의 이치에 대해 어떤 생각이나 견해를 가지는 것이다. 어떤 일(상황/사실)의 이치와 관련하여 기존의 어떤 생각이나 견해가 있을 수 있는데, 우리는 이를 "선행연구"라고 한다. 어떤 연구는 알아보고자 하는 어떤 일(상황/사실)의 이치와 관련된 기존의 견해나 생각, 즉 선행연구를 주로 살펴봄으로써 어떤 일의 이치에 대한 견해나 생각을 가지는 연구 방식을 취하고 있다. 그런가 하면 또 어떤 연구는 알아보고자 하는 어떤 일(상황/사실)의 이치와 관련된 기존의 견해나 생각, 즉 선행연구에 특별히 의존하지 않고 특정의 이치를 배태(胚胎)하고 있는 어떤 일(상황/사실) 그 자체에 대한 깊은 생각을 통해 일(상황/사실)의 이치에 대해 어떤 생각이나 견해를 가지는 연구 방식을 취하기도 한다.

조사는 자세히 살펴보거나 찾아보는 일정(一定)의 과정을 통해 연구를 통해 가지게 된 어떤 일(상황/사실)의 이치에 대한 견해나 생각이 제대로 된 견해나 생각이었는지를 명확히 하는 것이다. 어떤 조사는 연구를 통해 가지게 된 어떤 일(상황/사실)

의 견해나 생각에 대한 조사를 위해 조사가 가능한 조사의 환경을 인위적으로 만들어 조사를 하는 조사 방식을 취하고 있다. 또 어떤 조사는 조사를 위해 조사가 가능한 인공의 어떤 조사환경을 만들지 않고, 어떤 이치를 배태(胚胎)하고 있는 그대로의 일(상황/사실)에 대한 조사를 통해 연구 과정을 통해 가지게 된 그 어떤 일(상황/사실)의 이치에 대한 견해나 생각을 조사하는 조사 방식을 취하기도 한다.

연구가 주로 "선행연구"를 통해 이루어지느냐 아니면 "실제세계"를 통해 이루어지느냐, 조사가 조사를 위해 만들어진 "조작화된 세계"에서 이루어지느냐 아니면 있는 그대로의 "실제세계"에서 조사가 이루어지느냐에 따라 실제 이루어지는 연구조사는 다음의 네 가지 유형 중 어느 하나로 범주화시켜 파악할 수 있다.

그림 2-1 연구조사의 종류

연구 \ 조사	조작화된 세계	실제세계
선행연구	I	IV
실제세계	III	II

제1절 연구조사의 종류 I: 선행연구를 통한 연구, 조작화된 세계에서의 조사

"선행연구를 통한 연구, 조작화된 세계에서의 조사"는 연구 주제와 관련된 기존 이론적 논의에 기초하여 개념과 개념 간의 가설적 관계, 즉 가설적 이론을 도출한 다음, 가설적 이론을 구성하고 있는 개념과 개념을 변수화시키고 각종 통계 기법을 통

그림 2-2 연구조사 종류 I: 선행연구를 통한 연구, 조작화된 세계에서의 조사

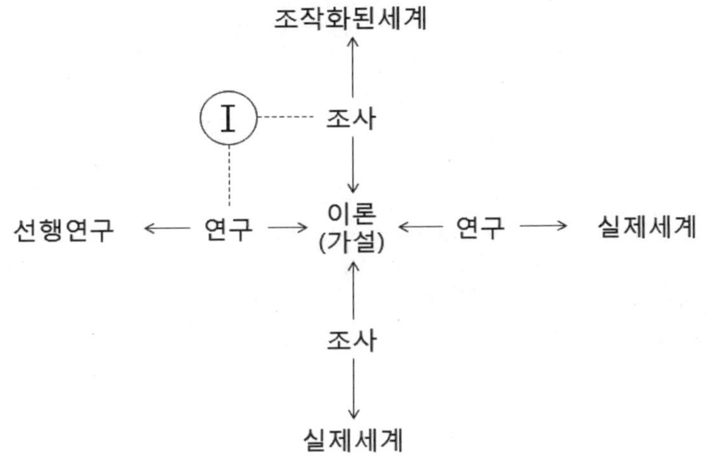

해 변수와 변수와의 관계를 살펴봄으로써 가설적 이론의 참·거짓을 판별해 보는 연구조사 방법이다.

[예 시]

김경태·박현주·정홍상(2016). 임파워링 리더십과 직무몰입, 혁신행동, 직무성과 간의 인과적 관계에 대한 실증연구: 대구광역시 일선 소방공무원을 대상으로. 『한국행정논집』, 28(3): 517-538.

본 연구조사는 일선 소방기관에 근무하는 소방대원을 대상으로 팀장의 임파워링 리더십과 팀원의 직무몰입, 혁신행동, 직무성과 간의 상호관계를 분석한 것이다.

소방대원을 대상으로 한 팀장의 임파워링 리더십과 팀원의 직무몰입, 혁신행동, 직무성과 간의 상호관계를 알아봄에 있어 본 연구조사는 <표 2-1>에서 나타낸 바와 같은 임파워링 리더십과 직무몰입, 혁신행동, 직무성과 간의 관계에 대한 기존 연구 결과와 <표 2-2>에서 나타낸 바와 같은 직무몰입, 혁신행동, 직무성과 간의 관계에 대한 종전 연구 결과를 살펴보고 있다.

표 2-1	임파워링 리더십과 직무몰입, 혁신행동, 직무성과 간의 관계에 관한 선행연구
구 분	내 용
차동옥 · 김정식(2011)	임파워링 리더십은 직무몰입에 유의미한 정(+)의 영향을 미침
예지은 · 지성하 · 진현(2013)	임파워링 리더십은 직무열의(직무몰입)에 유의미한 정(+)의 영향을 미침
최석봉 · 김정은 · 장수덕(2013)	임파워링 리더십은 혁신행동에 유의미한 정(+)의 영향을 미침
김대원(2014)	임파워링 리더십은 혁신행동(의지)에 유의미한 정(+)의 영향을 미침
주세영 · 정인성 · 김정식 · 박동희(2015)	임파워링 리더십은 혁신행동에 유의미한 정(+)의 영향을 미침
주세영(2015)	임파워링 리더십은 혁신행동, 과업성과 등에 유의미한 정(+)의 영향을 미침

표 2-2	직무몰입, 혁신행동, 직무성과 간의 관계에 대한 선행연구
구 분	내 용
김정식 · 김현철(2012)	직무몰입은 직무성과에 유의미한 정(+)의 영향을 미침
김미영 (2014)	직무몰입은 직무성과에 유의미한 정(+)의 영향을 미침
서대곤(2011)	직무몰입과 혁신행동은 유의한 정(+)의 상관관계가 있음
김미경(2011)	직무몰입은 혁신행동에 통계적으로 유의미한 정(+)의 영향을 미침
안대영(2014)	혁신행동은 직무성과에 유의미한 정(+)의 영향을 미침
황서현(2015)	혁신행동은 직무성과에 유의미한 정(+)의 영향을 미침

<표 2-1>과 <표 2-2>에서 나타낸 바와 같은 선행연구 결과에 기초하여 본 연구조사는 소방대원을 대상으로 팀장의 임파워링 리더십과 팀원의 직무몰입, 혁신행동, 직무성과 간의 상호관계와 관련하여 <표 2-3>에서 나타내는 바와 같은 가설적 이론, 즉 연구가설을 도출하고 있다.

표 2-3	연구가설
구 분	내 용
가설1	임파워링 리더십은 직무몰입에 정(+)의 영향을 미칠 것이다.
가설2	임파워링 리더십은 혁신행동에 정(+)의 영향을 미칠 것이다.
가설3	임파워링 리더십은 직무성과에 정(+)의 영향을 미칠 것이다.
가설4	직무몰입은 혁신행동에 정(+)의 영향을 미칠 것이다.

가설5	직무몰입은 직무성과에 정(+)의 영향을 미칠 것이다.
가설6	혁신행동은 직무성과에 정(+)의 영향을 미칠 것이다.

도출한 연구가설의 참 · 거짓을 조사하기 위하여 본 연구조사는 연구가설을 구성하고 있는 임파워링 리더십, 직무몰입, 혁신행동, 직무성과가 뜻하는 바를 설문 문항을 통해 구체화시켜 연구가설을 구성하고 있는 개념을 측정 가능의 형태로 변수화시킨 다음, 구조방정식 모형 분석이라는 통계분석 기법을 활용하여 설정한 연구가설의 참 · 거짓을 살펴보고 있다.

표 2-4 설문의 구성

구 분	설문내용: 척도는 '전혀 그렇지 않다'에서 '매우 그렇다'까지 리커트 5점 척도 사용	문항 수
임파워링 리더십	우리 팀장은 부하직원들의 개인적인 문제와 애로사항들에 대해 신경을 써 준다.	5
	우리 팀장은 업무행동에 모범을 보인다.	
	우리 팀장은 구성원들에게 본인이나 상위 직속상사의 결정사항에 대해 설명해 준다.	
	우리 팀장은 부하직원들에게 아이디어나 제안을 내도록 북돋아 준다.	
	우리 팀장은 업무성과를 향상시킬 수 있는 방법을 제시하여 준다.	
직무몰입	요즘 내 관심사의 대부분은 나의 업무와 연결되어 있다.	4
	내 생활에서 일어나는 중요한 것들은 주로 나의 직무와 관련되어 있다.	
	나는 내 생활에서 대부분의 시간을 내 업무에 할애하고 있다.	
	나와 나의 직무는 따로 떼어 놓고 생각할 수 없을 정도로 서로 밀접하게 연관되어 있다.	
혁신행동	나는 업무수행에 활용될 수 있는 새로운 기술, 도구, 방법 등을 찾으려고 애쓴다.	4
	나는 새로운 아이디어를 수행하는 데 필요한 자원을 조사하고 확보하는 데 힘쓴다.	
	나는 업무수행과 관련하여 참신한 아이디어를 찾으려 노력한다.	
	나는 동료들이 새로운 아이디어나 문제 해결 방법의 중요성을 깨닫도록 설득한다.	
직무성과	나는 나에게 주어진 직무의 수행을 통해 기대한 바의 성과를 도출해 내고 있다.	4
	나는 직무수행과 관련된 요구사항을 잘 충족시키고 있다.	
	나는 적절한 방법을 사용하여 효과적으로 나의 업무를 수행하고 있다.	
	나는 나의 업무 수행성과를 스스로 냉정하게 평가할 때 그 성과 정도가 높다고 생각한다.	

본 연구조사는 방정식 모형 분석 결과 연구 과정을 통해 설정한 연구가설이 모두 채택되었음을 <표 2-5>를 통해 보고하면서 연구가설에 대한 실증분석 결과를 [그림 2-3]과 같이 나타내고 있다.

표 2-5 가설 검증 결과

가 설	경 로	방 향	비표준화 계수	표준화 계수	표준 오차	C.R (t값)	p	가설의 검증 결과
1	임파워링 리더십 → 직무몰입	+	.426	.428	.073	5.874	.000	채택
2	임파워링 리더십 → 혁신행동	+	.214	.250	.057	3.755	.000	채택
3	임파워링 리더십 → 직무성과	+	.128	.146	.056	2.285	.011	채택
4	직무몰입 → 혁신행동	+	.451	.524	.065	6.892	.000	채택
5	직무몰입 → 직무성과	+	.185	.209	.069	2.680	.004	채택
6	혁신행동 → 직무성과	+	.502	.489	.085	5.892	.000	채택

그림 2-3 임파워링 리더십, 직무몰입, 혁신행동, 직무성과 간 상호관계 분석 결과

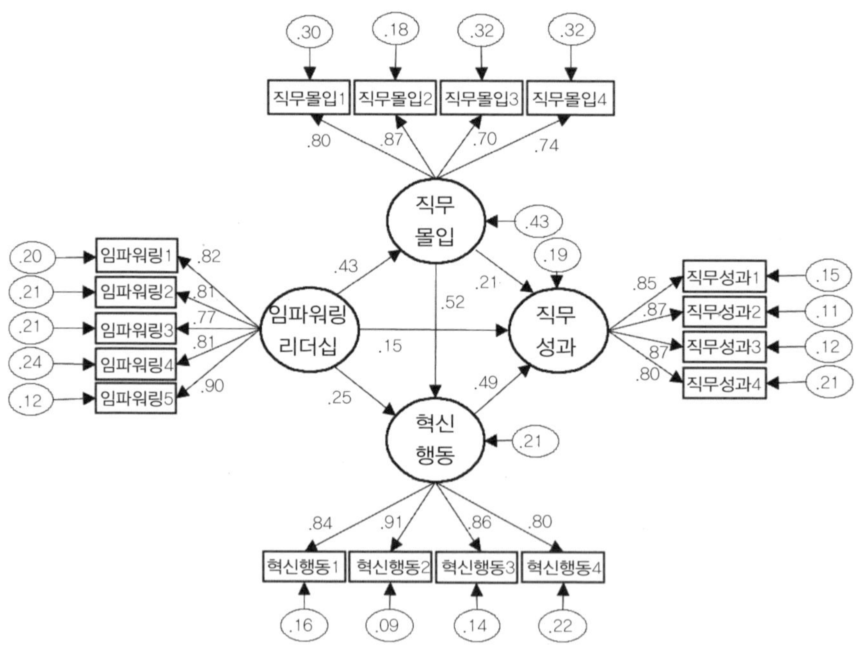

제2절 연구조사의 종류 Ⅱ: 실제세계를 통한 연구, 실제세계에서의 조사

"실제세계를 통한 연구, 실제세계에서의 조사"는 연구 주제와 관련된 어떤 일(상황/사실)을 개념화(추상화·일반화)/구조화(연결화)시켜 그 어떤 일(상황/사실)이 배태하고 있는 일의 이치, 즉 이론을 상정해 보고, 상정한 일의 이치, 즉 이론에 근거하여 그 어떤 일(상황/사실)이 뜻하는 바를 있는 그대로의 그 어떤 일(상황/사실)을 통해 살펴보는 과정에서 상정한 일의 이치, 즉 이론을 수정/보완/확증해 나가는 연구조사 방법이다.

그림 2-4 연구조사 종류 Ⅱ: 실제세계를 통한 연구, 실제세계에서의 조사

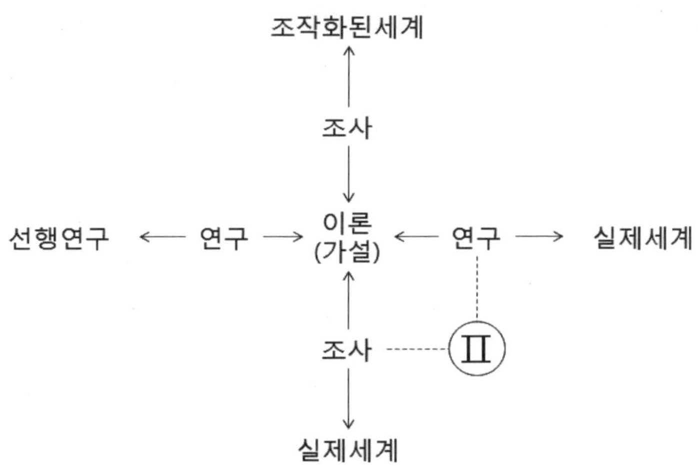

[예 시]

유민봉·심형인(2011). 공무원이 조직생활에서 경험하는 체면 현상과 행위에 대한 질적연구: 근거이론(Grounded Theory)을 적용하여. 『한국행정학보』, 45(1): 199-225.

본 연구조사는 공무원이 공직생활에서 경험하는 체면 현상과 행위를 분석한 것이다. 분석 자료는 공무원과의 면담 자료였다. 자료에 대한 분석은 면담 자료를 개념화시키고 개념화 시킨 개념들을 구조화하여 공무원이 조직생활에서 경험하는 체면 현상과 행위를 이해할 수 있는 이론적 체계, 즉 개념적 준거 틀을 정립하는 것이었다.

표 2-6 면담 자료에 대한 개념화

분석 자료	1차 개념화	2차 개념화	3차 개념화
	다른 사람의 평가 중시; 일반인의 인식을 의식; 타인의 의식; 재산에 대한 타인 인식; 타인의식의 긍정적 측면	타인 의식	(타인 의식에게 비춰지는) 이미지 의식
	공무원 행동에 대한 외부 감시 의식	외부 감시	
	(승진 탈락으로) 기분 상함; 자괴감; 굴욕적 감정; 인정받지 못한 것에 대한 서글픔, 기분 나쁨; 자존심 상함; 불행함; 마음으로 상처를 받음; 창피해서 사람 만나기 싫음; 마음이 불편함	감정 손상을 경험	감정 손상을 경험
	단념; 욕심을 버림; 40일 기도, 신앙에 의존; 마음의 비움	종교, 신앙에 의지	손상된 감정 회복 노력
	운명주의; 장기적 시간관; 받아들임	동양인의 특징	
	열심히 하겠다는 각오; 일에 집중함; 일 잘하는 사람으로 평가받는 것에 만족	업무에 집중	
	가족 등 주변의 기대; 업무내용을 아는 사람의 평가; 친한 동기 및 친구들의 위로; 인생 선배의 조언	중요한 타인의 지원 및 격려	
	임용의 유형에 의한 신분 차이; 엄격한 위계질서와 격식, 계급 중시; 상사의 권위적 성향; 공식 서열 중시; 계급을 의식한 외부인 미팅; 5급 승진의 중요성; 계급(권위)의 절대성; 부서 간 서열 존재	공식서열 중시	신분과 지위 중시의 공직풍토
	경력을 인정받고 싶어함; 계급과 경력 불일치로 인한 갈등; 나이·경력 때문에 계급을 인정받지 못함; 나이와 호칭 중시; 인격적 대우; 경력 중시 문화; 선후배(지역, 학교)관계 의식	비공식 서열 중시	
	부서 간 상호 존중; 관 우월적 사고; 관 우월적 행동	관 우월적 신분 인식	
	시청의 우월적 권위(읍면동 대비); 중앙부처의 우월적 권위(지방청 대비); 기획 기능을 중시	기관의 위계성	
	언론에 노출; 불특정 다수에 노출; 가족에 노출; 징계위원회 출두; 민원인에 노출; 열람자 앞에서 부하 잘못 지적; 부서 직원 앞에서 잘못 질책; 업체 직원 앞에서 부하 질책; 행정고객, 업계에 노출; 고향사람(자치단체)들에게 노출	노출의 대상	

	사는 집의 노출; 직무수행 능력 부족; 재산을 상대적으로 인식; 일처리 마흡; 부패; 승진 탈락; 이성문제, 불륜; 음주운전; 재산정도; 이혼	노출의 주제	노출상황
	소신껏 행동; 자기원칙대로 함; 압력에 굴하지 않음; 조직 흐름을 신경 쓰지 않음	자기중심적 사고와 행동	사고와 행동의 방식
	재테크보다 직무수행이 우선; 돈을 많이 버는 것과 공무원 병행 곤란; 공인의 의무에 대한 부담감; 청렴의 자세; 공무원의 명예 중시; 모범적 가정생활에 대한 부담감	공인으로서의 자세와 행동	
	행정직과 기술직 업무 차이; 기술직의 특성	직렬 간 업무 이질성	공직업무의 특성
	공과 사의 업무 특성 비교; 공직 업무의 평이성 고난이도의 업무가 적음; 전문성보다 성실성의 요구; 고성과에 대한 동기 결여; 업무의 반복성; 대면 결제의 필요성	공직업무의 특성	
면담 자료	행정고객; 업계의 평가; 동기모임에서의 인물평가; 동료집단의 동정심; (상사·선임의) 시선에 압박; 부하직원의 기대를 따름	타인의 기대와 압력	구성원의 기대와 압박
	부서 전체 구성원의 기대; 부서 직원들 기대를 의식	부서 차원의 기대	
	인간관계를 중요하게 여김; 실력보다 처세술이 중요하다는 인식; 상대방 예우를 중요하게 여김; 조직 내 회식과 문화를 중요시함	인간관계 중시	인간관계를 중시하는 행동
	예우, 에티켓 중시; 격식과 예의를 지키지 않은 사람의 대한 부정적 평가; 인사 시 태도 평가 반영; 태도로 전반적인 평가; 부하에 대한 배려를 리더의 자질로 봄	태도로 타인을 평가	태도를 중시하는 행동
	실세를 파악; 단체장에게 줄서기; 상사에 대한 눈치 있는 행동; 비공식적인 서열을 고려하여 인사 배치를 함; 집단주의의 압박에 의한 행동; 상황 판단을 위한 눈치 필요; 외부 자극에 의한 업무; 생존과 승진을 위한 예의 갖춤; 자신의 대한 비난을 막기 위한 상대방 배려; 자신을 방어하기 위한 행동	눈치를 봄	눈치보는 행동
	비공식조직에서의 공감대 형성과 상대방 압박; 공식적 지위를 (나이 등으로) 인정받지 못함; 경력, 근무연수가 작용; 집단의 권위가 손상되었을 때 비협조 행동	기 싸움	기 싸움
	자리배치, 이름표 정렬, 술 따르는 순서 엄격히 지킴; 조직 풍토에 맞는 옷차림; 비공식 서열 고려한 호칭 사용; 문서보고 중시; 문서보고의 형식 엄격히 지킴; 전자결제 후 다시 문서보고; 결제라인을 엄격히 따름; 지시와 명분이 있을 때만 일함	관행에 따름	관행대로 행동

본 연구조사는 면담자료를 개념화시켜 <표 2-6>과 같은 개념들을 도출하고, 도출한 개념들을 구조화시켜 공무원의 체면 현상과 행위를 이해할 수 있는 이론적 체계, 즉 개념적 준거 틀을 [그림 2-5]와 같이 제시하고 있다.

그림 2-5 개념에 대한 구조화를 통해 제시한 공무원의 체면에 대한 이론적 체계

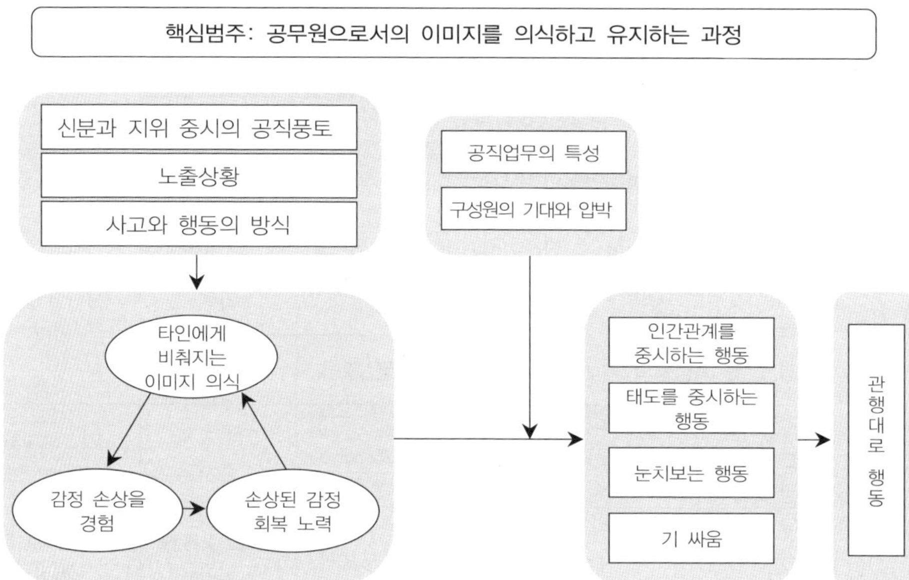

공무원 체면에 대한 본 연구조사의 연구조사는 연구와 조사의 지속적 반복이었다. 본 연구조사의 연구는 8명의 면담자로부터 얻은 면담 자료에 대한 분석을 통해 가지게 된 면담 행위 안에 내재해 있는 이론체계, 즉 개념적 준거 틀에 대해 어떤 견해나 생각을 가지는 것이었다. 연구 과정을 통해 가지게 된 견해나 생각은 하나의 가설이었다. 견해나 생각을 면담 자료에 적용해서 면담 자료가 뜻하는 바를 살펴보는 조사의 과정에서 공무원 체면을 이해할 수 있는 이론체계, 즉 개념적 준거 틀에 대한 종전 견해나 생각의 수정·보완이 이루어졌다. <표 2-6>과 [그림 2-5]는 8명의 면담 자료에 대한 이와 같은 연구조사의 지속적 반복을 통해 적어도 8명의 면담 자료에 근거하였을 때는 "가설적 이론체계"의 "가설적"이란 딱지를 뗄 수 있다고 판단한 공무원 체면 현상과 행위에 대한 개념과 개념 구조도를 연구조사자가 제시한 것이다.

제 3 절 연구조사의 종류 Ⅲ: 선행연구를 통한 연구, 실제세계에서의 조사

"선행연구를 통한 연구, 실제세계에서의 조사"는 기존 이론적 논의에 기초하여 어떤 이론체계, 즉 개념적 준거 틀을 상정하고 실제 일어난 어떤 일(상황/사실)이 상정한 이론체계, 즉 개념적 준거 틀로 이해될 수 있는지를 살펴보는 연구조사 방법이다. 실제 일어난 어떤 일(상황/사실)을 한자어로는 "事(사)"라고 한다. 실제 일어난 어떤 일(상황/사실)이 선행연구를 통해 상정한 어떤 이론의 구체적 한 "예(例)"일 수 있는지를 알아보는 '사례(事例)연구조사'가 "선행연구를 통한 연구, 실제세계를 통한 조사"의 대표적 경우에 해당한다.

그림 2-6 연구조사 종류 Ⅲ: 선행연구를 통한 연구, 실제세계에서의 조사

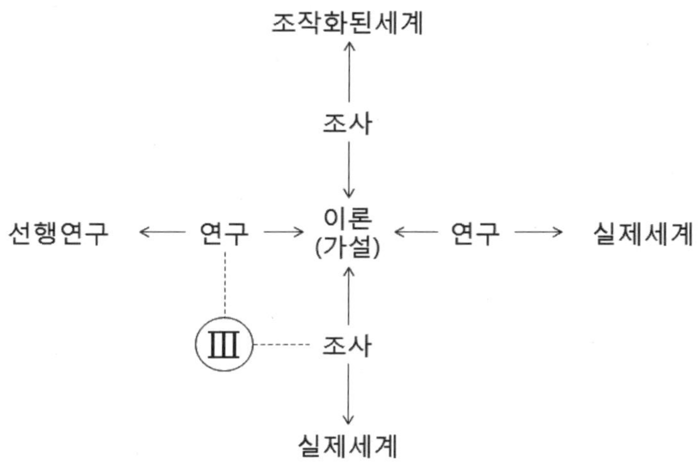

[예 시]

백승기(2010). 옹호연합모형(Advocacy Coalition Framework: ACF)에 의한 의료보험 통합정책에 관한 연구. 『한국행정학보』, 44(4): 233-259.

본 연구조사는 한국과 대만의 의료보험 통합 과정을 옹호연합모형(Advocacy Coalition Framework: ACF)을 적용하여 살펴본 연구조사이다.

그림 2-7 Sabatier와 Weible의 2015 ACF 모형

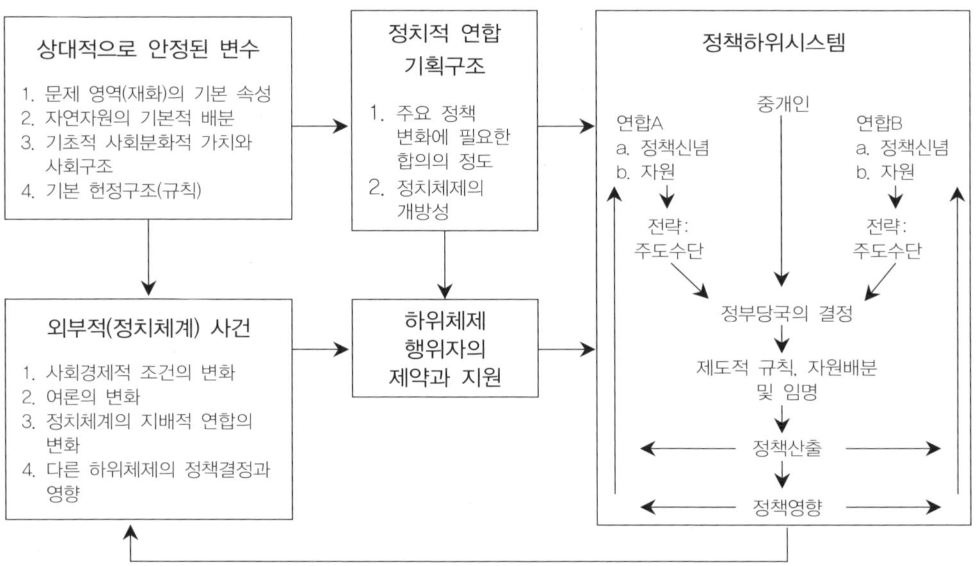

본 연구조사는 [그림 2-7]에서 나타내는 바와 같은 사바티어와 와이블(Sabatier & Weible)의 2015 ACF 모형을 적용하여 한국과 대만의 의료보험 통합 과정을 살펴보는 과정에서 사바티어와 와이블의 2015 ACF 모형 적용의 유용성을 확인하고 있다. 사바티어와 와이블의 2015 ACF 모형은 선행연구를 통해 본 연구가 상정한 하나의 이론적 체계, 즉 개념적 준거 틀이다. 한국과 대만의 의료보험 통합 과정은 실제 발생한 어떤 일(상황/사실)이다. 선행연구를 통해 상정한 어떤 이론적 체계, 즉 개념적 준거 틀을 실제 발생한 어떤 일(상황/사실)에 적용하여 그 어떤 일을 살펴보는 과

정에서 본 연구조사는 발생한 어떤 일이 상정한 이론적 체계, 즉 개념적 준거 틀의 한 '예(例)'로 이해될 수 있음을 이야기하고 있다.

제4절 연구조사의 종류 Ⅳ: 실제세계를 통한 연구, 조작화된 세계에서의 조사

"실제세계를 통한 연구, 조작화된 세계에서의 조사"는 실제세계의 어떤 일(상황/사실)을 개념화시키고 구조화시켜 그 어떤 일(상황/사실)을 설명할 수 있는 개념과 개념간의 관계, 즉 가설적 이론을 도출한 다음, 가설적 이론을 구성하고 있는 개념과 개념을 변수화시키고 각종 계량적인 분석 기법을 통해 변수와 변수 간의 관계를 살펴봄으로써 가설적 이론에서 상정하고 있는 개념과 개념 간의 관계가 적절했는지를 탐색해 보는 연구조사 방법이다.

그림 2-8 연구조사 종류 Ⅳ: 실제세계를 통한 연구, 조작화된 세계에서의 조사

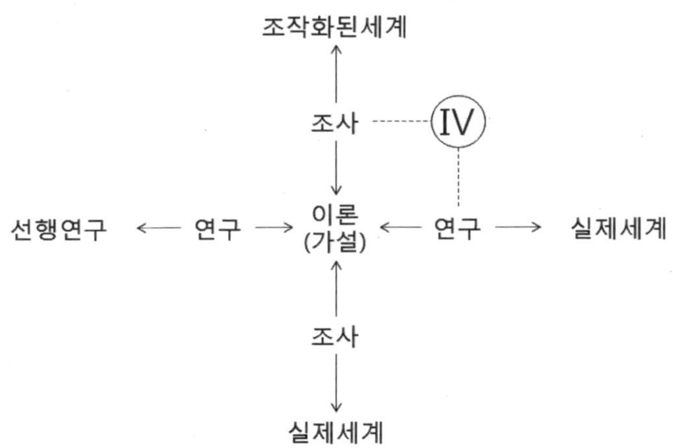

[예 시]

유민봉 · 심형인(2011). 공무원의 체면민감도 척도개발 연구: 척도 타당화를 중심으로. 『한국행정학보』, 45(3): 335-364.

본 연구조사는 척도 개발의 타당화 기준에 따라 '체면 의식'과 '체면 손상 시 감정'으로 구성된 공무원의 이른바 "체면 민감도"를 측정하기 위한 설문 문항을 개발하여 이를 제시한 것이다.

표 2-7 '체면 의식'과 '체면 손상 시 감정' 측정 설문 문항

체면 의식	귀하는 직장생활을 하면서 다음의 항목들에 대하여 조직구성원들을 얼마나 의식하는지 표시하여 주십시오: 척도는 '전혀 의식하지 않는다'에서 '매우 의식한다'까지 리커트 6점 척도 사용	최종 개발
A1	내 옷차림이 직장에서 어떻게 받아들여지는지	X
A2	나의 사는 집이 어떻게 비춰지는지	○
A3	나의 학벌(출신학교)을 어떻게 보는지	○
A4	내가 근무하는 부서의 위상이 직장에서 얼마나 높은지	○
A5	나의 근무태도가 상사에게 어떻게 보이는지	X
A6	나의 업무수행 능력이 어떤 평가를 받는지	X
A7	나의 보직이 직장 내에서 얼마나 선호되는지	○
A8	내가 제때 승진하고 있는지	○
A9	내가 얼마나 정직한 사람으로 여겨지는지	○
A10	내가 얼마나 상식에 맞게 행동하는 사람으로 보이는지	○
A11	내가 얼마나 예의 바른 사람으로 보이는지	○
체면 손상 시 감정	귀하는 직장 동료 중에서 마음에 맞는 친한 친구가 있을 것입니다. 아래의 상황을 귀하와 가장 친한 직장 친구가 겪은 일이라 생각하고, 그 친구의 입장에서 응답하여 주십시오: '지금 그 친구의 감정은?'이라는 질문과 함께 '마음이 전혀 상하지 않을 것이다'에서 '마음이 매우 상했을 것이다'까지 리커트 6점 척도 사용	최종 개발
B1	나와 가장 친한 친구가 자녀 교육 때문에 주소지만 이전하였는데, 이 사실이 직장 동료들에게 알려졌다.	○
B2	나와 가장 친한 친구가 음주운전으로 면허가 정지되었는데, 이 사실이 직장 동료들에게 알려졌다.	X
B3	나와 가장 친한 친구가 집에 일이 있다는 핑계로 야근을 하지 않았는데, 나중에 이 사실이 직장 동료들에게 알려졌다.	○
B4	나와 가장 친한 친구가 근무시간에 주식투자하는 모습을 직장 동료들이 보았다.	X
B5	상사가 술잔을 돌리는데 나와 가장 친한 친구 순서에서 부하 직원에게 먼저 술잔을 권했다.	○
B6	나와 가장 친한 친구의 경조사에 다른 동료들 때에 비해 더 적은 직원이 참석하였다.	○
B7	나와 가장 친한 친구가 부서 대표로 회의에 참석하였는데, 다른 부서의 대표 참석자가 자신보다 직급이 낮은 사람이었다.	X

B8	나와 가장 친한 친구가 자판기 앞에서 커피를 마시고 있는데, 하위직 직원이 인사를 하지 않고 지나갔다.	○
B9	나와 가장 친한 친구가 직원들이 선호하지 않는 한직으로 인사명령을 받았다.	○
B10	나와 가장 친한 친구가 최근 인사에서 승진을 기대하고 있었는데, 그의 후임이 먼저 승진하였다.	○
B11	나와 가장 친한 친구가 어느 날 부서 직원들 앞에서 상사로부터 일한 것에 대해 큰소리로 지적을 받았다.	○
B12	나와 가장 친한 친구가 자신이 직장 내에서 제 역할을 하지 못한다는 뒷담화를 우연히 들었다	○

본 연구조사는 <표 2-7>에서 나타내는 바와 같이 공무원과의 면담 자료에 대한 분석을 통해 도출한 개념인 '체면 의식'과 '체면 손상 시 경험'을 측정할 수 있는 설문 문항을 개발('체면 의식' 측정 11문항; '체면 손상 시 경험' 측정 12문항)한 다음, 개별 문항들의 타당도를 검토하고 다수의 문항들이 내부적으로 어떠한 구조적 특성을 가지고 있는지를 검토한 뒤, 측정의 타당성을 담보하고 있다고 여겨지는 설문문항을('체면 의식' 측정 8문항; '체면 손상 시 경험' 측정 9문항)을 최종 확정하여 이를 제시하고 있다.

본 연구조사는 "연구조사 종류 II: 실제세계를 통한 연구, 실제세계에서의 조사"에서 예시로 제시된 연구조사 결과에 바탕 한 후속 연구조사이다. "연구조사 종류 II: 실제세계를 통한 연구, 실제세계에서의 조사"에서 예시로 제시된 연구조사는 앞에서 소개한 바와 같이 공무원이 공직생활에서 경험하는 체면 현상과 행위를 분석한 것으로, 공무원과의 면담자료에 대한 3차 개념화 과정을 거치면서 <표 2-6>에서 살펴볼 수 있는 바와 같이 공무원과의 면담 자료에 대한 3차 개념화 과정을 거치면서 '(타인에게 비춰지는) 이미지 의식' 과 '감정 손상 경험'을 포함한 13개의 상위 개념(범주)을 도출한 바 있다. 본 연구조사는 이 중 '(타인에게 비춰지는)이미지 의식'과 '감정 손상 경험'을 각각 '체면 의식'과 '체면 손상 시 감정'으로 재 표현하여 이를 설문문항의 형태로 변수화시킨 것이다.

본 연구조사는 연구조사자가 스스로 밝히고 있듯이(유민봉 · 심형인, 2011: 359) "연구조사 종류 II: 실제세계를 통한 연구, 실제세계에서의 조사"에서 예시로 소개한 바 있는 연구조사와 연계된 연구조사이다. 따라서 본 연구조사는 '실제세계에 대한 연구'의 특징을 가지고 있는 연구조사이다. 본 연구조사는 개념에 대한 변수화의 과정은 있으나 변수화된 개념 간의 관계를 살펴보지는 않았다. 그러나 개념을 설문문항을 통해 구체화(具體化)시켜 관찰 가능의 형태로 전환시킴으로써 응답자의 경험을 통해서도 개념의 의미가 작동(作動, operating) 가능하도록 개념을 조작화(操作化, operationalization)시키고 있다는 측면에서 본 연구조사는 '조작화된 세계를 통한 조사'의 특징을 가지고 있는 연구조사라고 할 수 있다.

제5절 우리가 하는 연구조사

앞에서 이야기한 네 가지 형태의 연구조사를 종합하여 그림으로 표시하면 [그림 2-9]와 같다.

그림 2-9 연구조사 종류(종합)

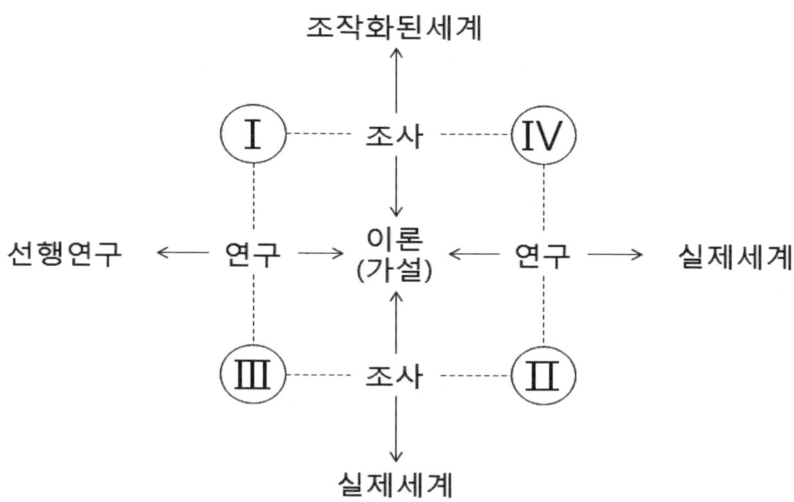

[그림 2-9]를 보면 다음과 같은 의문이 생길 수 있다. 선행연구로 특징지울 수 있는 연구에는 실제세계에 대한 고찰은 없나? 실제세계를 통한 연구로 특징지울 수 있는 연구에는 연구 주제와 관련된 선행연구에 대한 검토는 없나? 조사의 경우 실제세계에 대한 조사, 조작화된 세계에서의 조사 둘 중 어느 하나의 조사만 있나? 실제세계에 대한 조사, 조작화된 세계에서의 조사 둘 다를 병행하는 조사는 없나?

그림 2-10 우리가 하는 연구조사

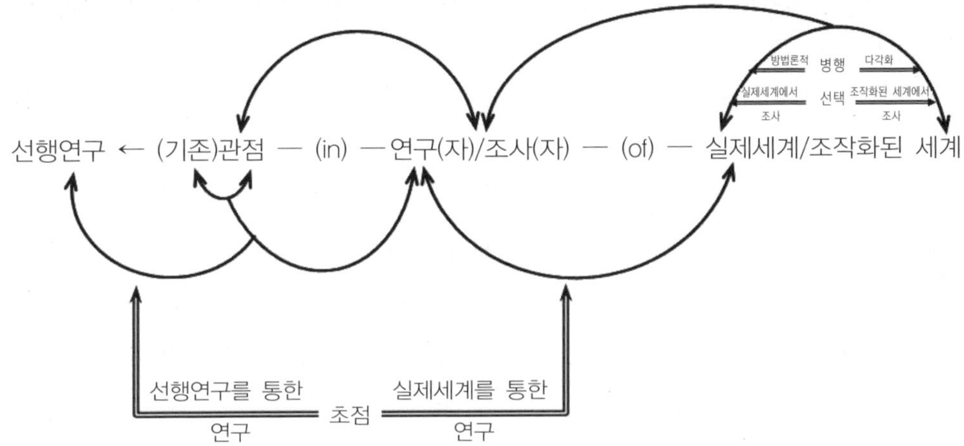

우리가 어떤 일(상황/사실)을 연구한다는 것은 그 어떤 일(상황/사실)을 보고 그 일(상황/사실)에 대해 어떤 생각이나 견해, 즉 일정의 관점을 가지는 것이다. 아무 생각이나 견해도 없는 백지 상태에서 어떤 일을 본다고 해서 그 일에 대해 어떤 생각이나 견해가 생기지는 않는다. 우리는 어떤 일(상황/사실)을 보기 전에 이미 어떤 생각이나 견해를 가지고 있다(기존 관점-in-연구자). 우리가 가지고 있는 어떤 생각이나 견해를 우리가 보는 실제의 어떤 일(상황/사건)에 적용하여(기존 관점 → 연구자 → 실제세계), 그 일(상황/사건)을 이해하는 과정(연구자-of-실제세계)에서 그 일(상황/사건)에 대해 어떤 생각이나 견해가 다시 생기게 되는 것이다(실제세계 → 연구자 → 관점). 기존의 어떤 관점으로 어떤 일(상황/사건)을 보게 될 때의 그 기존관점과 그 일(상황/사건)을 보는 과정에서 생기는 어떤 관점은 설사 내용이 같더라도 같은 성격의 관점이 아니다. 기존 관점은 그 일(상황/사건)을 보기 전의 관점이고, 그 일(상황/사실)을 보는 과정에서 생기는 관점은 기존 관점과 내용이 같더라도 그 일(상황/사실)을 보기 전의 관점이 아닌 말 그대로 그 일(상황/사실)을 보는 과정에서 생기는 관점이기 때문이다.

선행연구를 통한 연구라고 해서 실제의 일(상황/사실)에 대한 고찰이 없는 것은 아니다. 기존 관점을 실제의 일(상황/사실)에 적용하고, 그 과정에서 그 일(상황/사실)에 대한 새로운 관점을 도출함에 있어 연구자가 관련된 이전의 이론적 논의를 중시하여, 이를 상당부분 참고할 때 우리는 그 연구를 선행연구를 통한 연구라고 이야기 하는 것이다.

한편 기존관점을 실제의 일(상황/사실)에 적용하고, 그 과정에서 그 일(상황/사실)에 대한 새로운 관점을 도출함에 있어 연구자가 관련 이전 이론적 논의에 대한 검토에 큰 비중을 두지 않을 때 우리는 그 연구를 실제세계를 통한 연구라 이야기한다. 실제세계를 통한 연구라고 해서 기존 이론적 논의에 대한 검토가 없는 것은 아니다. 실제세계를 통한 연구에도 기존 이론적 논의에 대한 검토는 있다. 실제세계를 통한 연구는 선행연구를 통한 연구에 비해, 기존 관점의 적용과 새로운 관점 도출에 있어 연구자가 기존 이론적 논의를 별로 중요하게 여기지 않고, 따라서 기존 이론적 논의에 대한 검토에 큰 비중을 두지 않는 연구이다.

조사는 연구 과정을 통해 가지게 된 어떤 일(상황/사실)에 대한 생각이나 견해, 즉 어떤 일(상황/사실)에 대한 관점을 실제 그 일(상황/사실)을 통해 살펴보거나(관점 → 조사자 → 실제세계), 조사 환경을 인공적으로 설계하여 살펴보고(관점 → 조사자 → 조작화된 세계), 살펴본 결과에 근거하여 상정한 관점의 적정성을 판단해 보는 것이다(실제세계/조작화된 세계 → 조사자 → 관점). 조사의 경우 실제세계에서의 조사, 조작화된 세계에서의 조사 둘 중 어느 하나의 조사 방식을 택하는 경우가 많다. 둘 중 어느 하나의 조사 방식을 택하는 경우가 많다는 것이지 반드시 둘 중 어느 하나의 방식을 택해야 한다는 것은 아니다. 조사 결과의 타당성과 신뢰성 제고를 위해 실제세계에서의 조사와 조작화된 세계에서의 조사를 병행하여 조사 결과를 서로 비교하는 경우도 있다. 실제세계에서의 조사와 조작화된 세계에서의 조사를 병행한 조사를 우리는 '방법론적 다각화(Methods Triangulation)'를 시도한 조사라고 이야기한다.

Chapter

03 연구의 세 가지 방법

연구는 조사를 통해 검증할 이치(理致)를 논(論)하는 것이다. 한마디로 말해서 연구는 논리(論理)이다. 논(論)한다는 것은 깊이 생각하는 것이다. 깊이 생각하는 것은 헤아리는 것이다. 헤아리는 것을 한자로 '推(추)'라고 한다. 연구, 즉 논리(論理)는 다른 말로 조사를 통해 검증할 이치(理致)를 헤아리는 추리(推理)이다.

연구하는 방법, 즉 어떤 것의 이치를 논하는 방법, 다시 말해서 어떤 것의 이치를 추리하는 방법에는 다음의 세 가지, 즉 연역적 추리법, 가정적 추리법, 귀납적 추리법이 있다. 연역적 추리법을 연역법(deduction)이라고 하기도 하고, 가정적 추리법을 가추법(abduction)이라고 부르기도 하고, 귀납적 추리법을 귀납법(induction)이라고 이야기하기도 한다. 각각을 소개 · 비교하고 있을 수 있는 활용사례를 살펴보면 다음과 같다.

제1절 연구방법 I: 연역법

연역법(deduction)은 어떤 것으로부터 그것이 참이라면 참일 수밖에 없는 그 무엇을 이끌어 내는 추리법이다.

그림 3-1 연역법: 연역적 추리

연역법			
어떤 것으로부터 그것이 참이라면 참일 수밖에 없는 그 무엇을 이끌어 내는 추리법			
예시 I		예시 II	
진술문	기호화	진술문	기호화
스포츠 활동에 참여할수록 스트레스를 덜 받는다.	p → q	조직시민행동이 높을수록 조직몰입도가 높다.	p → q
스트레스를 덜 받을수록 스마트폰 중독 정도가 낮다.	q → r	조직몰입도가 높을수록 직무만족도가 높다.	q → r
∴ 스포츠 활동에 참여할수록 스마트폰 중독 정도가 낮다.	∴ p → r	직무만족도가 높을수록 직무스트레스가 낮다.	r → s
		∴ 조직시민행동이 높을수록 직무스트레스가 낮다.	∴ p → s

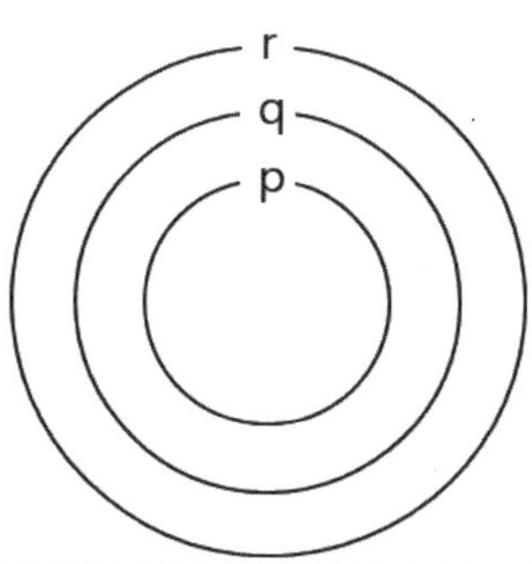

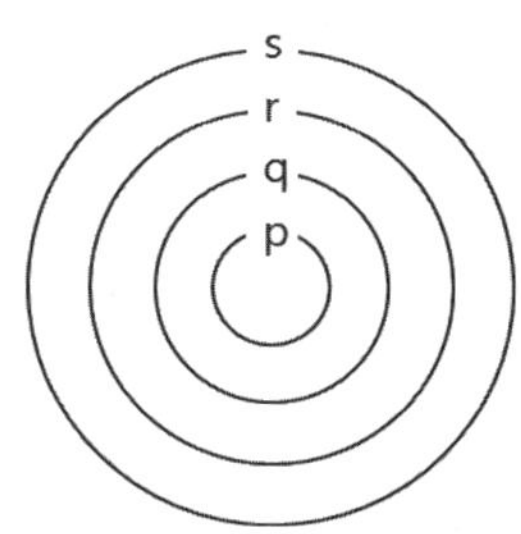

이를테면 어떤 연구자가 그 내용이 타당하다고 생각되는 다음의 주장, 즉 “스포츠 활동에 참여할수록 스트레스를 덜 받는다”와 “스트레스를 덜 받을수록 스마트폰 중독 정도가 낮다”로부터 “스포츠 활동에 참여할수록 스마트폰 중독 정도가 낮다”를 조사를 통해 살펴보거나 찾아볼 하나의 주장으로 이끌어 내었다면 그 연구자는 연역

적 추리를 통해 조사하고자 하는 하나의 주장을 추리(推理)해 낸 것이다. '스포츠 활동에 참여하다'를 p로, '스트레스를 덜 받는다'를 q로, 그리고 '스마트폰 중독 정도가 낮다'를 r로 형식화시켰을 경우 "p → q"와 "q → r"로부터 "p → r"를 도출하는 것은 [그림 3-1]의 벤다이어그램 그림에서 살펴볼 수 있는 바와 같이 전제가 참이라면 참일 수밖에 없는 결론을 이끌어 내는 연역적 추리이다.

하나의 예를 더 들어보자. 다음의 이론적 진술(주장), 즉 "조직시민행동이 높을수록 조직몰입도가 높다", "조직몰입도가 높을수록 직무만족도가 높다", "직무만족도가 높을수록 직무스트레스가 낮다"에 주목한 한 연구자가 있었다. 그 연구자가 이들 이론적 진술(주장)로부터 조사를 통해 그 진위를 확인하고자 하는 다음의 이론적 진술(주장), 즉 "조직시민행동이 높을수록 직무스트레스가 낮다"를 이끌어 내었다면 그 연구자는 연역적 추리를 통해 조사하고자 하는 하나의 주장을 추리(推理)해 낸 것이다. '조직시민행동이 높다'를 p로, '조직몰입도가 높다'를 q로, '직무만족도가 높다'를 r로, 그리고 '직무스트레스가 낮다'를 s로 형식화시켰을 경우 "p → q", "q → r", "r → s"로부터 "p → s"를 도출하는 것은 [그림 3-1]의 밴다이어그램 그림에서 살펴볼 수 있는 바와 같이 참으로 의제된 전제로부터 형식적으로 타당한(참일 수밖에 없는) 결론을 이끌어 내는 연역적 추리이다.

제2절 연구방법 Ⅱ: 가추법

가추법(abduction)은 가용할 수 있는 어떤 해석체계를 참고하여 알고 있는 그 어떤 것이 뜻하는 바가 무엇인지를 해석해 내는 해석적 추리법이다. 가추법은 알고 있는 그 어떤 것 뒤의(backward) 이면에 숨겨져 있는 그 무엇이 무엇인지를 알고 있는 또 다른 어떤 것을 활용하여 추리(reasoning)해 내는 이른바 'backward reasoning'이다. 그 어떤 것에 대한 해석이 잘못되었을 수도 있다. 다시 말해, 그 어떤 것이 뜻하는 바, 그 어떤 것 뒤에(backward) 숨겨져 있는 그 무엇에 대한 추리(reasoning)

가 틀릴 수도 있다. 가추법은 확정적 추리 방법이 아닌 말 그대로 가정적 추리 방법이다.

이를테면 어떤 연구자가 "구성원의 직무몰입도가 높은 조직은 조직생산성이 높은 조직이다"라는 주장을 펼치는 어떤 논문을 읽었다고 가정하자. 이 연구자는 이미 다른 논문을 통해 "구성원의 혁신행동 정도가 높은 조직은 조직생산성이 높은 조직이다"라는 것을 알고 있었다. 이 연구자가 "구성원의 직무몰입도가 높은 조직은 조직생산성이 높은 조직이다"가 뜻하는 바를 "구성원의 혁신행동 정도가 높은 조직은 조직생산성이 높은 조직이다"라는 주장을 참고하여 "구성원의 직무몰입도가 높은 조직은 구성원의 혁신행동 정도가 높은 조직이다"라고 해석(interpreting: 구성원의 직무몰입도가 높은 조직 vs. 구성원의 혁신행동 정도가 높은 조직)하고, 자신의 이러한 해석이 맞는지 안 맞는지를 조사를 통해 검증하고자 하였다면 이 연구자는 가정적 추리를 통해 하나의 연구가설을 상정한 것이라고 할 수 있다. 이 연구자의 해석이 반드시 논리적으로 맞는 해석이었다고 말할 수는 없다. 맞는 해석일 수도 있고 틀린 해석일 수도 있다. '구성원의 직무몰입도가 높은 조직'을 A로, '조직생산성이 높은 조직'을 B로, 그리고 '구성원의 혁신행동 정도가 높은 조직'을 C로 형식화시킨다면 이 연구자의 추리는 "A는 B이다"가 뜻하는 바를 "C는 B이다"라는 해석체계를 참고하여 "A는 C이다"로 해석한 해석적 추리이다. [그림 3-2]의 밴다이어그램 그림에서도 알 수 있는 바와 같이 이 연구자의 해석적 추리는 실제로는 맞는 해석일 수도 틀린 해석일 수도 있는 가정적 추리이다.

하나의 예를 더 들어보자. 이를테면 어떤 연구자가 "도서관 이용자가 인지하는 서비스 품질이 높으면 도서관 이용자 만족도가 높다"라는 주장을 펼치는 어떤 논문을 읽었다고 가정하자. 이 연구자는 자신의 또 다른 연구조사를 통해 "도서관 이용자 충성도가 높으면 도서관 이용자 만족도가 높다"라는 주장이 의미 있는 주장임을 확인한 바 있다. 이 연구자가 "도서관 이용자 충성도가 높으면 도서관 이용자 만족도가 높다"에 바탕하여 "도서관 이용자가 인지하는 서비스 품질이 높으면 도서관 이용자 만족도가 높다"가 의미하고 있는 그 무엇을 "도서관 이용자가 인지하는 서비스 품질이 높으면 도서관 이용자 충성도가 높다"로 이해하고, 이러한 자신의 이해가 맞는지 안 맞는지를 조사를 통해 검증하고자 하였다면 이 연구자는 가정적 추리를 통해 하나의 연구가설을 상정한 것이라 할 수 있다. 이 연구자의 이해가 반드시 논리적으로 맞는 이해라고 할 수는 없다. 맞는 이해일 수도 틀린 이해일 수도 있다. '도서관 이용자가 인지하는 서비스 품질이 높다'를 p로, '도서관 이용자 만족도가 높다'를 q로, 그리고 '도서관 이용자 충성도가 높다'를 r로 형식화시킨다면 이 연구자의 추리는 "p→q"가 뜻하는 바를 "r → q"를 활용하여 "p → r"로 이해한 추리이다. [그림 3-2]의 밴다이어그램 그림에서도 살펴볼 수 있는 바와 같이 이 연구자의 이와 같은 추리는

그림 3-2 가추법: 가정적 추리

가추법			
가용할 수 있는 어떤 해석체계를 참고하여 알고 있는 그 어떤 것이 뜻하는 바가 무엇인지를 해석해 내는 해석적 추리법			
예시 I		예시 II	
진술문	기호화	진술문	기호화
구성원의 직무몰입도가 높은 조직은 조직생산성이 높은 조직이다.	A는 B이다.	도서관 이용자가 인지하는 서비스 품질이 높으면 도서관 이용자 만족도가 높다.	p → q
구성원의 혁신행동 정도가 높은 조직은 조직생산성이 높은 조직이다.	C는 B이다.	도서관 이용자 충성도가 높으면 도서관 이용자 만족도가 높다.	r → q
∴ 구성원의 직무몰입도가 높은 조직은 구성원의 혁신행동 정도가 높은 조직이다.	∴ A는 C이다.	∴ 도서관 이용자가 인지하는 서비스 품질이 높으면 도서관 이용자 충성도가 높다.	∴ p → r

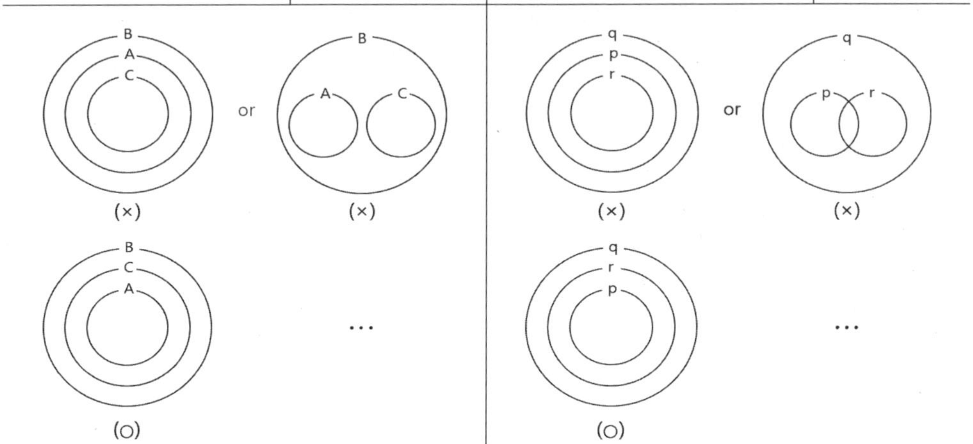

실제로는 맞을 수도 틀릴 수도 있는 가정적 추리이다.

제3절 연구방법 Ⅲ: 귀납법

귀납법(induction)은 개별적으로 알고 있는 어떤 것들로부터 이들을 포함하는 일반적인 어떤 것을 이끌어 내는 추리법이다. 귀납법은 한자로 '歸納法'이다. 歸納法의 歸는 돌아가다/돌아오다의 뜻이 아니고 '모으다/합치다'의 뜻을 가지고 있다. 歸納法의 納은 '받아들이다'이다. 귀납법(歸納法)은 모으고/합쳐(귀: 歸)서 어떤 것들을 받아들이고(납: 納), 이를 통해 알게 된 그 어떤 것들로부터 이들을 포함하는 보다 확장된 그 무엇을 이끌어 내는 추리법이다.

하나의 예를 들어보자. 국내 유학생의 대학생활에 관심을 가지고 있는 어떤 사람이 유학생을 대상으로 한 어떤 설문조사 결과를 통해 "자아존중감이 높으면 문화적응 스트레스가 낮다"와 "자아존중감이 높으면 대학생활 적응을 잘한다"를 주장하는 어떤 논문을 읽게 되었다고 하자. 이 사람이 관련 논문을 통해 알게 된 이 두 가지 주장으로부터 "문화적응 스트레스가 낮으면 대학생활 적응을 잘한다"라고 하는 하나의 주장을 이끌어 내고 이를 국내 유학생을 대상으로 한 설문조사를 통해 그 진위 여부를 확인할 하나의 가설로 설정하였다면 이 사람은 귀납적 추리를 통해 연구가설을 추리(推理)해 낸 것이다. '자아존중감이 높다'를 p로, '문화적응 스트레스가 낮다'를 q로, 그리고 '대학생활 적응을 잘한다'를 r로 형식화시켰을 경우 귀납적 추리는 "$p \rightarrow q$"와 "$p \rightarrow r$"에서 "$q \rightarrow r$"를 추리해 내는 추리법이다. "$p \rightarrow q$"는 $p \subset q$이다. "$p \rightarrow r$"은 $p \subset r$이다. "$q \rightarrow r$"는 $q \subset r$이다. 귀납적 추리는 $p \subset q$와 $p \subset r$에서 $q \subset r$을 상정하는 추리이다. [그림 3-3]의 밴다이어그램 그림에서 살펴볼 수 있는 바와 같이 상정한 $q \subset r$이 실제로는 $p \subset q$와 $p \subset r$ 모두를 포함하는 이를테면 $p \subset q \subset r$이 아닐 수도 있다. 귀납법은 연역법과 달리 추론의 논리적 타당성이 확실히 담보되는 추리법이 아니다. 추론의 과정이 가추법의 그것과 같이 맞을 수도 틀릴 수도 있는 추리법이다.

또 하나의 예를 들어보자. 대학생의 전공만족도가 미치는 어떤 영향에 관심을 가지고 있는 연구자가 관련 논문들을 통해 "전공만족도가 높으면 진로정체감이 높다"와 "전공만족도가 높으면 자기효능감이 높다"라는 이론적 주장을 알게 되었다고 하자. 이 연구자가 관련 논문을 통해 알게 된 이 두 가지 주장으로부터 "진로정체감이 높으면 자기효능감이 높다"라고 하는 또 하나의 주장을 이끌어 내고 이를 대학생을 대상으로 한 어떤 조사를 통해 그 진위 여부를 확인할 하나의 가설로 설정하였다면 이 연구자는 귀납적 추리를 통해 연구가설을 추리(推理)해 낸 것이다. '전공만족도가 높다'를 p로, '진로정체감이 높다'를 q로, 그리고 '자기효능감이 높다'를 r로 형식화

그림 3-3 귀납법: 귀납적 추리

귀납법			
알고 있는 어떤 것들로부터 이들을 포함하는 일반적인 어떤 것을 이끌어 내는 추리법			
예시 I		예시 II	
진술문	기호화	진술문	기호화
자아존중감이 높으면 문화적응 스트레스가 낮다.	p → q	전공만족도가 높으면 진로정체감이 높다.	p → q
자아존중감이 높으면 대학생활 적응을 잘한다.	p → r	전공만족도가 높으면 자기효능감이 높다.	p → r
∴ 문화적응 스트레스가 낮으면 대학생활 적응을 잘한다.	∴ q → r	∴ 진로정체감이 높으면 자기효능감이 높다.	∴ q → r

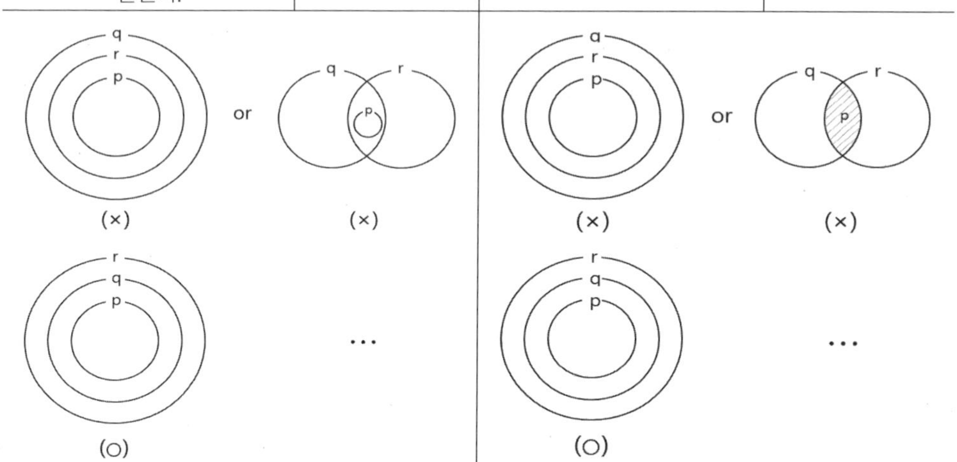

시켰을 경우 귀납적 추리는 “p → q”와 “p → r”에서 “q → r”를 추리해 내는 추리법이다. [그림 3-3]의 밴다이어그램 그림에서 살펴볼 수 있는 바와 같이 상정한 q → r이 실제로는 p → q와 p → r 모두를 포함하는 것이 아닐 수도 있다. 개별적인 것들로부터 일반적인 어떤 것으로의 귀납적 확장은 연역법과는 달리 그 확장의 논리적 타당성이 확실히 담보되는 추리법이 아니다. 추론의 과정이 가추법의 그것과 같이 맞을 수도 틀릴 수도 있는 추리법이다.

제4절 세 가지 연구방법의 비교

연역법은 참에서 참을 이끌어 내는 확실한 추리이다. 가추법은 어떤 것이 뜻하는 바, 상징(象徵)을 이끌어 내는 해석적 추리이다. 귀납법은 개별에서 일반을 이끌어 내는 확장적 추리이다. “A는 B이다(또는 A → B)”, “B는 C이다(또는 B → C)”에서 “A는 C이다(A → C)”를 이끌어 내는 것은 참에서 참을 이끌어 내는 확실한 추리, 즉 연역적 추리이다. “A는 C이다(또는 A → C)”, “B는 C이다(또는 B → C)”에서 “A는 B이다(또는 A → B)”를 추리하는 것은 해석적 추리, 즉 가추적 추리이다. “A는 B이다(또는 A → B)”, “A는 C이다(또는 A → C)”에서 “B는 C이다(또는 B → C)”를 이끌어 내는 것은 개별에서 일반을 이끌어 내는 확장적 추리, 즉 귀납적 추리이다.

이를테면 “○○조직(A)은 법규에 의한 운영이 강조되는 조직(B)이다”, “법규에 의한 운영이 강조되는 조직(B)은 외부환경 변화에 대한 적응력이 떨어지는 조직(C)이다”에서 “○○조직(A)은 외부환경 변화에 대한 적응력이 떨어지는 조직(C)이다”를 이끌어 내는 것은 참에서 참을 이끌어 내는 확실한 추리, 즉 연역적 추리이다.

“○○조직(A)은 외부환경 변화에 대한 적응력이 떨어지는 조직이다(C)”, “법규에 의한 운영이 강조되는 조직(B)은 외부환경 변화에 대한 적응력이 떨어지는 조직(C)이다”에서 “○○조직(A)은 법규에 의한 운영이 강조되는 조직(B)이다”를 이끌어 내는 것은 “법규에 의한 운영이 강조되는 조직(B)은 외부환경 변화에 대한 적응력이 떨어지는 조직(C)이다"를 참고하여 "○○조직(A)은 외부환경 변화에 대한 적응력이 떨어지는 조직이다(C)"가 뜻하는 바 상징(象徵), 즉 "○○조직(A)은 법규에 의한 운영이 강조되는 조직(B)이다"를 이끌어 내는 해석적 추리, 즉 가추적 추리이다.

"○○조직(A)은 법규에 의한 운영이 강조되는 조직(B)이다", "○○조직(A)은 외부환경 변화에 대한 적응력이 떨어지는 조직(C)이다"에서 "법규에 의한 운영이 강조되는 조직(B)은 외부환경 변화에 대한 적응력이 떨어지는 조직(C)이다"를 이끌어 내는 것은 개별에서 일반을 이끌어 내는 확장적 추리, 즉 귀납적 추리이다.

그림 3-4 세 가지 연구방법의 비교

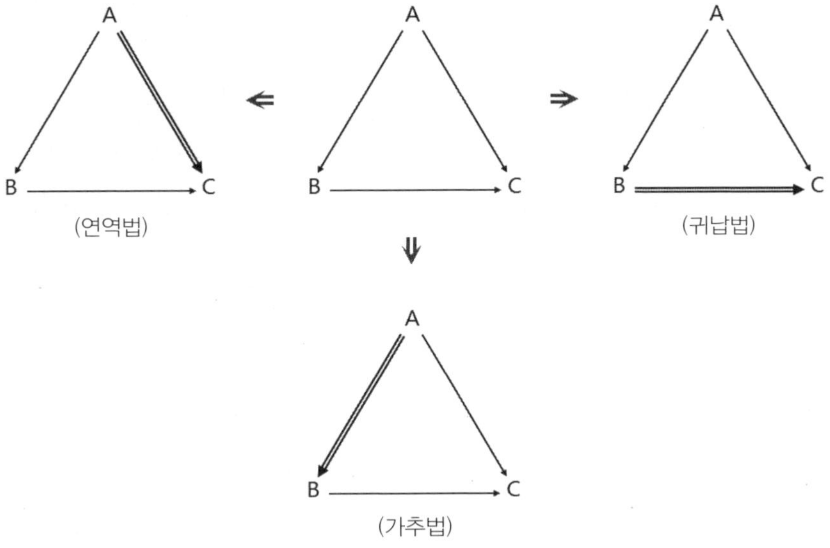

기 호	내용(예시)
A	○○ 조직
B	법규에 의한 운영이 강조되는 조직
C	외부환경 변화에 대한 적응력이 떨어지는 조직

제5절 세 가지 연구방법의 활용사례

연구의 과정은 관심 분야에 대한 직접경험, 기존 논의 등에 기반하여 조사를 통해 자세히 살펴보거나 찾아볼 필요가 있는 연구가설을 도출하는 과정이고, 이는 직접경험, 관련 논의 등으로부터 조사를 통해 검증이 필요한 그 무엇을 이끌어 내는 추리(推理)의 과정이다. 앞에서 살펴본 바와 같이 연역, 가추, 귀납 중 어느 하나의 추리 과정을 통해 연구가설이 도출되는 경우도 있지만 연역, 가추, 귀납 중 어느 둘 또는 이 셋 모두의 추리 과정을 통해 연구가설이 도출되는 경우도 있다.

[그림 3-5]는 연역적 추리와 가추적 추리를 통해 연구가설이 도출되어진 경우이다. 연역적 추리를 통해 도출한 결론(외로움을 느낄수록 학업성취도가 낮다)이 뜻하는 바를 일정의 해석체계(목표지향성이 낮을수록 학업성취도가 낮다)에 바탕하여 가추적으로 추리/해석하고, 가추적 추리를 통해 해석한 이치(외로움을 느낄수록 목표지향성이 낮다)를 조사를 통해 검증해야 하는 연구가설로 설정한 경우다.

그림 3-5 연역법 + 가추법 활용사례

외로움을 느낄수록 음주 빈도가 높다. (A → B)
음주 빈도가 높으면 뇌 손상 정도가 높다. (B → C)
뇌 손상 정도가 높으면 학업성취도가 낮다. (C → D)

연역적 추리

외로움을 느낄수록 학업성취도가 낮다. (A → D)

외로움을 느낄수록 학업성취도가 낮다. (A → D)
목표지향성이 낮을수록 학업성취도가 낮다. (E → D)

가추적 추리

외로움을 느낄수록 목표지향성이 낮다. (A → E)

연구가설: 외로움을 느낄수록 목표지향성이 낮다. (A → E)

[그림 3-6]은 연역적 추리와 귀납적 추리를 통해 연구가설이 도출되어진 경우이다. 연역적 추리를 통해 도출한 결론의 내용(가족 구성원 간 일체감이 높아지면 자녀의 학업성취도는 높아진다)과, 연역적 추리를 통해 도출한 결론의 조건을 주어진 조건으로 하는 또 다른 주장의 내용(가족구성원 간 일체감이 높아지면 가족구성원 간 의사소통이 활발해진다)을 모아 귀납적 추리를 통해 이를 확장하고(가족구성원 간 의사소통이 활발해지면 자녀의 학업성취도는 높아진다), 귀납적 추리를 통해 확장한 내용(가족구성원 간 의사소통이 활발해지면 자녀의 학업성취도는 높아진다)을 조사를 통해 검증해야 하는 연구가설로 설정한 경우이다.

그림 3-6 연역법 + 귀납법 활용사례

가족구성원 간 일체감이 높아지면 자녀의 자존감이 높아진다. (A → B)
자녀의 자존감이 높아지면 자녀의 학업성취도는 높아진다. (B → C)
연역적 추리
가족구성원 간 일체감이 높아지면 자녀의 학업성취도는 높아진다. (A → C)

가족구성원 간 일체감이 높아지면 가족구성원 간 의사소통이 활발해진다. (A → D)
가족구성원 간 일체감이 높아지면 자녀의 학업성취도는 높아진다. (A → C)
귀납적 추리
가족구성원 간 의사소통이 활발해지면 자녀의 학업성취도는 높아진다. (D → C)

연구가설: 가족구성원 간 의사소통이 활발해지면 자녀의 학업성취도는 높아진다. (D → C)

[그림 3-7]은 귀납적 추리와 가추적 추리를 통해 연구가설이 도출되어진 경우이다. 주어진 조건을 공유하는 두 개의 주장 내용(스마트워크 환경이 조성되어지면 직무스트레스가 감소한다/스마트워크 환경이 조성되어지면 직무만족도가 증가한다)을 모아 귀납적 추리를 통해 이를 확장하고, 귀납적 추리를 통해 확장한 연구내용(직무스트레스가 감소하면 직무만족도가 증가한다)에 바탕하여 특정의 이론적 주장(직무자율성이 증가하면 직무만족도가 증가한다)이 뜻하는 바를 가추적으로 해석한 뒤,

그림 3-7 귀납법 + 가추법 활용사례

스마트워크 환경이 조성되어지면 직무스트레스가 감소한다. (A → B)
스마트워크 환경이 조성되어지면 직무만족도가 증가한다. (A → C)

귀납적 추리

직무스트레스가 감소하면 직무만족도가 증가한다. (B → C)

직무자율성이 증가하면 직무만족도가 증가한다. (D → C)
직무스트레스가 감소하면 직무만족도가 증가한다. (B → C)

가추적 추리

직무자율성이 증가하면 직무스트레스가 감소한다. (D → B)

연구가설: 직무자율성이 증가하면 직무스트레스가 감소한다. (D → B)

그림 3-8 가추법 + 귀납법 + 연역법 활용사례

경쟁이 심하면 스트레스 지수가 높다. (A → B)
사회적 신뢰가 낮으면 스트레스 지수가 높다. (C → B)

가추적 추리

경쟁이 심하면 사회적 신뢰가 낮다. (A → C)

소득수준이 낮으면 사회적 신뢰가 낮다. (D → C)
소득수준이 낮으면 준법정신이 낮다. (D → E)

귀납적 추리

사회적 신뢰가 낮으면 준법정신이 낮다. (C → E)

경쟁이 심하면 사회적 신뢰가 낮다. (A → C)
사회적 신뢰가 낮으면 준법정신이 낮다. (C → E)

연역적 추리

경쟁이 심하면 준법정신이 낮다. (A → E)

연구가설: 경쟁이 심하면 준법정신이 낮다. (A → E)

가추적 추리를 통해 해석한 이치(직무자율성이 증가하면 직무스트레스가 감소한다)를 조사를 통해 검증해야 하는 연구가설로 설정한 경우다.

[그림 3-8]은 가추적 추리와 귀납적 추리, 그리고 연역적 추리 모두가 활용되어 연구가설이 도출되어진 경우이다. 가추적 추리를 통해 도출한 주장(경쟁이 심하면 사회적 신뢰가 낮다)과 귀납적 추리를 통해 도출한 주장(사회적 신뢰가 낮으면 준법정신이 낮다)을 전제로 하여 연역적 추리를 통해 도출한 결론(경쟁이 심하면 준법정신이 낮다)을 조사를 통해 검증이 필요한 연구가설로 설정한 경우이다.

Chapter

04 측 정

제1절 측정의 의의와 중요성

1. 측정의 의의

연구 주제나 내용을 과학주의 방법으로 조사하기 위해서는 우선 정확하게 가설을 구성할 수 있어야 한다. 정확하게 가설을 구성한다는 것은 주제를 현실의 경험 사회에서 검증이 가능한 형태로 만들어야 한다는 의미이다. 이때 검증이 가능한 형태란 가설을 구성하고 있는 변수의 내용을 경험 사회에서 자료나 데이터로 측정할 수 있도록 조작해야 한다는 의미이다. 따라서 측정(measurement)이란 변수들 간의 관계를 진술한 가설을 경험적으로 검증하기 위해서 각 변수들의 내용을 현실 사회에서 측량할 수 있도록 조작하는 작업이라고 할 수 있다. 보다 구체적으로는 조작된 변수에 숫자나 문자 등과 같은 수리체계를 이용하여 경험 세계를 개념화시킨 것이다(이

순목, 1990: 139).

연구자는 가설을 구성할 때부터 가설을 구성하고 있는 변수들을 어떻게 조작하면 변수의 내용을 가장 완벽하게 대표할 수 있는 자료를 실제로 구할 수 있을 것인지를 중요하게 생각한다. 예를 들면, “대학생의 급진적인 성향이 강하면 강할수록 노동쟁의 발생 건수는 증가한다”는 가설을 수립하였을 경우, 이 가설은 그 자체로써 벌써 종속변수와 독립변수의 내용을 현실의 경험 사회에서 필요한 자료를 수집할 수 있도록 조작할 수 있을 가능성을 연구자는 어느 정도로는 파악하고 있어야 한다.

만약 대학생의 급진적 성향을 현실적으로 측정할 수 없다면 이것은 과학주의 방법의 대상이 될 수 없다. 즉, 대학생의 급진적 성향을 적어도 ‘높다, 보통이다, 낮다’ 등과 같이 급진적 성향의 서열만이라도 알 수 있다는 사실을 연구자는 판단할 수 있어야 한다. 또한 실제로 그렇게 해서 자료를 수집하고, 이를 통계 기법을 활용하여 분석할 수 있다는 잠정적이고 묵시적인 연구 경험과 가능성을 실제로 연구를 진행하기 이전에 어느 정도로는 알고 있어야 한다. 물론 노동쟁의 발생 건수는 당연히 통계적 수치로 얼마든지 찾아낼 수 있다.

그러나 세상의 인과법칙을 우화적이면서 교육적으로 설명한 다음의 고사(故事) ‘오비이락 파사두(烏飛梨落 破巳頭)’의 예에서 제시하는 인과관계에서는 현실적으로 이와 관련된 자료를 찾아서 검증하기는 매우 어려울 것이다. 왜냐하면, 까마귀가 날 때 떨어지는 배에 뱀이 머리를 맞아 죽는 현장을 재현하는 것은 거의 불가능하기 때문이다. 즉, 오비이락 파사두의 예에서 제시하는 인과관계의 내용을 가설로 구성할 수 없기 때문이다. 그러나 가설을 만들어 검증할 수 없다고 해서 오비이락 파사두의 인과관계를 부정하는 것은 아니다. 단지 이것을 지금까지 개발된 과학주의 방법으로는 검증할 수 없다는 것을 의미한다.

참 고

세상에 널리 알려진, "까마귀 날자 배 떨어진다(烏飛梨落)"는 말은 배나무에 앉아 있던 까마귀가 날아가자 배가 떨어진다는 내용으로, 우연의 일치를 설명하고 있는 고사성어라고 일반적으로 이해하고 있지만(한글학회, 1992), 실제로 이것은 인과법칙을 교훈적으로 설명한 우화이다. 이 고사성어를 '오비이락'이라고 하는 것은 반쪽이고, 완벽한 것은 '오비이락 파사두(烏飛梨落 破巳頭)'이다.[1] "배나무에 앉은 까마귀가 날아가니 그 흔들림과 반사 작용으로 배나무의 배가 하나 떨어졌다. 그런데 그 떨어진 배가 배나무 밑에 있던 뱀의 머리를 맞추게 되고, 이 때문에 뱀이 죽게 되었다"는 것이 이 고사성어를 문자 그대로 완전히 해석한 것이다. 그러나 이 고사성어가 지적하고자 하는 인과법칙은 여기서 시작된다. 떨어진 배에 머리를 맞아 죽은 뱀은 산돼지로 환생하여, 그가 뱀이었을 때 그를 죽인 까마귀를 보복하게 된다. 물론 까마귀도 살생하려는 의도는 전혀 없이 단지 배나무에 앉아 있다가 날아가는 힘에 의해서 배가 떨어져 그 때문에[이것을 (제3의 요인) 또는 매개변수(intervening variable)라고 함] 뱀이 죽게 되었지만, 최초의 원인은 까마귀에 있었기 때문에 뱀은 까마귀에게 살생을 보복하게 된다. 이와 같은 보복도 역시 제3의 매개변수에 의해서, 산돼지가 전혀 살생을 의도하지 않았음에도 불구하고 발생하게 된다. 까마귀는 환생하여 꿩이 되었고, 이른 봄날에 양지쪽에 앉아서 햇볕을 쬐고 있었다. 그런데 산비탈을 지나던 산돼지가 그만 발을 헛디뎌 그 작용으로 돌(제3의 매개변수)이 굴러서 낮잠을 자고 있던 꿩을 죽이고 말았다. 여기서 죽게 된 꿩은 인간으로 환생하여 사냥꾼이 되어서 자기를 죽인 산돼지를 사냥하게 된다. 어느 날 우연히 산에서 산돼지를 만난 사냥꾼은 활로 산돼지를 쏘려고 하는데 산돼지가 놀라서 달아나게 된다. 마침 그 근처에 있던 어느 도인이 살고 있는 암자에 산돼지가 뛰어들게 된다. 이와 같이 서로가 죽고 죽이는 생사윤회와 인과응보를 도력 삼매[이것을 숙명통(宿命通)이라고 함]에 들어서 관찰하던 도인이 사냥꾼에게 가서 과거 전생으로부터 내려오던 서로의 원한관계인 죽고 죽이는 인과관계를 자세히 설명하여 준다. 그래서 인과법칙을 알게 된 사냥꾼은 생사의 피비린내 나는 악연(惡緣)을 자기가 청산해야 한다고 생각하고 도문(道門)에 입문하게 되었다는 고사이다. 오비이락 파사두의 고사는 까마귀가 뱀을 죽이고, 뱀이 산돼지가 되어서 꿩이 된 까마귀를 죽이고, 또 죽임을 당한 까마귀는 사냥꾼이 되어 자기를 죽인 산돼지를 죽이려고 하는, 서로가 서로의 죽임을 죽임으로 앙갚음하는 인과법칙을 설명한 것이다. [그림 4-1]은 이 고사성어의 내용을 요약한 것이다.

1) 오비이락 파사두(烏飛梨落 破巳頭)의 고사 내용은 초기의 불교 경전인 『잡아함경(雜兒含經)』에 실려 있다. 것이다. 이것은 인과응보, 즉 원인은 반드시 그 과보를 받게 된다는 사상을 설명한 것이다.

그림 4-1 오비이락 파사두(烏飛梨落 破巳頭)

오비이락 파사두는 인간 사회에서 인과관계의 법칙을 교훈적으로 이해하기 위해서 인용된 것이고, 대체적으로 지금까지는 적어도 과학주의에 기초해 사회과학이 연구한 내용은 현실적으로 자료를 수집할 수 있고, 이에 따라서 가설을 검증할 수 있는 것에 한정되어 있다. 그렇다고 과학주의의 대상이 될 수 없는 주제는 사회과학의 연구 대상이 될 수 없다는 것을 의미하는 것은 절대 아니다. 비(非)과학주의 방법에 의해서도 사회과학을 연구할 수 있고, 또한 이론을 형성할 수 있다. 여기서는 단지 과학주의가 사회과학 방법의 기초이기 때문에, 여기에 초점을 맞추어 설명하려고 하니 비경험적이고 가치판단적인 인과관계를 검증할 수 없다는 의미이다. 이것을 설명할 수 있는 사회과학 방법과 연구철학도 대단히 중요하기 때문에, 앞으로 이 분야는 더욱 발달되어야 할 분야라고 볼 수 있다.

가설을 구성하고 있는 변수를 조작하여 이를 현실 사회에서 측정한다는 것은 그 변수의 내용에 가장 타당하고 적절하며 신뢰할 수 있는 자료나 데이터를 수집할 수 있다는 의미이다. 따라서 100% 타당하고 적절한 자료를 수집했다는 것은 가설의 내용을 100% 대표하는 자료라는 의미이고, 이렇게 되었을 경우에는 변수를 완벽하게 조작하였다고 할 수 있다. 그러나 현실적으로 100% 완벽하게 변수의 내용을 대표하는 자료나 데이터를 찾을 수 있도록 변수를 조작하기란 매우 어렵다.

앞에서 예로 제시한 '노동쟁의 발생 건수'는 노동쟁의가 발생한 경우를 모두 조사하여 횟수를 계산하면 되기 때문에 100% 완벽하게 그것을 대표하는 자료를 찾을 수 있지만, '대학생의 급진적인 사상'과 같은 변수를 완전하게 반영할 수 있는 자료를 찾을 수 있도록 이것을 조작하기란 거의 불가능하다. 단지 지금까지 진행된 사회과학의 관행과 또 사회과학자들이 공통적으로 인정하고 허용할 수 있는 정도로 완벽하다고 판단되는 범위에서 '대학생의 급진적인 사상'이라는 변수를 대표할 자료를 찾을 수 있도록 조작할 뿐이다. 즉, '대학생의 급진적인 사상' 그 자체가 과학주의 방법으로는 완벽하게 조작할 수 없는 변수라는 것을 알고 있지만, 최선의 방법으로 이것을 검증할 수 있도록 조작하는 것뿐이다. 여기서도 우리는 과학주의의 한계를 엿볼 수 있다.

2. 측정의 중요성

측정은 조사방법에서 중요한 기술 분야 중의 하나이다. 그래서 페드하우저 등(Pedhauzer el al., 1991: 2)은 측정을 사회과학 연구의 '아킬레스 건(Achilles' tendon)'이라고 하였다. 사회과학 연구에서 가설이 될 수 있다는 것은 가설을 구성하고 있는 변수의 내용을 현실적으로 검증할 수 있도록 그에 타당하고 신뢰할 수 있는 자료를 수집할 수 있다는 의미이다. 따라서 변수의 내용을 검증할 수 있도록 조작하는 핵심 작업을 측정이라 볼 수 있으며, 적어도 과학주의 방법을 적용하여 사회과학을 연구하고자 한다면 아무리 훌륭한 주제나 연구 내용을 찾았다 하더라도, 그리고 또한 이를 연구하고 싶어도 주제를 현실적으로 검증할 수 있도록 가설을 구성할 수 있어야 그러한 연구가 가능하다.

가설을 구성할 수 있다는 것은 가설을 구성하고 있는 변수를 조작화하거나 개념화시켜서 현실적으로 그에 필요한 자료를 찾을 수 있다는 의미이다. 이러한 작업이 측정이기 때문에 사회과학 조사에서는 측정이 연구의 가능성을 판단할 수 있는 핵심이라고 할 수 있다. 이와 같은 중요한 작업인 측정을 어떤 방법으로 진행할 수 있을 것인가 하는 실천적인 과제 또한 매우 중요하다.

제2절 측정 방법

변수의 내용을 수리체계로 전환하기 위한 측정 방법은[2] 우선 질적 측정과 양적 측정으로 분류할 수 있다. 질적 측정(qualitative measurement)은 가설을 구성하고 있는 변수나 개념값에 숫자 대신에 레벨이나 이름 등을 부여하여 조작하는 방법이다. 그 대표적인 것이 다음에 설명하게 될 명목 측정이다. 반면에 양적 측정(quantitative measurement)은 개념이나 변숫값에 숫자를 부여하여 조작하는 방법이다. 통상적으로 측정이란 주로 양적 측정을 의미한다. 따라서 양적 측정에 의해 부여된 숫자는 가감승제(加減乘除), 즉 사칙연산이 가능하다. 그러나 원칙적으로는 비율 측정에서만 사칙연산이 완전히 가능하다.

측정의 방법을 결정하기 이전에 측정하고자 하는 변수의 내용이나 또는 주제 등에 따라 조사의 단위를 우선 결정하여야 한다. 즉, 조사하고자 하는 것이 개인인가 집단인가, 또는 집단이라면 집단의 구성요소를 조사할 것인가, 아니면 집단 그 자체를 조

2) 측정 '방법'을 측정의 수준(level) 또는 척도(scale)라고 하기도 한다. 가장 정확한 의미로 측정 방법은 'level of measurement'라는 뜻이고, 이때의 'level'이란 문자 그대로, 일정한 기준을 정하여 여러 다른 수준이나 기준에 따라서 체계를 맞춘다는 뜻이다. 따라서 측정도 다양한 변수의 내용을 현실의 경험 사회에서 자료를 수집할 수 있도록 그 수준을 조정한다는 의미이다. 이것을 우리말로 번역하여 '측정의 수준'이라고 할 수도 있지만 이것보다는 측정의 방법, 즉 실제로 측정하고자 할 때의 방법이나 기법으로 이해하는 것이 타당하다고 판단되어 여기서도 제목을 측정의 수준이라고 하지 않고 '측정 방법'이라고 하였다. 척도는 측정된 내용에 수량적으로 하나하나의 단위를 정하는 작업이다. 물론 측정한다는 것에는 척도가 반드시 동반되어야 하지만 우선 측정 방법을 이해하고 나서 각각의 측정 단위에 수치를 부여하는 척도를 이해하는 것이 순서이다. 척도는 현실적으로 자료를 분석하기 위한 작업이기 때문에 별도로 자세히 설명할 필요가 있지만 여기서는 측정을 설명하면서 동시에 척도를 설명하였다.

사할 것인가 하는 등의 분석단위(unit of analysis)를 사전에 결정해 두어야 한다. 그래야만 그 단위에 맞는 측정을 할 수 있기 때문이다.

또한 측정에는 모든 변숫값에 적어도 하나 이상의 측정 항목이 있어야 하면서, 동시에 서로 중복되거나 혼합되지 않도록 상호 배타적이어야 한다. 다시 말해, 측정 항목이 없어서 어떤 변수는 그 값을 정할 수 없는 경우가 있어서는 안 되며, 동시에 어떤 변수는 여기 측정 항목에도 속할 수 있고, 저기 측정 항목에도 속할 수 있는 경우가 있어서도 안 된다는 의미이다. 변수의 내용이 다른 경우에는 반드시 상이한 변숫값을 정할 수 있도록 측정이 구체적이고 세부적이어야 함은 당연하다.

1. 명목 측정

명목 측정(nominal measurement)은 질적 측정으로서, 변수나 개념을 현실적으로 경험 사회에서 그에 타당하고 신뢰할 수 있는 자료를 얻기 위해서 숫자 대신에 문자나 이름 또는 레벨을 붙이는 방법이다. 물론 어떤 경우에는 숫자를 사용하여 변수의 내용을 분류하기도 하지만 이때의 숫자는 단순히 분류 목적이나, 또는 구분의 편의를 위해서 사용된 것에 불과하고 숫자 그 자체에는 아무런 의미도 없는 경우이다. 그래서 명목 측정은 변수의 내용을 일정한 기준에 의해서 분류하는 분류체계(classification system)라고 한다. 분류체계이기 때문에 명목 측정은 질적 측정이다.

예를 들면, "대학생의 급진적 성향이 강하면 강할수록 노동쟁의 발생 건수는 증가한다"라는 가설에서, '대학생의 급진적 성향'과 '노동쟁의 발생 건수'의 두 가지 변수에 해당되는 현실적으로 타당하고 신뢰할 수 있는 자료를 찾기 위해서 명목 측정으로 두 변수를 우선 조작할 수 있다. 대학생의 급진적 성향의 강도는 원칙적으로 다음에 설명할 서열 측정 등에 해당될 것이지만, 여기서는 대학생의 정치 성향을 급진적인 경우와 보수적인 경우 등으로 구분할 수 있도록 측정하고자 한다면 이것을 명목 측정으로 결정할 수 있다. 급진적 정치 성향과 보수적 정치 성향을 단지 분류할 수 있도록 해서 대학생들의 응답이 급진적인 경우가 많을 경우에는 요즘의 대학생의 정치 성향은 급진적이라고 판단할 수 있다.

정치 성향을 나타내는 급진적이고 보수적 항목을 문자로 표기한다면, 다음에 자료를 분석할 때 어려움이 있을 것이다. 그래서 '급진적'이라는 항목에는 숫자 '1'을, '보수적'이라는 항목에는 숫자 '0'을 대신 사용할 수 있다. 이때 사용된 숫자는 단순히 표기상의 분류에 지나지 않는다. 이처럼 변숫값을 단지 두 가지 항목, 즉 '0' 아니면 '1'로 정해서 사용할 수 있는 변수를 가상 또는 더미 변수(dummy variable)라고 한다. '대학생'의 경우, 남녀 대학생으로 구분한다면 이 경우에는 가상 변수가 될 수 있다. 그러나 대학생을 학년별도 다시 구분한다면 가상 변수가 될 수 없고, 1, 2, 3, 4 학년 등으로 구분하게 된다. 노동쟁의 발생 건수는 원칙적으로 수량에 관한 것이기 때문에 굳이 명목 측정으로 조작할 필요 없이 그 이상의 측정 단계로 진행시키면 된다.

여기서 한 가지 더 설명이 필요한 것으로 실제로 측정하고자 하는 변수 내용에 따라서 측정 수단을 굳이 명목 측정으로 고집할 필요가 없을 때가 많다는 사실이다. 일반적으로 명목 측정은 기타 수량적 측정 방법을 사용할 수 없는 경우에 변수의 내용을 구분하거나 분류하기 위해서 최소한의 방법으로 측정하는 것이다. 따라서 그 이상의 측정 방법으로 변수 측정이 가능하다면 명목 측정으로 할 필요는 없다.

여러 가지 가설 중에서, "사회계층 간의 임금 격차가 심하면 심할수록 청소년 범죄율은 높아진다", "통화량의 긴축정책이 실시될수록 비전문직의 실업률은 높아진다"는 등의 가설을 예로 들어서 측정의 방법을 좀 더 자세히 설명할 수 있다.

'사회계층'을 경제적인 상, 중 하 등으로 나눈다면, 이는 뒤에서 설명할 서열 측정의 방법이고, 대신에 사회계층을 결손 가정, 정상 가정, 친권자가 대졸 학력인 가정과 비(非)대졸 학력인 가정, 복지 혜택을 받고 있는 가정과 받고 있지 않는 가정 등으로 구분한다면 이때는 명목 측정의 방법으로 사회계층을 조작한 경우이다. '청소년 범죄율'을 청소년의 범죄 유형에 따라서 남녀로 우선 구분하고(이때는 가상변수가 된다), 여기서 다시 성범죄, 폭력범죄, 재산범죄, 경범죄, 중범죄, 학교 내 범죄, 살인범죄, 마약 및 향정신성 약품에 관한 범죄, 교통범죄 등으로 구분한다면 이것은 명목 측정에 의한 분류체계이다. 그러나 당연히 임금 격차나 범죄율 등은 명목 측정 그 이상의 방법으로 조작할 수 있다.

일반적으로 일상 생활에서도 명목 측정을 다양하고 편리하게 사용하고 있다. 예를 들면, 인간이 세상에 태어나자마자 부모들은 자신의 자녀를 남의 자녀와 구분하기 위해서, 또 자녀가 한 명 이상인 경우에는 그 사이에서도 구분하기 위해서 남녀에 맞는 이름을 지어 준다. 만약 부모가 아이에게 이름을 지어 주지 않았다면 현재의 인간 세상이 얼마만큼 혼란스러울지 쉽게 상상할 수 있을 것이다.

그래서 성명 3자에서, 우선 성자(姓字)는 자기가 속한 가문(家門)을 여타 가문과 구분하는 것이다. 그 다음의 이름자는 가문과 문중 등에 따라서 다양하게 사용되는 항렬자(行列字), 즉 가문의 시조(始祖)로부터 몇 대의 자손인가를 알려 주는 돌림자이며, 이에 따라서 삼촌, 오촌, 칠촌 등의 촌수를 구분할 수 있다. 그 다음의 한 자(字)에서는 부모들이 좋아하는 글자로 선택할 수 있다. 자기 자녀들의 이름을 타인과 다른 종족과 남녀와 외국인과 구별되면서도, 동시에 듣기도 좋고 부르기도 좋고 또한 표기하기도 좋은 자(字)를 찾아서 성자와 항렬자와 맞추어 아이의 이름을 부모가 지어 준 것이다.

비록 이름을 작명가나 또는 누군가가 지어 준 것이라고 하더라도 이름은 위에서 설명한 규칙과 순서에 따라서 분류된 것이다. 이것이 우리 조상들이 우리에게 물려준 훌륭한 유산 중의 하나임에 틀림없다. 즉, 명목 측정으로 한국인의 정체성을 쉽게 알 수 있게 해 준 것이다. 어떤 경우에는 아름다운 이름을 짓기 위해서 부모들이 항렬자 없이 작명하기도 한다.

작명의 명목 측정의 경우를 외국과 비교해 보면 서양의 경우, 성은 부모에게서 물려받아서 쉽게 가문을 구분할 수 있지만, 이름에는 항렬자가 없기 때문에 동일한 성씨를 가진 가문의 사람들의 가족 관계를 구분하기 어렵다. 같은 동양 문화권인 일본이나 중국의 경우에도 마찬가지이다. 그래서 이와 같은 불편함을 어느 정도로 해결하기 위해서, 특히 서양의 경우에는 중간 이름(middle name)을 만들기도 한다. 중간 이름은 주로 아버지나 할아버지 등의 이름(first name)을 그대로 사용해서, 단지 아버지와 아들 또는 손자 등의 3대 정도를 구별할 수 있도록 하고 있지만, 한국의 경우에는 적어도 항렬자를 따를 경우 10대 이상도 구분할 수 있다.

이름 석 자를 지어서 개인을 구별하는 경우에, 한국의 경우에는 거의 무한대로, 특히 한글 이름자를 한자(漢字)로 표기하면 더욱더 다양하고 풍부하게 타인과 구별할 수 있는 이름의 명목 측정을 만들 수 있다. 그러나 성씨와 항렬자 등의 규칙에 따르면, 실제로 작명에는 한 자 정도의 여유밖에 없다. 그래서 동명이인(同名異人)이 많다. 한자로 표기하여도 같은 이름인 경우가 너무 많다.

이와 같은 경우에 사회 생활 등에서 여러 가지로 불편하기 때문에 이를 해결하고, 또한 이름이라는 글자 대신에 숫자를 사용하는 것이 여러 가지 통계적 편리함과, 나아가 정보사회에서의 개인의 사생활 등을 보장하기 쉬운 장점이 있기 때문에, '주민등록번호'를 이름 대신 명목 측정의 수단으로 사용하고 있다. 주민등록번호상의 숫자는 가감승제의 대상이 아니라 단지 편의와 분류상의 의미를 지니고 있을 뿐이다. 이와 유사한 경우로 운전면허 번호, 군번(남자의 경우), 학번, 은행 통장번호, 대지의 지번(地番), 차량번호, 전화번호, 호텔이나 여관 등의 객실번호, 운동선수의 등번호, 시내버스 노선번호 등 수많은 명목 측정의 예를 들 수 있다. 결론적으로, 명목 측정을 숫자로 표시한 경우에도 이 숫자는 단지 분류상의 편의에 의해서 사용된 것 그 이상의 의미는 없다는 사실이다.

2. 서열 측정

서열 측정(ordinal measurement)은 변숫값을 서열, 즉 등급(ranking)으로 측정할 수 있도록 조작하는 방법이다. 서열 측정은 변숫값의 등급이나 고저장단(高低長短) 등의 값을 정할 수 있도록 조작하여 등급에 따른 변수 간의 관계를 검증할 수 있도록 측정하는 방법이다.

그러나 일반적으로 서열 측정상의 등급은 단지 등급이나 서열 그 자체를 표시할 뿐이지 등급 또는 서열 간의 차이점을 알 수는 없다. 즉, '잘 알고 있다'와 '알고 있다'는 분명히 알고 있다는 사실에는 등급, 즉 서열이 있다. 그러나 '잘 알고 있다'는 것이 '알고 있다'는 것보다 안다는 사실에서 서열상 더 우수하지만 정확하게 얼마나 수량적으로 더 잘 알고 있는지를 밝힐 수 있는 측정의 방법이 될 수 없다(그래서 서열 측정에서 등급 간의 정확한 차이점을 알 수 있도록 하는 방법이 다음에서 설명할 등간이나 비율 측정이다).

앞에서 예를 든 가설의 경우에, '대학생의 급진적 성향' 변수를 실제로는 서열 측정으로 조작하기에 가장 알맞은 예이다. 사상적이고 심리적 급진적 성향의 강도를 수량적으로 정확하게 그 차이를 밝히기는 실제로 어렵다. 그러나 일반적으로 인식할 수 있는 범위 내에서 급진적 성향의 높낮이 정도를 측정할 수 있다. 그래서 이것을 대단히 급진적이라는 서열 1순위에서부터, 보통 급진적이라는 5순위까지 서열을 정해서 대학생의 급진적 성향을 조사한다면 순위 '1'에서 '5'는 단순히 급진적 성향의 정도를 표시하는 숫자이지 그 숫자상의 차이만큼 급진적 성향의 차이가 있다는 것을 의미하지는 않는다.

마찬가지로 "정부의 정보공개정책이 급진적일수록 정부 정책결정에 시민이 참여할 기회는 많아진다"는 가설에서도, 정보정책의 급진성 정도를 순위로 측정할 수 있지만 그 강도의 차이점을 정확하게 밝혀내기는 어렵다. 또한 사회계층 간의 임금 격차와 청소년 범죄율과의 인과관계를 밝히기 위한 가설에서도, 사회계층을 '최상류층, 상류층, 중상류층, 중류층, 중하류층, 하류층' 등 여섯 가지 단계, 즉 서열로 구분하여 측정할 수 있다. 이 경우에도 상류층과 중상류층의 소득이나 임금 격차 또는 사회계층을 구분할 다른 기준에서 어느 정도의 정확한 차이가 있어야 상류층과 중상류층을 구별할 수 있다는 것은 알려 주지는 못한다.

그러나 서열 측정은 물론 다음에 설명하게 될 등간 및 비율 측정 등의 방법도 양적 측정에 속한다. 왜냐하면, 이들은 숫자로 변숫값을 조작할 수 있기 때문이다. 물론 명목 측정 때도 분류체계를 숫자로 할 수 있지만 이때의 숫자는 단순히 구분하기 위한 수단에 불과하였다. 그러나 서열 측정이나 기타 양적 측정에서 사용되는 숫자는 더하고 빼고, 곱하고 나눌 수 있는 숫자 본래의 기능을 할 수 있다. 이 경우에도 서열 측정의 경우에는 가감승제를 전부 다 적용할 수 있는 것은 아니고, 숫자의 의미를 연구자가 정의하는 방법에 따라서 그 숫자가 나타내는 서열을 알 수 있도록 한 것이다.

숫자의 가감승제를 설명하면서 등간 측정이나 비율 측정을 설명하기 이전에 여기서 한 가지 더 언급하여야 할 것이 있다. 측정의 네 가지 방법인 명목 측정과, 서열, 등간 및 비율 측정에는 계층 관계가 있다는 사실이다. 즉, 비율 측정으로 변수를 조작할 수 있다면 비율 측정의 내용에 등간과 서열 및 명목 측정의 방법과 내용이 전부 다 포함되어 있다(Bailey, 1994: 64).

앞에서 예를 든, 대학생의 급진사상을 다섯 가지 단계의 서열로 측정하였다면, 이것은 이제 급진사상의 정도를 다섯 가지로 분류한 분류체계이면서, 동시에 그 분류체계상에 서열이 존재하고 있음을 나타내고 있다. 마찬가지로 이것을 등간 측정으로 하였다면 역시 등간 측정의 내용에는 명목과 서열 측정의 내용도 포함되어 있다. 그래서 비율 측정의 수단을 사용할수록 더욱더 측정 방법이 기술적으로 복잡하게 되어간다고 할 수 있다. 그러나 반드시 비율 측정이 가장 우수하고 명목 측정이 가장 초보적 측정 방법이라고 하는 것은 아니다. 단지 변수의 내용과 속성에 따라서 가장 타당한 측정 방법을 결정하면 될 것이다. 그러나 비율 측정으로 할 수 있는 경우에는 되도록 비율 측정으로 조작해서 연구의 질을 높일 수 있어야 할 것이다.

3. 등간 측정

등간 측정(interval measurement)은 서열 측정의 서열뿐만 아니라 서열이나 등급 간의 차이점을 정확하게 측정할 있는 방법이다. 따라서 등간 측정으로 변수 내용을 조작한다면 명목 측정과 서열 측정의 조건을 다 만족시키면서, 동시에 서열상의 차이점을 수량적으로 정확하게 알 수 있는 경우이다. 그래서 실제로 등간 측정으로 조작할 경우에 가장 주의하여야 할 사항은 각각의 서열이나 등급의 간격을 반드시 일정하고 균등하게 구분하여야 한다는 점이다.

예를 들면, "대학생의 급진적 성향과 노동쟁의 발생 건수"와의 인과관계를 찾기 위해서 급진적 성향을 서열 측정으로 조작하였고, 노동쟁의 발생 건수를 등간 측정으로 조작한다고 가정할 수 있다.[3] 즉, 분기별로 발생되는 여러 사업장에서 노동쟁의 발생 빈도를 단순히 높다 또는 낮다 등으로 측정하기보다, 분기당 '1~3건', '4~6건', '7~9건', '10~12건', '13건 이상' 등으로 측정할 수 있다. 이 경우에는 노동쟁의 발생 빈도의 차이점을 각 서열상의 단계에 따라서 정확하게 3건이라는 사실을 알 수 있도록 등간의 간격을 구분해 두었다. 이와 같은 숫자는 가감의 대상이 될 수 있다.

---

3) 동일한 가설에서도 변수의 내용과 조건에 따라서 여러 가지의 측정 수단을 동시에 이용할 수 있다. 측정은 가설을 구성하고 변수를 조작하여 필요한 자료를 찾고자 하는 수단이기 때문에 종속변수와 독립변수를 항상 동일한 측정 수단으로 조작하여야 한다는 것은 아니다.

즉, 노동쟁의의 발생 건수를 3건인 경우와 6건인 경우에는 서로의 차이점을 더하고 뺄 수 있다는 의미이다.

"사회계층 간의 임금 격차가 심할수록 청소년 범죄율은 높아진다"는 가설에서, 월 임금 소득 격차를 균일하게 구분하여, '0~50만 원 미만', '50~100만 원 미만', '150~200만 원 미만', '200~250만 원 미만', '250만 원 이상' 등으로 구분해서 그 간격을 50만 원으로 정렬시킬 수 있다. 또한 월별 청소년 범죄율의 변화도 명목 측정에서 분류해 둔 범죄 유형별 월 범죄 발생률(%)의 변동을, '0~2.0%', '2.1~4.0%', '4.1~6.0%', '6.1% 이상' 등으로 각 등간의 간격을 2%로 균등하게 정하여 측정하는 것이 등간 측정이다.

4. 비율 측정

비율 측정(ratio measurement)은 등간 측정과 동일한 방법과 조건을 만족시키는 경우이지만 한 가지 조건을 더 충족시킬 수 있는 측정 방법이다. 등간 측정으로 정한 숫자의 경우에는 가감의 대상은 될 수 있지만, 곱하고(승) 나눌 수(제) 있는 대상은 아니다. 그러나 위에서 예를 든, 월별 임금 소득 격차와 범죄 발생률은 가감의 대상이면서, 동시에 승제의 대상도 될 수 있다. 예를 들면, 월소득의 격차 50만 원과 100만 원을 소득 격차가 없는 '0'에서 비교하면 2배라는 비율이고, 이 비율을 기타 소득 격차에도 계속 적용할 수 있다. 범죄율도 마찬가지이다.

따라서 등간 측정이 비율 측정이 되기 위해서는 그 비율을 정할 수 있는 기준이 있어야 한다. 그 기준을 '영점(0)'으로 잡을 수 있어야 한다. 이때의 '0(零)'은 고정된 절대 영점이고 연구자가 임의로 정할 수 없는 영점이다. 이와 같은 절대 영점 기준을 만족시킬 수 있는 등간 측정의 경우를 비율 측정이라고 할 수 있다.

등간 측정과 비율 측정을 구분할 수 있는 가장 쉬운 예를 들면, 소득이나 임금 수준, 연령, 학력 수준 등을 등간 측정으로 측정하는 경우에는 그 영점이 절대 영점이기 때문에 비율 측정이 될 수 있다. 소득과 임금, 연령, 학력 등의 영점은 연구자들이 자의적으로 정할 수 있는 것이 아니고 연구 환경에 의해서 고정된 절대 영점이기 때문이다.

반면에 심리테스트나 지능지수(intelligence Quotient: IQ), TOEIC이나 TOEFL 점수 등을 등간 측정으로 측정하는 경우에는 각각의 영점이 절대영점이 아니기 때문에 비율 측정의 대상은 될 수 없다. 지능지수의 영점이나 TOEFL의 영점 등은 그것을 개발한 사람들이 자의적으로 정해 둔 값이지 인간 사회나 경험 사회에서 정해진 절대적 의미의 값을 가지고 있는 영점은 아니다. 그렇기 때문에 자의적 영점을 비교 기준으로 결정해 두고 조사 대상자의 점수를 곱하고 나누어 그 값에 따라서 실력 차이나 지능 차이를 판단할 수 없다.

등간 측정과 비율 측정을 구분하는 재미있는 예로서, 필립스(Phillips, 1976: 233-235)가 비교해서 설명한 온도 측정의 방법을 들 수 있다. 대기 온도를 측정하는 화씨(Fahrenheit)나 섭씨(Celsius) 온도계의 영점은 절대 영점이 아닌 자의적 영점이다. 화씨는 물이 어는 점(빙점)을 32°F라 하였고, 물이 끓는 점(비등점)을 212°F로 정한 반면에, 섭씨는 0℃가 빙점이고, 100℃를 비등점으로 정하여 온도를 측정한 것이다.[4]

따라서 이것은 온도 측정을 발견한 발견자가 임의로 정한 것이기 때문에 섭씨나 화씨 온도를 가감의 대상으로 할 수 있지만, 승제의 대상으로 할 수 없다. 섭씨 30℃가 섭씨 10℃에 비해 3배만큼 더 덥다라고 단언하기 어렵다. 또한 기압의 상태에 따라서도 물이 얼거나 끓는 점이 다르기 때문에 절대적으로 어느 점이 영점이라고 할 수도 없다.

반면에 영국 물리학자인 켈빈(William Kelvin, 1824~1907)이 온도를 측정하기 위해서 발견한 켈빈 계수 K는 절대 영점이 있는 경우이다. 온도의 변화에 따른 분자의 운동을 측정하는 경우로서 영도는 분자 운동이 없는 경우이다.[5] 따라서 300K는

---

4) 온도를 측정하는 용어를 '화씨' 또는 '섭씨'라고 하는 것은 온도 측정 방법을 발견한 사람의 성을 따서 중국식 한자로 표기한 것을 한글로 부른 것이다. 이것도 성을 완전히 부르기보다 발견자 이름의 발음 첫글자를 따서 '화'氏 또는 '섭'氏라고 한 것이다. 화씨는 18세기 독일 물리학자인 파렌하이트(Daniel Gabriel Fahrenheit, 1686~1736)가 개발한 온도 측정 방법이다. 반면에 현재 한국 등에서 온도 측정으로 많이 이용하고 있는 섭씨는 스웨덴 웁살라대학교(University of Uppsala)의 천문학 교수였던 셀시우스(Anders Celsius, 1701~1744)가 1742년에 개발한 온도 측정 방식으로 일명 'centigrade temperature scale'이라고 하기도 한다(*Encyclopedia of Britannica*, 1997).

5) 정확하게는 절대 영점은 순수한 물(고체, 액체, 가스 상태의 균형점에서)의 3배점[1/273.16, 즉

100K보다 정확하게 3배의 분자 속도가 빨라지는 온도를 나타낼 수 있다.

사회과학 연구에서는 조사 대상의 속성에 따라서 조금씩의 차이는 있지만 거의 대부분 변수의 내용을 비율 측정으로 측정할 수 있는 것이 일반적이다. 본 장에서 예시한 가설의 경우만 보더라도 범죄율이나 임금 격차, 시민 참여율, 실업률 등은 실제로 각각의 영점을 연구자가 임의로 선정하거나 또는 정의할 수 없는 경우이다. 그래서 이것을 측정하고자 할 때는 등간 측정으로 측정하게 되고, 나아가 이것은 절대 영점을 갖는 성질이기 때문에 비율 측정이 될 수 있다.

변수의 내용을 측정할 때 등간이나 비율 또는 서열 등으로 구분하여 측정할 수 있는 정도에 따라서 다음에 설명할, 실제로 데이터를 수집해서 이를 분석하는 방법이 달라질 수 있다. 또한 방법이 다르기 때문에 측정을 정확하게, 그리고 비율 측정처럼 많은 속성을 가진 변수를 측정할 수 있음에 따라서 가설을 좀 더 정확하게 검증할 수 있다. 비율 측정으로 할 수 없는 변수를 실수로 비율 측정으로 설정하고 자료를 수집하여 이를 분석한다면 잘못된 연구 결과, 즉 가설을 잘못 검증하는 결과를 발생시키게 된다. 그래서 앞에서도 지적하였듯이 측정이 방법론의 가장 중요한 부분을 차지하는 '아킬레스 건'이라고 부르는 이유를 알 수 있다.

제3절 척 도

1. 척도의 의미

가설을 구성하고 있는 변수의 내용에 따라서 경험 사회에서 가장 타당하고 신뢰할 수 있는 자료를 수집할 수 있도록 측정의 방법으로 조작하는 작업을 완성하는 단계

(−)273℃를 영도로 기준, K= ℃ +273]을 의미한다. 켈빈 온도 측정만이 절대 영점을 갖고 있기 때문에 이를 '절대 온도계(absolute temperature scale)'라고 한다. 따라서 물리학이나 기타 자연과학의 법칙 등을 설명할 때는 켈빈 온도를 이용하고 있으며, 이것이 과학적 온도 측정의 국제적인 표준으로 사용되고 있다(*Encyclopedia of Britannica*, 1997).

가 바로 척도(scale)를 활용하여, 그 변수의 내용 또는 특성을 단위를 사용하여 수량화 또는 정량화하는 것이다. 이때 척도는 어떤 대상의 특성을 단위를 사용하여 수량화 또는 정량화한 것을 의미하며, 그 과정에서 측정하고자 하는 변수의 내용 및 특성을 다양한 방법으로 조작한 단위에 필요한 숫자나 문자 또는 상징 등을 부여하는 작업을 거치게 된다. 따라서 이때 부여된 숫자나 문자 또는 상징 등은 측정 방법에 따라서 그 의미가 달라진다.

우리가 일상 생활에서 흔히 접하는 자료의 형태들을 생각해보면 측정 방법에 따라 척도의 의미가 다르다는 것을 쉽게 알 수 있다. 즉, 자료의 형태에 따라 사용하는 척도가 다르다는 것이다. 예를 들면, 명목 측정의 경우, 부여된 숫자나 문자 또는 상징은 단순히 분류의 편의상 제공된 숫자나 문자, 상징이라는 의미 이외에는 별다른 뜻이 없다. 반면에 비율 측정에 부여된 숫자는 가감승제 또는 사칙연산의 대상으로서 비율 측정과 등간 측정, 서열 및 명목 측정의 모든 속성을 다 가지고 있는 숫자가 된다. 따라서 척도 작업을 할 때 각각의 측정 방법에 따라서 척도의 다양한 기법을 활용할 수 있다.

2. 척도의 종류

우리가 수집할 수 있는 자료에는 범주형(categorical/qualitative) 자료와 연속형(numerical/quantitative) 자료로 구분할 수 있다. 따라서 척도도 수집한 자료에 따라 명목 척도, 서열 척도, 등간 척도, 비율 척도로 구분할 수 있다. 범주형 자료를 나타내는 척도로는 명목 척도(nominal scale)와 서열 척도(ordinal scale)가 있고, 연속형 자료를 나타내는 척도로는 등간 척도(interval scale), 비율 척도(ratio scale)가 있다. 각 척도에 대한 구체적인 설명은 다음과 같다.

1) 명목 척도

명목 척도는 단순히 측정하고자 하는 변수, 특히 단일 변수나 개념을 구분하기 위해서 숫자나 상징을 부여하는 방법이다. 예를 들면, 대학생의 급진사상 정도와 노동쟁의 발생 빈도와의 인과관계를 밝히고자 하는 가설에서 대학생을 남녀로 구분하여 남자 대학생에는 '1', 여자 대학생에는 '0', 또는 단순히 정치 성향을 표기하는 방법으로 '급진적이다'에는 '1', '보수적이다' 항목에는 '0' 등을 부여하는 방법이다. 그러나 변수의 내용이 복잡하여 남녀 대학생을 학년과 전공별로 동시에 분류하고자 한다면 이를 동시에 구분할 수 있도록 해야 한다. 이 경우에 많이 사용되는 기법으로 매트릭스(matrix)분석이나 군집(cluster)분석 등을 이용할 수 있다.[6]

2) 서열 척도

서열 척도는 서열 측정에서 정의된 서열이나 등급을 숫자로 표기할 수 있도록 측정 단위를 결정하는 방법이다. 앞에서 예를 든 대학생의 급진적 성향을 서열 측정으로 파악하고자 한다면 급진성의 정도, 즉 서열을 나타내는 방법으로 다음과 같이 숫자를 부여할 수 있다. 즉, 급진성의 정도가 강한 순서부터 약한 정도를 10에서 1까지로 표기할 수 있도록 그 서열을 정하면 된다. 이와 같이 하는 경우에도 서열상의 차이점을 아직까지는 알 수 없다. 반면에 이렇게 측정하면 조사 대상자의 편견을 방지하거나 프라이버시 등을 보호할 수 있다. 즉, 급진성의 정도만 표기하면 되기 때문에 굳이 나의 정치적인 사상 정도를 적나라하게 나타낼 필요가 없기 때문이다.

서열 척도에서 가장 많이 이용되는 것이 숫자상 더 높거나 더 많은 경우가 높은 서열이나 등급을 나타낼 수 있도록 하는 방법인 총액 척도(summated rating scale)이다. 예를 들면, 신문이나 주간 잡지 등에서 "당신의 건강지수는?", "당신의 애정지수는?", "현재 당신이 받고 있는 스트레스의 정도는?" 등의 제목으로 10가지나 20가지 정도의 문제에 대답하여 그 점수를 합산하여, 몇 점 이상이면 현재 당신의 애정은 심각한 위기에 도달하였으니 조심하라는 것으로 결론을 내리는 방법 등에 주로 사용되는 것이 총액 척도 방법이다.

두 번째로 리커트 척도(Likert scaling)이다. 리커트 척도는 측정하고자 하는 수단이 실제로 측정하여야 할 변수를 측정하는 동일한 수단이 될 수 있는가 하는 문제를

6) 매트릭스나 군집 분석 기법의 공통점은 각 질문 대상자나 또는 연구 대상자에 한 개 이상의 변숫값을 동시에 적용하여 구분할 수 있도록 처리하는 척도 방법이면서 자료분석 기법이다.

해결하기 위해서 개발된 것이다. 예를 들면, 입사 지원자의 품위를 측정하는 여러 가지 문제를 서열 측정으로 표기하도록 입사시험 면접 위원에게 위촉한 경우에 처음에는 총액 측정 방법으로 모든 지원자의 품위에 관한 점수를 평균값이나 4등분 퍼센트 분포값 등으로 계산할 수 있다. 그러나 어떤 질문 문항에는 높은 점수를 받은 지원자나 낮은 점수를 받은 지원자의 점수가 동일한 경우가 있다면, 이 질문 문항은 실제로 지원자의 차이점을 판단할 수 없는 문항이기 때문에 이것을 제외시키고, 다시 점수를 계산하는 방법을 택할 수 있다. 따라서 리커트 척도에서는 고득점자와 저득점자를 구별할 수 있는 문제만을 사용하고자 하는 방법이라고 할 수 있다.

세 번째로 많이 이용되고 있는 서열 측정의 척도 방법이 거트만 척도(Guttman scaling)이다. 처음에는 총액 척도나 리커트 척도로 자료를 수집하다가 어떤 문제에서는 조사하고자 하는 내용이 대단히 분명하여 타당성과 신뢰성에 거의 의심이 없는 문제군이 있다고 판단되면 이것만을 별도로 분리해서 그에 필요한 자료를 얻을 수 있도록 처리하는 경우이다. 예를 들어, "정부의 정보공개 정책과 시민의 정책 참여의 정도"라는 가설을 증명하기 위해서 시민집단이나 조직을 여러 개로 분류하여 놓고, 각각의 시민집단의 정책 참여 횟수를 정확하게, 즉 '3'이라면 그 집단은 세 번만 참여한 경우이고, '5'라면 참여 횟수를 다섯 번만 참여한 경우를 의미하도록 구성하는 방법이 거트만 척도이다.

그러나 실제로 정부의 정보공개 정도와 참여 정도의 정확한 통계적 관계를 계산하려면 좀 더 복잡한 계산 공식을 이용하여야 할 것이다. 다행히도 이러한 모든 것을 컴퓨터로 쉽사리 처리할 수 있지만 처리된 숫자를 읽고 해석하여 이것이 무엇을 의미하는지를 정확하게 파악하기 위해서도 원리와 절차 등은 알고 있어야 한다.

3) 등간 척도

등간 척도는 측정하고자 하는 대상이 지닌 속성의 차이를 양적인 차이로 측정하기 위해 척도 간의 간격을 균등하게 분할하여 측정하는 척도를 의미한다. 등간 척도처럼 척도의 간격을 균일하게 나누어 사용하게 되면 우리가 측정하고자 하는 관측 대상의 특성을 수량화, 정량화하여 측정할 수 있을 뿐만 아니라 가감승제 또는 사칙연산을 하여 비교가 가능하다. 대표적인 등간 척도의 예에는 섭씨로 나타내는 온도가 있다.

등간 척도의 중요한 특징 중의 하나는 절대 영점(absolute zero)이 존재하지 않는다는 것이다. 섭씨 온도의 경우 비록 '0'도라고 하더라도 온도 자체가 존재하지 않는 것이 아니라 단지 물이 어는 기준점을 0으로 삼은 것 뿐이라는 것이다. 만일 섭씨 0도를 화씨(Fahrenheit)로 바꾸게 되면 32도(0℃ = 32°F)가 된다.

4) 비율 척도

비율 척도는 서열성, 등간성, 비율성의 세 가지 속성을 모두 가진 척도로써 절대 영점이 있는 등간 척도를 의미한다. 대표적인 비율 척도의 예에는 거리, 무게 등이 있다. 비율 척도는 가감승제 또는 사칙연산이 모두 가능하고, 평균값을 계산하여 활용할 수도 있다.

등간의 균등한 차이점을 알고 있는 등간 측정이나 비율 측정의 경우에는 비율 척도를 이용하는 것이 좀 더 다양하고 우수한 통계분석의 기법을 사용할 수 있는 장점이 있다. 물론 앞에서 소개한 여러 가지 척도 방법을 이용할 수 있지만 거트만 척도에서 설명하였듯이, 정책 참여 횟수 3이나 4 또는 5는 단순한 참여 횟수에 불과하고, 참여의 정도, 즉 어떤 종류의 회의에 몇 시간 또는 어떤 형태로 참여하였는가 하는 참여의 강도를 측정하기는 어렵다. 이 경우에는 시민들의 정책 참여 횟수에 더하여 참여 범위나 참여 시간, 참여 형태, 참여 이슈 등의 다양한 요소를 고려할 수 있도록 하는 방법이 필요하다. 이와 같은 대표적인 것으로 요인 척도(factor scaling)를 들 수 있고, 이를 분석하는 요인분석(factor analysis)이 있다.

또 다른 형태의 가장 간단한 비율 척도 방법으로 많이 이용되는 것이 서스턴 척도(Thurstone scaling)이다. 앞에서 본 서열 측정을 측정하기 위한 총액 척도를 사용할 경우, 대학생의 급진적 성향의 강도를 '10'에서 '1'까지로 한다면 이 경우에 질문에 대답하기 싫어하거나, 자신의 정치적 급진 성향의 정도를 '10'에서 '1'까지 표기한 사항에 해당될 수 없다고 하는 경우나, 또는 중립 입장을 취하는 경우 등을 찾아내기 위해서 단계를 '11'에서 '1'로 나누어, 중앙 숫자인 '6'은 중립 입장을 표기할 수 있도록 하는 방법이다. 그 실례로 미인 선발대회의 심사평가 방법으로 서스턴 척도를 현재 많이 이용하고 있다.

지금까지 설명한 네 가지 척도의 특징을 그림으로 요약해서 나타내면 [그림 4-2]와 같다.

그림 4-2 네 가지 척도의 특징

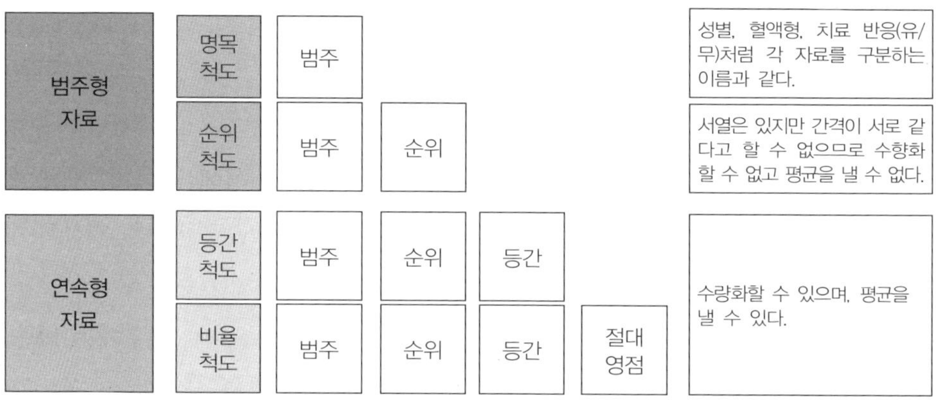

출처: 배정민(2016). 『그림으로 이해하는 닥터배의 술술 보건의학통계』. 서울: 한나래.

제4절 측정 오차

1. 측정 오차의 의미

연구자가 추구하는 가설검정을 위해서는 가설을 구성하고 있는 변수의 내용을 조작하여 현실의 경험 사회에서 그 내용을 가장 잘 반영하고 대표할 수 있는 실증적 자료를 수집할 수 있어야 한다. 이와 같은 조작의 가장 기초적인 방법이 측정이며, 측정이 잘 되어야 올바른 정보를 얻을 수 있다. 그러나 현실적으로 측정을 올바르게 그리고 잘 한다는 것은 매우 어렵다. 그렇다면 만일 자료의 측정 자체가 잘못되었다면 어떻게 될까? 이는 연구자가 이 자료를 활용하여 아무리 고급의 통계 기법을 적용하여 분석하여 그럴싸한 연구 결과를 도출하여도 그것을 활용할 수 없다. 따라서 연구자가 연구 목적에 적합한 자료를 올바르게 측정하는 것은 향후 다양한 분석 기법을 제대로 활용하기 위한 전제가 된다(김태일 · 노화준, 2018: 11).

측정 오차는 이처럼 연구자가 측정하고자 하는 대상의 참값과 측정값 간의 차이를 의미한다. 특히, 질적인 특수성을 지니고 있는 측정 대상의 속성을 인위적으로 측정이라는 양적인 측면으로 전환하게 되면, 이들 간의 관계에서 필연적으로 간격이나 차이가 발생하게 되기 때문에, 올바르게 측정하는 것은 상당히 어려운 과정이라고 볼 수 있다. 뿐만 아니라 모든 사회현상은 비록 변화의 속도에 차이가 있을 뿐 끊임없이 변화하는 속성을 지니고 있기 때문에, 다양한 척도를 활용하여 어떤 특정 대상을 아무리 잘 측정했다고 하더라도 그와 같은 측정 결과는 그 대상의 일시적인 것에 불과하다. 따라서 측정 오차는 불가피하게 발생할 수밖에 없으며, 완벽한 측정도구란 있을 수 없다는 점을 고려해 볼 때 우리가 사회과학 분야에서 행하는 많은 조사연구들은 항상 오류의 발생가능성을 내포하고 있다는 점을 명심할 필요가 있다.

한편, 변수의 내용을 다양한 측정 방법으로 조작한 것이 과연 현실적으로 얼마만큼 타당하고 신뢰할 수 있는 데이터를 수집할 수 있을 것인가 하는 점은 또 다른 측면에서 문제가 된다. 이것이 측정의 타당성과 신뢰성의 평가에 관한 일이다. 즉, 측정의 질(quality)을 판단하는 기준이 타당성과 신뢰성이다. 이런 측면에서 볼 때 측정 오차의 발생가능성에 대해서 연구자는 항상 신중을 기할 필요가 있다.

2. 측정 오차의 종류

측정 오차를 연구자가 측정하고자 하는 대상의 참값과 측정값 간의 차이를 의미한다고 정의할 때 측정 오차는 분류 기준이 무엇인가에 따라 그 유형이 나뉜다. 먼저, 일반적으로 측정 오차는 오차의 발생이 일정한 방향성을 지니고 있느냐에 따라 체계적 오차와 비체계적 오차로 구분한다. 여기서 체계적 오차는 측정 대상 또는 측정과정에 대해 일정한 방향성을 가지고 체계적으로 영향을 미침으로써 오차를 발생시키는 경우를 의미한다. 체계적 오차는 한쪽으로 치우쳐 있다고 간주해서 편의(bias)라고도 부르기도 한다. 비체계적 오차는 측정과정에서 우연히 또는 일시적인 사정에 의해 발생하는 오차를 의미하는데, 이를 무작위 오차라고 부르기도 한다. 한마디로 무작위 오차는 그것이 + 방향이든 − 방향이든 어느 방향이든지 무작위로 발생하기 때문에 사전에 알 수 없을 뿐만 아니라 통제도 불가능하다. 그렇기 때문에 측정에서 무작위 오차가 발생하는 경우는 찾기가 매우 어렵다.

통계조사의 목적은 표본의 특성, 즉 통계값을 조사함으로써 미지의 모집단의 특성, 즉 모수를 알기 위한 것인데, 실제로 통계값은 모수와 정확히 일치하지 않은 경우가 많다. 왜냐하면, 통계조사에 의한 추론에서는 항상 오차가 발생하기 마련이기 때문이다. 그렇기 때문에 무작위 오차는 측정보다는 표본추출에 있어서 훨씬 중요한 개념이다(김태일 · 노화준, 2018: 14).

제5절 측정에 대한 평가

연구자는 가설을 구성하고 있는 변수의 내용을 조작하여 현실의 경험 사회에서 그 내용을 가장 잘 반영하고 대표할 수 있는 실증적 자료를 수집할 수 있어야 한다. 이와 같은 조작의 가장 기초적인 방법이 측정이며, 측정이 잘 되어야 올바른 정보를 얻을 수 있다. 그러나 이제는 변수의 내용을 다양한 측정 방법으로 조작한 것이 과연 현실적으로 얼마만큼 타당하고 신뢰할 수 있는 데이터를 수집할 수 있을 것인가 하는 점이 문제이다. 이것이 측정의 타당성과 신뢰성 평가에 관한 일이다. 타당성과 신뢰성은 측정의 질(quality)을 판단하는 중요한 기준이 된다.

측정이 얼마나 잘 되었는지, 또는 타당하고 신뢰할 수 있는 자료를 얻을 수 있도록 조작되었는지 여부는 결국 연구자의 연구 주제와 내용에 관한 고도의 전문적 판단에 관한 사항이다. 연구자가 연구 내용을 가장 잘 알고 있고, 또한 무엇을 연구할 것인가를 주관적으로 판단하여 결정한 사항이기 때문에, 내용을 경험적으로 측정하기 위해서 조작한 방법들의 잘잘못 등을 판단하는 문제도 결국 연구자의 주관적 판단에 의존하지 않을 수 없다. 그래서 측정의 신뢰성과 타당성에 관한 설명은 연구자의 주관적 판단 기준의 질을 향상시키거나 판단의 과정을 좀 더 객관적으로 수행할 수 있도록 하는 보조 역할을 할 수 있을 뿐이다.

사회과학 연구에서는 가치판단을 수반하고, 다양한 뜻으로 해석되거나 또는 감정이나 환경에 따라서 다의적으로 해석될 수 있는 변수가 많다. 그러나 이와 같은 변수를 정확하게 100% 완벽하게 그 내용을 반영하고 대표할 수 있도록 해주거나, 또는 현실의 경험 사회에서 자료를 수집할 수 있도록 조작하기란 대단히 어려운 일이다. 그렇기 때문에 단지 얼마만큼 완벽에 가깝게 조작할 수 있을 것인가 하는 점이 더 중요하다. 아울러 자료를 통계 처리할 때도 사회과학의 일반적 연구에서 어느 정도의 범위 내에서는 타당성과 신뢰성을 갖추고 있는 변수의 조작 방법이라고 허용될 수 있는 범위를 계산하기도 한다.

변수의 내용을 얼마나 정확하고 확실하게 조작해서 현실에서 그에 필요한 데이터를 수집할 수 있는가 하는 문제는 궁극적으로 연구자의 전문가적 판단과 양심, 그리고 학문에의 정직과 진리에의 겸허함 등에 의존하지 않을 수 없다. 특히, 사회과학은 자연과학과 달리 연구자 자신의 윤리나 가치 기준 또는 연구철학 등이 연구의 중요한 패러다임 역할을 하고 있는 있다. 그래서 사회과학자는 자신이 살아온 인생 경험의 정도와 폭, 가치관, 철학 등에 따라서 그만큼의 연구를 수행할 수밖에 없다는 비판을 받고 있기도 하다.

측정의 타당성과 신뢰성은 대단히 중요한 개념 중의 하나이다. 측정 수단을 마련하여 가설을 조작한 것이 과연 가설의 내용을 정확하고 확실하게 반영하여 그것에 꼭 필요한 자료를 수집할 수 있을 것인가, 또는 수집하였는가 하는 점을 연구자나 기타 제3자가 평가할 수 있어야 연구를 과학적으로 수행할 수 있다. 과학주의는 타인의 연구 결과를 반복해서 검증할 수 있어야 한다. 이때 자신의 연구 결과를 타인이 검증할 수 있다는 의미는 아무리 자료의 타당성과 신뢰성이 연구자 자신의 주관적이고 전문적인 판단이라고 하더라도 객관적으로도 타당성과 신뢰성이 평가될 수 있어야 한다는 뜻이다. 이것을 사회과학 방법론에서는 간주관주의(間主觀主義, inter-subjectivity)라고 한다.

1. 타당성

측정의 타당성(validity)이란 얼마나 정확하게 측정하고자 하는 변수의 내용을 측정할 수 있도록 조작되었나 하는 것을 판단하고 평가하는 개념이다. 즉, 측정하여야 할 변수의 내용을 측정할 수 있도록 조작되어야 하지 다른 개념이나 변수를 측정할 여지나 가능성을 가질 수 있는 측정방법은 타당성이 없는 것이다. 예를 들면, 한국 대학생의 급진적 성향과 노동쟁의 발생 관계의 경우에, 대학생의 급진적 성향을 측정하려면 대학생의 사상적, 이념적, 정치적 급진 성향을 측정할 수 있도록 변수를 조작해야 한다. 그렇지 않고 대학생의 단순한 반항 의식이나 청년들의 심리적 불안 상태 등을 측정하는 수단이나 도구를 마련한다면 이것은 정확하게 급진적 성향을 측정할 수 있는 타당성 있는 도구가 될 수 없을 것이다.

한편, 대학생의 급진적 성향을 과연 얼마나 타당성 있게 측정할 수 있도록 변수를 조작하였는가 하는 것을 평가하는 문제는 실제로 그리 간단하지 않다. 왜냐하면, 급진적 성향 등과 같이 사회과학의 연구 내용을 구성하고 있는 변수나 개념을 수학의 공식처럼 정의하기란 매우 어렵기 때문이다. 따라서 연구자 자신의 전문가적 판단 기준과 가치가 크게 작용하여 변수를 정의하지 않을 수 없다. 또한 정의된 변수라고 하더라도 추상적이고 감성적이며, 다의적인 내용들을 현실의 경험 사회에서 그에 꼭 맞는 자료를 찾기가 대단히 어렵기 때문이다. 그래서 사회과학은 다수가 인정하는 간주관주의 방법을 적용할 수 있는 범위 내에서 변수를 조작하고, 이의 타당성 정도를 평가하지 않을 수 없다. 연구자가 변수를 측정하기 위해서 마련한 측정 수단이 과연 타당한 데이터를 수집할 수 있을 것인가 하는 점을 설명하고 판단할 수 있는 타당성 평가 방법은 크게 다음과 같이 네 가지로 구분해 볼 수 있다.

1) 표면 타당성

표면 타당성(face validity)은 측정하고자 하는 변수의 내용을 얼마나 정확하게 측정할 수 있도록 조작되어 있는가 하는 것을 평가하는 것이다. 그래서 표면 타당성은 실제로 타당성을 정의하는 내용과 같다. 그만큼 타당성 평가의 중요한 기준으로서 측정 수단으로 조작된 변수가 표면 타당성을 갖추고 있어야 한다.

표면 타당성은 변수의 내용을 현실적으로 그에 정확한 자료를 수집할 수 있도록 조작하였는가 하는 점에 초점을 두기 때문에, 이를 내용 타당성(content validity)이라고 부르기도 한다. 또한 논리적으로도 측정하고자 하는 것을 정확하게 측정해야지, 그와 관계없는 사항을 측정하면 안 된다는 의미를 가지고 있기 때문에, 표면 타당성을 논리 타당성(logical validity)이라고도 한다.

이미 언급한 바와 같이 측정 수단들을 활용하여 연구자가 정의한 변수나 개념을 과연 얼마만큼 정확하게 측정할 수 있는가를 평가하는 것은 연구자의 판단에 달려 있다. 뿐만 아니라 측정하고자 하는 변수를 모든 사람이 동의하는 방식으로 정의하는 것도 사회과학에서는 거의 불가능하다. 특히, 변수의 내용이 추상적이고 관념적이며 다의적일 경우에는 더욱 그러하다. 그와 같은 경우에는 측정 그 자체는 오랜 시간이 소요될 수 있고, 복잡한 과정이어서 그 기간 동안에 예측할 수 없는 환경적 요소나 기타 내부적 요인에 의해서 측정 대상인 변수의 내용이 변화될 수도 있다. 이와 같은 장애요인 때문에 측정 방법의 표면 타당성을 정확하게 평가하기란 사실상 어려운 경우가 많다.

표면 타당성은 제3종 오류(type III error)와 관련이 있다. 제3종 오류는 해결하고자 하는 문제를 처음부터 잘못 확인하거나 정의해 버리면 그 다음 순서인, 문제 해결 방법을 아무리 잘 사용하고 정확하게 이용한다고 해도 결국 가야 할 길을 처음부터 잘못 들고서 열심히 달리는 것과 같은 결론을 맞게 된다는 지적이다. 마찬가지로 표면 타당성이 결여되었다는 것은 서울을 가려고 하면서 실제로는 부산으로 가는 고속도로를 열심히, 그리고 아무리 신나게 달려도 그 목적지와 정반대인, 서울이 아닌 부산에 도착하게 된다는 사실을 비유한 것과 같다. 이것을 고대의 중국인들은 수레의 방향을 북쪽으로 하면서 남쪽의 초(楚)나라로 가려고 한다는 어리석음에 비유하기도 하였다. 즉, 수레를 다루는 기술이 아무리 뛰어나고 수레를 끄는 말들이 아무리 우수하다고 하더라고 북쪽으로 가서는 남쪽에 위치한 초나라로 갈 수 없다는 비유이다. 이것이 『전국책(戰國策)』에 나오는 북원적초(北轅適楚)라는 고사성어이다. 따라서 제3종 오류는 표면 타당성을 결여한 것이라고 볼 수 있다. 측정하고자 하는 변수를 처음부터 정확하게 정의하지 못하고서, 그 다음 단계인 측정을 정확하게 마무리한다고 하더라도 결국에는 원래의 연구 내용과 다른 것을 측정하는 결과가 된다. 그렇게 되면 길을 잘못 든 결과와 같은 연구 결과가 발생하게 될 것은 당연하다.

2) 기준 타당성

기준 타당성이나 다음에 설명할 구성 타당성 등의 평가 방법은 전부 다 표면 타당성의 평가 기준을 만족하고 있는 경우이다. 즉, 기준 타당성을 평가한다면 당연히 그 측정은 표면 타당성을 만족시키고 있어야 한다는 의미이다. 그래서 타당성의 평가 기준은 전부 다 표면 타당성이 있는 경우이고, 표면 타당성보다 좀 더 구체적이고 심층적으로 측정의 타당성을 평가하는 방법이다. 그러나 여기서 측정 수단이 내용적, 논리적으로 얼마나 정확하게 조작화되었는가를 판단하는 표면 타당성이 가장 중요한 판단의 기준이 됨은 당연하다.

기준 타당성(criterion validity)은 동일한 개념을 2회 이상 반복 측정하여 그 결과가 동일하다면 측정 수단이 타당하다고 평가하는 방법이다. 예를 들면, 대학생의 급진적 성향을 측정하기 위한 측정 수단을 개발해서 이것을 현재까지 사용하여 본 결과 타당성이 있는 측정 수단으로 확인되었다면, 이것을(물론 정확하게는 이와는 좀 다른 측정 수단이지만) 기준으로 해서 차후의 대학생의 급진적 성향을 측정하기 위해 이와 같은 측정 수단을 보편적으로 사용하는 경우이다.

대학수학능력 시험문제나 운전면허 시험문제 또는 상담심리검사 문제, 정치적 성향 조사 항목, 관료제의 병리 현상 조사, 시민의 가치의식 조사, 유권자의 선택 기준 조사 등을 수행하기 위하여 개발된 측정 수단을 차후에 계속해서(물론 수정된 측정 수단이지만) 이것을 사용할 수 있는 것은 이들의 측정 수단이 타당성을 지니고 있다고 평가되었기 때문이다. 또한 이것이 기준이 되어 새로운 측정 수단이 수정되거나 개발될 수 있다는 의미에서 이것을 '기준 타당성'이라고 부르고 있다.

기준 타당성에서 기준이 되는 과거의 측정 수단을 구(舊) 측정 수단(old measurement)이라고 하고, 구 측정 수단에 의해 새로운 측정 수단을 개발하여 사용하는 것을 신(新) 측정 수단(new measurement)이라고 한다. 따라서 연구 과제가 동일하다면 매번 연구를 수행할 때마다 새로운 측정 수단을 개발할 필요 없이 과거에 사용하였던 측정 수단을 기준으로 하여 변화된 내용 정도를 수정하여 그 측정 수단을 계속 사용할 수 있다. 그래서 기준 타당성을 일명 실용 타당성(pragmatic validity)이라고도 한다. 아울러 기준 타당성이 되는 구 측정 수단이 새로운 측정 수단을 개발하기 위한 기준이 된다는 의미는 신 측정 수단을 예측할 수 있다는 의미이기 때문에, 이것을 예측 타당성(predictive validity)이라고도 한다. 더구나 연구 내용에 따라서 구 측정 수단과 신 측정 수단이 동시에 실제의 연구 상황에 사용될 수도 있기 때문에 동시 타당성(concurrent validity)이라고도 한다.

기준 타당성을 정확하게 이해하고 이를 사용하기 위해서는 다음의 세 가지 문제점을 우선 해결하여야 된다.

첫째, 새로운 측정 수단이 과연 타당한지 여부를 판단해야 한다. 이것은 간단하다. 신 측정 수단을 실제로 사용하여 그 결과가 구 측정 수단에 의해서 수집한 결과와 같다면 신 측정 수단이 타당성이 있다고 평가할 수 있다. 예를 들면, 1995년에 연구자들이 대학생의 급진적 성향을 측정하기 위해서 개발한 측정 수단을 실제로 연구에 사용하여 본 결과 타당성이 입증되었다고 하자. 그런데 2005년의 대학생의 급진적 성향을 조사하기 위하여 1995년에 사용된 측정 수단을 기준으로 해서 새로운 측정 수단을 만들어 이것을 실제로 사용하여 측정한 값과 1995년에 이용한 측정 수단의 값이 동일하다면(그러나 정확하게 같지는 않을 것이고, 그 값이 어느 정도의 허용 범위 내에서 같을 것이라는 의미이다), 2005년에 사용한 측정 수단도 타당성이 있다고 판단할 수 있다.

둘째, 구 측정 수단이 신 측정 수단의 타당성을 판단할 수 있는 기준이 되려면 구 측정 수단은 반드시 타당성이 있음이 검증되어야 한다. 이와 같은 측면에서 ① 기준 타당성은 반드시 표면 타당성이 있는 측정 수단이어야 하고, ② 실제로 구 측정 수단을 사용하여 본 결과 타당성이 있다고 입증되어야 하며, ③ 동일한 주제를 연구하려는 연구자가 전문가적 관점에서 판단해 보니 구 측정 수단이 타당성이 있다고 하는 점을 경험적으로 알고 있어야 한다.

셋째, 상당히 현실적이고 당연한 질문으로서 구 측정 수단이 이미 타당성이 있는 측정 수단으로서 널리 사용되고 있다면 굳이 수고스럽게 새로운 측정 수단을 개발할 필요성이 있는가 하는 질문이다. 그러나 구 측정 수단이 비록 타당하고 신뢰할 수 있는 측정 수단이라고 하더라도 계속해서 이것을 사용할 수 없는 경우가 생기기 마련이다. 예를 들면, 각종 시험문제의 경우에 계속해서 이것을 사용하면 기존의 출제된 문제에 익숙해진 수험생의 경우에는 실제 자신들의 능력보다 성적이 상승될 수 있고, 또 기출문제가 유출되어 정확한 성적을 평가할 수 없는 경우가 있다. 대학생의 급진적 성향을 측정하는 경우와 같이 연구 환경의 변화에 따라서 급진적 성향의 내용이나, 또는 사용하는 언어의 뜻이 변화될 수 있다. 이와 같이 변화된 것을 측정하기 위해서는 과거의 측정 수단을 수정하여 변화된 것을 정확하게 측정할 수 있는 새로운 측정 수단을 마련하여야 한다. 그리고 연구자 자신의 판단으로는 구 측정 수단이 타당하다고 생각하지만 다른 연구자에 의해서 타당성에 의문이 제기되는 경우에는 구 측정 수단을 수정한 새로운 측정 수단을 이용해야 하는 경우가 많이 있다.

3) 구성 타당성

구성 타당성(construct validity)은 표면 타당성을 더욱 발전시킨 측정 수단의 타당성 평가 방법이다. 구성 타당성은 현실의 경험 사회에서는 인간의 능력으로는 관찰하여 그에 필요한 수량적 자료를 구할 수 없는 주제를 흔히 지표(indicator)나 지수(index)에 기초하여 관찰 가능한 형태의 변수를 측정한 측정 수단을 이용함으로써 자료를 수집하는 경우이다. 이때 이용되는 지표나 지수를 경험적으로 조작할 수 없는 주제에 사용하여 지표나 지수를 이용한 결과와 동일하다면 이와 같은 지표나 지수를 주제에 타당한 측정 수단이라고 평가하는 것이다.

예를 들면, 사이버 사회의 실체를 정보화의 정도를 평가하는 지수로 측정할 수 있다. 그러나 정보화라는 개념은 대단히 추상적이고 다의적이며 모호한 개념이기 때문에, 경험주의 방법으로는 측정하기가 상당히 어려운 개념이고 변수이다. 이와 같은 개념에는 인간의 지혜, 동기, 심리 성향, 정치적 가치관 등 수없이 많이 존재한다. 그런데 문제는 사회과학의 대부분의 연구 내용은 이처럼 경험주의에 알맞도록 현실 사회에서 그것을 100% 완벽하게 대표할 자료를 수집할 수 없다는 점이다. 그래서 앞서도 지적하였듯이, 특히 구성 타당성을 설명하면서 언급하고자 하는 것은 변수를 현실 사회에서 측정이 가능하도록 조작하는 일은 연구자의 끊임없는 노력을 요하는 작업이라는 점이다. 또한 완벽이란 것은 신의 경지에 가서야 가능하기 때문에, 현재의 인간들은 가장 최선의 방법으로 연구하고자 하는 변수에 가장 근접한 측정 방법을 찾을 수밖에 없다는 사실이다(Pedhauzer & Schmelkin, 1991: 59).

정보화지수의 예로 되돌아와서, 사이버 사회라는 변수를 현실 사회에서 측정하기 위해서는 무엇이 사이버 사회이고, 그 속성은 무엇이며, 어떤 요소가 존재하고 있고 또 작용해야만 되는가 하는 점 등을 우선 이론적으로 자세히 알고 있어야 한다. 여기서는 설명의 편의상 사이버 사회를 사이버 공간을 중심으로 정보가 생산되고 유통되며 저장되는 사회라고 정의한다. 이와 같은 사이버 사회의 실체에 따라서 대표적으로 정보사회지수(Information Society Index: ISI)를 들 수 있다. ISI 지수는 정보 인프라(이동통신 가입자 수, 이동통신비, TV 보유 수, 케이블TV 보유자 등), 컴퓨터 인프라(PC 보급 수, PC기기 생산 보급 유통량 등), 인터넷 인프라(상업용, 가정용, 교육용 인터넷 이용자 수, 전자상거래량 등), 사회 인프라(신문 구독자, 등록 학생 수, 언론 자유 등) 등을 조사하는 정보화지수이다. 한국이 정보 강국으로 인터넷의 이용이나 전자우편 등의 사용 정도에서 세계적으로 선도국가이지만, 정보화를 전체 사회적 수준에서 보면 아직까지도 사이버 사회로 더욱 발전해야 할 과제가 남아 있다. 따라서 ISI 지수가 구성 타당성이 있다는 것은 표면 타당성과 기준 타당성의 평가에 만족할 만한 결과를 얻었다는 것을 전제로 한다. 이와 같은 측면에서 판단해 볼 때, 구성 타당성이 측정의 조작 정도를 평가하는 가장 강력한 기준이 될 수 있다. 그러나 구성 타당성은 현실의 경험 사회에서 경험적으로 측정하기 어려운 변수나 개념을 관찰이나 측정이 가능한 지수나 지표를 대용(代用)하여 측정하는 것이기 때문에, 정확성에 때로는 문제점이 제기되기도 한다.

앞의 예에서 볼 때, 아무리 ISI 지수를 잘 정의하고 조작하여 사이버 사회의 실상을 측정한다고 하더라도 사이버 사회와 ISI 지수 그 자체가 동일한 변수나 개념이 될 수는 없다. 또한 대학생의 급진적 성향을 측정하는 측정 수단이 곧바로 급진적 성향이 될 수 없다. 그리고 인간의 지능을 측정하기 위한 지능지수가 완벽하게 지능의 차이를 밝혀낼 수 없다. 특히, 인간의 고도의 심리적이고 가치판단적인 문제인 행복이나 감성 등을 측정하는 지수나 지표 등을 아무리 잘 개발하였다고 하여도 아직까지는 100% 완벽한 의미의 감성이나 가치 변수를 대표할 수 있는 측정 수단이 되기는 어렵다. 이것이 구성 타당성의 문제점이면서, 또한 인간의 존재 가치를 설명하고자 하는 사회과학을 과학주의로 연구하려는 방법론이 가지고 있는 한계점의 하나이다.

지수나 지표를 이용하여 현실적으로 관찰하고 측정하기 어려운 사회과학의 변수를 측정하여 그 결과를 이용하는 연구 사례는 비일비재하다. 그러나 그렇다고 해서 경험주의 방법론을 전부 부정해서는 안 된다. 단지 경험적으로 조작하기 어려운 변수를 현실 사회에서 가장 합리적 방법으로 그것을 대표하는 수치를 측정하고자 할 때의 한계와 문제점 등을 정확하게 이해하고 이를 사용할 수 있어야 한다.

4) 내적 및 외적 타당성

내적 및 외적 타당성은 변수나 가설을 측정하는 측정 수단을 평가하는 방법이라기보다 연구의 진행 과정이나 방법 등에서 발생되는 문제점을 설명하고 치유할 수 있는 평가 방법이라고 할 수 있다. 내적 타당성(internal validity)은 연구자가 얼마나 정확하고 분명하게 연구 변수나 개념을 정의하였고, 이에 따라서 측정 수단을 조작하였으며, 실제로 이것을 기준으로 해서 자료를 수집하였는가 하는 조사 내부의 문제이다. 따라서 오류의 종류나 정도가 허용 범위 내에 있는 경우에는 내적 타당성이 있다고 할 수 있다. 반면에 외적 타당성(external validity)은 내적 타당성을 갖추고 진행한 결과를 다른 장소나 다른 시간대 또는 문화권에서도 동일한 결과를 얻을 수 있고, 또한 그와 같은 결과를 적용하여 사회 현상이나 인간 행태를 일반적으로 설명할 수 있는 경우에 외적 타당성이 있다고 한다.

연구가 과연 내적 타당성을 갖추고 있는가 하는 점을 평가할 수 있는 것은 연구자의 개인적 전문성과 양심에 의존하지 않을 수 없다. 물론 제3자가 보아서 쉽사리 찾아낼 수 있는 연구의 결점이나 자료 수집과 자료 해석의 오류 또는 개념 측정의 오류 등이 있는 경우에는 내적 타당성은 쉽게 파악할 수 있다. 그러나 연구 내부의 복잡한 과정에서 발생되는 문제점이나 자료의 조작, 변수의 조작 등에서 연구자만이 이해하고 판단하여야 하는 분야에 관련된 것을 외부에서 평가하기란 상당히 어렵다. 그래서 내적 타당성은 연구자의 전문가적 양심의 판단에 의존할 수밖에 없는 경우가 많다.

내적 타당성과 관련된 이와 같은 측면들을 고려해 보면, 외적 타당성은 별 문제가 없다. 왜냐하면, 연구 결과 그 자체의 재현과 적용에 관한 평가이기 때문이다. 그러나 외적 타당성이 가장 약한 분야가 사회과학이다. 사회과학 이론이 과학이 될 수 있는가 하는 비판의 핵심이 바로 외적 타당성과 관련되어 있기 때문이다. 사회과학 이론이 시간이나 장소, 문화를 초월한 이론이 될 수 있다면 이것은 외적 타당성을 가진 이론이고, 그렇지 않다면 외적 타당성이 없는 이론이다. 외적 타당성이 없다면 이것을 이론이라고 할 수 없다. 따라서 사회과학에서는 외적 타당성을 가진 이론을 일반이론 또는 거대이론이라고 해서 아직까지 일반화의 단계를 거치지 않은 이론과 구별하고 있기도 하다. 그러나 사회과학에서 일반이론을 구성하기에는 많은 한계가 있다. 그래서 보편적으로 현실 사회에서 검증된 가설을 이론이라 부르고 있다.

2. 신뢰성

측정의 신뢰성(reliability)은 연구방법의 기술적 내용으로서 측정 수단을 반복하여 사용하여도 동일한 자료를 수집할 수 있는 경우를 평가한 것이다. 예를 들어, 대학생의 급진적 성향을 측정하는 측정 수단을 시차 간격 없이 반복 사용하여 대학생의 급진적 성향을 측정하였을 때 그 결과가 거의 비슷하거나 동일하다면 이 측정 수단은 신뢰성이 있다고 할 수 있다. 또한 시차 간격을 두고 사용하였다 하더라도 1995년에 대학생의 급진적 성향을 측정한 측정 수단에 의해서 수집된 자료와 2015년에도 동일한 측정 수단을 이용하여 급진적 성향을 측정한 경우의 자료와 거의 동일하거나 일치된다면 이 측정 수단은 이제 신뢰성이 있다고 평가할 수 있다. 그러나 일정 시간이 흘러도 급진적 성향이 변화되지 않은 경우라면 타당성이 있다고 할 수 있겠지만 건전한 상식에 근거해 판단해 볼 때, 20년이란 세월 동안에 대학생의 급진적 성향은 어느 정도로는 변화될 것이고, 이렇게 변화된 측면들을 측정할 수 없다면 이것은 신뢰성은 있지만 타당성이 없는 측정 수단이라고 할 수 있다.

한편, 신뢰성을 일관성(consistency) 또는 반복 가능성(repeatability)이라고 하기도 한다.[7)] 일관성이란 "처음 뜻을 굽히지 않는다[초지일관(初志一貫)]"란 용어에서도 잘 나타나듯이, 동일한 사항을 동일한 측정 수단을 사용하는 경우에는 그 결과가 항상 같아야 한다는 의미이다. 그러나 변화된 상태의 내용을 측정할 수 없는 측정 수단을 사용하여 항상 동일한 결과가 나왔다고 해서 그 측정 수단이 일관성이 있다거나 신뢰성이 있다고 말할 수는 없다. 예를 들어, 고장난 체중계로 인해 몸무게가 1년 전이나 2년 또는 3년 전과 현재, 그리고 평생토록 같다고 해서 그 체중계를 신뢰성 있는 훌륭한 기계라고 판단할 수 없을 것이다.

신뢰성이 있다는 것은 또한 믿을 수 있다는(reliable) 의미를 내포하고 있다.[8] 그래서 동일한 내용을 측정할 때는 동일한 값을 구할 수 있어야 하고, 변화된 내용을 측정할 때는 역시 변화된 상태의 정도를 측정할 수 있어야 측정 수단을 신뢰할 수 있다고 할 수 있다. 이와 같은 측정 수단의 신뢰성을 평가하는 방법을 크게 세 가지로 나누어 볼 수 있다.

1) 재검법

재검법(test－retest method)은 동일 측정 대상에게 동일한 측정 수단을 사용하여 측정한 자료를 수집한 결과가 동일하다면 측정 수단이 신뢰성이 있다고 평가하는 방법이다. 대학생의 급진적 성향을 측정할 동일한 측정 수단을 이용하여 시차 간격을 무시하고 한국 대학생의 급진적 성향을 조사하였더니, 그 결과가 동일하다면 대학생

7) Web Center for Social Research Methods 홈페이지(www.socialresearchmethods.net/kb/reliable.htm) 참고, 2018년 11월 30일.

8) "신뢰할 수 있다"는 의미는 인간관계의 핵심 사항이기도 하다. 그래서 서양의 경우에는 동양과 달리 흔히 자기의 남편이나 부인을 남에게 소개하면서, '미인이다(so beautiful)'라고 하는 말보다 '신뢰할 수 있다[my wife(husband) is so reliable]'라고 하는 경우가 많다. 이 말은 화내거나 싫증내지 않고 나를 항상 사랑하고 있다는 뜻을 가지고 있기도 하다. 그러나 변화된 환경이 있으면 그 변화된 환경에 따라서 언제든지 변화하여, 다른 남자나 여자의 신뢰성을 만족시켜야 하기 때문에 여기에는 '변화되기 전까지'라는 단서가 붙어 있다. 이와는 달리 동양에서는 '님을 향한 일편단심(一片丹心)'이 신뢰성의 핵심이다. 인기 있는 대중가요의 가사에서도, "처음 만나 맺은 마음을 지니고 있는 일편단심 민들레는 긴 세월을 하루같이 하늘만 쳐다보면서도 가신 님을 기다려 일편단심 떠나지 않으리라"라고 노래하듯이, 아무리 환경이 변화되어도 고장난 온도계처럼 또는 고장난 체중계처럼 동일한 값을 측정하여야 하는 것이기 때문에, 자기 배우자를 자랑하는 사람을 8불출(八不出) 중의 하나라고 비난한다. 농담이지만, 아마도 이것은 고장난 체중계를 자랑하거나 고장난 자동차를 자랑할 필요가 없기 때문일 수도 있다. 동양과 서양의 신뢰성의 평가 기준 중 어느 것이 더 가치로운가 하는 점은 독자들이 판단할 일이다.

의 급진적 성향을 측정하기 위해서 개발된 측정 수단은 신뢰성이 있다고 평가할 수 있다.

재검법은 동일한 측정 수단을 동일한 측정 대상에 적용하여 측정하기 때문에 비교적 간단하면서도 쉽게, 그리고 널리 이용되는 신뢰성 평가 방법 중의 하나인데, 특히 횡단 연구에 많이 이용된다. 예를 들면, 지역이나 국가 또는 전공, 남녀, 연령 등에 따른 대학생의 급진적 성향의 차이점을 측정하기 위한 측정 수단의 신뢰성을 판단하기 위한 방법으로 이용될 수 있다. 그러나 재검법은 시차 간격에 의한 측정 대상의 변화를 실제로 파악할 수 없기 때문에, 측정 수단의 신뢰성을 정확하게 평가하기에는 한계가 있다. 예를 들면, 1995년의 대학생의 급진적 성향을 측정한 측정 수단을 2015년의 대학생의 급진적 성향을 측정하기 위해서 사용한다면, 동일한 측정 수단이기 때문에 측정값이 동일하여야 그 측정 수단이 신뢰성이 있다고 평가하기에는 어려움이 있다. 왜냐하면, 1995년과 2015년이라는 20년 동안 대학생의 급진적 성향에 아무런 변화가 없다면 측정 수단은 신뢰성이 있겠으나, 상식적으로 20년 동안에 대학생 집단의 급진적 성향은 변화되었다고 보는 것이 더 타당할 것이다. 그렇다면 동일한 측정 수단을 사용하였다고 하더라도 그 결과는 차이가 있어야 실제로 급진적 성향의 변화된 내용을 측정할 수 있는 측정 수단이라고 판단할 수 있을 것이다.

재검법의 이와 같은 문제점을 해결하기 위해 측정 수단을 시차 간격을 두지 않고 연속해서 사용하는 경우가 있다. 예를 들어, 대학생의 급진적 성향을 1차적으로 측정하고 난 이후 곧바로 그 대학생을 상대로 동일한 측정 수단을 사용하여 2차 측정을 실시하는 경우이다. 그래서 1차 측정값과 2차 측정값이 같다면 측정 수단은 신뢰성이 있다고 판단할 수 있다. 그러나 이 경우에도 문제는 간단하지 않다. 같은 측정 수단에 대해 두 번 연속적으로 반복하여 응답하여야 하는 대학생은 이것이 측정 수단의 신뢰성을 평가하기 위한 방법이라고 생각하여 1차에서 답한 것과 조금도 차이가 없이 2차에도 응답하면 그나마 다행이다. 그러나 실제로 많은 경우에 자신이 시험의 대상이 되고 있다는 불쾌감이나 또는 1차의 대답이 혹시 잘못되었거나 문제가 있어서 새로이 답을 변화시켜야 하는 건 아닌지, 아니면 오랜 응답 시간 때문에 불성실하게 대답하는 경우가 발생하거나, 같은 문항이라도 1차 때의 대답을 잊어버리고 2차에 응답하는 경우, 두 번째는 좀 더 진지하게 대답하는 경우 등 다양한 이유로 인해

1차 측정과 2차 측정의 데이터는 상당히 차이가 날 수 있다. 그럼에도 불구하고 차이가 없어야 측정 수단을 신뢰할 수 있는데, 현실적으로는 많은 차이가 존재할 수 있고, 그렇게 되면 신뢰성이 있는 측정 수단임에도 불구하고 신뢰성이 없는 것으로 잘못 판단할 가능성이 존재하게 된다.

재검법에서 발생되는 이와 같은 문제점을 이월 효과(carry－over effect)(Pedhauzer & Schmelkin, 1991: 88), 또는 반발 효과(reactivity effect)(Bailey, 1994: 30－1)라고 한다. 그런데 1차 검사와 2차 검사의 결과 간에 차이가 적은 경우 그것이 진정으로 측정 수단의 신뢰성에 의한 것인지, 아니면 이월 효과나 반발 효과가 적어서 발생된 것인지를 정확하게 파악하기는 매우 어렵다. 뿐만 아니라 이월 효과나 반발 효과를 극복하기 위해서 일정한 시간 간격을 두고 재검을 하는 경우에도 시간 차이 때문에 측정 대상의 내용이 변화될 가능성이 크다. 시간 간격이 어느 정도라야 측정 대상이 변화될 수 있는가 하는 복잡한 문제는 제쳐놓더라도, 실제로 시차에 따라서 측정 내용이 변화될 가능성이 큰 것이 사회과학의 대부분의 연구 주제들이다. 따라서 변화된 내용을 측정하였음에도 불구하고 신뢰성이라는 관점에서 1차 측정값과 2차 측정값의 차이를 무시하는 경우에는 실제적으로 신뢰성이 있는 측정 수단을 신뢰성이 없는 것으로 잘못 판단하게 될 가능성이 많다는 점을 인식할 필요가 있다.

2) 복수 양식법

복수 양식법은 재검법에서 발생하기 쉬운 이월 효과를 줄이기 위해서 개발된 신뢰성 평가 방법이다. 복수 양식법은 동일한 측정 대상에게 동일한 내용을 측정하는 유사한 형태의 두 개 측정 수단을 동시에 실시하여 측정값이 동일하다면 측정 수단은 신뢰성이 있다고 평가하는 방법이다.

그래서 복수 양식법을 영어로는 'multiple, alternative, parallel forms' 등으로 다양하게 부르고 있다. 그러나 복수 양식법의 핵심은 측정 내용은 동일하지만 이것을 여러 가지의 다양한 형태로 표현하여 측정 대상에게 동시에 시행하여야 한다는 점이다. 그렇게 하는 이유는 재검법에서 동일한 내용과 동일한 형태의 측정 수단을 시차 간격의 유무에도 불구하고 어떤 경우에도 이월 효과가 발생하여 측정 수단의 신뢰성을 정확하게 판단할 수 없기 때문이다. 그래서 복수 양식법은 같은 내용이지만 표현 수단이나 방법을 달리하여 측정 대상이 자신들이 두 번 연속하여 같은 질문에 대답하고 있다는 사실을 알지 못하도록 하면서, 이월 효과를 줄이거나 또는 피하려는 방법이다. 물론 측정하는 환경은 동일하여야 한다.

그러나 현실적 어려움으로 먼저, 표현 방법이나 수단을 변화시키면서 동시에 측정의 내용을 조금도 손상시키지 않는 측정 수단을 여러 개로 만들 수 있을 것인가 하는 문제이다. 특히, 사회과학 연구 내용은 추상적이고 가치판단적인 것이 많다. 이것을 표현하는 문자나 어구 또는 문장의 연결 방법 등에 따라서 측정 대상자들이 다양하게 해석할 가능성이 크다. 또한 가설을 구성하는 변수나 개념을 정의한 후에 이것에 맞추어서 측정 수단을 만들어야 하는데, 정의된 범위 내에서 변수를 여러 가지로 조작하기가 현실적으로 그리 쉽지 않다.

이와 같은 어려움이 있지만 복수 양식법은 재검법보다 우수한 신뢰성 평가 방법이다. 현실적으로 복수 양식법을 가장 많이 이용하고 있는 분야는 교육학이나 심리학 등이다. 특히, 시험 분야인 대학수학능력 시험, TOEFL, TOEIC, 문제은행식 시험 등은 복수 양식법으로 신뢰성을 평가하고 있는 대표적인 분야라고 할 수 있다.

3) 반분법

반분법(split-half method)은 측정 수단을 복수로 구성해서 동일한 내용을 측정할 수 있어야 하는 복수 양식법의 어려움을 극복하려는 노력에서 개발된 방법이다. 즉, 두 개 이상의 측정 수단을 별개로 만드는 것이 아니라, 반분법은 하나의 측정 수단에 동일한 내용을 측정할 수 있도록 문항을 두 개로 구성하는 방법이다. 즉, 측정 내용을 질문지로 만든다면 앞면과 뒷면을 사용해서 앞면의 내용과 같은 것을 뒷면에 동시에 사용하여 현장에서 질문 대상자들이 질문에 응답하게 할 수 있게 하여, 앞면과 뒷면의 응답 내용이 상관관계가 있으면 그 측정 수단은 신뢰성이 있다고 평가하는 방법이다.[9]

---

9) 반분법(半分法)의 전형적인 예로 흔히 초등학교 시절 수학 시간에 선생님이 아동들의 가감승제 점수의 신뢰성을 측정하기 위해서 사용한 방법을 들 수 있다. 예를 들면, 독자들도 기억이 나겠

반분법에 의해서 대학생의 급진적 성향을 측정하기 위한 질문지를 구성한다면, 개인의 사생활에 관한 분야나 또는 대답하기 곤란한 사상의 자유나 심리적 정서 불안 등에 관한 질문 내용의 신뢰성을 조사하기 위해서 동일한 문제를 두 배(twice)로 만들어서, 그 중 절반을 질문지 이면에 제시하여 같은 내용의 응답을 기대하는 방법이다. 만약 두 배로 질문한 응답 내용의 상관관계가 크다면 응답 내용은 상당히 신뢰성이 있다고 판단할 수 있다.

측정 수단의 신뢰성을 측정하기 위해서 재검법이나 복수 양식법 또는 반분법 등을 사회과학의 연구에서 실제로 많이 사용하고 있지는 않다. 왜냐하면, 각각의 방법 그 자체에 의해서 측정 오류가 발생할 가능성이 크기 때문이다. 그래서 변수를 조작하는 방법에 따라서 측정 수단을 만들고, 이에 의존해서 현실 경험 세계에서 수집된 자료, 즉 단일 자료[10]를 컴퓨터가 제공하는 신뢰성 측정 기술에 의존해서 자료의 신뢰성을 측정하는 것이 일반적이다. 즉, 동일한 개념이나 변수를 측정하기 위해서 하나의 측정 수단 내에 여러 가지 항목을 이용하여 그에 따라서 수집한 데이터의 신뢰성[이것을 정확하게는 내적 신뢰성(internal reliability)이라고 한다]을 컴퓨터가 계산하는 방법을 이용하고 있다.

그 대표적인 방법으로 'Kuder－Richardson Formula 20'(이를 줄여서 KR 20이라고도 한다), '크론바흐 알파(Cronbach Alpha) 계수' 등을 들 수 있다. KR 20 방법은 다양한 측정 문항 항목들의 값의 상관관계를 계산하는 방법이며, 그 값이 크면 클수록(절댓값 1에 가까울수록) 각 항목들의 내적 상관관계가 강하며, 따라서 내적 신뢰성이 있는 측정 수단이라고 판단하는 것이다(Fitz－Gibbon el al., 1987: 107－109).[11]

크론바흐 알파 계수를 측정하기 위해서는 대표적인 사회과학 연구 통계 패키지인 SAS(statistical analysis system)나 SPSS(statistical package for social sciences),

---

지만, "795×8=?"이라고 한 면에 문제를 계산하게 하고, 동시에 뒷면에는 "8×795=?"이라는 문제를 출제하여 아동들의 구구단 암기에 의한 곱셈 능력을 측정하는 것을 들 수 있다.

10) 재검법이나 복수 양식법 또는 반분법으로 측정을 하게 되면 반드시 두 개 이상의 자료를 얻게 된다. 이와 같은 복수 자료와 구별하기 위해서 한 번의 측정 수단으로 얻은 자료를 단일 자료라고 한다.

11) 참고로 KR 20의 공식은 다음과 같다: $r_{tt} = (k/k-1)[1-(\sum\sigma_i^2/\sigma_t^2)]$. k는 항목 수, σ_i^2는 각 항목의 편차값, σ_t^2 총 점수의 편차값을 의미한다.

STATA 등의 통계 프로그램에서 일정한 명령어만 입력하면 각 항목별 상관변수 또는 상관관계 매트릭스(알파 계수)가 자동으로 출력된다. 알파 계수도 절댓값 1에 가까울수록 신뢰성이 높다고 판단할 수 있다.

3. 타당성과 신뢰성의 관계

타당성과 신뢰성은 측정 수단의 정확성과 일관성을 평가하는 중요한 개념이다. 타당성은 측정 수단이 얼마나 정확하게 측정하고자 하는 현상을 측정할 수 있는가를 판단하는 기준인 반면에, 신뢰성은 측정 수단이 얼마나 일관성 있고 반복적으로 측정 현상을 측정할 수 있는가를 판단하는 기준이다. 따라서 타당성의 관점에서 보면 측정 대상이 조금이라도 변화하거나 변동되면 그 내용을 놓치지 않고 측정할 수 있어야 한다. 그러나 신뢰성은 일관성이기 때문에 측정 대상의 변동보다 측정 수단이 일관적이고 변화되지 말아야 측정 대상을 측정할 수 있다는 개념이다.

그래서 한편으로 보면 타당성과 신뢰성은 서로가 비대칭 관계라고 할 수 있다(Bailey, 1994: 69). 즉, 타당성이 큰 측정 수단은 정확성이 크고 따라서 신뢰성도 큰 측정 수단이라고 할 수 있다. 그러나 측정 수단이 신뢰성이 크다고 해서 반드시 타당성이 큰 것은 아니다. 예를 들면, 변화된 내용에 관계없이 항상 동일한 값을 제공할 수 있는 대학생의 급진적 성향이나 정치 의식, 유권자의 투표 행태, 관료제의 병리 현상 등을 측정할 수 있는 측정 수단의 신뢰성은 높지만 동시에 타당성도 높다고 판단하기 어렵다. 왜냐하면, 사회 현상과 인간 행태는 환경의 변화와 내적 기준과 가치관의 변화에 따라서 항상 끊임없이 변동되고 있고, 이와 같이 변화된 현상을 측정할 수 없는 측정 수단은 타당성이 없기 때문이다.

그러나 궁극적으로 보면, 타당성도 신뢰성과 서로 보완 관계에 있다. 위에서 예를 든 것처럼, 대학생의 급진적 성향은 시대와 학생들의 구성요인 등에 따라서 변화되고 있다. 그 변화된 것을 측정하고자 하는 것이 측정의 타당성이다. 동시에 측정의 일관성은 급진적 성향이 변화된다는 전제에서 변화된 것을 또한 일관성 있게 측정하고자 하기 때문에, 결국 장기적 관점에서 보면 신뢰성도 타당성과 운명을 같이한다고 할 수 있다. 단지 조사 시점에서 보면 신뢰성은 일관성이고 타당성은 정확성이어서 두 조건을 동시에 충족시킬 수 있는 측정 수단을 만들기 어렵다는 것은 사실이다.

특히, 타당성은 연구자의 주관적 가치판단에 따라서 최종적으로 결정되기 때문에, 측정 수단의 타당성 평가는 대단히 어렵고 또한 비판의 여지도 많다. 신뢰성도 물론 컴퓨터에 의해서 신뢰성 값을 계산하여 판단할 수 있지만, 궁극적으로는 연구자의 전문가적 판단에 많은 영향을 받지 않을 수 없다. 왜냐하면, 사회과학 연구 내용을 과학주의만으로 조사할 수 없기 때문이다.

타당성과 신뢰성 관계의 비유적인 예를 들면 더욱더 분명하게 두 개념을 이해할 수 있다. 우리는 흔히 "고향이 어디입니까?"라는 질문을 서로 자주 하고 또 받게 된다. 이 경우에 만약 내 고향은 "○○시(군) ○○동(리) ○○○번지"라고 정확하게, 즉 가장 타당성이 큰 답변을 할 수 있다. 또한 이 답변이 신뢰성을 가지려면 언제든지 고향을 묻는 질문에는 위와 같이 대답하여야 된다. 그러나 사회 생활에서 때로는 고향을 '서울이다, 부산이다, 대전이다, 대구이다'라고 대답하는 것이 더 타당할 경우도 있다. 또는 어떤 경우에는 '서울 불광동이다, 부산 남포동이다, 대전 은행동이다, 대구 황금동'라고 하여야 더욱 타당할 수도 있다. 또 어떤 경우에는 자기의 본적지나 주소를 대답하듯이 하여야 되는 경우도 있다. 이와 같은 대답을 신뢰성의 관점에서 판단하면 문제점이 있다. 그러나 신뢰성이라고 해서 항상 본적지를 말하듯이 답한다면 고향을 묻는 질문자의 의도나 뉘앙스 또는 분위기나 환경 등에 적절하지 못하여 어색한 상황을 만들 수도 있다. 이와 같이 사회과학 방법론은 연구자와 주제와 연구 환경 등에 따라서 다양한 측정 수단이 이용될 수 있고, 각 측정 수단의 타당성과 신뢰성의 판단은 그 다양한 조건에 따라서 평가될 수밖에 없을 것이다.

제6절 인과관계의 측정

가설이란 일반적으로 변수 간의 인과관계를 경험적으로 기술한 것이다. 측정은 가설을 구성하고 있는 변수의 내용을 조작하여 현실의 경험 사회에서 필요한 자료를 수집할 수 있도록 하는 수리체계의 변환 작업이다. 이 경우 척도는 측정을 할 때 실제로 데이터를 구할 수 있도록 측정 수단에 맞추어 숫자나 레벨을 부여하는 방법이다. 이와 같은 작업을 하는 이유는 가설을 구성하고 있는 변수의 내용, 즉 변수 간의 인과관계를 경험적이고 과학적으로 검증하고자 하는, 즉 가설을 검증하고자 하기 때문이다. 따라서 이제는 가설의 내용인 인과관계를 어떤 방법으로 측정하여 가설을 검증할 것인가 하는 자료의 분석과 판단에 관한 것이 남아 있다. 물론 이에 관한 자세한 것은 가설의 검증 방법이나 인과관계의 분석을 설명한 교재를 참고하기로 하고, 여기서는 가설을 구성하고 있는 인과관계를 어떻게 측정할 것인가, 즉 변수를 조작하는 네 가지 방법에 따라서 인과관계도 어떻게 측정할 수 있을 것인가 하는 점을 원론적 수준에서 설명하고자 한다.

1. 명목 측정의 인과관계

변수의 내용을 명목 측정으로 조작한 경우에 독립변수와 종속변수 간의 인과관계를 측정하기 위해서 사용되는 기법은 거트만 계수 또는 일반적으로 람다(lambda) 등을 들 수 있다. 예를 들면, "사회계층 간의 임금 격차에 따른 청소년 범죄율과의 관계"를 명목 측정으로 조사하였다면, 즉 결손가정과 정상가정의 사회계층에 따른 청소년의 성범죄, 폭력범죄, 살인범죄, 재산범죄 등의 데이터를 가지고 있다면, 실제로는 컴퓨터를 활용하여 람다값을 계산할 수 있다.

람다값의 범위는 0에서 1 사이에 해당한다. '0'은 측정된 변수 간의 인과관계를 전혀 밝힐 수 없는 경우이고, 따라서 독립변수에 의한 종속변수의 변화량을 전혀 예측할 수 없는 경우이다. 반면에 '1'은 종속변수의 변화량을 100% 완벽하게 아무런 오차 없이 독립변수를 사용하여 예측할 수 있다는 경우이다.

2. 서열 측정의 인과관계

서열 측정으로 인과관계의 강도나 형태를 분석하는 가장 일반적인 방법으로는 감마(gamma)나 스피어만(Spearman) 계수(이것을 흔히 Rho계수라고 하기도 함) 등을 들 수 있다. 또한 서열 측정이기 때문에 많은 경우에 동급의 서열이 발생할 수 있다. 이와 같이 동급의 서열이 많은 경우의 인과관계를 측정하기 위한 기법으로는 켄달의 tau－b[Kendall's tau－b: 이를 줄여서 'tau－b(τb)'라고 흔히 부름]를 이용하기도 한다.

감마나 로(Rho)값을 (－)1에서 (＋)1까지로 나타내는데, (±)1은 독립변수와 종속변수 간의 완전한 정(＋)의 관계와 역(－)의 관계를 의미하며, '0'은 아무런 관계가 없다는 것을 뜻한다. 켄달의 tau－b값도 감마나 로(Rho)값과 마찬가지로 (－)1에서 (＋)1 사이에 존재한다. 만약 서열 측정상 동급의 서열이 없는 경우라면 감마나 로(Rho)값과 켄달의 tau－b값은 동일하다. 그러나 동급의 서열이 있는 경우에는 감마나 로(Rho)값이 켄달의 tau－b값보다 항상 높아지게 된다. 많은 연구의 서열 측정을 조사해 보면, 동급의 서열을 발견할 수 있는 것이 현실적이다. 그래서 감마나 로(Rho)값보다 때로는 켄달의 tau－b값을 더 신뢰할 수 있는 경우가 많다.[12)]

3. 등간 및 비율 측정의 인과관계

등간 및 비율 측정의 경우에[13)] 가설의 인과관계를 파악하기 위해서 가장 많이 이용되는 것이 피어슨 계수이다. 여기서 기술적인 사항을 하나 더 설명하면, 피어슨 계수는 독립변수와 종속변수 간의 인과관계가 정(＋)이나 역(－)의 관계에도 불구하고, 선형 관계(linear relationships)인 경우에만 적용될 수 있는 기법이다. 만약 비선형 관계(non－linear or curvilinear)[14)]인 경우에는 피어슨 계수로 인과관계를 검증할 수

12) 동급 서열이나 동점이 많은 자료 분석의 경우에는 그것을 보정하여야 실제로 자료상의 차이점을 정확하게 파악할 수 있다. 또한 데이터를 정리한 분할표에서도 각각의 표의 크기에 따른 차이점 등을 조정하여야 자료 처리의 일관성과 나중에 처리된 결과를 정확하게 해석하고 판단할 수 있다. 이와 같은 경우에 사용할 수 있는 기법으로 스튜어트의 tau－c[Stuart's tau－c(τc)]와 같은 방법도 있다. 자세한 것은 성내경(1990)을 참조할 수 있다.

13) 등간 측정과 비율 측정의 인과관계를 파악하는 통계 기법이 별개로 있는 것은 아니다. 왜냐하면, 비율 측정도 등간 측정이지만 단지 측정상 포함되는 영점이 절대 영점이기 때문에 등간 측정과 구별해서 해석하는 것일 뿐이다.

14) 선형 관계는 일반적으로 두 변수 간의 관계가 일반방정식의 일직선상의 상관관계나 인과관계를 의미하며, 비선형 관계는 현실적으로 두 변수 간의 인과관계 등이 일직선의 방정식과 같은 단순한 관계가 아니라 복잡한 곡선과 변화에 의한 관계라는 사실을 설명하는 것이다.

없다. 비선형 관계인 경우에 적용되는 것으로 에타(eta)계수 등이 있고, 자세한 것은 가설 검증 기법을 설명한 문헌을 참조하면 도움을 얻을 수 있다.

독립변수가 하나인 경우에는 가장 간단한 일차방정식으로 표시할 수 있다. 독립변수가 하나 이상인 경우에는, 즉 종속변수에 관계되는 독립변수의 수가 하나 이상인 경우에 가장 많이 이용되는 기법으로 회귀분석(regression analysis)을 들 수 있다. 회귀분석은 1차 또는 2차나 3차 함수식으로 표시하는 방법으로 중·고등학교 시절에 배운 '함수'에 관한 모든 기법이 이때 초보적으로 이용되고 있다. 1차 함수는 원칙적으로 선형 관계를 의미하고, 2차나 3차 함수는 비선형 관계를 나타낸다. 따라서 선형 관계와 비선형 관계를 회귀분석 기법으로 동시에 파악할 수 있다.

인과관계의 측정에서 하나 더 설명이 필요한 부분은 가설을 구성하고 있는 종속변수와 독립변수의 내용을 항상 동일한 측정 수단으로 측정할 수 없는 경우가 실제로 많이 있다는 점이다. 이와 같은 경우에는 앞에서 설명한 인과관계 분석 기법이 이용되기 어려울 것이다. 따라서 가설 검증 방법에서 가장 많이 이용되고 있는 편차분석(analysis of variance) 방법이 다양한 측정 수단을 사용한 경우에 적용될 수 있을 것이다. 그리고 동일한 측정 수단으로 조작한 경우에도 편차분석이 이용될 수 있지만, 예를 들어서 명목 측정과 등간 측정으로 각각 종속변수와 독립변수의 자료를 수집하였다면, 편차분석의 가장 일반적인 방법인 카이스퀘어값(χ^2)이나 F값 등을 구하여 자료를 해석하여 인과관계를 검증할 수도 있다. 이 두 가지 기법은 가설 검증의 초보적인 것이기 때문에 통계학 문헌이나 기타 조사방법 교재에서 잘 설명하고 있다.

인과관계를 통계적으로 측정하는 구체적이고 자세한 방법을 여기서 설명하기에는 한계가 있다. 특히, 단일 변수가 아닌 다변수가 동시에 관계되는 인과관계를 측정하는 다변량분석(multivariate analysis) 등에는 복잡하고 다양한 기법들이 이용된다. 따라서 이와 관련된 문헌들을 참고해서 각 기법들의 작용 원리 정도는 알아둘 필요가 있다. 오늘날 다양한 통계소프트웨어의 발달로 구체적인 자료를 분석하는 일은 컴퓨터가 알아서 처리해준다. 그러나 컴퓨터에 자료를 입력하기 위해서 자료를 수집하고 정리하는 일과 컴퓨터에 의해서 계산된 각종 지표들을 읽고 해석하는 일은 연구자의 능력과 주관적 판단에 달려 있다. 그렇기 때문에 연구자가 판단을 정확하고 올바르게 하기 위해서는 관련된 통계 기법을 원리적으로 잘 이해하고 있어야 한다.

지금까지 설명한 측정 수단과 척도, 그리고 인과관계의 검증 기법을 측정 수단별로 나누어서 설명한 내용을 요약하여 정리하면 <표 4－1>과 같이 나타낼 수 있다. 가설의 내용은 앞에서 언급한 "한국 대학생의 급진적 성향과 노동쟁의 발생 건수"와의 인과관계를 예로 들었다. 단지 비율 측정을 등간 측정과 분명하게 구별하기 위해서 대학생의 '평균 성적'이라는 변수도 사용하였다. 왜냐하면, 노동쟁의 발생 건수를 등간 측정으로 하는 경우에는 노동쟁의가 발생하지 않은 영점은 절대 영점이지만, 대학생의 평균 성적의 영점은 절대 영점이 아니기 때문이다. 그리고 각 대학마다 평균 성적을 산정하는 기준과 방법이 조금씩 다르기 때문이다.

표 4-1 측정 방법

측정 방법 / 특성	명목 측정 (nominal measurement)	서열 측정 (ordinal measurement)	등간 측정 (interval measurement)	비율 측정 (ratio measurement)
구분의 기준	• 분류체계 • 가감승제(×)	• 분류체계 • 등급, 서열	• 분류체계 • 등급, 서열 • 등간의 균등 간격	• 분류체계 • 등급, 서열 • 등간 균등 간격 • 절대 영점 • 가감승제(○)
전형적인 예	• 가상(더미) 변수의 대상이 될 수 있는 것 • 성명 • 주민등록번호 • 학번 • 전화번호 • 대학 전공 • 정치 성향 • 범죄 유형 등	• 사회계층 (상, 중, 하) • 선호도 • 강도 • 질의 등급 • 성적 순위	• 임금, 소득, 학력 • 성적, 지능지수 • 연령 • 빈도 • 가격지수 • 섭씨, 화씨 온도계	• 등간 측정의 경우 절대 영점이 성립될 수 있는 것 • 켈빈 온도계
척도	• 대학 전공 인문…1 사회…2 자연…3 공학…4 기타…5	• 사회계층 상류층…1 중상층…2 중류층…3 중하층…4 하류층…5	• TOEIC 성적 400.0~450.0 450.1~500.0 500.1~550.0 550.1~600.0 600.1~이상	• 월 임금 격차 0~50만 원 미만 50~100만 원 미만 100~150만 원 미만 150~200만 원 미만 200~250만 원 미만 250만 원 이상
인과관계 분석 기법	• Guttman (lambda) 계수	• Gamma • Rho • Kendall's tau-b	• Pearson계수 • 회귀분석	• Pearson계수 • 회귀분석 • 편차분석

Chapter

05

표본조사

제1절 표본조사

1. 표본조사의 의의

연구자가 가설을 성공적으로 구성하였다면 이제부터는 구성된 가설을 검증할 자료나 데이터를 현실 사회에서 수집할 수 있는 방법을 결정해야 한다. 즉, 조사 주제나 가설이 설정되고 나면 이제 본격적으로 조사를 진행할 구체적 방법을 결정하고, 이와 같은 방법에 따라서 가설을 검증할 자료를 수집하게 된다. 이와 같이 구성된 가설에 따라서 자료를 수집하고 이에 따라서 가설을 검증할 구체적 방법을 조사방법이라고 할 수 있다. 이것을 가설을 검증하는 연역법이나 귀납법 또는 계량적 방법이나 비계량적 방법 등과 같은 연구방법과 혼동해서는 안 된다. 그렇기 때문에 여기서 설명하는 조사방법에는 연구할 내용과 주제에 따라서 또는 연구자의 연구 성향과 능력 등에 따라 다양한 방법이 존재한다. 대개 전수조사나 표본조사 방법이 여기에 해당한다. 전수조사는 조사 대상을 모두 조사하는 방법인데, 여기에는 많은 시간과 비용이 소요된다. 특히, 조사 대상이 적을 경우에는 별 문제가 안 되지만 전수조사 대상이 많을 때에는 실제로 시간과 비용 문제, 그리고 조사 대상의 이탈 문제로 현실적으로 전수조사는 거의 불가능하다. 따라서 가설을 검증하기 위한 실증적 자료를 수집하기 위해 조사 대상 중에서 일정한 방법으로 표본을 선정하여 조사하는 표본조사 방법이 널리 활용되고 있다. 이 책에서의 주요 내용도 표본조사 방법을 중심으로 조사방법을 설명하고자 한다.

일반적으로 사회과학 방법론에서, 특히 과학주의에서는 가설을 검증할 방법을 설계하고 자료를 수집하는 주요 수단으로 표본조사를 기본으로 하는 방법과 그렇지 않는 방법으로 구분할 수 있다. 그 중에서도, 특히 표본조사를 중심으로 하는 조사방법을 설계하고 자료를 수집하는 것이 과학주의 방법론의 가장 기초적이면서도 원론적인 내용에 해당된다.

표본조사를 하지 않고도 필요한 자료를 수집하여 분석하고 이에 따라서 가설을 검증할 수도 있다. 그 대표적인 방법으로 실험이나 관찰, 문헌분석[1] 또는 논리적 추론이나 분석 방법 등을 들 수 있다. 그러나 대부분의 사회과학 조사방법, 즉 구체적 자료의 수집과 검증의 기본 방법은 표본조사 방법을 중심으로 진행하고 있다. 특히, 컴퓨터를 이용하는 통계 처리 기술의 발달과 현실적으로 일반 대중의 여론 등에 관한 자료 수집 방법이 급격히 발달하면서(고봉성 · 남궁평, 1997: 203 – 213) 표본조사 방법이 최근 50여 년 동안 매우 급속하고, 광범위하게 발달하고 있다. 더구나 1990년대 이후부터 인터넷이라는 사이버 공간이 탄생하면서 인터넷을 활용하는 표본조사 방법이 급격히 진행되고 있다(예: 윤은성 · 김영원, 2002: 25 – 51). 따라서 사회과학의 조사에서는 마치 유행처럼 사용되고 있기도 하다.

연구 수행을 위한 구체적인 조사방법을 설계하는 일은 연구 내용과 연구자의 성향, 능력 등에 따라서 달라질 수 있지만, 사회과학에서는 표본조사 방법이 가장 일반적이고 기초적인 것에 해당한다. 다시 말해, 표본을 구성하여 이것을 기준으로 자료

1) 그러나 현실적으로 실험이나 관찰 또는 문헌분석 등도 실험 대상이나 관찰 대상 집단을 구성하거나 대표적인 문헌을 선택할 때 이들도 표본조사의 기법을 많이 이용한다.

를 수집하는 것이 가장 일반적 방법이다. 수집된 자료를 통계적으로 분석하고, 그 결과를 해석하여 가설을 검증하고 제시하는 일은 연구 진행의 마지막 단계인 '자료분석'과 '가설의 검증'에 해당된다. 여기에 필요한 방법과 분석기법은 관련된 교재와 참고문헌을 얼마든지 손쉽게 구할 수 있다.

가설을 검증하기 위한 기초적이면서도 가장 중요한 조사방법으로서 표본조사 방법을 이제부터 구체적으로 설명할 것이다. 표본조사 방법을 실제로 설계하기 위해서는 두 가지 중요한 요소를 우선 이해할 필요가 있다. 첫째는 표본을 구성하는 문제이고, 둘째는 구성된 표본을 대상으로 실질적으로 자료를 수집하기 위한 도구인 설문지나 질문지 등을 작성하는 방법에 관한 것이다. 실제로 질문지 또는 설문지를 작성하는 일은 연구 내용과 연구가설을 조작하여 현실의 경험 사회에서 가설을 검증하는데 필요한 자료를 찾을 수 있도록 하는 기법에 해당한다. 질문지를 작성하는 것은 측정 기법이 이용되는 분야이다. 그래서 이 책에서는 우선 표본조사의 첫번째 과제인 표본 구성을 먼저 설명하고, 다음으로 질문지 작성에 필요한 기법을 설명할 것이다. 표본을 구성하는 방법을 설명하기 이전에 다음에서는 우선 조사방법으로서 표본조사의 성격과 특징 등을 먼저 설명하고자 한다.

2. 표본조사의 특성

표본조사는 구체적으로 자료나 데이터를 수집하는 기법은 아니다. 물론 표본조사에 의해서 구성된 표본(sample)을 중심으로 자료를 수집하는 방법으로 질문지 작성 등이 표본조사 방법의 중요한 분야이지만, 기타 방법인 면접이나 심층 연구 또는 현장 취재 등에 의해서도 표본조사 방법이 이용되기 때문에 표본조사는 단순한 자료 수집 방법 그 자체가 아니고, 가설을 검증하기 위한 자료의 수집과 이에 관한 기본적 조사방법의 하나라고 볼 수 있다. 따라서 표본조사는 가설을 검증할 과학주의의 가장 대표적인 조사방법으로서 표본을 중심으로 자료를 수집하여 이를 통계적으로 분석하는 방법이다. 표본조사가 여러 가지 의미로 사용되고 있기 때문에, 표본조사라는 조사방법의 성격을 분명히 이해하기 위해서 표본으로 자료를 수집하는 자료 수집의 구체적인 방법과 구별되어야 한다.

1) 표본조사는 모집단을 이용하기 어려워 표본만을 대상으로 하는 방법

표본조사는 모집단을 이용하기 어려워 표본만을 대상으로 하는 방법이다. 예를 들어, 대학생의 급진적 성향과 노동쟁의 발생 건수와의 관계를 검증하기 위해서 한국 대학생 전체를 대상으로 그들의 급진적 성향을 조사하는 것은 물리적으로 불가능하다. 또한 대학 졸업생이 취업한 모든 사업장이나 근로 현장에서 발생되는 노동쟁의를 조사한다는 것도 현실적으로 불가능하다. 비록 가능하다고 하더라도 너무 많은 비용과 시간이 소요되어 현실적으로 조사를 진행시킬 수 없다. 지금 조사를 시작해서 연구자가 죽을 때에도 조사 결과를 발표하기 어려운 경우도 제법 많이 있을 것이다. 그래서 대학생이나 대졸자들이 취업하고 있는 사업장 전체인 모집단 대신에 각각의 모집단의 특성과 성격을 가장 잘 대표하는 대표집단, 즉 표본집단을 구성하여 이들을 대상으로 자료를 수집하면 한정된 시간과 예산으로 전체 모집단을 대상으로 조사한 결과와 비슷한 결과를 얻을 수 있다는 통계적이고 경험적으로 입증된 전제에서 표본조사는 출발하고 있다(남궁평, 1999: 30). 따라서 표본집단을 구성해서 조사를 진행시켜야 할 필요성과 당위성이 있는 조사방법이면 이를 표본조사 방법이라고 한다.

비록 표본조사를 기본으로 하지 않는 문헌분석이나 관찰 등의 방법도 실질적 필요에 의해서 전체 집단을 대상으로 할 수 없거나 또는 할 필요가 없어서 대표집단인 표본을 사용한다면 이들도 표본조사 기법을 이용하는 조사방법이라고 할 수 있다. 마찬가지로 실험이나 관찰도 실험 대상 집단이나 관찰 대상 집단을 구성해야 하기 때문에 이와 같은 집단을 구성하는 것도 표본 구성 방법과 기법을 이용한다. 또한 문헌분석도 연구 주제에 관련되는 모든 문헌을 분석하기는 불가능하다면 대표적 문헌을 표본으로 추출해서 이것을 분석하여야 된다.[2)]

2) 그러나 베일리(Kenneth Bailey)에 의하면(1994: 342–343), 조사방법을 표본조사를 기본으로 하는 방법으로 표본 추출과 질문지 작성법, 그리고 우편조사, 면접조사 등으로 설명하였고, 그 이외의 관찰, 실험, 문헌분석, 시뮬레이션(simulation), 현상학적 방법 등을 비(非)표본조사 방법(nonsurvey methods)으로 분류하기도 하였다. 그러나 그는 조사방법을 이처럼 표본조사 방법과

2) 표본조사에 의해 수집된 자료의 질과 양은 표본 대상자에 따라 결정됨

표본조사 방법에 의해서 자료를 수집하는 주요 통로(route)는 표본으로 선정된 대상자를 중심으로 질문을 하거나, 또는 관찰하여 자료를 수집하기 때문에 자료의 질과 양은 표본 대상자에 따라서 결정된다. 앞에서 예로 제시한 대학생의 급진적 성향을 관찰하기는 대단히 어렵다. 급진적 성향은 그들의 심리적이면서도 이데올로기에 관한 문제이기 때문에, 이와 같은 자료를 수집하기 위해서는 일정한 양식에 의한 질문지를 작성하여 그것을 기초로 대학생 표본집단에게 우편이나 전화, 인터넷 등을 통하여 자료를 수집하거나, 또는 직접 그들을 면담하여 자료(데이터)를 수집할 수 있다. 따라서 수집된 자료의 양과 질은 표본집단인 대학생이 얼마나 성실하고 정직하게 응답하는가 하는 변수와, 또 얼마나 대표적인 대학생을 만날 수 있는가 하는 문제에 달려 있다.

표본조사 방법을 성공적으로 수행하기 위한 조건은 표본을 잘 구성하여야 하고, 나아가 구성된 표본에게 질문할 내용인 질문지를 잘 작성하여야 된다. 그래서 표본조사방법을 설계하는 준비 단계로서 표본의 구성과 질문지 작성은 매우 중요하다고 볼 수 있다.

3) 표본조사의 일반적인 목적은 가설을 계량적으로 검증할 수 있는 자료를 수집하는 것

표본조사 방법에 의해서 수집하려는 자료는 일반적으로 가설을 계량적으로 검증할 수 있는 성격에 관한 것이 대부분이다(Fowler, 1988: 9). 일반적으로 표본조사는 가설을 계량적으로 검증할 수 있는 자료를 수집하는 것이 목적이다. 가설을 경험적으로 검증할 수 있도록 조작된 내용에 따라서 질문지를 구성하고, 이에 기초해서 수집된 자료는 계량적이고 양적(量的)인 것이다.

비표본조사 방법으로 구분할 수 있는 기준 등을 제시하지는 않았다. 우편조사나 면접조사 방법 등은 실험에서도 사용될 수 있고, 또한 실험 방법이나 관찰 등의 방법도 많은 경우에 표본을 구성하여 표본을 대상으로 실험과 관찰을 하는 방법이기 때문에 굳이 베일리와 같이 표본조사와 비표본조사 방법으로 확연히 구분하기는 어렵다고 생각된다.

한편, 표본조사라고 해서 항상 계량적 통계분석의 대상 자료만 수집하는 것은 아니다. 때로는 질적(質的) 분석 방법으로 처리할 수 있는 자료도 표본조사의 대상이 되고 있다. 예를 들면, 명목 측정으로 수집한 자료는 질적 분석의 대상이다. 최근 대학생의 사상 경향 분석을 시도한다면 계량적 자료뿐만 아니라 가치판단이나 평가 등에 관한 자료도 필요할 것이다. 따라서 표본의 양과 질에 따라서 표본조사의 성공 여부가 달려 있다고 할 수 있다.

4) 표본조사 이외의 자료 수집을 위한 다른 대안이 없을 경우 활용

표본조사는 전체 집단(모집단)을 대표할 표본을 구성하여 이들에 관한 자료를 수집할 방법 이외에는 다른 수단이 없는 경우에 주로 사용되는 방법이다. 표본조사 이외의 방법으로 자료를 수집할 수 있는 자료원(資料源, information sources)이 있는 경우에는 굳이 표본조사를 실시할 필요가 없다. 예를 들면, 대학생의 급진적 성향과 노동쟁의와의 관계에서 각 사업장별로 취업자의 학력별 구성 분포와 노동쟁의 발생 건수를 월별로 조사한 자료가 있다면(1차 자료나 통계 자료), 즉 월별 고용 동향이나 근로자 노동쟁의 발생 건수를 공신력 있는 국가단체나 연구소 등에서 이미 자세히 조사해 두고 있다면, 굳이 연구자가 많은 비용과 시간을 투자하여 각 근로 사업장에서 발생되는 노동쟁의 발생 건수를 조사할 필요는 없을 것이다. 그러나 대부분의 조사의 경우에 이와 같은 자료를 발견하기가 어렵다. 물론 최근에는 컴퓨터 통계 처리 덕분에 공통적인 데이터베이스(D/B)를 갖추기 시작하면서, 구체적이고 세부적인 자료들이 구축되어 공개적으로 활용되고 있다. 그러나 조사 내용이 좀 더 세부적이고 연구자의 조사 목적이 구체적인 경우에 이에 타당한 데이터를 찾기 위해서는 표본조사 방법을 사용하지 않을 수 없는 경우가 많다.

실제로 사회과학의 조사 경험이나 연구 문헌을 살펴보면 표본조사를 하지 않고도 1차 자료나 기타 통계청이나 통계 관련 조직에서 발표하는 신뢰성 있고 타당성 있는 자료를 이용하여 가설을 검증하는 경우가 많다. 특히, 경제 관련 통계인 물가, 생산과 소비, 국민소득 계정, 기타 주요 경제지표 등은 이미 여러 경제기관이나 국가의 주요 통계 부서 등에서 많은 자료를 준비하고 있다. 또한 사회학이나 인구학 분야 등에 가장 많이 이용되는 대표적인 예로서 매 5년마다 시행하는 인구 및 주택에 관한 전수조사(census) 자료 등은 표본조사보다 더욱 훌륭한 자료들이다.[3] 그래서 경제학이나 인구학 또는 기타 범죄나 사회 문제 등을 분석한 선행연구에 따르면, 대체적으로 기존의 자료를 이용하여도 가능한 경우가 많이 있다.

한편, 정치학이나 사회심리학 또는 조직학, 행정학, 정책평가, 소비자행동론, 시장동태론, 경영학 등의 분야에서는 대체적으로 표본조사를 하지 않고는 신뢰성과 타당성이 높은 자료를 구하기 어려운 것이 사실이다. 따라서 표본조사는 일반적으로 구체적인 연구 목적을 달성하기 위해서 기존의 자료로는 만족할 만한 연구 성과를 기대할 수 없다고 연구자가 판단하는 경우에 사용하는 방법이라고 할 수 있다.

표본조사의 역사는 100년이 넘는다. 특히, 표본조사의 패러다임을 처음으로 제창한 노르웨이 통계학자 키애르(A. N. Kiaer)가 1895년에 국제통계기구(International Statistical Institute: ISI)가 주최한 베를린회의에서 표본추출(좀 더 정확하게는 대표추출(representative of the population) 방법을 주장하면서 표본조사는 발달하기 시작하였다. 그 이후에 난수표를 이용한 무작위표본추출(이를 통계학에서는 임의추출로 표기한다) 방법을 1900년대 초기에 개발한 보울리(Arthur Bowley, 1869~1957)와, 1930년대에 모집단과 표본집단의 통계적 관계를 밝힌 나이만(Jerzy Neyman, 1894~1981) 등에 의해서 표본조사는 발달되었다. 그리고 한센(Hansen: 미국 통계청의 통계연구소 소장)과 허위츠(Hurwits) 등은 표본조사가 현재와 같이 실용화되는 데 기여하였다고 볼 수 있다(장인식, 1996: 25－31). 그러나 이러한 표본조사도 가설을 검증할 만능의 방법은 아니다. 표본조사에도 한계나 문제점이 있다. 이것을 자세히 이해하는 일도 표본조사를 정확하고 올바르게 사용하는 데 필요하다.

3. 표본조사의 문제점

표본조사에서 발생할 수 있는 공통적인 문제점이나 한계점을 철학적이고 기술적

---

3) 전수조사(등록센서스)에서 파악되지 않는 인구, 가구, 주택의 특성은 전국 가구의 20% 가구를 표본으로 선정하여 현장조사를 실시하기 때문에 표본조사에 해당한다.

인 관점과 표본추출오차의 발생가능성 관점에서 살펴보면 다음과 같다.[4]

1) 철학적인 관점에서 제기되는 문제점

첫째, 표본조사는 인과관계를 파악하기 어렵다는 비판이다. 표본조사는 연구자가 연구 환경이나 변수를 거의 통제할 수 없는 상태에서 연구를 진행하기 때문에 변수 간의 인과관계보다는 상관관계를 더 잘 파악할 수 있는 방법이라고 하는 지적이다(Bailey, 1994: 221-222). 예를 들면, 표본조사에 의해 도출된 분석 결과는 대학생의 급진적 성향과 노동쟁의 발생 관계를 인과관계가 아니라 상관관계로 설명할 수 있을 뿐이다. 비록 상관관계를 검증한다고 하여도 사상적으로 급진적인 대졸자들의 취업률이 높으면 높을수록 노동쟁의의 발생 확률이 높게 나타날 원인과 결과의 관계를 설명할 수 없다.

둘째, 표본조사는 연구 대상의 동태적 현상이나 또는 변화나 진화의 과정에서 발생되는 요인을 분석할 수 없다는 비판이다. 예를 들면, 대학생의 급진적 사상이 어떻게 노동쟁의의 발생요인으로 작용하고 있는지, 또는 급진적 성향을 가진 대졸 취업자의 신념이나 가치체계 또는 사상 변화 과정 등을 표본조사로는 조사하기 어렵다.

셋째, 표본조사로는 사회과학의 가설을 측정할 수 없는 경우가 많다는 지적이다. 특히, 장기적 관점에서 동태적으로 변화되는 사회현상이나 인간 행태를 설명하기 위한 조사방법으로는 타당하지 않다는 비판이다. 만일 사상적으로 급진적 대학생이 졸업하고 취업하여 그들이 어떻게 근로 현장에서 노동쟁의를 발생시키거나, 또는 촉진시키는가 하는 점을 장기적으로 추적하여 조사할 수 있는 장기적 경향 분석 등에 표본조사를 활용하려 한다면 이는 상당히 어려울 것이다.

---

4) 원래 표본조사의 문제점을 데이비드 드 바우스(David de Vaus)가 철학적이고 기술적이며 정치적인 관점에서 정리한 것(1995: 7-9)을 이 책에서는 두 가지로 요약하였다. 즉, 정치적 관점에서 제기되는 문제점을 기술적 관점에서 제기되는 세 번째의 문제점으로 종합하여 기술하였다. 왜냐하면, 표본조사가 조작이라는 비판은 질문지를 작성할 때 기술적으로 제기되는 문제점의 하나이기 때문이다. 아울러 이 책에서는 표본조사에서 발생하는 표본추출오차의 문제점에 대해서도 간단히 언급하고자 한다.

2) 기술적인 관점에서 제기되는 문제점

첫째, 표본조사는 질문서의 내용 분석에 의존하기 때문에 질문지를 구성할 때 현실적인 사회 현상을 완벽하게 대표할 수 있는 질문지를 작성하기가 사실상 불가능하다는 비판이다.

둘째, 표본조사는 본질적으로 통계 분석을 기본으로 하기 때문에 계량적으로 분석하기 어려운 연구 내용을 취급하기에는 한계가 있다는 지적이다.

셋째, 표본조사는 본질적으로 조작적(manipulative)이라는 비판이다. 표본조사를 진행하기 위해서는 대부분 질문지를 작성하여야 한다. 그러나 질문지의 내용이 사회 현상을 완벽하게 대표할 수 없다는 점은 사회 현상을 연구자의 가치와 판단에 따라서 다양하게 표현할 수 있다는 뜻이 된다. 그렇다면 연구자는 자신의 연구 관점과 목적 등에 따라서 동일한 조사 대상이라도 달리 조사할 수 있고, 이에 따라서 질문지를 작성하기 때문에 이것을 조작적이라고 비판할 수도 있다. 조작적이기 때문에 실제 사회 현상 그대로를 분석한 이론을 제공하기보다 질문 대상자가 인식하고 있는 가치 판단에 따라서, 즉 이데올로기에 굴절된 사회 현상을 분석한 것이라는 비판이 따르게 된다.

이와 같이 표본조사는 많은 문제점과 한계점을 가지고 있는 조사방법이다. 그러나 사회과학 조사방법으로서 다른 조사방법을 사용하여 조사 대상과 관련된 자료를 수집할 수 없는 경우에 이용되는 주요 방법이 표본조사이다. 그래서 표본조사는 과학적 방법의 가장 이상적 형태는 아니지만 현실적으로 가장 많이 사용되는 실용적이고 실천적인 조사방법이라고 할 수 있다.

3) 표본추출오차의 문제점

표본추출을 통한 통계조사의 목적은 표본의 특성, 즉 통계값을 조사함으로써 미지의 모집단의 특성, 즉 모수를 알기 위한 것이다. 그런데, 실제로 통계값은 모수와 정확히 일치하지 않은 경우가 많다. 왜냐하면, 표본추출을 통한 통계조사에 기초한 추론에서는 항상 오차가 발생하기 마련이기 때문이다. 그렇다면 실제로 표본추출의 관점에서 오차의 종류에는 어떤 것들이 있는지 좀 더 구체적으로 살펴보자.

오차는 표본조사를 실시하느냐 아니면 모집단 전체에 대해 전수조사를 하느냐에 따라 표본추출오차와 비표본추출오차로 구분된다. 표본추출오차는 모집단이 아닌 표본을 조사하기 때문에 발생하는 모수와 통계값 간의 차이를 의미하는데, 만일 전수조사를 실시한다면 표본추출오차는 발생하지 않는다. 표본추출오차는 다시 무작위표본추출오차와 비무작위표본추출오차로 구분할 수 있다. 무작위표본추출오차는 비표본추출오차가 없다고 가정했을 때 무작위추출된 표본에서 발생하는 표본의 특성값과 모집단의 특성값의 차이를 의미하는데, 이를 오차한계라고도 부른다. 비무작위표본추출오차는 표본추출이 편향되었기 때문에 발생하는 오차로써 주로 자발적 반응표본이나 편의표본 등에서 발생하는 오차를 의미한다.

다음으로 비표본추출오차는 표본조사 대신에 모집단 전체에 대해여 전수조사를 실시하더라도 발생하는 오차를 의미한다. 예를 들어, 설문조사에서 응답자가 번호를 잘못 기입하였거나 또는 기입된 번호를 연구자가 컴퓨터 파일에 입력할 때 잘못 입력하는 경우 등이 이에 해당한다. 따라서 비표본추출오차를 줄이기 위해서는 반복해서 자료를 확인하거나 응답자가 명확하게 응답 내용을 기입할 수 있도록 노력하는 방법 등을 제외하면 달리 뾰족한 수가 없다. [그림 5-1]은 표본추출 여부에 따른 오차의 종류를 정리한 것이다.

그림 5-1 표본추출 여부에 따른 오차의 종류

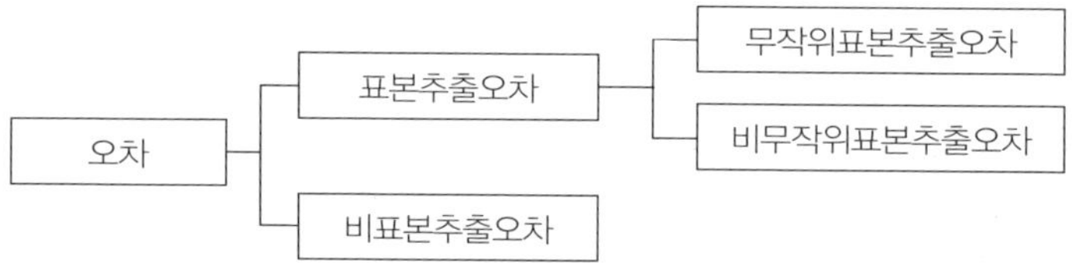

제2절 표본의 구성

1. 표본 구성의 기초

표본조사를 수행하기 위해서는 우선 표본을 구성하여야 한다. 그러나 표본을 구성하기 위해서는 표본이란 무엇이고, 어떤 것을 표본으로 정할 것이며, 표본을 어느 정도의 크기로 설정할 것인가 하는 문제를 해결해야 한다. 그리고 표본을 구성할 수 있는 데이터베이스인 표본 프레임(sample frame)의 이용 가능성과 특성 등을 우선적으로 이해하고 있어야 한다.

1) 표본의 조건

표본이란 모집단을 대표할 수 있는 견본이라고 할 수 있다. 따라서 좋은 표본이 되기 위해서는 다음과 같은 조건을 갖추고 있어야 한다.

표본의 조건
• 모집단의 특성과 속성을 정확하고도 적절하게 대표할 수 있어야 함 • 표본에서 수집한 정보나 데이터는 전체 모집단에서 추출한 그것과 동일할 것이라는 확신을 줄 수 있어야 함

예를 들어, 표본조사로 한국 대학생의 급진적 성향에 관한 자료를 수집하고자 한다면 한국 대학생 전체 집단을 대표할 수 있는 대학생으로 구성된 표본을 만들어야 한다. 표본의 구성 방법에서 이것을 자세히 설명하겠지만 여기서 간단히 언급하자면 성별, 연령별, 지역별, 학년별, 전공별, 대학 유형별 대학생의 구성 비율을 최적으로 고려하여 표본으로 선출된 대학생이 전체 대학생인 모집단을 대표할 수 있어야 한다. 따라서 대표된 표본집단에서 추출된 자료는 전체 대학생에 관한 자료와 거의 동일하다고 가정할 수 있어야 한다. 만일 그렇지 않고 표본으로 구성된 대학생을 대상

으로 수집된 정보는 모집단 대학생의 급진적 성향과 차이가 있는 정보라면 이것을 표본조사의 자료로 활용하기는 매우 어려울 것이다.

그렇다면 과연 표본에서 수집된 정보가 모집단 정보와 동일한 것인지를 어떻게 확인할 것인가? 그에 대한 해결책은 바로 정확하고 적절하며 타당한 표본을 구성할 수 있는 기술적인 연구자의 능력과, 표본을 구성할 수 있는 정확한 표본 프레임의 존재 여부, 그리고 표본의 적절한 크기 등에 따라 결정될 수 있다. 따라서 모든 표본조사는 표본의 양과 질에 따라서 그 성패가 결정된다.

표본조사와 관련된 용어

- 모집단(population or universe): 연구하고자 하는 연구가설의 전체 집단
- 표본(sample): 모집단에서 구성된 견본
- 표본 프레임(sample frame): 표본을 추출할 수 있도록 모집단의 구성요소를 총체적으로 집합시켜 둔 데이터베이스(D/B)
- 표본 요소(sampling element): 표본 대상으로 추출될 수 있는 객체이며, 조사 단위에 따라서 개인이나 집단 등이 될 수 있음
- 표본 단위(sampling unit): 표본을 구성하고 있는 각 개체나 그들의 집합체를 의미하며, 일반적으로 표본을 구성하고 있는 조사대상을 지칭할 때 쓰임

(예시) 한국 대학생의 급진적 성향과 노동쟁의 발생 관계의 가설을 예로 들어서 용어를 설명하면, 모집단은 한국의 전체 대학생이고, 표본은 여기서 추출된 대학생 집단이다. 조사 단위는 대학생 개인이기 때문에 표본 구성은 표본으로 추출된 각 대학생이고, 표본 단위는 조사 대상인 대학생과 그들 집합체이다. 표본 프레임은 대학생 인명부, 즉 각 대학별로 학년과 전공별로 학생 수를 총망라한 자료(교육부 발표 자료)나 또는 각 대학이 발행하고 있는 학생기록부 등이 될 수 있다.

표본의 조건에서 좀 더 설명이 필요한 부분은 표본을 사용하는 이유에 관한 것이다. 사회과학의 조사에서 표본이 중요한 이유는 다음과 같다.

첫째, 앞에서 표본조사의 특성을 설명할 때 언급한 바와 같이 표본조사는 다른 조사방법으로는 자료를 수집할 수 없는 경우에 사용되는 조사방법이라고 하였다. 따라서 표본을 구성하는 이유는 물리적으로 자료를 수집할 조사 대상자 전체 모집단을

이용할 수 없는 경우이다. 전체 모집단을 대상으로 하면 시간적으로 뿐만 아니라 연구 경비나 연구자의 능력 등에서 도저히 불가능하기 때문이다. 비록 물리적으로 가능하다고 하더라도 오랜 조사 기간의 경과로 말미암아 수집된 자료의 신뢰성과 타당성이 손상되어 성공적 조사 결과를 발표할 수 없게 된다. 즉, 시간이 경과된다는 것은 조사 환경이 변화된다는 것이고, 조사 환경이 변화되면 변화된 환경에 영향을 받아서 변수의 내용이 변화될 것이기 때문이다. 그렇게 되면 과거의 변숫값이 현재의 변숫값을 대표할 수 없게 된다.

둘째, 사회과학 조사 대상에는 항상 질서정연하거나 규칙적이지 못하고 많은 예외나 불규칙 그리고 예측하기 어려운 현상 등이 존재한다. 그 이유는 사회 현상과 인간 존재의 조건이 끊임없이 변화하고 있기 때문이다. 변화하는 사회 현상을 조사하려면 어느 순간에 또는 어느 한 시점에서 사회 현상을 지배하고 있는 법칙을 찾아야 된다. 이와 같은 조사방법으로 가장 적절한 것이 주어진 시간과 한정된 조사 자원으로 표본을 구성하고, 표본을 대상으로 정보를 수집하여, 그 정보에 담겨 있는 법칙을 설명하는 것이 가장 적절한 조사방법이라고 볼 수 있다.

셋째, 표본의 질과 양에 따라서 표본조사의 성패가 달려 있다고 하였듯이, 모집단의 특성을 잘 반영할 수 있는 표본을 구성하는 일이 언제나 현실적으로 그리 쉽지는 않다. 물론 여러 가지 요인이 있겠지만 표본으로 선정된 것들이 모집단의 구성 분포에서 볼 때, 과잉 대표되거나 또는 과소 대표되는 경우에는 표본을 중심으로 조사한 자료는 모집단을 대표할 수 없다. 특히, 여론조사를 위한 표본을 구성할 때 이와 같은 표본의 대표성이 크게 문제시되고 있다. 여론조사 대상자를 선정할 때 선정의 편의 또는 표본 프레임 등의 미비로 인하여 항상 대표되는 계층만 표본으로 선정되어 이들의 여론이 과잉 대표되는 현상을 우리는 흔히 볼 수 있다. 심지어 과거 여론조사 기관에서는 공식적으로 여론조사에서 제주도 주민을 제외시키기도 하는 오류를 범하는 경우도 많았다. 그러나 최근에는 여론조사 기술이 발달하고 조사기관의 조사방법 수준이 향상되면서 표본의 대표성 문제가 줄어들고 있는 것은 매우 다행스러운 현상이다.[5]

---

5) 대중매체가 중심이 되고 있는 여론조사를 표본조사의 관점에서 정확하고 자세히 설명한 대표적인 문헌으로 고봉성과 남궁평의 논문(1997: 203－213)을 참조할 수 있다.

넷째, 모집단을 대표하는 표본을 정확하게 구성하면 실제로는 모집단 전체를 대상으로 자료를 수집한 것보다 표본조사가 더욱더 타당하고 신뢰할 수 있는 자료를 얻을 수 있다. 예를 들면, 한국 대학생 모집단 전체를 대상으로 그들의 급진적 성향을 조사한다면 오랜 조사 기간과 엄청난 조사의 양(量) 때문에 조사자들이 오히려 피곤하여 조사의 질을 떨어뜨릴 수가 있다. 또한 표본조사량보다 복잡하고 방대한 모집단의 조사량을 정리할 때 발생할 수 있는 서류 정리나 기타 행정상의 오류 때문에 수집된 정보를 왜곡 분석할 가능성이 오히려 높아진다. 이와 같은 문제점이 여론조사 등에서 더욱더 발생할 가능성이 매우 크다.

표본 구성의 마지막 기초 사항으로서 연구자는 표본을 구성하기 전에 반드시 다음과 같은 네 가지 사항을 점검하여 만족할 만한 수준이라고 판단하고 있어야 한다.

첫째, 표본을 구성할 수 있는 데이터베이스, 즉 우수한 표본 프레임이 존재해야 한다.

둘째, 표본의 크기(sample size)를 결정해야 한다. 표본 크기에 관한 것도 대단히 중요한 사항이다.

셋째, 표본을 어떻게 구성할 것인가 하는 방법이나 기법을 결정해야 한다.

넷째, 표본의 질과 양을 결정할 때는 응답률 또는 회수율(response rate)을 현실적으로 고려하지 않을 수 없다. 즉, 표본의 크기를 결정하는 결정적 변수 중의 하나가 회수율이다.

2) 표본 프레임

표본조사의 성공은 표본의 질과 양에 달려 있다고 하였다. 그러나 표본을 성공적으로 구성할 수 있는 것은 표본 프레임(sample frame)의 질과 양에 달려 있다. 따라서 표본조사를 성공적으로 완수하려면 훌륭한 표본 프레임이 있어야 한다. 이처럼 표본 프레임은 표본조사에서 가장 중요한 기초가 되고 있다.

표본 프레임은 모집단의 특성과 속성을 통계적으로 대표하는 모든 표본 단위들의 총집합체라고 할 수 있다(Fowler Jr., 1988: 20). 따라서 표본 프레임을 원본으로 해서 이것을 기준으로 표본을 추출할 수 있다. 예를 들어, 한국 대학생의 급진적 성향과 노동쟁의 발생 건수와의 가설을 검증하기 위해서 표본조사를 한다면, 우선 대학생의 급진적 성향을 조사하기 위한 표본을 구성하여야 한다. 표본을 구성하려면 당연히 표본 프레임을 찾아야 한다. 다행히도 『한국대학생인명부』 같은 것이 있으면 이것이 대학생이라는 모집단을 가장 잘 대표하는 대학생 전체를 망라한 목록이 될 수 있다. 이와 같은 것이 없다면, 매년 한국교육개발원(KEDI)에서 발행하고 있는 『교육통계연보』를 표본 프레임으로 활용할 수도 있다. 『교육통계연보』에 기재된 한국 대학생의 숫자를 대학 유형별(일반대학, 전문대학, 산업대학, 교육대학, 기타 등), 전공별, 성별, 학년별, 연도별 등으로 구분해서 총인원을 제시하고 있기 때문에 이것을 기초로 해서 표본의 구성 비율과 크기를 결정할 수 있다. 그럼에도 불구하고 좀 더 완벽한 표본 프레임은 각 대학마다 발행하고 있는 그 대학 소속 학생들의 주소록(directory)이 될 수 있다. 그러나 불행하게도 각 대학(교)들이 이와 같은 학생 주소록을 데이터베이스화하여 보유하고 있더라도 그것을 공개하기란 매우 어렵다.

다음으로, 대학 졸업생이 취업하고 있는 각 사업장별로 진행된 노동쟁의 발생 건수를 표본조사 한다면, 우선 노동조합이 결성되어 있는 사업장별로 대학 졸업생의 취업 분포도와 한국의 전체 사업장 중 노동조합의 결성 여부를 알려 주는 데이터베이스가 있어야 이것을 표본 프레임으로 활용할 수 있다. 이를 위해서는 매년 정부의 노동 관련 부처나 기타 정부 부처 등에서 발행하고 있는 통계연보 등을 활용할 수 있다.

한편, 대학생 집단이나 노동조합 결성 사업장 등을 모집단으로 하는 경우에는 비교적 표본 프레임을 쉽게 찾을 수 있다. 그러나 사회계층 간의 임금 격차와 청소년 범죄율의 관계를 표본조사하고자 하는 경우나, 또는 여론조사나 행정의 만족도, 시민의 정책결정에의 참여도, 사회지도층이나 엘리트 계층의 윤리 의식, 정치적 지지도, 주택 청약자의 주택정책에의 평가 등을 표본조사하는 경우에 발생할 수 있는 가장 어려운 일 중의 하나가 적절한 표본 프레임을 구하는 일이다. 사회계층 간의 임금 격차를 표본조사하려면 전체 모집단을 대표하는 사회계층 간의 임금 실태를 찾을 수 있는 데이터베이스가 있어야 한다. 여론조사의 경우, 여론 대상자 모집단을 대표하는 표본 프레임이 있어야 하고, 엘리트 계층의 윤리 의식을 조사하고자 한다면 엘리트 계층을 망라하고 있는 데이터베이스가 있어야 한다. 또한 주택 청약자의 주택정책에의 평가 등을 표본조사하는 경우에는 각 주택 회사별로 발행하고 있는 주택 청약자 인명부를 찾아야 한다.

이와 같은 표본 프레임 등을 실제로 이용할 경우에도 대단히 주의하여야 할 일이 있다. 전화번호부나 인명록 등은 등재 대상자가 자신의 신상에 관한 정보를 공개하는 것에 동의한 경우이지만, 기타 회원 주소록 또는 단체인명록 등의 경우에는 개인의 신상에 관한 정보(privacy)를 포함하고 있기 때문에, 이것을 제3자가 함부로 이용할 수 없다. 이 경우에는 여기에 관련되는 법령(개인정보보호법 등)을 참조하거나 법적 사항을 참조한 후 이용하여야 할 것이다. 따라서 일반적으로 표본 프레임으로 흔히 이용되고 있는 것이 인명별 전화번호부, 전국 선거인명부, 각 기관이나 단체가 발행하고 있는 주소록, 또는 각 언론기관 등에서 발행하고 있는 사회지도층의 인명부[6], 각 소속 학회나 단체 등이 발행하고 있는 회원 주소록, 상품 회사나 유통업체 또는 기타 제조업체들이 보유하고 있는 고객 명단, 보험회사 등이 보유하고 있는 보험 가입자 인명록 등 다양한 통계 자료가 연구 주제에 따라서 표본 프레임으로 이용될 수 있다.

연구자가 직접 표본 프레임을 작성하는 경우도 있지만, 그와 같은 경우는 소규모 조사이거나 또는 특수한 분야의 조사에 한정되는 경우이다. 대부분의 사회과학 연구는 풍부하고 다양한 표본 프레임을 기초로 하고 있어야 가능하다. 이와 같이 표본 프레임의 정보화, 즉 사회과학 연구를 진행할 수 있는 사회의 기초 분야에 데이터베이스가 구축되어 있지 않다면 우수한, 그리고 필요한 연구를 진행할 수 없을 것이다.

실제로 표본조사를 진행하면서 겪게 되는 가장 힘든 일 중의 하나가 이와 같이 표본 프레임을 찾는 일이다. 본질적으로 표본 프레임으로 사용할 수 있는 것이 데이터베이스화되어 있지 않다면 조사를 진행할 수 없는 불행이 있다는 점을 제외하고서도 현실적으로 적절한 표본 프레임을 찾는 일에는 일반적으로 다음과 같은 세 가지 정도의 어려움이 있다(Kalton, 1983: 56－63).

---

6) 그 대표적 예로서, 중앙일보사가 1998년에 발행한 한국의 엘리트 계층을 망라한 『한국을 움직이는 인물들』을 들 수 있다. 선진국의 경우에는 각 지역별로 주요 인명록(*Marquis Who's Who*)을 방대하게 데이터베이스화하고 있는 실정이다. 최근에도 한국에서는 각 언론사가 중심이 되어 여러 가지 다양한 분야의 총람 등이 발행되고 있는 것은 사회과학 연구뿐만 아니라 정보화 시대의 중심축인 데이터베이스 구축 등에도 대단히 바람직한 일이라고 생각된다.

첫째, 표본 프레임에 모집단 전체를 총망라하지 못하고 상당한 부분이 삭제되거나 처음부터 등재되지 않은 경우이다. 예를 들면, 중앙일보사가 발행한 『한국을 움직이는 인물들』에 수록되어 있는 것이 과연 한국을 움직이는 사회 각 계층의 모든 인물을 망라하고 있는가 하는 점을 판단하기는 매우 어렵다. 물론 중앙일보사는 다양한 기준과 절차를 이용하여7) 한국을 움직이는 인물들을 총망라하고자 하였지만 상당한 분야에 상당한 정도의 사회 엘리트 계층이나 또는 개인 등이 등재되지 못한 경우가 있을 것이다. 이와 같은 불완전한 데이터베이스를 표본 프레임으로 사용하면 모집단을 대표하는 표본을 구성하기 어렵고, 따라서 대표성 있는 자료를 얻기 힘들다. 그리고 등재가 안 된 표본 프레임의 대표적인 것으로 전화번호부나 동창회 회원의 주소록 또는 인명록 등을 들 수 있다.

둘째, 표본 프레임에 표본 요소나 표본 단위가 한 번 이상 수록되어 있는 경우이다. 이와 같은 경우에는 중복으로 등재된 표본 단위가 표본으로 추출될 확률이 높아지고(이것을 과잉 대표라고 함), 중복 등재된 단위에 따라서 조사 결과가 왜곡되기 쉽다. 특히, 집단으로 구성된 표본 프레임을 사용하여 개인을 표본 단위로 선발하는 경우에는 중복 등재의 문제가 발생할 가능성이 크다. 예를 들어, 사회계층별 소득 수준을 각 가계별 소득 수준으로 측정하여야 함에도 불구하고, 개인별 소득 수준을 통계적으로 정리한 자료를 표본 프레임으로 사용하는 경우에는 어느 한 계층이 중복으로 과잉 대표될 가능성이 크다. 왜냐하면, 가계별 소득 수준과 개인별 소득 수준의 차이점이 큰 중·상류층 이상 가계구성원의 소득 수준을 통계적으로 대표할 가능성이 많기 때문이다.

셋째, 표본 프레임에 모집단의 특성과 다른 표본 요소가 포함되어 있는 경우 또는

---

7) 『한국을 움직이는 인물들』의 인명록에 의하면, 사회 각 분야에서 활동하고 있는 주요 인사, 즉 정계와 관계의 유명 인사, 학술원·예술원 회원, 주요 기관 단체의 회원, 전국 전문대학과 대학(교)의 총장, 학장, 저명 교수, 상장회사 및 주요 기업체의 임원, 사회·문화·종교 등 각계의 지도급 인사 등을 포함하여 약 10만 명을 대상으로 그들의 신상명세서를 작성했다고 하였다[중앙일보사(1997). 『한국을 움직이는 인물들』]. 그러나 본인이 협조한 인물만을 대상으로 수록하였으며, 실제로 사회 엘리트의 대상을 이와 같이 설정한 것이 과연 타당하고 적절한가 하는 비판을 받기도 한다. 예를 들면, 저명 교수는 포함되고 비저명 교수는 제외되었다면, 그 기준인 '저명'을 어떻게 정의할 것인가 또는 세칭 저명 교수가 과연 엘리트인가 하는 점 등이 비판의 대상이 될 수 있다.

모집단에 해당될 수 없는 표본 요소가 포함되어 있는 경우이다. 예를 들어, 대학생의 급진적 성향을 조사하기 위해서 사용하는 표본 프레임에 이미 대학을 졸업한 학생들의 명단이 있는 경우[이를 블랭크(blank)라고 함], 대졸자가 취업해 있는 근로사업장에서의 노동쟁의를 조사하면서 비(非)대졸자의 경우도 포함되어 있는 표본 프레임을 사용하는 경우[이것을 이방인 요소(foreign element)라고 함] 등이 이에 해당된다.

이와 같은 표본 프레임의 문제점을 치유할 수 있는 구체적 방법은 연구자가 표본 프레임의 내용을 자세히 분석해서 자신의 가설에 따른 모집단을 가장 잘 대표할 수 있는 표본 프레임이 될 수 있을 것인가를 확인하는 것이다. 연구자는 이러한 과정에 이용될 수 있는 여러 가지 방법 등도 잘 익혀 두어야 한다. 또한 표본 프레임을 재구성하여 중복이나 이방인 요소 또는 블랭크, 삭제된 부분 등을 치유한 후에 표본 프레임으로 이용하여야 할 것이다. 이와 같은 작업을 마치고 이용되는 표본 프레임을 대개 효율성이 높은 표본 프레임이라고 간주할 수 있다.

3) 표본의 크기

표본의 크기(sample size)는 표본조사에서 가장 먼저 제기되는 과제 중의 하나이다. 표본을 어느 정도의 크기로 할 것인지 또는 몇 개의 표본을 구성하여야 타당하고 적절할 것인가 하는 문제는 연구자의 중요한 관심사 중의 하나이다. 결론부터 말하자면 어느 정도로 표본 크기를 결정하여야 표본조사에 타당할 것인가 하는 문제에 대한 정해진 답은 없다. 단지 조사의 성격과 내용, 목적에 따라 표본의 크기가 결정된다. 구체적인 표본의 크기는 구체적인 연구에 따라서 결정될 것이지만, 이 책에서는 일반적으로 표본의 크기를 결정하는 요인을 몇 가지 설명하고자 한다.[8)]

표본의 크기는 가설을 통계적으로 검증할 때뿐만 아니라 일반적으로 표본에서 수집된 자료가 타당하고 적절한가 하는 문제를 결정하는 중요한 요인 중의 하나이다. 따라서 표본의 크기를 적절하게 결정하는 일은 대단히 중요하다. 표본의 수가 너무

---

8) 표본 크기에 관한 한 개 표본이나 두 개 이상의 표본 또는 자승법(power)에 의한 표본 크기 등을 통계적으로 자세히 설명한 문헌(Desu & Raghavarao, 1990)을 소개할 수 있다. 통계학 등에 관심 있는 독자는 이 문헌을 참고하면 큰 도움이 될 것이다.

많다면 시간과 노력이 많이 소요될 것이고, 반대로 표본의 수가 부족하다면 가설을 통계적으로 검증할 수 없을 것이다.

일반적 관습이나 통계적 경험 등에 의하면, 대체적으로 표본의 수는 최소한 100개 정도는 되어야 한다고 한다(Bailey, 1994: 100). 물론 통계분석 기법과 모집단의 성격 등에 따라서 최소 크기를 '30'이라고 하는 경우도 있지만, 사회과학 조사에서는 잘 이용되지 않은 표본 크기라고 할 수 있다. 일반적으로 전국적 규모에 해당되는 모집단일 경우에는 '1,500개' 정도, 지역적 모집단을 대상으로 하는 경우에는 '500개' 정도면 적당하다고 주장하는 경우도 많다. 그러나 표본의 크기는 다음과 같은 요인에 따라서 다양하게 결정되는 것이 원칙임을 잊지 말아야 한다.

첫째, 조사의 목적과 성격, 그리고 모집단의 특성과 성격에 따라서 표본의 크기가 결정된다. 예를 들면, 한국 대학생 전체를 모집단으로 하고 있는 연구는 어느 특정 지역이나 전공 분야 또는 남녀를 구분한 대학생을 모집단으로 하고 있는 연구보다 표본의 크기가 더 클 것이다. 조사 목적이 여론조사나 또는 일반 시민들의 선호도 조사, 시장 소비자들의 행태조사, 상품 등에 대한 품질조사 등의 표본의 크기는 대체로 클 것이다. 반면에 동질 집단을 조사 대상으로 하거나 조사 범위가 어느 특정 집단을 대상으로 하는 경우, 조사 성격이 단기적이고 통제적인 경우 또는 순수 학문적 조사 목적 등에 이용되는 표본의 크기는 이보다 작을 것이다.

둘째, 조사 대상인 모집단을 몇 개의 하위 모집단 등으로 세분하면 할수록 표본의 크기는 더 커질 것이다. 예를 들면, 한국의 대학생 집단을 성별, 전공별, 지역별로 모집단을 세분화하여 각각의 하위 모집단의 급진적 성향을 조사하고자 한다면 단순히 전국 대학생 집단 그 자체만을 모집단으로 하는 경우보다 표본의 크기는 더 커야 할 것이다. 각각의 하위 모집단을 대표할 수 있는 최소한의 표본 크기를 확보해야 하기 때문에(통계 분석이 유의미할 수 있도록), 일반적으로 전체 모집단을 하나로 구성할 때보다 표본의 크기가 더 커지게 된다.

셋째, 동일한 조사 조건이라면 표본의 회수율이 높으면 높을수록 표본의 크기는 작아질 것이다. 표본 회수율은 물론 구체적인 질문 문항 내용이나 기타 형식적 요인에 따라서 달라질 것이지만, 일반적으로 우편 또는 인터넷 등으로 표본조사를 진행할 경우 회수율이 높으면 회수되지 못하고 손실되는 표본의 양을 줄일 수 있기 때문에, 표본의 크기를 크게 잡을 필요가 없을 것이다.

표본의 크기는 실질적으로 수집된 자료를 통계 분석하는 경우에 중요한 영향을 미치는 요소이다. 표본오차(sampling error)는 표본이 모집단을 정확하게 대표할 수 없는 경우에 발생하는 것이다. 표본오차는 모집단의 일부를 추출하기 때문에 발생되는 오차 또는 우연적 변화에 의해서 발생되는 오차이며, 전수조사에서는 표본이 필요 없기 때문에 표본오차가 발생할 수 없다(남궁평, 1999: 49). 따라서 표본오차는 표본의 크기가 증가하면 감소한다. 표본오차가 발생하면 외적 타당성, 즉 조사 결과를 일반화할 수 없는 자신만의 연구라는 비판을 면할 수 없게 된다. 특히, 통계적으로 적절하고 타당한 분석에 필요한 최소한의 표본 크기와 질을 무시하여 발생하는 표본오차는 가설 검증에 심각한 오류를 발생시키는 원인이 된다. 그래서 표본조사를 할 때, 물론 공식화된 것은 아니지만 연구자는 통계적 결정 방법을 이용하기도 한다. 즉, 다음과 같이 표준편차와 평균편차 등을 계산하는 공식을 이용하여 표본의 크기를 결정하는 방식을 이용할 수 있다.[9]

$$n' = \frac{n_0}{1 + \frac{n_0}{N}}, \ n_0 = \frac{s^2}{s.e^2}$$

(s: 표준편차, $s.e$: 평균편차, n_0: 초기 표본 크기, n': 최종 표본 크기, N: 모집단 크기)

이와 같은 공식에 의해서 일반적으로 예시되고 있는 표본의 크기를 <표 5-1>과 같이 나타낼 수 있다. <표 5-1>에서 표본오차는 실질적으로 평균편차를 총 표본량(N)으로 나눈 값(s.e=s/N)인 유의 수준 5%에서의 평균 편차값을 나타내고 있다. 제시된 <표 5-1>에 따르면, 표본오차 값이 커질수록 표본의 크기가 작아지고 있음을 알 수 있다.

9) 표본의 크기를 계산하는 복잡한 통계 기법을 설명한 문헌들(Austin, 1983: 239-245; Kalton, 1983: 82-844; Nachmias & Nachmias, 1987: 200; Ray, 2003: 299-300)은 다양하게 존재하지만, 포울러(Fowler Jr., 1988: 41)는 통계분석에서의 유의도나 정확도 등은 물론 통계적으로는 잘못이 없다고 하더라도 실질적으로 연구자가 표본의 크기를 결정하는 데에는 별 도움이 되지 못한다고 하였다. 왜냐하면, 많은 경우에 표본연구는 수많은 내용의 변숫값을 다양한 유의도로 측정하기 때문이라고 하였다.

표 5-1	표본의 크기

표본오차(%)	표본 크기	표본오차(%)	표본 크기
1.0	10,000	6.0	277
1.5	4,500	6.5	237
2.0	2,500	7.0	204
2.5	1,600	7.5	178
3.0	1,100	8.0	158
3.5	816	8.5	138
4.0	625	9.0	123
4.5	494	9.5	110
5.0	400	10.0	100
5.5	330		

* 표본의 크기는 두 개 집단으로 구성되어 있는 표본 프레임이 50대 50으로 구성되어 있는 경우를 가정한 것이며, 유의 수준 5%에서의 평균 편차값에 따른 것임.

** 출처: de Vaus, David(1995). *Surveys in Social Research*, 4th(ed.), p.63.

표본의 크기를 결정하는 공통된 하나의 공식이나 접근방법은 없다. 다만, 앞에서 설명한 것과 같이 여러 가지 요인에 의해 표본의 크기가 결정된다. 또한 표본의 크기는 지금부터 설명하게 될 표본을 구성하는 방법에 따라서도 달라진다. 예를 들면, 단순무작위 표본추출 방법을 사용한다면 모든 조건이 동일한 경우에는 표본의 크기가 기타 방법에 비교하여 적을 것이다. 이에 대한 구체적인 내용은 다음의 표본 구성 방법에서 자세히 설명할 것이다.

2. 표본 구성 방법

표본을 구성하는 방법은 대개 표본추출 방법이라고 하는데, 여기에는 확률표본추출 방법과 비(非)확률표본추출 방법이 있다. 먼저, 확률표본추출 방법(probability sampling)은 모집단에서 각각의 표본 단위가 표본으로 추출될 수 있는 확률을 알 수 있는 경우이다. 예를 들어, 한국 대학생의 총 인원 50만 명의 모집단에서 1,500명을 표본으로 추출한다면, 표본으로 추출될 확률은 0.3%라는 것을 알 수 있는 경우와 같다. 이와 같은 확률표본추출 방법의 대표적인 것으로는 무작위표본추출 방법, 체계추출 방법(계통추출 방법), 층화추출 방법, 군집(집락)추출 방법 등을 들 수 있다.

다음으로, 비확률표본추출 방법(nonprobability sampling)은 모집단에서 표본 단위가 표본으로 추출될 확률이나 가능성 등을 미리 알 수 없는 방법이다. 따라서 표본 단위의 성격이나 특성이 확정적으로 구체화되지 못한 경우가 많으며, 모집단의 성격도 확실하게 밝혀지지 않은 경우에 사용될 수 있는 표본 구성 방법이 비확률추출 방법이다. 이와 같은 방법은 주로 사전(事前) 연구나 또는 본격적으로 표본조사를 실시하기 이전에 연구자가 주제와 방법을 확정하기 위해서 실시하는 임시적이고 시험적 성격의 표본 구성 방법이라고 할 수 있다. 그 대표적인 것으로는 편의추출 방법, 목적추출 방법, 할당추출 방법, 스노볼(snowball) 추출 방법 등을 들 수 있다.

표본을 구성하는 방법 두 가지를 그림으로 나타내면 다음의 [그림 5-2]와 같다.

그림 5-2 표본추출 방법

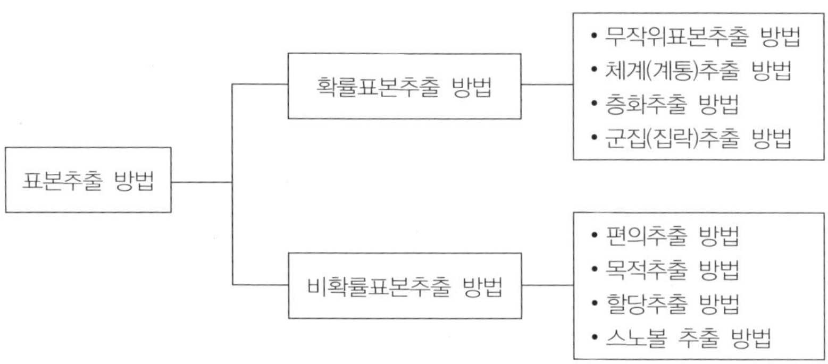

1) 확률표본추출 방법

(1) 무작위표본추출 방법

무작위표본추출 방법(random sampling)은 모집단을 대표하는 표본 프레임에서 무작위로 표본 크기가 완성될 때까지 표본을 추출하는 방법이다.[10] 따라서 무작위표

10) 무작위표본추출 방법을 통계학(예: 장인식, 1996; 남궁평, 1999) 등에서는 '임의'추출 방법이라고

본추출 방법에 의하면, 각각의 표본 단위는 표본 프레임에서 표본으로 추출될 확률이 동등하다는 사실을 알 수 있다. 예를 들면, N이 모집단의 총량, 즉 표본 프레임에 수록된 양이고, n이 표본의 크기라면 표본으로 뽑힐 확률은 n/N이다.[11] 예를 들어, 2018년 현재 한국 대학생의 총수가 50만 명이고, 이 중에서 1,500명이 표본량으로 추출된다면 확률은 1,500÷500,000=0.3(%)이다. 그러나 무작위표본추출이 반드시 표본이 골고루 추출된다는 것을 의미하지는 않는다.

무작위표본추출 방법으로 표본을 구성하기 위해서는 일정한 절차 또는 따라야 할 순서가 있는데, 그것은 다음과 같다.

첫째, 완성된 표본 프레임을 준비해야 한다. 모든 표본추출 방법에서도 표본 프레임이 중요하지만, 특히 무작위표본추출 방법에서는 표본 프레임이 무작위로 구성되어 있지 않다면 무작위표본추출 방법을 이용한다고 해서 각각의 표본 단위가 표본으로 선발될 동등한 확률을 보장할 수 없다.

둘째, 표본 프레임이 무작위로 구성되어 있는 경우에는 문제가 없지만, 그렇지 못한 경우에는 표본 프레임을 조사자가 무작위로 재구성하여야 한다. 예를 들면, 전국 대학생인명부가 남녀별, 학교별로 구성되어 있거나 또는 성명의 '가나다'순으로 구성되어 있다면 이것을 컴퓨터를 활용하여 무작위로 인명부를 재구성할 필요가 있다.[12] 이 경우 무작위로 구성된 표본 프레임에 각각의 표본 단위를 구별할 수 있는 고유 번호를 부여하여야 한다.

셋째, 고유 번호를 가진 각각의 표본 단위로 구성되어 있는 표본 프레임을 이용해서 정해진 표본의 크기를 충족시켜야 한다. 이 단계가 무작위표본추출 방법에서 가장 중요하다고 볼 수 있다. 표본을 무작위로 추출한다는 의미는 무작위로 구성되어

일반적으로 사용하고 있다. 그러나 '임의(任意)'라는 단어에는 '무작위'보다 연구자의 판단과 편의, 그리고 그때의 사정에 의한 것이라는 뜻으로 잘못 전달될 가능성이 '무작위'라는 단어보다 더 클 것으로 여겨진다. 그래서 이 책에는 무작위 방법이라고 표기하였다.

11) 통계적으로 좀 더 정확하게는 NCn = (N / n) = N ! /n ! (N−n) ! = k, 따라서 크기 n인 표본에서 k개가 추출된다면 k개의 표본이 추출될 확률은 1/k가 될 것이다(남궁평, 1999: 58−59).

12) 그러나 이와 같이 표본 프레임이 구성되어 있는 경우에는 무작위표본추출 방법보다 뒤에서 설명하게 될 층화 무작위표본추출 방법을 이용하는 것이 타당하고 경제적이며 신뢰성 있는 표본을 구성할 수 있다. 따라서 굳이 조사자가 방대한 양의 표본 프레임을 재구성하여야 할 필요가 없을 것이다.

있는 표본 프레임에서 편견이나 가치판단, 조사자의 선호, 가중치, 할당량 등에 전혀 관계없이 무작위로 표본을 구성한다는 것이다. 이와 같은 무작위를 보장할 수 있는 추출 방법으로는 대개 복권 추첨 방법이나 난수표(table of random digits)를 이용하는 방법을 많이 활용하고 있다.

① 복권 추첨 방법의 경우, 각각의 표본 단위를 구별할 수 있는 일정한 숫자를 부여한 표본 프레임을 철저히 잘 섞어서(mixing) 표본 프레임 자체가 무작위로 구성되도록 한다. 이와 같이 구성된 표본 프레임을 하나의 복권 추첨통과 같이 취급하여 이 통에서 정해진 크기만큼의 표본을 무작위로 추출하면 된다. 이때 일단 선택된 추첨 번호나 또는 추첨 배정판을 다시 복권통에 투입하여서는 안 된다. 일단 추첨된 번호를 다시 표본 프레임에 복귀시키지 않는 표본추출을 단순무작위 표본추출(Simple Random Sampling: SRS)이라고도 한다.[13] 복권 추첨 방법은 주로 소규모 모집단의 경우나 조사 범위가 제한적일 경우에 사용되는 방법이다. 그러나 표본 프레임을 철저하게 무작위로 혼합시키는 것이 현실적으로 많은 어려움이 있기 때문에 잘 이용되는 방법은 아니다.

② 난수표를 이용하는 방법은 가장 일반적 표본추출 방법이다. 일단 표본 프레임이 무작위로 구성되어 있고, 여기에 숫자를 부여해서 각 표본 단위를 구별시켜 둔 표본 프레임에서 정해진 표본 크기만큼 난수표를 이용하여 그 번호에 해당되는 표본 단위를 표본으로 추출하면 된다. 조사방법이나 통계학 관련 교재의 부록에 난수표가 실려 있는 경우가 많다. 그러나 중요한 것은 실제로 난수표를 이용하는 방법을 알아야 한다. 이 책에서는 다음의 <표 5-2>에 제시된 난수표를 이용한다고 가정하고 난수표 이용법을 설명하고자 한다.

난수표의 한 단위는 보통 다섯 자리 숫자로 만들어져 있다. 따라서 만(10,000) 단위까지 필요한 표본의 크기를 추출할 수 있다. 앞에서 예로 든 한국 대학생 50만 명의 인명부를 표본 프레임으로 사용한다면, 우선 인명부에 따라서 각각의 대학생 성

---

13) 이와 같은 경우를 고등학교 등의 수학 교과서에서 통계를 설명하기 위한 예제에서 많이 다루고 있다. 즉, 10개(1에서 10번의 구슬)의 구슬에서 3개를 단순무작위표본추출 방법으로 추출한다면, ${}_{10}C_3=120$가지의 조합 방법이 있을 수 있다. 이와 같은 120가지의 가능한 표본에 동일한 확률을 부여하는 방법이 단순무작위표본추출 방법의 기본이다.

명에 고유번호를 부여해야 한다. 50만 명이므로 번호가 99999를 넘는다. 이와 같은 경우에는 실제로 50만 명 인명부를 그대로 이용할 것이 아니라, 성별, 전공별, 학교

표 5-2 난수표

줄/난	(1)	(2)	(3)	(4)	(5)	(6)	(7)	(8)	(9)	(10)
000	10097	32533	76520	13586	34673	54876	80959	09117	39292	74945
001	37542	04805	64894	74296	24805	24037	20636	10402	00822	91665
002	08422	68953	19645	09303	23209	02560	15953	34764	35080	33605
003	99019	02529	09376	70715	38311	31165	88676	74397	04436	27659
004	12807	99970	80157	36147	64032	36653	98951	16877	12171	76833
005	66065	74717	34072	76850	36697	36170	65813	39885	11199	29170
006	31060	10805	45571	82406	35303	42614	86799	07439	23403	09732
007	85269	77602	02051	65692	68665	74818	73053	85247	18623	88579
008	63573	32135	05325	47048	90553	57548	28468	28709	83491	25624
009	73796	45753	03529	64778	35808	34282	60935	20344	35273	88435
010	98520	17767	14905	68607	22109	40558	60970	93433	50500	73998
011	11805	05431	39808	27732	50725	68248	29405	24201	52775	67851
012	83452	99634	06288	98083	13746	70078	18475	40610	68711	77817
013	88685	40200	86507	58401	36766	67951	90364	76493	29609	11062
014	99594	67348	87517	64969	91826	08928	93785	61368	23478	34113
015	65481	17674	17468	50950	58047	76974	73039	57186	40218	16544
016	80124	35635	17727	08015	45318	22374	21115	78253	14385	53763
017	74350	99817	77402	77214	43236	00210	45521	64237	96286	02655
018	69916	26803	66252	29148	36936	87203	76621	13990	94400	56418
019	09893	20505	14225	68514	46427	56788	96297	78822	54382	14598
020	91499	14524	68479	27686	46162	83554	94705	89923	37089	20048
021	80336	94598	26940	36858	70297	34135	53140	33340	42050	82341
022	44104	81949	85157	47954	32979	26575	57600	40881	22222	06413
023	12550	73742	11100	02040	12860	74697	96644	89439	28707	25815
024	63606	49329	16505	34484	40219	52563	43651	77082	07207	31790

— 이하 생략 —

출처: https://www.rand.org/content/dam/rand/pubs/monograph_reports/MR1418/MR1418.digits.pdf

별 등으로 층을 만들어 각각의 층에서 고유 번호를 부여하여 무작위로 각각의 층에 정해진 양의 표본을 추출하게 된다. 그렇기 때문에 만 단위를 넘어서는 표본 프레임을 걱정할 필요는 없다.

다음으로 주어진 고유 번호를 가진 표본 단위를 이제 난수표에서 선발된 숫자와 일치하는 것을 표본으로 결정하면 된다. 만약 전공별 대학생의 표본 프레임이 만 단위로 구성되어 있다면, 위의 난수표의 첫째 줄, 첫째 난의 10097을 선택하고, 그 다음 37542, 08422, 99019 등의 순서대로 표본 프레임의 번호와 일치하는 대학생 명단을 표본으로 추출하면 된다. 이 경우에 99019는 표본 프레임에 없는, 즉 전공별 숫자의 양을 초과하는 경우라면 단순히 이 숫자를 버리고 그 다음 숫자인 12807을 선택하면 된다. 이와 같은 과정을 계속 진행하여 정해진 표본의 수를 채우면 된다. 그러나 이 때 주의하여야 할 것은 세로든지 가로든지 난수표를 규칙적으로 이용하여야 된다는 사실이다. 때로는 세로, 때로는 가로 또는 난수표의 이곳저곳을 함부로 이용하면 난수표의 무작위 기능을 이용할 수 없다.

소규모 모집단일 경우에는 표본 프레임도 대체적으로 적다. 이와 같은 경우에는 무작위표본추출 방법을 많이 이용하고 있다. 또한 뒤에서 설명하게 될 기타 여러 가지 표본추출 방법의 최종적인 절차에 따라서 정해진 표본 수를 추출하기 위한 방법으로 무작위표본추출 방법을 이용하고 있다. 그 이유는 복잡하고 거대한 모집단을 대표하는 표본 프레임을 무작위로 구성하기가 현실적으로 불가능하기 때문이다. 또한 난수표의 다섯 자리 숫자로는 만 단위를 초과하는 표본 프레임을 사용하기 어렵기 때문이기도 하다. 그리고 현실적으로 대규모의 표본 프레임을 그대로 이용한다면 조사 시간과 경비가 낭비될 수 있다. 큰 규모의 표본 프레임을 구성하고 있는 여러 가지 요소를 구분하여 각각의 구성요소별로 세분화하여, 세분화된 각 층을 대상으로 무작위표본추출 방법을 이용하는 것이 더욱 합리적이라고 볼 수 있다.

(2) 체계추출 방법

체계추출 방법(systematic sampling)은 계통추출 방법이라고도 하는데, 이것은 무작위로 구성되어 있는 표본 프레임에서 정해진 일정한 순번(k번째)에 따라서 표본의 크기가 충족될 때까지 표본을 추출하는 방법이다. 예를 들어, 12,500명의 대학생 명단에서 375명을 표본으로 추출하고자 할 때, 대체적으로 표본 단위로 선택할 순번을 33(12,500÷375=33.33), 즉 k를 33으로 잡고, 처음 선택된 명단(물론 이것을 무작위로 결정)에서 시작하여 33번째의 학생을 차례대로 선발하면 375명의 표본을 완성시킬 수 있다.

체계추출 또는 계통추출 방법의 재미있는 예로서, 중·고등학교 시절에 수학이나 영어 담당 교사가 수업 중에 수학 문제 풀이나 영어 읽기를 학생들에게 시키기 위해 학생을 선택하는 경우를 들 수 있다. 만약 오늘이 18일이라면 출석부를 표본 프레임으로 해서 교사가 18번, 28번, 38번, 48번 등의 번호를 가진 학생을 호명하는 경우가 이에 해당한다. 이때의 순서 $k=10$이며 학생들은 자기가 호출될 가능성을 사전에 알 수 있다.

체계추출 방법을 많이 이용하고 있는 또 다른 예로서, 구체적인 표본 프레임을 구하기 어려운 경우에 공공의 다수를 모집단으로 해서 체계적으로 표본추출하는 방법을 사용할 수 있다. 이것을 스트리트 코너(street-corner) 표본추출 방법이라고 하기도 한다(Bailey, 1994: 94). 일정한 지역의 여론 등을 신속히 조사할 필요가 있다거나, 한 번 표본조사를 진행하고 나면 다시 표본 단위를 재생하기 어려운 경우인 현장 훈련생이나 피교육생의 표본조사, 특히 시장에 출시된 상품 등의 소비자 만족도나 반응 등을 조사하기 위해서 스트리트 코너 표본추출 방법을 빈번하게 이용하고 있다. 예를 들어, A지방자치단체는 자치단체의 성과와 앞으로의 발전 방향을 지역 주민에게 설명하는 설명회를 오전과 오후 두 차례에 걸쳐 각각 지역 주민 500명을 초청하여 개최하기로 하였다. 설명회가 종료된 후 설명회의 내용에 관한 주민들의 의견이나 비판을 질문지로 간단히 조사하기로 한다면, 총 모집단은 1,000명이다. 그리고 그 지역 주민이라는 상당히 동질적인 집단이기 때문에 표본의 크기를 50명으로 하기로 결정하였다. 그래서 조사자들이 설명회를 마치고 주민들이 귀가하는 현관 입구에서 매번 20명(k=1,000÷50=20)마다 주민에게 질문지를 배부하여 표본을 추출하는 경우를 들 수 있다.

체계추출 방법에 의하면, 표본 단위는 사전에 $1/k$의 확률로서 자신이 표본으로 추출될 가능성을 알고 있다. 그렇기 때문에 체계추출 방법에서 가장 조심해야 하는 것은 표본 프레임이 반드시 무작위로 구성되어 있어야 한다는 점이다. 왜냐하면, 일단 전체 모집단에서 추출해야 할 표본의 크기로 나눈 k값이 정해지면, 이 값에 따라서 고정적인 순서로 표본을 선택하기 때문이다. 만약 표본 프레임이 일정한 기준이나 조건 등에 따라서 구성되어 있는 경우에 이것을 알지 못하고 일정한 순서대로 표본을 구성하면, 항상 그 조건에 해당되는 표본 단위가 선택되어 표본이 전체 모집단을 대표할 수 없는(한쪽으로 치우쳐 편의된) 표본이 된다. 그 대표적인 예로 직급이나 계급 또는 성과급 등 서열을 기본으로 하여 구성되어 있는 표본 프레임을 이용하는 경우를 들 수 있다.

체계추출 방법은 무작위표본추출 방법과 비교해 볼 때 상당히 편리한 방법이라 볼 수 있다. 또한 조사 시간과 경비를 절감할 수 있는 장점이 있다. 왜냐하면, 표본 프레임을 구성하고 있는 표본 단위를 구별하기 위해서 각각에 식별 번호를 부여하는 일에 많은 시간과 경비가 소요되는 작업이 불필요하기 때문이다. 특히, 스트리트 코너 표본추출 방법과 같은 경우에는 표본 프레임 없이도 필요한 표본을 얻을 수 있기 때문에 체계추출 방법이 현실적으로 많이 이용되기도 한다. 소비자행동론이나 시장이론 등 소비자들의 선호나 기호 등을 조사하는 경우에는 스트리트 코너 방법이 경제적이고 신속한 표본추출 방법으로 널리 이용된다.

체계추출 방법은 이러한 장점에도 불구하고 반드시 표본 프레임을 무작위로 구성해야 하는 불편함이 여전히 있다. 또한 스트리트 코너 표본추출에서는 실제로 질문을 수행하는 조사원들이 반드시 k의 순번을 지켜야 함에도 불구하고, 그들의 편의성과 편견 등에 따라서 순번을 지키지 않을 때는 표본오차가 발생할 가능성이 커지는 단점도 있다.

(3) 층화추출 방법

층화추출 방법(stratified sampling)은 모집단의 구성요소를 몇 가지 기준에 따라서 각각의 구성요소별로 층(層)을 나누어 각 층을 대상으로 무작위로 정해진 표본들을 추출하는 방법이다. 지금까지 예로 든 한국 대학생의 급진사상 정도를 조사하기 위해서 한국 대학생 총수 50만 명의 0.3%인 1,500명을 표본의 크기로 추출한다고 가정하면, 우선 모집단을 전공이라는 층으로 나눌 수 있다. 즉, 명목 측정으로 대학생 모집단을 전공별로 구분한다면, 인문, 사회, 자연, 공학, 기타 등 다섯 가지 층을 나누어 각각의 층별로 전공 대학생을 2차 모집단화할 수 있다. 2차 모집단으로 구성된 전공별 표본 프레임에 따라서 또 다시 두 가지 방법으로 표본량을 구성할 수 있다.

첫째, 전체 모집단의 대학생 총수인 50만 명을 다섯 가지 전공별로 균일하게 분할하여 각각 10만 명이라는 전제에서(물론 이처럼 정확하게 50만 명을 각각의 전공별로 균등하게 배분하기는 현실적으로 어렵지만), 표본량 1,500명을 각 전공별로 300명씩 분할(1,500÷5=300)하여 무작위로 추출하는 방법이다. 이와 같은 방법을 불비례층화 방법(disproportionate sampling)이라고 한다.

둘째, 비례층화 방법(proportionate sampling)이다. 각 전공별 모집단의 크기에 비례해서 표본량을 배분하는 방법으로서, 만약 인문, 사회, 자연, 공학, 기타 전공별 대학생 수의 구성 비율(%)이 '12: 19: 15: 31: 23'이라면 각각의 전공별 표본의 크기도 이 비율에 맞추어 '174: 276: 218: 449: 333'(명)으로 무작위로 구성하는 방법이다. 이와 같이 하는 이유는 모집단의 구성 비율에 따라서 표본 크기의 구성 비율을 맞추는 것이 좀 더 대표성 있는 표본을 구할 수 있다고 가정하기 때문이다.

층화추출 방법을 사용하는 가장 큰 장점은 방대한 모집단의 경우에 이것을 몇 개의 특성과 성격에 따라서 층을 나누어 각각의 층별로 표본을 구성하면, 가장 대표성 있는 표본을 단기간에 적은 비용을 투자하고도 구성할 수 있기 때문이다. 이것은 무작위표본추출 방법의 단점을 극복하고자 하는 기법에 해당된다. 또한 체계추출 방법에 의해서 제기될 수 있는 편의된 표본추출 가능성을 배제하기 위해서, 특히 표본 프레임을 무작위로 만들기 어려운 경우에 모집단을 각각의 서열이나 직급 또는 동일한 속성을 가진 하위 모집단으로 층을 만들게 되면 순번에 의해서 발생하게 될 편의된 표본 추출 가능성을 배제할 수 있다. 그러나 모집단의 속성이 너무도 다양하여 이를 몇 개의 하위 모집단으로 구별할 수 없는 경우나 또는 거의 동질적인 모집단일 경우에는 무작위표본추출 방법이나 체계추출 방법이 더욱 편리하면서도 경제적인 표본추출 방법이 될 수 있다.

(4) 군집추출 방법

군집추출 방법(cluster sampling)은 집락추출 방법이라고도 하는데, 이 방법은 모집단의 규모가 크거나 또는 모집단을 확정할 수 있는 표본 프레임을 찾기 어려울 때,

모집단을 단계적으로 군집 또는 집락을 만들어 가면서 각각의 군집에서 표본을 추출하는 방법이다. 앞에서도 예를 든 한국 대학생의 급진적 성향을 조사하고자 한다면 층화추출 방법으로 표본을 추출할 수도 있으나 한국 대학생 전체 모집단을 대상으로 하는 대규모 조사이기 때문에, 많은 시간과 비용이 소요되는 것을 줄이기 위해 군집추출 방법으로 표본을 추출할 수도 있다. 즉, 층화추출 방법으로 전공별 대학생 모집단의 층을 만들어 표본을 추출할 수도 있지만, 실제 이와 같이 하려면 오랜 시간과 노력이 필요하다. 특히, 표본 프레임으로 사용하여야 할 전공별 대학생 인명부를 작성하는 일은 그리 간단하지 않다. 따라서 이와 같은 경우에 군집추출 방법을 사용하면 좀 더 짧은 시간 내에 적은 비용으로 대학생의 표본을 구할 수 있다. 이것을 구체적으로 설명하면 다음과 같다.

첫째, 각 유형별 대학을 선발한다. 전문대학, 일반대학, 교육대학, 산업대학, 기타 대학 등으로 대학을 몇 개의 군(群, cluster)으로 나누고, 각 군에서 층화추출 방법이나 무작위표본추출 방법 등을 사용하여 제1차 표본 대학을 추출한다(1단계 군집추출).

둘째, 2단계 군집추출로서, 선택된 대학의 유형별 숫자를 이제 지역별로 대표성을 가질 수 있도록 해야 한다. 서울·경기 지역, 충청 지역, 호남 및 제주 지역, 영남 지역, 강원 지역 등 5개 지역에 소재한 대학들을 대상으로 1차 군집에서 결정된 대학의 숫자에 따라서 무작위표본추출이나 또는 비례층화추출 방법 등으로 해당 대학을 선택한다. 예를 들면, 전국대학연감편찬위원회에서 매년 발행하고 있는 『전국대학연감』을 이용하여 각 지역별 대학을 유형화시킨, 가칭 지역별 대학 지도를 만들 수 있다. 따라서 각 대학을 구별할 수 있는 번호를 부여하고, 이것을 2차 표본 프레임으로 사용하여 필요한 표본의 양을 무작위표본추출 방법이나 층화추출 방법 등으로 추출하면 된다.

셋째, 3단계 군집추출은 각 지역별로 선택된 대학(교)을 중심으로, 앞에서 예로 든 다섯 가지 전공군으로 대학생 인명부를 작성한다. 작성된 인명부를 마지막 단계인 3단계 표본 프레임으로 이용하여 여기서 필요한 크기의 표본을 무작위표본추출이나 체계추출 방법 또는 층화추출 방법 등으로 추출하면 된다.

군집추출 방법은 이처럼 대규모 조사를 한정된 시간이나 예산 범위 내에서 수행하기 위해서 모집단을 몇 개의 단계나 또는 지역으로 나누어 각각의 단계나 지역을 하나의 군집으로 형성시킨 뒤, 이와 같은 군집을 대표하는 구체적 표본 프레임을 작성하여, 여기서 필요한 표본을 다양한 방법으로 추출하는 기법이다. 그래서 각각의 군집을 지역을 중심으로 나눌 때 군집추출 방법을 지역추출 방법(area sampling)이라고 하기도 한다(Nachmias & Nachmias, 1987: 192). 또한 지역이 아니라도 모집단을 여러 단계의 세부적 모집단으로 군을 나눌 때를 다단계 추출 방법(multi-stage sampling)이라고 부르기도 한다(Kalton, 1983: 28).

군집추출 방법은 이처럼 복잡한 대규모의 조사를 수행하는 데 가장 적합한 방법이다. 또한 표본 프레임의 성격이 매우 다양한 이질적인 요소로 구성되어 있어서 쉽게 판별할 수 있는 층으로 구분하기 어려울 때 하나하나의 단계별로 표본 프레임을 재구성하여 각 단계에서 표본을 추출하는 방법으로 이용되기도 한다. 따라서 모집단을 대표하는 표본 프레임을 한번에 구성할 수 없을 때 군집 방법을 이용하면 많은 조사 시간과 경비를 절감할 수 있다.

군집추출 방법은 이러한 장점에도 불구하고 여러 단계에 따라서 표본을 추출하기 때문에 최종적으로 선발된 표본이 전체 모집단을 대표하기 어려운 경우가 발생하기 쉽다는 단점이 있다. 또한 각 단계별로 다양한 표본추출 기법을 이용하기 때문에, 표본추출의 일관성을 상실하여 표본의 대표성을 상실할 가능성도 있음을 고려하여 군집추출 방법을 사용해야 할 것이다.[14)]

2) 비확률표본추출 방법

비확률표본추출 방법은 무작위가 아닌 표본추출로 각 자료가 표본으로 뽑힐 가능성이 동일하지 않은 경우를 의미한다. 따라서 조사의 목적과 성격에 따라서 비확률표본추출 방법을 이용하여 표본을 확보해야 하는 경우를 제외하고는 일반적으로 확률표본추출 방법을 사용한다.

---

14) 지금까지 설명한 네 가지 방법의 확률표본추출 방법이 기본적으로 많이 이용되고 있지만 조사의 성격이나 내용 등이 특이한 경우에는 2단계 표본추출 방법(two-phase sampling)이나 복제추출 방법(replicated sampling), 패널구성 방법(panel design) 등을 이용하기도 한다. 이와 같은 방법을 자세히 알고자 한다면 칼튼(Kalton, 1983: 47-56)의 내용을 활용하기 바란다.

일반적으로 검증하여야 할 가설을 확정적으로 정립하기 이전에 연구의 성격이나 또는 가능성 등을 탐색하는 사전(事前) 연구를 위하여 비확률표본추출 방법을 이용하는 것이 더욱 경제적이고 합리적이기 때문에 비확률표본추출 방법을 사용한다. 왜냐하면, 모집단이나 또는 표본 프레임 등의 실체를 정의하지도 못한 상태에서 조사를 진행하면 결국 가설을 과학적으로 검증하기 어려울 뿐만 아니라 비록 검증하였다고 하더라도 외적 타당성이 결여되어 이론을 정립하기 어렵기 때문이다. 그러면 귀중한 조사 시간과 경비만 낭비하는 셈이 되고 만다.

(1) 편의추출 방법

편의추출 방법(convenience, accidential, haphazard sampling)은 조사 대상자가 편의에 따라서 조사 대상으로 부각될 때마다 연구자가 그들을 표본으로 추출해서 자료를 수집하는 방법이다. 편의추출 방법의 몇 가지 구체적인 예를 살펴보면, 지방정부의 행정 서비스 만족도를 조사하기 위해 민원실을 이용하는 주민을 대상으로 자료를 수집하는 경우를 들 수 있다. 이 경우 연구자는 주민이 표본으로 추출될 확률을 모른다. 왜냐하면, 민원실을 이용하는 주민들이 얼마의 확률로 민원실에 나타날지 모르기 때문이다.

또 다른 예로서, 흔히 언론기관, 특히 방송국 등에서 많이 사용하는 방법으로, 시사문제의 토론이나 대담 또는 정부의 정책 방향 등을 토론하면서 시청자에게 참여기회를 제공하여 그들이 전화로 참여하는 경우에 한하여 시청자의 의견을 조사하는 방법을 들 수 있다. 또한 정당이 제공하는 정강정책의 선전물이나 상품 선전물, 잡지 등에 연구하고자 하는 내용의 질문서를 책 뒤편에 제시한 뒤, 이것을 완성하여 제출하는 유권자나 독자들 또는 소비자들만의 의견을 조사하는 방법도 있다. 그 밖에, 각 방송사들이 시민들의 여론을 녹취(錄取)하기 위해 길거리에서 통행하는 시민들에게 의견을 요청하는 방법, 병원 등에 진료를 받기 위해서 찾아오는 환자들에게 의료 서비스의 상태를 질문하는 경우, 특별한 연구 목적을 달성하기 위해 자발적으로 참여하는 대상자를 조사하는 경우 등 다양하게 존재한다. 대학교수가 학생들이 연구실을 방문하는 경우에 그들의 이데올로기나 가치판단 등을 질문하여 자료를 조사하는 경우도 이에 해당한다. 따라서 이와 같은 경우에는 연구실을 찾아오는 학생들이 과연 조사하고자 하는 전체 모집단을 대표할 수 있는 표본이 될 수 있을 것인가 하는 점을 결정할 수 없기 때문에, 이들을 이용하여 모집단의 성격을 통계적으로 설명하기 어려울 것이다.

(2) 목적추출 방법

목적추출 방법(purposive sampling)은 연구자가 자신의 연구 목적에 적합하다고 판단되는 조사 대상을 표본으로 추출하는 방법이다. 그래서 때때로 목적추출 방법을 연구자가 전문가로서의 판단에 의존하는 추출 방법이기 때문에, 이를 전문가추출(expert sampling) 또는 판단추출(judgment sampling) 방법이라고도 한다.

목적추출 방법의 경우, 표본 단위가 표본 프레임에서 표본으로 추출될 확률은 오로지 연구자의 주관적 판단에 달려 있기 때문에, 비확률표본추출 방법의 하나이다. 따라서 연구자가 아닌 제3자는 표본으로 추출된 표본 단위가 얼마만큼 모집단을 대표할 수 있는 표본인지를 판단할 수 없다.

목적추출 방법은 소규모의 전문적 조사에 적합한 표본추출 방법의 하나이다. 아직까지 연구 분야나 내용이 너무 전문적인 것이어서 조사 자료의 내적 및 외적 타당성 등을 평가할 수 없는 경우에, 그리고 기초적이고 1차적 조사 내용을 연구자가 수행하여 본격적으로 차후의 연구를 진행하기 위한 사전 연구 등에 적합한 것이라고 할 수 있다. 예를 들면, 청소년 범죄자의 심리적 갈등 현상을 분석하기 위해서 죄를 범한 청소년을 표본으로 추출하는 경우 청소년 범죄 분야의 전문가인 연구자의 판단에 따라서 표본을 추출하는 것이 무작위표본추출 방법이나 체계추출 방법보다 더 타당한 자료를 얻을 수 있을 것이다.

(3) 할당추출 방법

할당추출 방법(quota sampling)은 모집단을 대표하는 표본 구성의 각 층의 표본 수를 강제적으로 할당하여 그 크기를 달성하도록 표본을 구성하는 방법이다. 그럼에도 불구하고 할당추출 방법을 확률표본추출 방법인 층화추출 방법과 구별하는 이유는 다음과 같다.

첫째, 표본 프레임이 너무나도 방대하고 복잡하여 실제로 표본 프레임을 구성하여야 할 필요성이 없는 경우이다.

둘째, 조사가 계속 진행되는 동안 표본으로 추출된 표본 단위의 동질성을 유지하여야 할 필요가 없는 경우이다. 즉, 동일한 표본 대상이 아니고 다른 표본 단위를 표본으로 이용할 수 있다는 의미이다. 따라서 사전에 표본 단위를 표본으로 추출할 확률을 알 수는 없다.

할당추출 방법은 연구자나 기타 표본 추출자의 편견이나 선호 등에 따라서 표본을 추출할 가능성을 막기 위한 것이 가장 주된 목적이다. 예를 들면, 표본추출자를 이용하여 각 가정의 가훈의 내용과 필요성, 그리고 가훈이 자녀 교육에 미치는 영향 등을 조사한다고 가정하면, 표본추출자에게 지역별, 가구별(핵가족, 대가족 등), 주거 형태별(아파트, 단독주택, 다가구 주택 등), 거주 형태별(자가, 전세, 사글세 등) 표본의 수를 할당하지 않으면, 조사자는 자신들의 편의와 시간에 따라서 조사하기 쉬운 아파트 등의 거주자와 핵가족 중심으로 거의 전부 다 표본을 추출해 버리는 경향을 방지하기 어려울 것이다.

최근에 할당추출 방법을 많이 이용하고 있는 분야 중의 하나는 각종 여론조사의 표본량을 추출하는 분야이다. 왜냐하면, 전화나 인터넷, 전자우편, 면접 등으로 여론을 조사하는 것이 힘들고 지루한 작업이기 때문에, 조사자는 자신의 편의대로 표본량을 어느 한 분야에 집중하여(특히, 전화 여론조사의 경우 서울과 근교 지역, 방송프로그램 시청률 조사는 청소년층, 정책에 관한 여론조사는 지식 계층 등) 표본을 추출하는 경향이 있다. 이와 같은 표본의 대표성 문제를 해결하기 위해서 할당추출 방법을 이용할 수 있다.

(4) 스노볼 추출 방법

스노볼(snowball) 추출 방법은 모집단의 내용을 아직 확정적으로 알 수 없는 조사의 경우에 1차적으로 연구자의 능력 범위 내의 표본을 추출하여 자료를 수집하고, 수집된 자료를 기초로 해서 2차적으로 더 많은 양과 질을 갖춘 표본을 점증적으로 추출해 가는 방법이다(Bailey, 1994: 99－100).

스노볼 추출 방법은 연구자가 사용하는 목적과 방법에 따라서 확률표본추출 방법이 될 수도 있고, 비확률표본추출 방법이 될 수도 있다. 예를 들면, 연구자가 일정한 규모의 모집단을 이용하여 일차적으로 가설을 검증할 수 있다고 판단하여 표본 단위를 구성하고 있는 1차적 표본 프레임을 이용하여 무작위로 표본을 추출한다면 이것은 확률표본추출 방법이다. 그렇지 않고 최종적으로 연구를 진행하기 위한 사전 방법으로 이용하기 위해서 표본 프레임 등에 관계없이 표본을 조금씩 추출하여(편의나 할당추출 방법 등) 자료를 수집한다면 비확률표본추출 방법으로 사용하는 것이 된다.

'스노볼'의 문자처럼, 눈사람을 만들 때나 눈싸움을 할 때 처음에는 주먹만한 크기의 눈뭉치를 만들어 이를 계속 눈 위에 굴려서 나중에는 눈사람을 만들 수 있을 정도로 큰 눈뭉치를 만드는 방법과 같다. 따라서 이 방법은 대부분의 경우 관찰이나 실험 방법 등 제한된 조사 대상을 심층적으로 조사하여야 할 필요성이 큰 조사방법에서 표본을 추출할 때 많이 사용되는 방법이라고 할 수 있다.

Chapter 06

질문지 작성

제1절 표본조사에서 질문지 작성의 중요성

가설 검증을 위한 자료를 수집하기 위해서 전체 모집단을 대상으로 자료를 수집할 수 없는 물리적이고 합리적인 조건 때문에, 모집단을 대표하는 표본을 구성하여 이를 대상으로 자료를 수집하고 분석하는 표본조사가 사회과학의 주요한 조사방법 중의 하나이다. 따라서 표본조사 방법에서는 표본을 대상으로 자료를 수집하기 위해서 설문지 또는 질문지(questionnaire)를 작성하는 일이 매우 중요하다.

표본을 대상으로 연구자가 관찰하거나 직접 질문하여 조사 내용에 필요한 자료를 얻을 수도 있다. 그러나 가설을 구성하고 있는 변수를 경험적으로 검증할 수 있도록 조작하는 일을 연구자가 사전에 아무런 준비 없이 조사 현장에서 직접적으로 수행하기는 어렵다. 또한 표본조사는 조사 대상자인 표본에게 질문하고 그들이 대답하는 내용을 수집하는 것이기 때문에, 표본 대상자에게 질문할 내용을 사전에 정확하게 구성해야 한다.

표본으로 추출된 조사 대상자에게 질문할 내용은 연구 목적이나 내용, 가설에 따라 달라진다. 다시 말해, 가설을 현실의 경험 사회에서 검증이 가능하도록 조작한 기준과 절차에 따라서 질문의 내용을 구성하게 된다. 따라서 가설을 구성할 때 활용한 측정 방법이 실제로 질문 내용을 구성할 때 가장 중요하게 사용된다. 왜냐하면, 측정의 경우 가설을 검증하기 위해서 질문을 어떻게 구성할 것인가, 즉 다양한 측정 방법으로 조작하여 가설의 내용을 경험적으로 거의 완벽하게 연계(matching)시킬 수 있는 자료를 수집할 수 있을 것인가 하는 문제를 질문지 작성에서 해결해야 하기 때문이다.

가설을 검증할 자료를 수집할 수 있는 질문지를 만드는 방법은 연구자의 연구 내용과 방법에 따라서 구체적으로 결정된다. 그러나 여기서는 좀 더 타당하고 합리적이며 신뢰할 수 있는 자료를 수집하고자 하는 목적을 달성하기 위해서 일반적으로 널리 통용되는 설문지 구성 방법을 설명할 필요가 있다. 또한 설문지를 사용하는 자료수집의 여러 방법에 따라서 질문지 작성의 방법도 다양할 것이다. 그 다양한 자료수집 방법에 필요한 모든 설문지 작성 요령을 설명하기에는 한계가 있기 때문에, 이 책에서는 자료 수집의 여러 방법 중에서 공통적으로 많이 활용되는 질문지 구성 방법을 중점적으로 설명하고자 한다. 특히, 여기서는 가장 전통적인 우편조사와 현재 널리 이용되고 있는 인터넷 설문조사에 의한 자료 수집 방법에 필요한 질문지를 작성하는 방법을 중점적으로 설명할 것이다. 그 이유는 학술적인 전문연구기관이나 단체 등이 수행하고 있는 표본조사는 거의 우편조사나 이와 유사한 인터넷 설문조사를 기본으로 하고 있기 때문이다.

제2절 질문지의 내용

1. 질문지 내용 구성의 어려움

질문지의 내용은 가설을 검증할 수 있도록 구성해야 한다. 이것은 질문지의 내용이 우선적으로 표면 타당성을 갖추어야 한다는 의미이다. 따라서 원칙적으로 질문지를 구성하려면 측정에 관련된 기술적 사항을 이해하면서, 실제로 이것을 사용할 수 있어야 한다. 예를 들어, 대학생의 급진적 성향을 질문지를 작성하여 조사하고자 한다면, 대학생의 급진적 성향이라는 심리적이고 이데올로기적인 내용을 어떻게 측정 가능한 수단으로 조작해서, 이것을 기준으로 문장(sentence)을 만들어야 급진적 성향 변수를 대표하는 정확하고도 타당하며 신뢰할 수 있는 실증적 자료를 수집할 것인가 하는 문제를 질문지 작성에서 해결하여야 한다. 그래서 연구자는 질문지를 작성하기 이전에 가설을 구성하고 있는 각각의 변수를 정의하고, 그것을 조작하는 방법을 알아야 한다. 나아가 질문 내용을 문장으로 만들어서 질문 대상자가 정확하게 대답하여 올바른 자료를 제공할 수 있도록 하여야 한다. 따라서 연구자가 조사를 성공적으로 수행하려면 연구의 성격과 목적, 그리고 가설의 내용을 질문의 형식(문장)으로 만들 수 있어야 한다. 그렇기 때문에 질문지 작성은 연구자의 가장 중요한 연구 활동의 하나이다. 특히, 추상적이고 가치 판단적인 연구 내용을 현실 사회의 경험적 수준으로 측정할 수 있도록 질문을 구성할 수 있느냐 하는 것은 연구자의 오랫동안의 훈련에 의해서 축적된 경험과 시행착오, 창의적 노력, 부지런함 등에 달려 있다.

과학주의 방법에 의해서 사회과학을 연구하려는 자는 예외 없이 연구 내용을 경험적으로 조작하는 마지막 단계인 질문을 구성하는 일에 많은 어려움과 고통이 따른다는 사실을 경험하고 있다. 왜냐하면, 이것이 연구자의 창의적 노력과 끊임없는 시행착오를 통해 얻어지는 경험의 산물인 동시에 과학주의 방법이 지닌 한계 중의 하나에 해당하기 때문이다. 그리고 동일한 연구 내용이라도 연구자의 경험 인식과 창조적 노력에 따라서 질문지를 달리 구성할 수 있다. 그러면 조사하는 자료도 달라질 것이고, 그에 따라서 자료의 분석 결과도 다양해진다. 그러나 간주관주의 관점에서, 연구자들이 공통적으로 경험하여 제시하고 있는 질문지 구성 방법을 이해하고 활용할 수 있으면 좀 더 과학적인 자료를 수집할 수 있을 것이다. 그럼에도 불구하고 연구자는 자신의 연구 주제를 질문지로 표현할 수 있는 기법이나 방법(know-how) 등을 끊임없이 노력하고 연습하여 터득하는 길 이외에는 별다른 방법이 없다는 사실을 알고 있어야 한다. 이것은 질문지를 실제로 구성해 보고 이를 현실적으로 사용하여 자료를 수집하고 분석하여 잘못된 것을 교정해 보는 방법 이외에는 별다른 길이 없다는 뜻이다. '질문지 작성법' 등에서 설명하고 있는 것은 단지 이러한 과정에서 제기되는 문제점을 사전에 해결할 수 있는 가장 보편적인 방법이나 기법을 설명한 것에 불과하다.

2. 질문지 내용 작성의 일반적인 방법

연구의 내용에 따른 질문지의 내용을 어떻게 작성하여야 할 것인가에 관한 일반적인 방법을 설명하면 다음과 같다.

첫째, 질문하여야 할 내용이 사실적인 사항에 관한 것이어야 한다. 예를 들면, 조사 대상자의 신상에 관한 자료나 경험 자료 등을 수집할 질문지의 내용은 정형화되어 있다. 이와 같은 것으로는 많은 예시들을 참고하면 그 방법을 쉽게 알 수 있다.

둘째, 대부분의 연구 내용에 해당되는 사항인 조사 대상자의 의견이나 판단 또는 형태 등에 관한 자료를 수집할 질문의 내용을 구성하는 것이 질문지 구성 방법의 핵심이다. 구체적인 것은 관련 파트에서 설명하기로 하고, 여기서는 일반적으로 우선 두 가지를 지적할 수 있다.

① 가설을 구성하는 종속변수와 독립변수의 내용을 어떻게 측정할 것인가 하는 점을 결정하고, 이에 따라서 질문을 구성해야 한다. 특히, 독립변수와 종속변수의 내용을 경험적으로 계량화하기 어려운 것을 조작할 경우에는 수집할 자료의 타당성이나 신뢰성 등을 철저하게 점검한 후 최종적으로 질문 내용을 결정하여야 한다.

② 변수 간의 인과관계나 상관관계를 검증하는 것이 가설의 목적이다. 따라서 단순히 변수의 내용만을 측정하는 것 이외에 그들의 관계가 구체적으로 검증될 수 있는 자료를 찾을 수 있도록 질문 내용이 구성되어야 한다.

셋째, 질문지는 단어를 나열한 문장으로 구성되어 있기 때문에 질문지를 작성하려면 단어의 선정과 문장 구성 능력이 필요하다. 같은 단어라도 표현하는 방법이나 문장에 따라서 그 의미가 달라지기 때문에 정확하고 적절하게 단어를 사용할 수 있어야 한다. 여기에 해당될 사항으로는 다음과 같이 몇 가지 측면들을 고려해 볼 수 있는데, 이는 단어의 선정과 문장 구성이 질문지 작성의 일반적 유의사항에 해당되는 내용이기도 하다.

① 단어는 되도록 단순하고 정확한 의미를 지니는 것을 사용한다. 전문적인 특수용어나 방언 또는 특정 계층에만 통용되는 언어나 은어(隱語) 등은 사용하지 않는다.

② 문장의 구성은 직접적이고 간결하게 한다. 은유적이거나 비유적인 문장 또는 긴 문장 등은 뜻을 정확하게 전달할 수 없다. 또한 조사 대상자가 무엇을 의미하고 있는지를 정확하게 이해하는 데 어려움을 주게 된다.

③ 비록 간략하고 짧은 문장이라도 질문의 내용이 모호하여 다의(多義)적으로 해석될 수 있는 문장을 구성하지 말아야 한다. 또한 질문의 내용과 질문에서 대답하여야 할 문항이 일치되지 않음으로써 응답자가 자의적으로 해석하는 일이 없도록 해야 할 것이다.

④ 사적인 편지나 일기 등에서 사용되는 단어는 공적으로 진행되는 조사용 질문 내용에는 맞지 않다. 만약 이런 단어를 사용하면 응답자는 심리적 부담이나 또는 이완 현상으로 올바른 대답을 할 수 없는 경우가 생길 수 있다.

⑤ 질문지에 등장한 단어가 불필요하게 장황하거나 중복적으로 사용되는 경우, 또는 매우 위협적이고 불쾌한 느낌이 들거나, 반대나 찬성 등을 유도할 수 있는 단어 등을 사용하지 말아야 한다. 가급적 중립적이면서도 객관적으로 그 의미가 전달될 수 있는 단어를 선정하는 일이 중요하다.

이상의 내용은 질문지의 내용에 따른 질문지의 적절성을 구체적으로 지적한 것이다. 질문지의 적절성은 질문지 유형이나 배치 또는 외형, 자료 수집의 형태, 조사자의 능력 등에 따라서 결정되지만 질문의 유형이나 양식을 설명하기 이전에 여기서 한 가지 더 설명하여야 할 것으로 조사 대상자, 즉 질문 응답자에 따라서 질문지의 적절성이 다르다는 점이다.

질문 응답자의 교육 수준, 경제적 · 문화적 생활 수준, 거주 지역, 심리적 · 육체적 건강 수준, 응답 당시의 감정과 시간적 여유, 응답 환경, 면접조사나 전화조사 등의 기술적 문제점 등과 같이 응답자의 수준과 정도를 고려한 질문 내용을 구성하는 일도 중요하다. 물론 동질적인 표본집단인 경우에는 크게 문제될 것이 없지만, 여론조사나 평가조사 또는 대규모 모집단을 필요로 하는 조사에서는 응답자의 환경과 교육 및 기타 생활과 의식수준 등을 반드시 고려하여 동일한 내용의 질문지를 형태를 달리하여 다양하게 구성할 수 있어야 할 것이다.

제3절 질문의 유형

질문의 유형 혹은 양식도 연구의 목적과 내용, 가설, 그리고 표본으로 추출된 질문 대상자 등에 따라서 결정될 것이다. 그러나 여기서는 일반적인 질문지의 질문 유형을 소개하고자 한다. 질문의 유형이라고 하지만 정확하게는 질문에 응답자가 대답할 수 있는 형태를 다양하게 분류하여 이것을 질문의 유형이라고 한 것이다.

1. 폐쇄형 질문과 개방형 질문

폐쇄형 질문(close-ended question)은 흔히 객관식 또는 선택형 질문이다. 질문에 대한 응답 문항을 일정하게 형성하여 질문 대상자는 주어진 문항의 범위 내의 것을 선택하는 질문 형태이다. 폐쇄형 질문 기술의 발달과 또 응답자의 편의와 회수율 등을 고려하여 대체적으로 거의 모든 질문지의 문항은 폐쇄형 질문으로 구성되고 있다.

개방형 질문(open−ended question)은 질문의 내용에 따라서 응답자가 선택이라는 구속을 받지 않고 자신의 의견이나 판단을 기술(記述)할 수 있는 질문이다. 개방형 질문은 특수한 조사 분야나 또는 질문 응답자의 대답 능력이 우수하여 폐쇄형 질문으로 타당하고 신뢰성 있는 자료를 확보하기 어려운 경우, 전문가집단을 대상으로 하는 조사, 소수집단을 장기간에 걸쳐서 관찰하거나 실험하는 경우 등에 제한적으로 사용되고 있다. 또한 개방형 질문은 사전(事前) 연구로 아직까지 모집단의 특성을 확정하지 못하여 표본을 연구자의 판단이나 편의에 따라서 구성한 경우에 자유롭게 질문에 대답하게 하여 조사의 내용과 목적을 재정립하기 위해서 주로 사용되기도 한다.

일반적으로 질문지는 폐쇄형 질문으로 구성되어 있지만, 폐쇄형의 단점인 응답자의 자유로운 의견이나 또는 연구자가 생각하지 못한 분야의 정보를 구하기 위해서, 질문지의 마지막 분야나 또는 각각 질문 문항의 한 항목에는 개방형 질문 형태를 보완하여 사용하고 있는 것도 많다. 그러나 지금부터 설명하는 질문의 유형은 폐쇄형 질문에 관한 것이 대부분이다. 개방형은 기술식(記述式)이기 때문에 별다른 형태를 갖출 필요는 없다.

2. 리커트형 질문

리커트(Likert)형 질문을 등급(等級) 질문이라고 하며, 측정에서 설명한 서열 측정을 현실적으로 구체화함으로써 등급의 자료를 얻을 수 있도록 조작한 질문 유형이다. 이와 같은 등급 질문을 크게 네 가지 형태로 만들 수 있다. 첫째는 단어를 나열하여 서열이나 등급을 표시하게 하는 방법이고, 둘째는 다이어그램(diagram)이나 숫자를 표기하여 등급을 표시하는 방법이다. 셋째는 응답자가 주어진 질문 문항에 스스로 순서를 정하는 방법이고, 넷째는 사용되는 단어의 의미상의 정도를 표시하는 질문 형태이다.

지금까지 계속해서 보기로 이용한 가설인, 대학생의 급진적 사상과 노동쟁의 발생과의 관계를 조사하기 위하여 우편조사나 인터넷조사 질문지를 구성한다고 가정하면서, 다양한 질문 유형을 예시할 수 있다. 먼저 리커트형 질문을 위의 가설에 따라서 예시하면 다음과 같다.

1. 여러분의 사상적 가치판단이 현실 사회에서 도전받을 때 여러분은 행동으로 반응하여야 한다고 생각합니까?

- □ 절대적으로 동의한다.
- □ 동의한다.
- □ 동의하지 않는다.
- □ 절대적으로 동의하지 않는다.
- □ 생각한 바 없다(잘 모르겠다, 대답할 수 없다).

2-1. 동일한 질문을 다이어그램으로 표시하는 경우

절대적으로 동의한다						절대적으로 동의하지 않는다
+++	++	+	(0)	−	− −	− − −

2-2. 동일한 질문을 숫자의 등급으로 표시하는 경우

절대적으로 동의한다						절대적으로 동의하지 않는다
∠	∠	∠	∠	∠	∠	∠
+3	+2	+1	0	−1	−2	−3

위에서 예시된 '질문 1'의 경우에, 동의하는 등급의 강도를 몇 단계로 결정할 것인가 하는 문제는 연구자의 조사 목적에 따라서 결정될 일이다. 이렇게 등급을 정하는 것을 척도(scaling)라고 한다. 그러나 척도를 5단계로 할 것인지, 또는 6단계로 할 것인지 하는 문제는 연구자가 자료를 분석할 기법이나, 또는 조사의 내용 등에 따라서 결정된다. 어떤 질문에는 척도를 5단계로 하고, 다른 질문에는 6단계 등으로 다양하게 할 수도 있지만, 그러나 질문 내용이나 성격이 유사한 경우에는 척도를 일관성 있게 구분하는 것이 자료를 분석하고 해석할 때 더욱 타당한 결과를 유도할 수 있다.

또한 폐쇄형 질문 유형에서 문장으로 질문 문항이 구성되어 있는 경우, '대답할 수 없다, 결정할 수 없다, 생각한 바 없다, 아는 바 없다'는 등의 문항이 반드시 포함되어 있어야 한다. 만약 이것이 없으면 응답자가 강제적으로 또는 강한 심리적 압박감 등에 의해서 구체적 질문 문항에 대답할 수 없음에도 불구하고, 대답하여야 되는 경우가 발생할 수 있다. 그러면 수집된 정보가 왜곡된다. 이것을 방지하기 위하여 대답할 수 없는 문항도 항상 마지막 항목으로 제시하여야 한다.

'질문 2-1'과 같이 다이어그램이나, 또는 '질문 2-2'와 같이 숫자로 등급을 표시할 때는 반드시 동의하거나 또는 동의할 수 없다는 중립적인 등급을 표시할 수 있는 항목이 있어야 한다. 여기서는 그 예로 '영(0)'으로 표기할 수 있도록 구성하였다. 다이어그램이나 숫자 형태의 질문에서도 서열이나 등급을 구분하는 문제는 '질문 1'의 경우와 같다. 흔히 다이어그램 형식의 질문을 카드형 질문이라고도 하며, 숫자로 표시하는 '질문 2-2'와 같은 것을 온도계형 질문이라고도 한다.

세 번째 유형의 리커트형 질문은 응답자가 자신의 선호도를 기재하는 방법이기 때문에 숫자나 문장 등의 등급형보다 자유롭게 대답할 수 있는 여지를 제공할 수 있다(질문 3). 그러나 응답자가 귀찮게 생각하여 등급을 완성하지 않거나 또는 기록을 잘못하여 등급의 차이를 알 수 없는 경우 등과 같은 문제점이 발생할 가능성도 있다.

3. 여러분이 생각하기에 가장 해결이 시급한 사회 문제는 무엇이라고 생각합니까? (가장 중요한 것부터 1, 2, 3, 4, 5의 순서로 기재하여 주십시오.)

☐ 경기 침체와 생산 위축
☐ 관료와 정치의 부정부패
☐ 노동자와 사용자의 갈등(노사 문제)
☐ 사회 범죄의 증가
☐ 후진적 가치관
☐ 기타 중요한 사회 문제로 생각되는 것(구체적으로 기술:__________________)

이와 같은 유형의 질문 문항을 인쇄하는 경우에 주의하여야 할 사항은 질문 문항의 순서를 무작위로 하든지, 아니면 '가나다'순 등으로 하여 앞이나 가장 위쪽에 위치한 문항이 우선순위가 가장 높다는 인상을 응답자에게 주어서는 안 된다. 또한 질문 문항에 포함되어 있지 않은 것을 응답자가 지적할 수 있도록 기타 중요한, 또는 필요한 내용 등을 기재할 수 있는 개방형 문항도 있어야 할 것이다.

네 번째의 형식은 어의(語意)적 차이점을 등급으로 표시하는 방법이다(질문 4). 예를 들면, '정직하다, 부정하다, 적극적이다, 수동적이다'는 등의 어의상의 반대 성향을 나타내는 정도의 차이점을 일정한 척도를 정하여 표시하게 하는 방법이다. 물론 영(0)은 중립적 입장을 나타낼 수 있도록 배려한 것이다.

4. 여러분이 단체행동에 참여할 때의 적극성 정도를 표시해 주십시오.

대단히 적극적 _ _ _ _ _ _ _ 대단히 수동적
3 2 1 0 1 2 3

대단히 폭력적 _ _ _ _ _ _ _ 대단히 평화적
3 2 1 0 1 2 3

3. 체크리스트형 질문

체크리스트(checklist)형 질문의 유형이 실제로 질문지에 가장 많이 사용되고 있다. 명목 측정이나 등간 측정 등의 경우에 여러 가지 문항 중 단 하나를 선택하는 경우도 있고(질문 5와 질문 6), 여러 가지 문항에 해당되는 모든 것을 선택하게 하는 유형도 있다(질문 7).

5. 여러분의 전공과 학년을 선택하여 주십시오.

☐ 인문 계열 ☐ 어문 계열 ☐ 사회 계열 ☐ 자연 계열 ☐ 공학 계열
☐ 예 · 체능 계열 ☐ 사범 계열 ☐ 의학 계열 ☐ 기타 계열
☐ 1학년 ☐ 2학년 ☐ 3학년 ☐ 4학년 ☐ 휴학

6. 대학생이 된 이후 지금까지 시위와 같은 단체행동에 참여한 총 횟수는 얼마나 됩니까?

☐ 한 번도 없다.
☐ 1~3회
☐ 4~6회
☐ 7~9회
☐ 10~12회
☐ 13회 이상

7. 여러분의 급진적 사상을 형성하는 데 도움을 받은 전문서적 중 지금까지 애독하고 있는 모든 것을 선택하여 주십시오.

☐ ML[마르크스-레닌(Marx-Lenin)] 계통 저서
☐ 중국 공산당 저서
☐ 북한 사상가 저서
☐ 한국 비평사상가 저서
☐ 운동권 익명 저자의 저서
☐ 제3세계 종속이론 저서
☐ 초기 공산주의 사상가 저서
☐ 일반적 체제 비판 저서
☐ 일반적 자본주의 비판론 저서
☐ 북한 체제 옹호론자 저서
☐ 사회 문제 비판 저서
☐ 기타(구체적으로 기술:______________________________)

체크리스트형 문제를 만들 경우 가장 주의하여야 할 사항은 문항이 서로 중복되어 응답자가 혼란을 겪지 않도록 하여야 한다. 이것이 상호 배제적으로 질문 문항을 구성하여야 한다는 것을 뜻한다. 또한 질문 문항 중 응답자가 중복 해당된다고 생각되는 사항을 발견할 수 없어야 한다. 이것은 질문 문항을 완전하게 총망라하여야 한다는 의미이다. 따라서 응답자가 적어도 하나의 항목을 선택할 수 있도록 하여야 하고, 동시에 동일한 것을 중복해서 선택할 수 없도록 하여야 한다는 뜻이다.

4. 매트릭스형 질문

매트릭스(matrix)형 질문은 리커트형이나 체크리스트형 질문 등을 하나의 질문 상자로 처리하여 대답을 비교 분석하기 쉽도록 구성한 질문 유형이다. 그러나 하나의 매트릭스에 포함시켜 질문할 내용은 일정한 기준에 따라서 구별될 수 있어야 한다. 예를 들면, 대학생들이 생각하는 시위문화에 관한 질문과 대학 생활의 불만요인 등을 하나의 매트릭스로 묶어서 질문을 구성해서는 안 된다.

매트릭스형 질문으로 실제로 작성하고 조사한 질문지의 한 부분을 '질문 8'과 같이

예시하여 볼 수 있다. 여기서 매트릭스에 포함된 질문 내용은 지방자치단체장이 구체적 자치행정 사항에 한정해서 지방의회의 지지도를 조사하기 위한 질문이었다.

8. 구체적 자치행정에서 지방의회의 지지도와 시장의 전문가적 가치(기준)를 표기하여 주십시오 (가치란에는 해당되는 곳에 ✓표시를 하시고, 지방의회의 지지도에는 해당되는 숫자에 ×표시를 하여 주십시오).

자치행정 사항	시장의 가치(기준) 행정 서비스	문제 해결	행정 결과	지방의회의 지지도 ① 적다	②	③	④	⑤ 많다
일반적 행정 서비스 제공	( )	( )	( )	①	②	③	④	⑤
조세와 예산관리	( )	( )	( )	①	②	③	④	⑤
인사제도와 공무원 관리	( )	( )	( )	①	②	③	④	⑤
행정조직과 관리	( )	( )	( )	①	②	③	④	⑤
지역정보 관리체계	( )	( )	( )	①	②	③	④	⑤
비상시의 관리행정	( )	( )	( )	①	②	③	④	⑤

5. 선별형 질문

선별형 질문을 'screening, filter, skip 또는 contingency questions' 등으로 다양하게 부르고 있으나 질문 형태는 동일하다. 즉, 선별형 질문은 어떤 응답자에게는 불필요하거나 해당될 수 없는 질문을 피하게 하기 위해서 만들어진 질문이다. 다양한 양식이 있으나 가장 많이 이용되는 몇 가지를 소개하면 다음과 같다.

9-1. 여러분은 시위와 같은 단체행동에 참여한 경험이 있습니까?
- ☐ 있다.
- ☐ 없다. ☞ (여기에 대답한 학생만 다음 질문을 계속하십시오.)
- ☐ 잘 기억이 나지 않는다.
- ☐ 대답할 수 없다.

9-2. 시위와 같은 단체행동에 참여하지 아니한 이유는 무엇입니까?
(해당되는 항목에 전부 다 답하여 주십시오.)
- ☐ 참여하여야 할 책임감을 느끼지 못하였기 때문이다.

☐ 취업 준비나 기타 학업 때문에 참여할 수 없었다.
☐ 부모님의 만류 때문이었다.
☐ 교수님이나 기타 선배님들의 충고 때문이었다.
☐ 이슈나 문제가 내가 참여하여야 할 것이라고 생각되지 못하였다.
☐ 시위나 단체행동이 문제를 해결할 것 같지 않았기 때문이다.
☐ 시위문화나 방법 그 자체에 동의할 수 없었기 때문이다.
☐ 시위 주동자의 리더십에 불만이 있었기 때문이다.
☐ 시위 중 발생될 신체적 사고의 위험 때문이었다.
☐ 시위 중 경찰에 연행될 것이 두려웠기 때문이다.
☐ 시위를 하다가 경찰에 체포되거나 또는 시위범으로 처벌된 기록이 있으면 취업이나 장래의 사회 생활에 어려움이 많을 것이라는 걱정 때문이었다.
☐ 학교 내외의 아르바이트 때문에 시위에 참여할 시간적이고 정신적인 여유가 없었다.
☐ 이성간의 교제 때문에 시위에 참여할 수 없었다.
☐ 시위하는 시간이 수업 시간이었기 때문에 참여할 수 없었다.
☐ 건강이 좋지 못하여 참여할 수 없었다.
☐ 시위 등 단체행동에 잘 참여하지 않는 나 자신의 성향 때문이었다.
☐ 단순히 학교에 가지 않았기 때문에 참여할 수 없었다.
기타(구체적으로 기술:__________________________________)

9-3. 앞으로 시위와 같은 단체행동이 있으면 참여할 생각이 있습니까?
☐ 있다. ☞ (여기에 대답한 학생만 다음 질문을 계속하십시오.)
☐ 없다.
☐ 잘 모르겠다.

9-4. 참여하겠다는 이유는 무엇이라고 생각합니까? (해당되는 항목에 전부 다 대답하십시오.)
☐ 지금부터는 사회 문제에 적극적으로 참여하여야 되겠다고 생각되기 때문이다.
☐ 학생들의 정의감과 문제 의식이 사회 발전의 중요한 요소라고 생각되기 때문이다.
☐ 참여할 시간적 여유가 있기 때문이다.
☐ 학생회 간부 등 지도자의 위치에 있기 때문이다.
☐ 시위 문제를 해결하는 정부나 학교 등에 문제점이 있기 때문이다.
☐ 시위 진압의 방법이 너무나도 폭력적이기 때문이다.
☐ 찬성할 수 있는 시위 방법으로 변화되었기 때문이다.
☐ 시위 등으로 문제가 해결되는 것으로 보아서 시위 등이 필요하다고 생각되기 때문이다.
☐ 단순히 나 자신의 성향이 변화되기 때문이다.
☐ 취업 등 나 자신의 장래가 불안정하여 기성 세대에 대한 불만이 커졌기 때문이다.
☐ 기타(구체적으로 기술:__________________________________)

9-5. 여러분의 정치 성향은 다음 중 어디에 해당된다고 생각합니까?
☐ 진보주의

□ 보수주의
□ 급진주의
□ 온건주의
□ 기타
□ 잘 모르겠다 ☞ ('기타 또는 모르겠다'라고 답한 학생은
이 질문지의 20번 문항으로 바로 가십시오.)

선별형 질문 양식도 다양하게 구성할 수 있다. 그러나 중요한 것은 응답자가 대답하기 어려워하거나 또는 대답할 입장이 아니라고 생각하고 있는 것을 무리 없이 대답하게 하거나 또는 선별할 수 있는 방법을 찾아야 한다. 그러면서 동시에 응답자가 대답에 따라서 차별받고 있다는 느낌을 주지 않도록 하여야 한다. 또한 선별형 질문이 많으면 많을수록 수집된 자료의 신뢰성에 문제가 생길 수도 있기 때문에 표본의 크기를 사전에 고려하여야 할 것이다.

6. 깔때기형 질문

깔때기형 질문(funnel question)은 질문의 내용이 복잡하거나, 또는 질문 대상자의 개인 정보 등에 관한 대답하기 어려운 항목 등을 질문하여야 하는 경우에, 처음에는 일반적이고 추상적 내용에 관한 질문을 하면서, 점점 더 질문이 진행되면서 구체적이고 핵심적 내용의 질문을 구성해 가는 방법이다. 따라서 깔때기형 질문을 만드는 이유는 처음부터 대답하기 어려운 질문이나, 또는 개인 정보에 관한 질문에 대답하여야 한다면 응답자는 당황하거나 또는 무례함을 느껴 질문지를 휴지통에 버리는 경향을 방지하기 위함이다.

대학생의 급진적 성향을 조사하는 질문지의 일부를 깔때기형 질문으로 구성해 볼 수 있다. 리커트형 질문의 세 번째 형인 질문 내용의 순서나 우선순위를 기재하는 것을 예로 든 사회 문제의 내용을 깔때기형 질문으로 다음과 같이 재구성해 볼 수 있다(질문 10).

10-1. 오늘날 한국이 당면하고 있는 사회 문제는 무엇이라고 생각합니까?
(해당되는 항목에 전부 다 답하여 주십시오.)
☐ 경기 침체와 생산 위축
☐ 관료와 정치의 부정부패
☐ 노동자와 사용자의 갈등(노사 문제)
— 이하 생략 —

10-2. 여러 가지 사회 문제 중 가장 시급히 해결하여야 한다고 생각되는 것은 무엇입니까?
(한 가지만 대답하여 주십시오.)
☐ 경기 침체와 생산 위축
☐ 관료와 정치의 부정부패
☐ 노동자와 사용자의 갈등(노사 문제)
— 이하 생략 —

10-3. 10-2번에서 대답하신 사회 문제에서 왜 시급한 해결책이 필요하다고 생각합니까?
☐ 국가의 운명이 걸린 문제이기 때문이다.
☐ 절대 다수의 일반 시민이 영향을 받기 때문이다.
☐ 사회나 국가의 윤리와 철학의 문제이기 때문이다.
☐ 기타(구체적으로 기술:____)
— 이하 생략 —

10-4. 시급한 해결책은 무엇이라고 생각합니까? (해당되는 항목에 전부 다 답하여 주십시오.)
☐ 국민과 정부와의 신뢰 회복
☐ 국민 도덕성의 재무장
☐ 법질서의 확립
— 이하 생략 —

10-5. 지금까지 대답한 사회 문제의 내용에 관한 정보를 주로 어디서 얻게 되었습니까?
(해당되는 항목을 모두 선택해 주십시오.)
☐ 사회비판 서적
☐ 운동권 선전 책자
☐ 사회주의 선전물
— 이하 생략 —

이상에서 소개한 질문의 유형 이외에도 연구 목적과 내용, 가설의 조작 방법, 연구자의 연구 성향과 자료 수집과 분석 방법 등에 따라서 여러 가지 유형의 질문 유형을 개발하여 사용할 수 있다. 그러나 마지막으로 강조할 사항으로서, 질문 유형은 연구 내용을 현실 경험 사회에서 그를 대표하여 타당하고 적절한 자료를 수집할 수 있도록 구성되어야 한다는 점이다. 부언하지만 이것은 연구자의 연구 능력과 창의적이고 꾸준한 노력에 의해서만 가능한 일이다.

제4절 질문지 작성 시 유의사항

질문지를 작성하는 유의사항은 일반적인 경우에 해당되는 사항이면서 동시에 모든 질문지를 작성하는 데 기본적으로 필요한 사항을 설명한 것이다. 제2절의 '질문지의 내용'에서 설명한 질문 내용에 따른 세 가지 정도의 일반적 방법도 질문지를 작성하는 중요한 지침 사항이다. 그러나 여기서는 단어의 선택이나 문장의 구성 등에 관한 것은 제외하고 그 이외의 것을 구체적으로 설명한 것이다.

1. 회수율 고려

표본조사에서 가장 많은 관심을 가진 분야의 하나가 회수율(response rate)이다. 특히, 대부분의 표본조사로 우편조사나 최근에는 인터넷조사 방법을 채택하고 있기 때문에, 전적으로 응답자의 자발적 대답에 의존하지 않을 수 없다. 따라서 응답자의 자발적 참여를 일정한 수준 이상으로 향상시킬 방법, 즉 회수율을 높일 수 있는 다양한 방법이나 기법을 연구자는 개발하여야 한다.

회수율을 증가시킨다는 것은 역으로 질문지에 응답하지 않을 비응답자의 숫자를 줄이는 방법이다. 이와 같은 방법도 구체적 자료 수집 방법에 따라서 다양할 것이다. 각각 해당되는 자료 수집 방법을 설명할 때 구체적으로 지적하기로 하고, 여기서는 일반적 사항만을 우선 설명할 수 있다.

첫째, 회수율을 고려하여 표본의 크기를 실제로 필요한 양보다 더 많이 구성한다. 물론 표본이 많아지면 조사 비용도 많이 소요되지만, 너무 비용에 집착하여 표본의 크기를 계산하면 자료의 질을 저하시키게 된다.

둘째, 일반적으로 자료 수집의 기법을 세련시킬 필요가 있다. 예를 들면, 전화조사인 경우 전화 질문자의 예의나 전화 통화의 화법 등을 교육하거나, 면접의 경우 면접자의 면접 방법, 우편조사의 경우 반송용 우편봉투 사용, 인터넷조사의 경우 우편으로 사전이나 사후에 설문조사를 알려 주는 일 등에 관련되는 기법을 세련시켜야 한다.

최근에 인터넷조사와 관련하여 회수율이 크게 문제되고 있다. 이와 관련된 유익한 연구결과에 따르면, 인터넷 질문지 그 자체만으로는 회수율이 20% 정도에 불과하였지만, 인터넷 설문지를 제시하기 이전에 간단한 우편엽서나 또는 우편알림으로 인터넷 설문을 실시하게 된 목적을 설명하면서 이들에게 전자우편으로 제공될 질문지를 완성하여 줄 것을 부탁하는 방법을 병행하면, 거의 30%의 회수율을 기록하였다는 연구이다. 그러나 역시 아직까지는 회수율에서만 보면, 전통적 우편 방법이 가장 높은 회수율(31.5%)을 기록하였다고 보고하였다(Kaplowitz et al., 2004: 94-99).

특히, 재미있는 것으로 회수율을 높이기 위해서 질문에 대답해 준 감사의 표현으로 간단한 선물을 제공할 수도 있다. 예를 들면, 우편조사의 경우 복권이나 전화카드 등, 면접의 경우는 연구소의 로고가 새겨진 문구용품, 세면용품, 전화조사의 경우는 전화카드 우송이나 수신자 요금 부담 전화로 경품을 제공하는 것, 인터넷조사에서 경품 사이트를 제공하거나 사이버 머니를 제공하는 등의 방법을 들 수 있다. 실제로 거의 모든 연구자의 경험에 의하면, 이러한 간단한 선물이 의외로 상당한 정도로 회수율을 높이는 효과가 있다는 것이 입증되기도 하였다. 다만 선물 구입으로 인해 조사비용이 과다하게 지출되는 것이 문제이다.

셋째, 표본 프레임의 특성과 성격을 사전에 분석하여 질문하여야 할 표본의 성격을 자세히 알고 질문지를 작성하면 비응답자의 비율을 줄일 수 있다. 예를 들면, 표본 프레임의 성(sex), 교육, 연령, 소득, 분포 지역, 주거 형태, 사회 생활 양식, 직업 등 일상 생활에 관련된 조사 대상자의 특성을 사전에 알고 질문지의 내용, 특히 단어의 구성이나 형태를 결정하면 비응답자 수를 줄일 수 있다.

회수율에서 또 한 가지 문제는 질문에 전반적으로 대답하지 않은 경우는 단순히 비응답으로 처리할 수 있다. 그러나 일정한 질문 문항이나 또는 무작위적으로 질문 문항이 완성되지 못한 비응답 질문지를 처리할 문제는 그리 간단하지 않다. 특히, 회수율이 저조한 경우에는 이처럼 불완전하게 대답된 질문지를 사용할 것인가 하는 문제를 연구자가 고민하게 될 때가 많다. 이와 같은 문제도 결국은 연구자가 판단할 일이지만 과감하게 미완성된 질문지를 제거하여 자료의 신뢰성과 일관성을 높이는 것이 더욱 합리적이라고 여겨진다. 또한 빠진 자료를 마사지(massage)하는 기법이 있으나 원론적 조사방법의 기법으로 소개할 가치는 크지 않다고 여겨진다.

2. 선도형 질문이나 강제형 질문

연구자가 자신의 연구 목적과 내용에 너무 심취하다 보면 자신의 연구 주제를 항상 정당화시키거나 또는 미화(美化)시키는 일을 자신도 모르게 할 수도 있다. 이 경우에 발생할 수 있는 문제는 자신의 연구 주제에 따른 가치판단이나 선호를 조사 대상자에게 유도(leading)하거나 또는 강요(threatening)하는 경향이 존재한다는 것이다. 이것은 자료의 질을 손상하여 타당한 조사 결과를 도출할 수 없도록 만들 수 있다.

특히, 여론조사나 또는 시장의 소비자 행동 등을 조사하는 경우에 조사 목적에 따라서 응답자의 대답을 유도할 수 있는 질문을 하게 되는 경우가 많다. 과학적 연구란 사회 현상에서 발생하는 것을 객관적이고 중립적으로 수집하여 그 결과를 분석하는 것이다. 따라서 연구 목적을 강요하거나 유도하여 필요한 결과를 유발하는 것은 '과학적 연구'라는 양의 탈을 쓰고 자신의 연구 가치인 개고기를 팔려고 한다는 양두구육(羊頭狗肉)과 같을 것이다.

비록 연구자가 의식적으로 의도하지는 않았다고 할지라도 또는 질문지를 작성하는 경험이 미숙하였거나, 연구 주제에 몰두하여 중립적 관점을 잃어버린 경우 등의 이유가 있지만, 어떠한 경우에도 조사 대상자에게 연구자의 가치를 유도하는 또는 강요하는 질문은 수집된 자료를 왜곡시키게 된다. 특히, 초보적 수준의 연구자의 경우에 이와 같은 유도형 또는 강제형 질문을 하게 되는 실수를 가끔 할 수도 있다. 예를 들면, 대학생의 급진적 사상을 조사하는 경우, 연구자가 너무 연구 주제에 몰두하여 다음과 같은 질문을 할 수 있다.

11. 순수한 정열로 학문을 탐구하는 대학생들이 사회의 병폐와 부정을 외면하면 국가의 장래는 암담하다고 하지 않을 수 없다. 여러분은 이와 같은 심정으로 사회 문제를 해결하고자 하는 하나의 방법인 폭력 시위와 같은 단체행동에 기꺼이 참여해 본 경험이 있습니까?

12. 불법 시위에 참여한 학생들은 졸업 후의 사회 생활에 많은 불이익이나 지장을 받게 된다는 것은 주지의 사실이다. 그럼에도 불구하고 여러분은 앞으로 시위와 같은 단체행동에 참여할 생각이 있습니까?

이와 같은 질문(질문 11, 질문 12)은 분명히 앞의 예에서는 시위에 참여하여야 한다는 답을 유도하는 경우이다. 그리고 뒤의 경우에는 참여하지 말아야 한다는 답을 강요하게 될 가능성이 많은 질문 형태이다. 기술적으로, 위와 같은 형태의 질문을 굳이 사용하고자 한다면 이것을 응답자의 동의를 구하는 질문으로 변형시켜서 사용하면 응답자를 유도하거나 또는 강요하지 않고 그들의 의견을 수집할 수 있을 것이다.

3. 이중목적 질문

이중목적 질문(double–barreled question)은 하나의 질문 항목에 두 개 이상의 질문 내용을 구성하여 응답자가 올바른 대답을 할 수 없는 경우이다. 예를 들면, '질문 13'의 경우와 같이, 하나의 질문 문항에서 학업을 불성실하게 하여 발생되는 심리적 불안과, 취업의 어려움에서 발생되는 심리적 불안과 같은 두 가지 형태의 심리적 불안요소를 동시에 질문하고 있어 응답자가 올바른 응답을 하기가 곤란하다. 이 경우에는 두 개의 질문 군(群)으로 나누어 질문해야 할 것이다.

13. 여러분은 학업의 불성실로 정신적인 불안 상태를 경험한 경우나 대학을 졸업한 후에도 취업을 하지 못할 걱정으로 겪게 될 심리적 불안 상태 때문에 폭력 시위와 같은 단체행동에 참여한 경험이 있습니까?

4. 기타 사항

앞에서 설명한 것을 제외한 일반적 유의사항으로서, 먼저 질문 내용이 구체적이고 사실적이어야 한다는 점을 지적할 수 있다. 물론 가치판단에 관한 사항을 질문할 수도 있지만 이것은 어디까지나 연구 목적과 내용에 관련되는 것만 질문할 수 있다. 그 밖에는 사실적 내용을 구체적으로 대답할 수 있도록 질문을 구성하여야 한다. 질문이 추상적이고 모호하여 질문 응답자가 대답하기에 혼동을 주거나 또는 그들이 다의적으로 질문 내용을 해석할 여지를 주지 말아야 한다.

아울러 신뢰성을 측정하려는 의도가 있는 경우를 제외하고서는 질문의 내용이 중복되지 말아야 한다.[1] 중복된 질문 내용은 질문지의 양을 증가시켜 조사 경비를 증가시킬 뿐만 아니라 응답자에게 혼란을 주어 자료의 질을 저하시키게 된다.

조사 대상자의 사생활에 관한 정보나 또는 대답하기 곤란한 질문 등은, 특히 조심스럽게 취급하여야 한다. 연구 목적과 내용에 따라서 응답자의 사생활에 관한 정보가 필요한 경우에는 질문 대상자의 입장을 곤란하게 하거나, 또는 그들의 자존심을 상하지 않도록 질문 내용을 조심스럽게 구성하여야 할 것이다. 특히, 질문 대상 집단이 금기시(taboo)하는 것이나 사회 규범적으로 허용될 수 없는 내용을 질문하는 것은 특별한 조사 목적에 해당되는 것이 아니면 피하는 것이 바람직하다.

만약 연구 목적이나 내용에 사생활에 대한 정보 등의 질문이 필요 없다면 당연히 그것을 질문하지 말아야 한다. 예를 들면, 여러분이 초등학교나 또는 중·고등학교 시절에 담임선생님이 수업 시간에 공개적으로 부모의 소득이나 교육 또는 직업 등을 조사하는 경우를 경험하였을 것이다. 이것이 학생들의 학업 발달과 학교 생활에 꼭 필요한 자료라면, 서면이나 개인 면접 등으로 조사하는 것이 신뢰할 수 있는 자료를 얻을 수 있을 뿐만 아니라 학생들의 사생활을 보호하는 방법일 것이다. 친구들이 보

---

1) 예를 들면, 질문지의 문항을 A, B 등으로 분리하여 실시하는 반분법에 의한 질문 문항의 신뢰도는 두 분야의 상관 계수에서 신뢰도 추정값을 계산하여야 한다. 그러나 이때에도 질문지 전체의 신뢰도는 실제로 통계적으로 보정된 값으로 측정하여야 한다[$\rho = 2\rho_{x1.x2}/(1+\rho_{x1.x2})$(자세한 것은 허명희(1991: 95) 참조)]. 이것이 질문 문항의 중복에 의한 단순히 문항 자체의 신뢰도와 전체 질문지의 신뢰도의 해석을 구별하여야 하듯이, 질문 문항을 복수로 할 필요가 없을 때는 질문은 단순하고 간단하여야 한다는 점을 강조한 것이다.

는 앞에서 자신의 아빠의 소득과 교육 수준을 자랑삼아 공개하게 해서는 안 된다. 또한 그 반대도 마찬가지이다.

마지막으로, 질문의 성격상 한자나 전문 용어, 특히 영어 등을 꼭 사용하여야 하는 경우를 제외하고서는 어려운 한자나 영어 등의 사용을 자제하는 것이 바람직하다. 질문 대상자가 한자를 사용하여야 질문의 내용을 빨리 이해할 수 있는 경우에는 한자를 사용하여야 한다. 이러한 경우에는 오히려 한자를 사용하지 않으면 질문 내용이 잘못 전달될 가능성이 더 많을 수도 있다. 영어도 마찬가지이다. 이와 같은 특수한 경우를 제외하고서는 일반적으로 전문적 학술 조사라고 하더라도 정확하게 의미를 전달하여야 할 필요한 곳을 제외하고서는 한자나 영어 등을 사용하지 않고 한글로 표기하는 것이 원칙이다.

제5절 질문지의 배치

질문지의 배치(questionnaire layout)란 질문의 내용이 결정된 이후 이것을 어떤 형태나 틀로 배치하여(편집하여) 하나의 질문지를 완성할 것인가 하는 질문지 외형을 구성하는 일이다. 질문지 내용은 연구의 목적과 주제, 그리고 검증하고자 하는 가설에 따라서 결정될 것이고 여기에 관한 공통적 요소는 위에서 설명하였다. 그러나 질문 내용을 싣고 포장할 방법이나 기법 등도 질문의 내용 못지않을 정도로 중요하다.

왜냐하면, 비록 질문지 내용이 적절하게 구성되었다고 하더라도 질문지의 외형, 즉 질문지 인쇄 형태, 질문 내용의 순서, 질문 문항의 적절한 척도, 표지 인사말, 심지어 질문지 색상 등이 질문지 회수율에 상당한 영향을 미치기 때문이다.[2] 또한 질문지 외형을 질문 응답자가 정확하게 질문을 이해하거나 또는 관심을 가지고 질문에 대답하게 할 수 있는 중요한 요소이기 때문이다. 그래서 질문지 구성의 마지막 단계로 질문지 외형을 효과적으로 구성하는 방법을 설명하고자 한다.

---

2) 질문지 외형과 질문량, 질문 대상자의 입장에서 설계된 질문지 회수율이 높다는 사실을 실증적으로 연구한 것을 참고할 수 있다(Dilman et al., 1993: 289-304).

질문지 내용이 완성되어 질문지를 어떻게 편집하고 인쇄할 것인가 하는 점을 설명하는 것이기 때문에 실제로 완성된 질문지를 가정하면서 그 첫 부분부터 끝까지 질문지 외형을 편집 기법을 중심으로 설명하고자 한다.

1. 표지 인사말

자료 수집 방법에 따라서 질문지의 유형과 내용이 조금씩 차이가 있지만 여기서도 가장 일반적 방법인 우편조사나 인터넷조사용 질문지의 경우에 따라서 설명하는 것이다. 따라서 모든 질문지는 표지 인사말부터 시작하는 것이 상례이다. 하나의 예를 제시하면서 표지 인사말의 내용과 형식 등을 자세히 설명하고자 한다.

★★★연구소[대학(교)]

① 로고(logo)

서울특별시 중구 중앙동 1번지
전화: (02)1234-5678
Fax: (02)890-1234
e-mail: abcd@abc.re.kr

② 안녕하십니까.
★★★연구소(대학, 연구자 등)에서는 그린벨트정책의 성과에 관한 정책자료를 수집하기 위하여 무작위로 선정된 선생님을 대상으로 설문조사를 실시하고 있습니다. 공사로 다망하시겠습니다만 잠시만 시간을 내어 이 질문에 성실하고 정확하게 대답하여 주시기 바랍니다.

③ 질문지의 질문은 옳고 그름을 판단하는 내용에 관한 질문이 아니라 단지 선생님의 의견을 표시하는 질문일 뿐입니다. 따라서 선생님의 판단과 기억을 기준으로 답변하여 주시기 바랍니다. 또한 모든 질문 문항에 대답하시기 간단하며 아무런 속임수나 신상의 비밀 또는 그린벨트 소유권 등에 관한 질문은 아닙니다. 질문 이외에 선생님의 고견이 있으시면 질문지의 여백 등에 기록하여 주시기 바랍니다.

④ 선생님께서 응답하신 모든 내용은 조사의 목적 이외에는 절대로 사용되지 않습니다. 또한 선생님의 신분이나 사생활 등의 내용은 철저히 조사의 분류 목적 이외에는 사용될 수 없음을 알려 드립니다.

⑤ 이 연구는 금년 말경에 완성될 예정입니다. 선생님께서 협조해 주신 연구의 결과는 ★★★연구소 연구과제물 제○○호로 발간된 예정입니다. 또한 ○○전문 학술지에도 게재될 예정입니다. 그러나 분석된 결과를 알고자 하면 선생님의 주소를 기재하여 주시면 연구 결과가 완성되는 즉시 우송하여 드리겠습니다.

⑥ 귀중한 시간을 내어 질문에 대답하여 주신 선생님께 감사를 드립니다. 저희 연구진의 작은 정성으로 문화관광상품권 1매를 질문지에 동봉하였습니다. 유익한 시간이 되기를 빌며 선생님의 건승을 기원합니다.

⑦ ★★★연구소(대학)
소장, 연구책임자, 연구자
○○○ 드림

질문지의 표지 인사말은 사람과 사람이 처음 만날 때 느끼는 첫인상과 같이 대단히 중요하다. 질문지를 받아 보는 질문 응답자는 질문지의 내용이나 연구의 목적 또는 중요성 등은 차후의 관심 사항이고, 우선적으로 질문지의 첫 부분인 인사말을 간단히 읽고 질문에 응답할 것인가를 결정하는 경향이 많다. 따라서 위에서 예시한 것처럼, 표지 인사말은 간략하면서도 예의를 갖추어 질문 대상자의 관심을 유도할 수 있어야 한다. 따라서 인사말의 형식과 그에 포함되어야 할 내용을 예시에 따라서 구체적으로 지적하고자 한다.

① 표지 인사말을 담을 용지는 연구자 또는 연구소의 소속이나 위치 또는 연구자의 정체를 공식적으로 확인시켜 줄 수 있는 연구기관의 로고와 주소, 전화 및 팩스 번호, 전자우편(e-mail) 등이 인쇄된 것(letterhead paper)을 사용하여야 한다. 공식적인 연구기관이나 단체임을 질문 대상자에게 확인시키는 것이 응답자로 하여금 자신의 신상에 관한 자료나 기타 대답 내용이 연구를 위해서만 사용된다는 것을 확인시켜서, 신뢰할 수 있는 자료와 나아가 회수율을 높이는 효과를 얻을 수 있다. 특히, 연구소나 단체를 상징하는 상징 마크(logo)가 인쇄된 'letterhead' 용지는 질문지의 품위도 더욱 향상시키는 효과가 있을 것이다.

② 인사말의 가장 앞부분에서 연구자의 소속 또는 연구단체의 명칭 등을 확실하게 밝혀야 한다. 그 다음에는 연구 목적과 주제 내용을 간략히 소개한 뒤 질문지에 성실하고 정확하게 대답하여 줄 것을 정중하게 요청하는 문단이 있어야 한다.

③ 그 다음은 질문의 성격과 내용을 설명하고 응답자의 기타 의견이 있는 경우 그것을 발표할 수 있는 기회 등을 제시한다. 특히, 이 단락에서는 질문의 성격을

분명히 밝혀서 응답자들이 질문의 내용을 오해할 수 있는 여지를 없애야 한다. 왜냐하면, 수많은 연구기관이나 단체 등에서 실시하는 수많은 유형의 질문지를 응답자가 받아 본 경험이 있기 때문이다. 이와 같은 경우는 질문 대상자가 특정 집단인 경우(공무원, 교사, 지방의회 의원, 사회봉사기관 종사자 등)에는 더욱 그러하다.

④ 질문 내용에 관한 응답자의 개인 비밀 보호(confidentiality)가 분명하게 보장된다는 점과 또한 대답 내용이 조사 목적 이외에는 다른 기관이나 단체 등에게 제공될 수 없다는 사실을 분명히 밝혀 두어야 한다.

⑤ 연구 결과가 발표될 연구 결과물이나 전문학술지 등을 소개하여 관심 있는 응답자가 자신이 대답한 조사 결과를 확인할 수 있는 기회를 제공하는 것도 잊지 말아야 한다. 특히, 조사 결과의 요약 등을 응답자들이 요구하면 반드시 알려주는 것도 중요하다. 왜냐하면, 자신이 대답한 내용의 처리 결과에 누구든지 관심을 가지고 있기 때문이다. 또한 조사의 성격이 전문적인 학술 연구라는 점을 연구 결과를 게재하고자 하는 전문학술지 명칭을 제시하여 증명하는 것도 연구의 신뢰성과 공공성을 부각시키는 중요한 수단이 될 수 있다.

⑥ 표지 인사말의 마지막 부분으로서 질문에 대답한 것에 대한 감사의 말을 잊지 말아야 한다. 또한 설문에 협조하여 준 감사의 표현으로 간단한 선물(간단한 정도의 각종 할인권, 복권, 심지어 현금 1천 원짜리 또는 면접조사의 경우에는 다양한 종류의 것을 준비할 수 있음) 등을 준비하여 동봉하였다는 점도 지적하여 응답자의 기분을 상쾌하게 하는 일도 잊지 말아야 한다. 감사의 표현으로 제공하는 선물은 간단한 것으로 하되, 설문 대상자의 성격이나 집단 특성을 잘 고려하여 결정하여야 한다. 또한 조사 예산 범위 내에서 실용적이면서도 연구소나 연구단체의 상징적인 것도 널리 사용될 수 있을 것이다.

이와 같은 선물 제공은 앞으로 질문지의 회수율에 크게 영향을 미치는 요소로 등장하게 될 것으로 생각된다. 왜냐하면, 수많은 연구기관에서 수많은 질문지가 경쟁적으로 시행되고 있고, 또 여론조사나 기타 선거용 유권자 투표 성향 조사 등으로 일반 다수 시민을 대상으로 하는 질문지가 크게 유행하고 있기 때문이다. 그중에서도 응답자의 입장에서는 더욱더 바빠지는 일상 생활 때문에 질문에 대답할 정신적·시간적 여유를 가지기 어려운 환경이 되어 가고 있다. 이때에 간단한 선물 제공은 응답자의 협조를 상당한 수준으로 향상시킬 수 있는 방법이 될 것은 당연하다. 그러나 이때 조심하여야 할 것으로 선물은 절대로 응답자가 부담을 느끼게 하는 수준이 되어서는 안 된다는 사실이다.

⑦ 마지막으로 연구자나 연구담당 기관의 책임자 성명과 직책 등을 명시하고, 필요한 경우 연구자의 자필 서명이나 또는 공식 기관의 직인 등을 찍어서 연구 책임자의 실체를 분명히 밝힌다.

2. 질문지 응답에 필요한 일반적 유의사항

질문지의 성격과 대답에 대한 감사의 글을 싣고 있는 표지 인사말이 끝나면(물론 독립 페이지로 한다), 일반적으로 전체의 질문에 대답할 요령이나 또는 응답자가 지켜야 할 주의사항 등을 알려 주는 공간이 필요하다. 이와 같은 일반적 유의사항(general instruction)에는 질문 내용을 숙지할 것과 질문 내용에 해당되지 않을 경우에는 그 질문에 대답하지 말 것, 그러나 해당되는 질문에는 빠짐없이 대답해 줄 것, 질문 문항에 표기하는 방법, 컴퓨터로 처리할 경우에는 사용할 필기구나 또는 표기 방법, 질문 문항에 그 밖의 의견이나 제안을 기술하는 방법, 완성된 질문지의 반송 요령 등이 포함된다. 특히, 인터넷 설문의 경우에는 대답하는 요령을 간단하면서도 분명히 제시하여 대상자들이 혼동을 느끼게 하지 말아야 한다. 예를 들면, 질문에 대한 대답이 누락되면 다음 질문으로 이동되지 않는다든지, 또는 마지막 회신할 때 누락 질문을 할 수 있는 기회가 표시된다는 등의 내용이다. 그러나 주의사항의 문장은 되도록 친절하게 작성하여 응답자가 수험자로서 시험을 치른다는 인상을 느끼지 않도록 하여야 한다.

표지 인사말이 없는 질문지의 경우(전문가집단이나 또는 사전 연구용 질문지 등)에는 일반적 주의사항 난에 표지 인사말의 내용인 연구 목적, 비밀 보호, 표본으로 추출된 방법, 감사 인사 등을 기술할 수도 있다.

일반적 유의사항 이외에 각각의 질문의 성격에 따라서 절(section)을 구분한 경우에는, 그 절에만 고유하게 해당되는 유의사항을 각 절의 시작 전에 기술할 수 있다. 마찬가지로 구체적 질문의 경우에 필요한 것은 질문이 끝나는 곳이나 또는 질문의 시작 전에 주의사항을 제시할 수 있다. 이 경우에 선별형 질문은 반드시 각 해당되는 질문에서 '선별'이라는 사실을 분명히 제시하여 주어야 한다.

일반적 유의사항: 예시
질문지 작성에 필요한 일반적 유의사항: 질문의 내용에 해당되는 모든 질문에 빠짐없이 정확하게 대답해 주십시오. 대답할 수 없는 질문에는 대답하려고 노력하실 필요는 없습니다. 선별형 질문 등에는 해당되는 질문에만 대답하시면 됩니다. 기타 고견이 있으시면 질문지의 여백을 이용하여 개진해 주시면 고맙겠습니다. 질문에서 구체적 표기 방법이 제시되어 있는 경우를 제외하고, 각 질문 문항에 "✓"나 또는 "×" 등을 표시하여 주십시오. 질문지를 완성하신 후 수신자 우편요금 부담과 우리 연구소의 주소가 인쇄된 반송용 봉투에 넣어 반송해 주시기 바랍니다(인터넷 설문의 경우에는 응답 종료나 회신을 반드시 확인하여 주십시오 등).

3. 질문의 배치

일반적 유의사항이 끝나면 이제 본격적으로 질문을 질문지에 구성하고 배치하여야 한다. 이 경우에 어떤 기준에 따라서 질문을 배치할 것인가 하는 질문의 배치 순서를 연구자는 결정하여야 한다. 물론 연구 목적과 질문 내용, 그리고 연구 주제에 따른 질문의 중요성 등에 따라서 질문을 질문지에 배치하게 된다. 그러나 일반적으로 질문지가 지켜야 할 질문의 배치 순서를 따르는 것이 좀 더 효과적인 질문지가 될 수 있다.

첫째, 질문을 배치하는 순서나 기준으로서 가장 먼저, 그리고 항상 고려하여야 할 것으로 질문 내용의 논리적 순서나 연계 등을 파괴하지 않도록 질문을 배치하여야 한다는 점이다. 예를 들면, 사실적 내용에 관한 질문을 하다가 갑자기 가치판단이나 또는 인식적 사고를 필요로 하는 질문을 해서는 안 된다. 무엇보다도 응답자가 각각의 질문에 대답해 가면서 논리적으로 갑작스런 혼동이나 당혹감을 느끼지 않도록 질문 내용이나 성격 등을 파악하여, 한 단락이 끝나고 다음 내용의 질문이 계속된다는 것을 감지할 수 있도록 질문을 배치하여야 한다. 따라서 많은 경우에는 질문지의 각 절이나 항마다 질문 내용을 제목으로 정해서 각 절의 질문을 배치하는 방법도 있다. 이 경우에는 응답자가 각 절에서 질문에 대답하여야 할 내용이 무엇인가를 사전에 알 수 있게 하는 방법이 될 수 있다.

둘째, 질문 대상자의 사생활에 관한 질문 또는 대답하기 곤란한 질문 등은 질문지의 끝 부분에 위치시키는 것이 바람직하다. 그러나 어떤 경우에는 모든 응답자에 기초적인 자료의 의미를 가진 질문, 즉 연령, 성, 소득 및 교육 수준, 결혼 여부, 직업 등에 관한 질문을 질문지의 첫 부분에 위치시켜서 본격적으로 조사 내용에 관한 질문을 하기 이전의 준비 단계 질문(warming question)으로 활용할 수도 있다.

셋째, 사실적 사항이나 또는 질문의 내용에 비교적 대답하기 쉬운 질문은 질문지의 앞부분에 위치시키는 것이 바람직하다. 따라서 응답자가 서술하여야 하는 개방형 질문이나 또는 대답에 필요한 자료를 참고하여야 하는 질문 등은 질문지의 하단에 위치시켜서 응답자가 처음부터 대답하기에 부담을 느끼게 해서는 안 된다. 깔때기형 질문 유형이 실질적으로 이와 같은 논리를 따르고 있다. 즉, 처음에는 일반적으로 쉽고 그리고 부담 없이 대답할 수 있는 질문을 해가면서 차츰차츰 복잡하고 구체적 내용의 질문을 하는 것이다.

넷째, 논리적이고 내용적으로 질문이 분류된 다음에 각각의 질문 문항을 척도로 나타낸 경우, 유사한 형태의 척도를 가진 질문 문항끼리 배열하여 갑자기 다른 형태의 척도 표기와 혼동되지 않도록 할 필요가 있다. 그러나 때로는 긍정적 답과 부정적 답을 묻는 경우에는 적당하게 긍정형 질문과 부정형 질문을 교대로 배치하는 것도 응답자의 주의를 환기시킬 수 있는 방법이 될 수 있을 것이다.

다섯째, 선별형 질문을 배치할 때는 응답자가 질문의 순서나 또는 대답하여야 할 부분과 하지 말아야 할 질문 등을 분명히 구별할 수 있도록 하여야 한다. 예를 들면, 계속해서 질문에 대답하라고 하면서 위에서 제시된 질문과 관련이 없는 질문을 배치하거나, 또는 몇 번 문제로 건너뛰라고(skipping) 하면서 그 문제로 가면 선별형 질문과 전혀 관련이 없는 질문을 배치하는 일이 없어야 한다.

4. 질문지의 마지막 부분

일단 모든 질문을 마치고 질문지의 마지막 부분의 여백에 감사 인사말을 간단히 하는 것도 중요하다. 질문지의 처음 부분인 표지에 질문에 성실하고 정확하게 대답하여 줄 것을 요청해 두었고, 또한 대답에 대한 감사의 말을 하였음에도 불구하고 마지막으로 부언하는 것은 차기 연구나 또는 다른 연구 등에 상당히 긍정적 영향을 미치기 때문이다.

마지막 인사말은 간략하게 하는 것이 좋다. 덧붙여 완성된 질문지를 반송하는 방법도 한 번 더 설명하여야 한다. 그리고 조사 결과를 알려 주는 것도 지적(물론 조사 결과를 송부할 주소 등은 연구자가 이미 확보하고 있을 수도 있다)할 필요가 있다. 그러나 이 경우에도 응답자의 익명(匿名)이 중요한 사항이라면 응답자의 비밀 등을 보호하여야 한다. 인터넷 설문지의 경우에는, 특히 전자우편으로 설문이 진행되는 경우에는, 질문지를 반송하면 응답자의 주소가 자동적으로 밝혀지는 경우가 많다. 이 경우에도 응답자의 익명이나 신분 등이 보호된다는 점을 분명히 밝히는 것이 회수율에 영향을 미칠 것이다.

5. 사전조사

질문지를 사용하는 표본조사는 반드시 사전에 모의 사용이나 사전조사(pre-testing)를 실시할 필요가 있다. 아무리 오랜 연구 경험과 자질을 갖추고 질문지를 준비할 수 있는 연구자라 하더라도 질문지를 완성하여, 그것을 본격적으로 우편이나 면접 또는 전화 등의 방법으로 실사(實查)하여 자료를 수집하기 이전에 반드시 연구자가 선정한 소수의 표본 대상자를 상대로 사전조사를 실시할 필요성이 있다.

사전조사와 예비조사(pilot testing)는 다르다. 예비조사는 모집단과 표본집단의 통계적 추론에 필요한 변수의 분산이나 기타 제3의 변수 등에 관한 부분적 정보를 수집하기 위한 조사이며, 본조사와 별도로 전문가 추출조사나 목적조사 등의 비확률표본추출 방법에서 많이 사용되는 것이다. 반면에 사전조사는 본조사의 절차와 원칙

등과 같게 진행하여 본조사에서 발생될 수 있는 문제점을 사전에 찾아서 이를 수정하기 위한 조사이다(장인식, 1996: 46-47).

사전조사를 실시하는 이유는 다음과 같다. 첫째, 아무리 완벽하게 질문지를 구성하였다고 하더라도 조사 대상자에게 직접 질문하여 질문지의 내용을 검토하여 보면 질문 내용의 단점이나 또는 결점, 연구자가 생각할 수 없었던 내용의 첨삭, 타당성이나 신뢰성에 문제점이 있는 질문 등을 발견할 수 있다. 따라서 사전조사로 이와 같은 질문지의 문제점을 치유하지 않고 본격적으로 질문지를 배부하여 가면서 이와 같은 문제점을 발견하여 치유하려면 조사 경비와 시간 등이 엄청나게 낭비되게 된다.

둘째, 사전조사를 거치면 질문지를 효과적으로 구성할 수 있다. 왜냐하면, 연구자는 연구 의욕에 사로잡혀 연구 내용을 상세하고 구체적으로 질문지에 전부 다 표현(좀 더 정확하게는 조작)하려고 한다. 이 경우에는 질문 내용이 중복되거나 또는 연구 내용과 관련 없는 것이 질문지에 포함되는 현상이 있게 마련이다. 따라서 사전조사를 실시하면 이처럼 중복되거나 또는 관련 없는 질문 내용을 정리할 수 있기 때문이다.

사전조사는 원칙적으로 실제의 질문지를 시행하는 방법 그대로 하여야 한다. 특히, 연구자가 표본으로 선택한 표본집단의 일부를 무작위로 선별하여 사전조사를 진행할 수 있다. 그러나 이 경우에도, 특히 조심하여야 할 일은 연구자의 편견이나 선호 또는 연구자가 손쉽게 접근할 수 있고, 또 손쉽게 사전조사용 표본을 확보할 수 있는 집단을 사전조사용 집단으로 해서는 안 된다는 사실이다. 이것을 연구자의 청중포획(captive audience) 현상이라고 한다. 이렇게 되면 연구자는 왜곡된 또는 대표성이 결여된 사전조사용 표본을 사용하게 되어 사전조사의 목적을 달성할 수 없다.

사전조사 결과에 의해서 작성된 질문지에 문제점이 발견되면 이것을 수정하고 교정하는 일을 즉시 시작해야 한다. 또한 사전조사에서 발견된 문제점이 연구자의 의도나 또는 가치 기준에 맞지 않는다고 해서 간단히 취급하지 말고, 진지하게 동료나 기타 제3자의 의견 등을 수렴하여 최대한 질문지를 수정하는 일에 인색하지 말아야 한다.

6. 기타 사항

질문지의 배치에 관한 기타 사항으로 주로 질문지 외형이나 인쇄 등에 관한 것을 지적할 수 있다. 먼저 질문지 외형은 조사 경비에 따라서 결정되겠지만, 인쇄용지는 최고급은 아니더라도 가급적이면 고급용지를 사용하는 것을 추천할 만하다. 또한 표지 인사말과 질문 내용을 구별하기 쉽도록 질문지의 첫인상을 고려하여 표지의 용지 색상과 질문 내용의 용지 색상을 차별하는 것도 바람직하다. 그러나 너무 화려한 색상 등은 전문 학술 조사 등에는 맞지 않을 수도 있다.

질문 내용을 인쇄할 글자 크기나 글자 모양, 지시 사항의 표기 등은 컴퓨터의 문서 편집 기법이나 또는 인쇄소의 편집 기능 등을 최대한 활용하여 되도록 응답자의 편의를 고려하여 결정되어야 할 것이다. 특히, 각 질문의 내용과 문항 등은 확실히 구별될 수 있도록 인쇄되어야 하고, 척도로 표기된 숫자 인쇄는 분명하고 정확하여야 한다. 또한 너무 작은 크기의 글자나 또는 너무 빽빽한 줄 간의 간격을 유지시켜서, 특히 매트릭스형 질문 등, 응답자가 각 질문의 내용을 구별하기 어렵게 해서는 안 된다.

질문의 수, 즉 질문량은 연구 목적과 주제에 따라서 결정되겠지만 일반적으로 간략하게 할 수 있으면 간략하게 하는 것이 바람직하다. 많은 양의 질문을 되도록 짧은 페이지에 수록하기 위해서 글자 크기나 줄간, 간격 등을 무리하게 축소하는 잘못을 조심해야 한다. 특히, 인터넷조사의 경우에 주의를 요한다.

이와 같이 질문량이 많은 부득이한 경우에는 질문지를 두 편으로 구성함으로써 전편과 후편의 내용을 구별하여 질문지를 구성한다든지, 인터넷 설문의 경우에 1차 설문 이후에 시간적 간격을 두고 2차 설문을 시행하는 방법 등이 바람직할 것으로 생각된다.

완성된 질문지를 반송할 봉투에는 반드시 송부(送付)할 주소, 즉 연구자나 연구기관의 주소가 인쇄되어 있어야 한다. 그러나 특별한 경우를 제외하고는 반송용 봉투에 응답자의 주소와 성명을 기재하게 할 필요는 없다. 또한 질문지의 크기와 양에 따라서 반송용(返送用)으로 사용될 봉투의 규격이 잘 맞도록 반송용 봉투를 제작하여야 한다. 그렇지 않으면 응답자가 불편을 느껴서 비록 시간을 내어 작성한 질문지라

하더라도 반송하지 않을 수가 있다. 당연히 반송용 우편요금이나 또는 전화요금 등은 수취인 부담으로 할 수 있도록 하여야 한다(전자우편인 경우에는 반송 비용에 큰 부담이 없을 것이다).

이와 같이 질문지 외형에도 많은 주의를 기울이는 것은 질문지에 응답할 조사 대상자는 전적으로 그들이 자발적으로 조사에 참여하는 입장이라는 점이다. 그래서 응답자들이 불편함 없이, 그리고 기분 좋게 질문지를 완성할 수 있도록, 즉 질문지 회수율을 높일 수 있도록 하는 일이 중요하다.

질문지 작성에서 마지막으로 한 가지 더 언급할 내용은 자료 조사방법이 우편조사이든지 또는 기타 방법이든지, 전부 다 질문 대상자의 자발적 참여에 의해서 질문지가 완성될 수 있다는 사실이다. 따라서 본질적으로 질문 내용은 연구 대상자의 사생활 정보나 개인이 간직하고 있는 고유한 생각 등을 밝히는 데에 초점을 두지 않을 수 없다. 이때 조심하여야 할 사항은 정보사회에서 개인의 비밀 보호의 권리 등을 연구자가 잘 알고 있어야 할 것이다. 특히, 1994년에 제정된 '공공기관의 개인정보 보호에 관한 법률'이나 1996년의 '통계법' 등의 법률 지식을 구비하는 것도 중요할 것이다.

특히, 질문지에 대답한 내용은 절대로 연구용으로만 이용된다는 점을 분명히 밝혀서 조사 대상자가 심리적 불안을 느끼지 않도록 하여야 한다. 왜냐하면, 전문적인 조사라고 하면서도 실제로는 일반 시민들의 기초 자료를 조사하여 여타의 목적으로 활용되는 일이 많이 있기 때문이다.

질문지를 완성하고 회수하는 일에만 너무 많은 관심을 쏟다 보면 실제로 조사 내용이나 또는 질문지 내용에 전혀 관심이 없거나 또는 그 분야에 관한 정보나 지식 등을 가지고 있지 않은 조사 대상자의 대답을 강요하게 될 경향이 있다.

그 하나의 예로, 사실상 전국의 지방자치단체(특히, 기초자치단체인 경우)의 실적을 정확하게 평가하고 분석할 수 있는 정보나 자료를 접하지 못한 상태에 있는, 또한 지방자치 등의 분야를 연구한 전문지식을 갖추지 못한 상태에 있는 대다수의 설문 대상자를 상대로(예: 한국행정학회 회원, 한국정치학회 회원 등) 각 자치단체의 실적을 평가하여 우수 지방자치단체를 결정하고자 하는 일련의 표본조사가 많이 진행되기도 하였다.

이 경우에는 지방자치 전문가들인 관련 학자나 실무자들이 현장조사와 실태 분석을 하는 것이 더 타당한 결과를 얻을 수 있을 것이다. 따라서 질문 대상자들이 질문 내용을 잘 알지도 못하는 상태에서 강요된 대답의 질문지를 분석하는 것을 과학적 연구라고 하기 어렵다.

Chapter 07 자료 수집 방법

제1절 우편조사

연구자는 구성된 표본을 대상으로 여러 가지 방법을 사용하여 자료를 수집할 수 있다. 그러나 자료 수집 방법은 표본을 구성하고 질문지를 작성하기 이전에, 어떻게 자료를 수집하여 가설을 검증할 것인가 하는 방법을 연구자가 어느 정도의 수준에서 결정하고 있어야 실제로 자료 수집 방법에 가장 타당하고 적절한 표본을 구성하고 설문지나 기타 조사 준비를 진행할 수 있을 것이다. 마찬가지로 연구 내용과 주제에 따라서도 어떤 자료 수집 방법이 현실적으로 가능하고, 또한 신뢰성과 타당성을 갖춘 자료를 얻을 수 있을 것인가 하는 점 등을 결정할 수 있을 것이다. 그럼에도 불구하고 방법론적으로 조사 진행 과정을 이해하기 위해서는 우선 표본을 구성하고 질문지를 작성한 후 이에 따라서 질문지를 표본집단에게 제시하여 자료를 수집하는 논리적 과정을 이해할 필요성이 있다. 이것은 어떤 방법을 사용하여 질문지에서 정해진 질문 내용을 완성할 것인가 하는 자료의 구체적 수집 방법과 관련이 있다.

자료 수집 방법에는 여러 가지가 있지만, 질문지를 활용하여 자료를 수집하는 표본조사의 가장 대표적인 것으로 우편조사와 면접조사를 들 수 있다. 사이버 사회가 진행되면서 인터넷이나 이동통신 기기(대표적으로 휴대폰 등)의 등장으로 사이버 공간에서 직접적으로 설문조사를 수행할 수 있는 인터넷 설문 방법이 발달되면서, 전통적인 우편배달부가 설문지를 배달하여 진행하는 우편조사 방법은 상당히 감소하고 있지만 그럼에도 불구하고 우편조사 방법은 가장 대표적 방법이라 볼 수 있다. 따라서 우편조사(인터넷조사 포함)는 그 특성상 조사 대상자가 자발적으로 질문지를 완성하여야만 필요한 자료를 얻을 수 있는 자료 수집 방법이기 때문에 이것을 "연구 대상자가 스스로 시행하는 방법(self-administered method)"이라고 한다.

면접조사는 연구자(면접자)가 적극적으로 조사 대상자와 얼굴을 맞대고 필요한 자료를 수집하는 방법이다. 그러나 최근에는 얼굴을 맞대는 대신 전화를 통한 면접이 크게 발달하고 있다. 따라서 면접조사 방법을 두 가지로 구분하여 설명할 수 있다. 그리고 기타의 방법으로 2차 자료 조사도 설명할 필요가 있다. 이 방법은 전문 조사 기관이나 대학 등에서 정기적이고 주기적으로 표본조사를 실시하여 소장하고 있는 자료를 연구자가 조사 내용과 목적에 따라서 이용할 수 있을 때 이것을 두고 2차 자료 수집 방법이라고 한다.[1)]

실험 방법과 관찰 및 문헌분석 방법 등은 표본조사를 기본으로 하지 않는 조사방법이다. 그럼에도 불구하고 이와 같은 조사방법을 자료 수집 파트에서 설명하는 이유는 실험이나 관찰 또는 문헌분석 방법도 실질적으로는 표본을 구성하여 표본을 대상으로 실험하거나 관찰하여 자료를 수집하는 방법으로 널리 이용되고 있기 때문이다. 이와 같은 경우에도 질문지를 사용할 수 있다.

---

1) 정확한 의미에서 2차 분석(secondary analysis)이란 연구자가 직접 수집하지 않은 자료나 문헌을 분석하여 필요한 자료를 얻거나 또는 가설을 검증하는 방법이다. 그러나 여기서 설명할 2차 자료 조사는 연구자가 직접 수집하지 않은 표본조사 자료이다. 그렇기 때문에 일정한 조사 목적에 사용하기 위하여 수집된 표본조사에 의한 자료가 아니라, 정기적으로 조사해 둔 표본 자료(예: 인구 자료, 여론 자료, 기타 통계 자료)를 연구자가 자신의 조사 목적에 해당되는 것만을 선택하여 이용하는 방법이다. 실제로 많은 경우에, 특히 자료 수집 방법이 발달된 선진국일수록 2차 자료 수집 방법이 광범위하게 이용되고 있다.

1. 우편조사의 장 · 단점

1) 우편조사의 장점

우편조사(mailed questionnaire)[2]는 질문지를 이용하여 자료를 수집하는 대표적 방법이다. 또한 전통적인 의미의 우편조사는 대부분 학술적이고 전문적인 연구 내용을 과학적으로 증명하기 위한 자료를 수집하는 가장 보편적 방법으로 이용되어 왔다. 이와 같은 이유는 다음과 같은 우편조사의 장점 또는 특성이 있기 때문이다.

첫째, 우편조사는 여타의 자료 수집 방법과 비교해 볼 때, 상당한 정도의 자료 수집 경비와 시간을 절약할 수 있다. 동일한 질문지를 우편조사 이외의 방법으로 우편조사와 같은 양과 질의 자료를 수집하려면 많은 조사 비용과 시간이 소요될 것이다. 예를 들면, 하나의 질문지를 완성하는 데 소요되는 우편조사 비용은 왕복 우편 비용과 봉투 제작비, 그리고 간단한 응답자 사례 또는 선물 비용 정도이다. 동시에 주어진 표본량을 조사 대상자에게 동시에 질문지를 배부할 수 있기 때문에 자료수집 시간을 절감할 수 있다. 그러나 면접조사를 한다면 질문지 한 장을 완성하기 위해서는 조사자에게 일당을 지불하여야 하고, 설문 대상자를 전화 조사나 일대일 면접으로 완성시키려면 많은 조사 시간이 필요할 것이다.

둘째, 시간과 비용이 절감될 수 있는 논리적인 이유는 우편조사의 경우 동시에 모든 표본에게 질문지를 발송할 수 있기 때문이다. 또한 면접이나 전화, 인터넷 등으로는 물리적, 시간적으로 접촉할 수 없는 표본집단이나 외국인 표본집단, 언어나 기타 의사 전달에 장애가 있는 표본, 특히 컴퓨터를 제대로 이용할 수 없는 정보 취약계층에게도 우편조사는 쉽게 접근할 수 있다는 장점이 있다. 예를 들면, 전국의 지방자치

2) 우편조사의 장 · 단점이나 회수율에 영향을 미치는 요소 등에 관한 내용은 베일리(Kenneth Bailey)의 책(1994) 제7장에 크게 영향을 받았다. 그러나 우편조사에 관한 예시나 기타 설명은 필자들의 것이다. 특히, 여기서 한 가지 언급할 것은 베일리가 우편조사의 회수율에 영향을 미치는 요소를 설명하면서, 이것을 실증적으로 연구한 스코트(Scott, 1961: 143−195)의 논점을 자세히 인용하여 설명하고 있다는 점이다. 이와 같이 우편조사에 영향을 미치는 요소도 실증적으로 철저하게 분석하는 것과 같은 우수한 연구가 많다는 것은 대단히 다행스러운 일이다. 특히, 이하에서 설명하는 우편조사는 전통적 의미의 우편배달부가 설문지를 배달하는 우편조사 방법이고, 인터넷 통신의 사이버 설문조사는 해당되지 않는다. 그래서 3항에서 별도로 인터넷 설문조사 방법을 설명하였다.

단체장인 시장이나 도지사, 군수, 구청장 등을 대상으로 면접이나 전화 등의 방법으로 자료를 수집하는 것은 매우 힘들 것이다. 왜냐하면, 복잡하고 바쁜 공식 일정을 가지고 있는 단체장들을 조사자가 일일이 만나서 질문 내용을 조사하기란 현실적으로 어렵기 때문이다. 이 경우에는 우편으로 질문지를 발송하면 질문지를 받아 보는 단체장이 손쉽게 자신의 시간표에 맞추어 질문지를 완성하여 반송할 수 있으며, 우편조사는 이 경우에 매우 합리적인 자료 수집 방법이 될 수 있다. 또한 일반적인 조사자들이 쉽게 접근하기 어려운 조사 대상자일수록 우편배달부의 막강한 공식적인 배달의 힘을 이용하는 것이 더욱 현실적이라고 볼 수 있다. 더구나 표본집단의 일부가 지리적으로 외국에 위치해 있다면, 값싸고 손쉬운 우편 이외의 자료 수집 방법을 고려하기는 매우 어려울 것이다. 물론 이 경우에는 인터넷을 이용한 자료 수집 방법이 더욱더 적절할 수 있다.

셋째, 두 번째 장점을 가능하게 하는 것은 우편조사 대상자는 자신의 편리한 시간과 장소에 따라서 질문지를 완성할 수 있다는 점이다. 따라서 시간이나 질문 환경 등에 영향을 받지 않기 때문에, 여타의 자료 수집 방법과 비교해 볼 때 우편조사는 좀 더 자유롭게 질문 내용을 충실히 완성시킬 수 있다는 장점이 있다. 전화나 면접 등의 방법은 질문 대상자를 고려하기보다는 질문자의 편의와 환경에 따라서 강제적으로 정해진 질문 시간과 환경에 따라서 자료를 수집하는 것이다. 따라서 질문 대상자는 때로는 충실하게 질문에 대답할 수 없는 심리적이고 물리적인 환경임에도 불구하고 전화나 방문을 거절하기 어려워 대충대충 질문에 대답하는 경향도 있다. 그러나 우편조사는 우편배달부가 초인종을 세 번 울리든지 두 번 울리든지, 일단 배달된 질문지를 자신이 편리한 때에 완성하여 반송용 봉투에 넣어 인근 우체통에 투입하기만 하면 된다.

넷째, 세 번째의 장점에 따라서 발생되는 우편조사의 네 번째 장점은 질문의 내용에 관계없이 질문 대상자의 익명(anonymity)이 크게 보호된다는 점이다. 우편조사는 개인의 신상에 관한 것이거나 또는 공개적으로 적어도 전화나 면접자에게만이라도 밝히기를 꺼려하는 것, 민감한 내용에 관한 질문 등 질문 내용이 질문 대상자에게 복잡하고 껄끄러운 것일수록 개인의 익명이 철저하게 보호되기 때문에, 우편조사가 가장 타당한 방법으로 이용될 수 있다.

전화나 면접조사는 적어도 조사자에게는 조사 대상자의 신상이나 개인의 사생활에 관한 자료가 노출된다. 따라서 질문 대상자는 자신의 신상에 불리하거나 또는 공개하기 어려운, 또는 공개할 경우 자신의 약점이나 부끄러운 점이 노출된다는 심리적 불안감이나 모욕감 등을 느끼는 질문 내용에는 대답하지 않거나 또는 진실한 대답을 하지 않을 경우가 많다. 그러나 우편조사는 오로지 질문 대상자가 자신만의 세계에서 질문 내용에 응답하기 때문에 위와 같은 문제점이 발생할 수 없다. 따라서 질문을 하는 조사자 등의 선입견이나 무의식중에 상호 간에 전달될 가치판단 등에도 우편조사는 영향을 받지 않는다. 그러면서도 동시에 질문 내용이 복잡하거나 또는 정확한 기록 등을 참조하여야 할 필요가 있는 경우에는 질문 대상자는 필요한 참고문헌이나 조언 또는 과거의 기록 등을 참조하여 질문에 좀 더 정확하게 대답할 수 있다. 그러나 전화나 면접의 경우에는 시간 제약 때문에 지금 정확하게 기억할 수 없는 것도 추측만으로 대답하게 하는 등의 약점이 있다.

2) 우편조사의 단점

우편조사의 장점을 뒤집어 보면 논리적으로 우편조사의 단점이나 약점도 쉽게 찾아낼 수 있다. 그래서 장·단점을 동시에 가지고 있는 것이 사회과학의 모든 자료수집 방법이다. 구체적으로 우편조사의 단점은 다음과 같다.

첫째, 조사 시간과 경비를 절감하는 장점을 뒤집어 보면, 우편조사는 일단 질문지를 조사 대상자에게 발송한 후에는 질문지의 문제점을 교정할 수 없다는 것이다. 질문지가 발송되기 이전에 물론 사전조사(pre-testing)를 실시하여 질문지의 문제점을 발견하고 수정할 수 있다. 그러나 사전조사 대상자는 극히 한정된 표본이기 때문에 전체 표본집단을 대상으로 할 때의 문제점을 완벽하게 밝혀내기에는 한계가 있다. 따라서 질문지를 표본집단에게 배부한 이후에는 연구자가 가설의 조작이나 내용 등에 문제점이 있다고 판단되더라도 질문지를 변경하거나 수정할 수 없다. 또한 질문 대상자의 입장에서도 자신이 이해하고 판단한 범위 내에서 질문에 대답하기 때문에, 사후에 자신의 잘못을 찾아내었다 하더라도 이것을 수정할 수 없다는 단점이 있다.

둘째, 두 번째 우편조사의 장점인 광범위한 범위의 표본에게 접근할 수 있는 것이 이제 단점이 되기도 한다. 우편조사는 표본 대상 집단이 광범위하기 때문에 질문지 회수율이 다른 자료 수집 방법에 비해 저조한 것이 단점이다. 회수율에 관한 선행연구를 살펴보면, 미국의 경우에 면접조사 회수율은 67.3%인 반면에, 전화조사는 60.2%이고, 우편조사 회수율은 58.4%에 불과하다고 하였다(Goyder, 1987: 10-12). 그리고 미국 이외의 국가(예: 독일)의 회수율 연구(예: Hox & de Leeuw, 1994: 335-336)에서도 역시 우편조사 회수율이 가장 저조(우편조사 68.2%, 면접조사 73.5%, 전화조사 70.3%)한 사실을 보여 주었다. 특히, 1차로 질문지를 우편으로 배부하여 회수되는 비율은 더욱 저조한 것이 특징이다. 따라서 2차 또는 3차 등으로 질문지를 다시 우송하는 불편과 비용 부담이 따른다. 또한 1차 조사와 2차 조사의 시간적인 간격 때문에 발생하게 될 자료의 신뢰성 문제가 제기될 수도 있다. 따라서 우편조사에서는 연구자가 가장 많은 관심을 가지고 있는 분야가 회수율이다. 자세한 것은 우편조사 회수율에 영향을 미치는 요소를 설명하면서 언급하겠지만, 본질적으로 우편조사는 조사 대상자의 자발적인 참여가 없으면 성공할 수 없는 방법이다. 그럼에도 불구하고 우편조사는 표본집단의 질문 환경이나 시간 등을 조사자가 통제하거나 조정할 수 없는 방법이다. 물론 이것이 우편조사에 의한 자료의 타당성 등을 높여 주는 조건이 되기도 하지만, 회수율이 저조하여 발생되는 문제점은 조사에 있어서 치명적일 수도 있다.

셋째, 우편조사의 질문 환경이 자유롭다는 장점의 이면에는 단점도 있다. 즉, 우편조사에는 질문 환경이 자유롭기 때문에 불성실하거나 불충분한 응답이 발생할 가능성이 많다. 예를 들면, 자신에게 불리하거나 또는 대답하기 곤란한 항목, 대답하기 어려운 내용, 질문 내용을 잘 이해하지 못한 질문 등에는 대답하지 않고 질문지를 반송해 버리는 경우가 많다. 또한 질문 내용을 잘못 이해하여 연구자가 생각한 내용이 아닌 것을 대답한 질문지나 선별형 질문이나 선호형 질문 등에도 질문의 유의사항 등을 제대로 이해하지 못하여 불필요한 또는 손상된 응답을 한 질문지가 발생할 가능성이 큰 것이 우편조사의 또 다른 단점이다. 우편조사는 설문 대상자의 자의적 판단에 따라서 질문지를 완성하기 때문에 질문 대상자가 일단 대답한 내용을 수정하거나 변경할 수 없다. 또한 시간적·정신적으로 여유가 없는 상태에서 작성된 질문지를 자료 분석에 포함시킬 것인가 아니면 폐기할 것인가 하는 문제를 발생시키기도 한다. 그래서 회수율이 낮은 우편조사의 문제점과 더불어 이처럼 불완전하거나 또는 불성실한 질문지가 많을 경우 낮은 회수율이 더욱 더 문제될 때가 많다.

넷째, 질문 대상자의 익명이 보호된다는 장점은 우편조사 대상자들이 한정적이라는 단점도 예고하고 있다. 예를 들면, 교육을 많이 받은 계층이나 또는 사회적으로 적극적 계층, 경제적 · 신분적으로 안정적 계층 등이 우편조사 대상자로 과대 대표될 가능성이 크다. 반면에 교육 수준이 낮거나 또는 경제적이고 사회적으로 열악한 계층은 비록 설문지를 완성하고 싶어도 문자 해독 능력이나 시간적 · 정신적 여유와 안정성이 없어서 질문지에 대답할 수 없는 경우가 많다. 특히, 직업적으로 일정한 곳에 상주할 수 없는 계층이나 비경제 활동인구 등에 관한 자료를 우편조사를 통해 수집하기 어려운 경우도 많다.

다섯째, 우편조사가 원래 의도한 표본이 아닌 대리인이나 기타 대상자가 질문지를 대리로 작성하는 것을 우편조사는 막을 수 없다. 예를 들면, 질문지 주소에 의해서 질문지를 받아야 할 사람이 질문지를 받지 않은 경우로서, 직장 상사의 질문지를 부하 직원이나 비서진이 완성하는 경우, 또는 가정의 남편이 작성하여야 할 것을 자녀나 주부가 대신 작성하는 일, 학부모가 작성하여야 할 질문지를 학생들이 대신 작성하는 경우, 노인들을 대상으로 한 것을 질문지를 젊은이들이 대신 작성하는 경우 등 여러 가지를 들 수 있다.

기타 우편조사의 단점으로 일정한 질문지 회수 기간이 경과한 후에 회수되는 질문지의 취급 문제, 전문적이고 복잡한 형태의 질문을 사용하기 어려운 점, 문자만으로 의사 전달을 하여야 하는 한계 등을 들 수 있다. 그러나 원칙적으로는 우편조사를 하면서 기타 방법, 특히 전화조사 등을 병행하여 질문지의 성격과 내용을 설명한다거나 또는 질문지 회수를 독촉하는 방법을 연구자가 많이 사용하고 있는 것이 현실이다.

이와 같이 우편조사를 주된 것으로 하면서 보조 수단으로 전화나 기타 면접 방법을 병행하는 것을 딜먼(Don A. Dillman)은 '토털 디자인(total design)' 방법이라고 하였다(1978: 1－16). 이 방법은 질문 대상자로 선정된 표본에게 상당히 개인적 친밀감을 가질 수 있도록 질문지를 구성할 뿐만 아니라 질문 대상자가 꼭 질문지를 완성할 수 있도록 심리적 부담감을 주는 감사의 선물 등을 제공하기도 하는 방법이다. 동시에 전화나 면접 등을 병행하여 질문지에 성실하고 정확하게 대답하여 줄 것과,

질문지 성격 등을 설명하여 질문지 회수율을 높이는 방법이다. 특히, '토털 디자인' 방법은 전문가집단이나 또는 매우 한정적인 표본집단을 대상으로 자료를 수집하는 경우에 가장 타당한 방법으로 널리 이용된다.

2. 우편조사에 영향을 미치는 요소

우편조사에 영향을 미치는 요소란 우편조사를 성공적으로 수행할 수 있는 요인이란 의미이다. 성공적 우편조사란 더 많은 질문지가 되돌아올 수 있고, 즉 회수율이 높고 동시에 신뢰성과 타당성 있는 자료를 수집할 수 있는 것을 의미한다. 따라서 우편조사 회수율을 높이고, 목표한 자료를 수집할 수 있을 가능성에 영향을 미치는 요소가 우편조사에 영향을 미치는 요소라는 의미이다. 그와 같은 요소는 다양하게 존재하지만 여기서는 우편조사와 관련된 일반적인 요소에 대해서만 설명하고자 한다.

1) 조사기관의 공공성

우편조사를 수행하는 연구자가 소속된 조사기관이나 또는 연구단체 등의 공공성이 크면 클수록 우편조사의 성공 가능성은 커진다고 할 수 있다. 정부기관이나 대학(교), 사회적으로 잘 알려진 지명도나 공신력이 큰 연구소, 또는 비영리 연구기관이나 단체 등이 시행하거나 의뢰하는 우편조사의 회수율이나 자료의 신뢰성은 클 것이다.

한편, 회원들을 대상으로 하는 연구단체의 우편조사 회수율도 높을 수 있다. 예를 들면, 한국교육학회나 한국교수협의회 회원을 대상으로 한국 대학교육의 문제점을 치유할 방법을 찾고자 하는 연구 내용을 우편조사로 진행하면 회수율은 높을 것이다. 그러나 일반 사기업체나 또는 영리를 목적으로 하는 연구소, 정치적인 목적 등을 수행하기 위해서 설립된 연구소나 혹은 개인이 시행하는 우편조사의 회수율이나 자료의 신뢰성은 낮을 가능성이 높다.

2) 질문 대상자의 특성

우편조사 대상자가 동질적인 집단일수록, 전문성이 높은 집단일수록, 동호인 집단일수록, 일정한 교육 수준이 있는 집단일수록, 그리고 사무직 직업을 가진 집단일수록 우편조사를 성공적으로 수행하기가 비교적 쉬울 것이다. 조사 대상자의 특성에 따라 달라지는 회수율을 실증적으로 분석한 선행연구를 국내에서는 찾기 어렵지만 우편조사의 오랜 전통을 가지고 있는 선진국에서는 이에 대한 실증연구가 많이 이루어져 있다. 자세한 것은 앞서 설명한 선행연구들(예: Goyder, 1987; Hox & de Leeux, 1994)을 참조하기로 하고, 여기서는 일반적인 내용에 대해서만 설명하고자 한다. 그러나 한 가지 재미있는 것은 교육수준이 매우 높은 집단, 즉 대학 이상의 교육을 받은 집단이나, 사회·경제적으로 일정한 상위 직책에 있는 소위 엘리트 계층을 대상으로 하는 우편조사 회수율이 비교적 낮다는 것이 한국 사회의 특징이기도 하다. 또한 남성을 대상으로 하는 것보다 여성을 조사 대상으로 하는 것이 대체적으로 회수율이 높다는 것도 특징적이라고 할 수 있다.

특히, 도시의 아파트 지역에 거주하고 있는 집단을 대상으로 하는 경우의 우편조사 회수율이 대단히 낮다는 것도 특징이다. 이것은 조사기관이나 단체 등에서 아파트 거주 지역을 대상으로 수많은 우편조사나 기타 조사를 실시하고 있기 때문에, 이 지역 집단은 이미 어떤 형태의 조사든 싫증이 나도록 경험하고 있기 때문이라고 볼 수 있다.

3) 우편 방법

완성된 질문지를 반송하는 방법이 우편조사에서는 중요한 변수라고 이미 언급한 바 있는데, 실제로 반신용(返信用) 봉투를 제공하지 않는 우편조사는 이제 더 이상 생각할 수 없는 상황이 되었다. 특히, 반신용 봉투에도 회신 주소와 필요한 액수의 반신용 우표를 부착하는 것도 상식으로 되어 있다. 반신용 우표의 경우에도 담당 우체국과 계약에 의해서 어느 기간까지 회신되는 우편물의 우편 요금은 조사기관이 부담한다는 사실을 인쇄한 것보다는 직접 우표를 구입하여 봉투에 붙인 것, 그중에서도 기념우표나 기타 특이한 색상이나 유형의 우표를 부착한 반신용 봉투를 사용하는 것이 회수율을 높일 수 있다. 왜냐하면, 우표를 직접 붙인 것은 질문 대상자가 보기에 조사자측의 성의를 생각해서라도 회신하여야 하겠다는 심정적인 동조를 발생시킬 수 있기 때문이다. 인쇄된 우편 요금 지불 방법은 일단 회신되지 않으면 우편 요금이 정산되지 않기 때문에 응답자들이 크게 부담을 느끼지 않을 수도 있다.

설문 대상자가 소수이거나 또는 신속한 설문기간이 필요한 경우에는 빠른우편이나 특급우편 등의 방법을 사용할 수도 있다. 그러나 조사에 소요되는 예산에 따라서 결정할 일이지만 빠른우편 때문에 회수율이 높다는 사실이 경험적으로 확인된 것은 아직까지 없다. 특히, 등기우편은 응답자가 우체국에 가야 하는 불편을 줄 수도 있기 때문에 크게 장려할 만한 방법은 아니다.

4) 2차 편지나 전화

우편조사는 일차적으로 설문 대상자에게 질문지와 표지 인사말을 우편으로 발송한 이후 일정 기간이 경과하면서, 회수율 등을 보아서 2차로 질문지와 독촉 인사말(follow-up letter)을 우편으로 발송하는 것이 상례이다. 특히, 우편조사 대상자가 동호인 집단이나 회원인 경우 또는 특정 전문가집단으로 대상자의 전화번호를 알고 있는 경우에는 전화를 하여 질문지를 완성해 줄 것을 요청할 수도 있다.

2차 편지를 발송할 때는 질문 대상자가 너무 부담을 느끼지 않는 범위 내에서 질문지를 작성하여 줄 것을 요청하는 별지의 표지 인사말을 다시 인쇄하여 원래의 질문지와 같이 동봉하는 것이 좋다. 이 경우에도 질문지를 다시 한 번 더 우송하는 것이 바람직하다. 왜냐하면, 일정한 기간이 경과되어 응답자가 질문지를 분실하였거나 또는 질문지를 휴지통에 버린 경우가 많기 때문이다. 전화를 할 경우에는 질문 응답자 본인과 통화하여 조사 목적이나 성격을 설명하면서 응답자로 선택된 것이 특별하다는 점 등을 강조할 수도 있다.

특히, 질문 응답자로 선택된 것이 조사 목적이나 기타 조사 결과에 미치는 영향이 중요하다는 점 등을 강조하여 질문 대상자로 하여금 질문지를 완성하는 것이 시민의 참여정신이나 학술적인 가치에 공헌한다는 자부심과 긍지를 심어 줄 필요가 있다.

그러나 응답자의 동정심에 호소하는 내용은 회수율에 영향을 미치기 어렵다. 예를 들면, 개인적으로 연구비를 지출하면서 학문 발달을 위하여 연구를 하고 있다거나, 응답자가 도와주지 않으면 연구를 성공시킬 수 없으며, 또한 승진이나 기타 평가에서 불이익을 받는다는 등의 내용을 표지 인사말이나 2차 편지 등에 실어서는 안 된다.

2차 편지나 전화를 한 이후 일정한 기간이 경과되어도 회수율이 저조하면 3차 편지나 전화를 이용할 수 있다. 그러나 3차를 넘어서는 편지나 전화는 응답자가 심리적 부담을 가지고 대답할 수 있기 때문에 수집되는 자료가 왜곡될 가능성이 존재한다.

모든 우편조사는 적어도 1차 정도의 권유 편지나 전화를 하는 것이 상식이다. 이때 특히 유의하여야 할 점은 권유 수단이 세금이나 각종 공과금 또는 벌과금 등의 납입 독촉서와 같은 성격을 지니지 않도록 조심하여야 할 것이다.

5) 질문지의 외형

질문지의 내용도 중요하지만 질문지의 외형인 인쇄 형태나 질문 배치, 색상 등도 성공적인 우편조사에 크게 영향을 미치는 요인이 될 수 있다. 예를 들면, 별지의 표지 인사말을 사용하는 것, 표지 인사말의 인쇄용지 색상이나 인쇄 글자의 형태를 질문지와 구별하는 것 등이 질문지 회수율에 영향을 미칠 수 있다. 특히, 너무 미세한 글자 크기를 사용하는 것은 조심하여야 할 사항이다. 만약 질문지의 양(量)을 고려하여 글자 크기를 조정하여야 하는 경우에도 글자 크기에는 한계가 있다는 점을 인식할 필요성이 있다.

색상이 있는 인쇄용지를 조사 예산이 허용되는 범위 내에서 사용할 수는 있지만 굳이 고집할 필요는 없다. 그러나 인쇄 자형에 색상을 부여하는 방법은 바람직할 수 있다. 예를 들면, 질문을 하는 내용과 질문 문항을 구별할 수 있도록 색상을 이용하는 것이나, 또는 질문 내용별로 색상 구별을 하는 것 등은 응답자에게 대답의 편의를 제공하는 것으로서 회수율에도 영향을 미칠 수 있다.

6) 우편 발송의 시기

우편조사용 질문지를 발송하는 시기도 대단히 중요한 요소이다. 물론 조사 기간에 따라서 질문지 발송의 시기를 고려할 수 없는 경우도 있겠지만, 이 경우에도 처음부터 조사 기간을 계획할 때 질문지 발송 시기를 잘 고려하여야 한다. 예를 들면, 휴가철이나 설날 또는 추석 등의 명절이 있는 공휴일, 국회의원이나 지방의회 의원의 경우 회기가 없는 기간, 학교 교직원일 경우 방학 기간, 또는 새로운 회기나 신학기가 개시되는 시기나 그 기간이 끝나는 시기, 농촌의 경우에는 농번기 등을 잘 고려하여 우편 발송의 시기를 결정하여야 한다. 심지어 주말을 피하기 위해서 금요일이나 토요일 발송보다는 월요일이나 화요일 정도에 발송하면 주중(週中)에 질문지가 도착할 수 있을 것이다.

이상에서 설명한 요인들 이외에도 질문지 내용에 응답하기 쉽다든지, 짧은 양의 질문지라든지, 또는 감사의 표시를 하는 작은 선물이 있는 경우 등도 질문지 회수율에 긍정적으로 영향을 미칠 수 있을 것이다.

3. 인터넷 설문조사 방법

1980년대 후반부터 발달한 개인용 컴퓨터를 이용한 컴퓨터 통신 기술의 발달로 사이버 공간을 활용하는 인터넷 설문조사 방법이 발달하면서 전통적 우편조사 방법이 점점 감소하고 있다. 특히, 인터넷조사의 대명사로 등장하고 있는 전자우편(electronic mail)을 통한 설문조사는 과거 전통적인 '우편배달부'라고 하는 인간을 통해 우편물(질문지)을 전달하는 전통적인 우편조사를 대체해 가고 있다. [그림 7-1]은 2010년 인구주택총조사를 위해 인터넷조사 방법을 활용한 예를 보여주고 있다.

본질적으로 우편조사의 내용이나 특징이 인터넷 설문에도 유용하다. 왜냐하면, 우편조사를 위한 설문지를 우편제도가 아닌 사이버 공간의 전송 체제로 전달할 뿐이고, 그 밖의 내용은 같기 때문이다. 그러나 인터넷조사의 기술적 특성이나 또는 방법적 특성 때문에 전통적인 우편조사와 구별되고 있는 내용에 대해서는 자세히 설명할 필요가 있다.

그림 7-1 2010 인구주택총조사 인터넷 설문조사

1) 인터넷 설문조사의 특징

첫째, 인터넷조사 방법은 전통적인 우편조사의 단점으로 지적된 광범위한 지역, 특히 지구촌 사회를 대상으로 자료를 수집할 수 있다. 인터넷망은 세계적으로 연결되어 있는 것이 특징이다. 그렇기 때문에 의사 전달, 특히 언어 장애요인이 없다면 조사의 모집단을 전 세계적으로 확대하여 자료를 수집할 수 있다. 예를 들면, 유교문화를 기본으로 하고 있는 아시아 국가 관료들의 가치관이 경제 발전에 미친 영향을 분석하고자 하는 주제에 따라서 구성한 가설을 검증하고자 한다면 전통적인 우편조사 방법을 이용할 수도 있으나, 인터넷 통신망을 이용한 전자우편을 가지고 있는 아시아 국가 관료들에게 직접 질문지를 전자우편으로 송부하여 필요한 자료를 짧은 기간 내에 수집할 수도 있다. 물론 이와 같은 조사 대상 범위를 전 세계적으로 확장할 수도 있다.

둘째, 인터넷 통신망이나 기타 정보통신망 가입률이나 이용률이 낮은 경우에는 모집단의 대표성에 심각한 문제가 발생할 수 있다. 사이버 세상이 현실에 도입되면서 일반적으로 정보화가 급속하게 진행되고 있다. 특히, 한국과 같은 정보 선진국에서는 거의 대부분의 시민들이 컴퓨터 정보통신망에 접근하여 인터넷을 이용하고 있는 실정이다. 예를 들면, 2015년 기준 인터넷 이용률이 한국은 89.9%, 미국이 74.55%, 아이슬란드 98.2%로 나타나고 있으며, 버뮤다의 인터넷 이용률이 98.32%로 가장 높게 나타났다.[3] 그리고 한국의 경우, 2017년 말 기준으로 볼 때, 만 3세 이상 국민 5,017만 명 중 90.3%가 인터넷을 이용하고 있으며, 무선인터넷 이용자 비율은 99.4%, 만 6세 이상 인터넷 이용자 10명 중 6명(60.2%)이 이메일을 이용하고 있는 것으로 나타났다(한국인터넷진흥원, 2018). 이러한 현실 속에서도 아직까지 정보 격차가 문제시되고 있다. 특히, 정보 후진국이나 정보 인프라를 구축하기 어려운 국가나 지역, 정보 접근이 어려운 사회 계층이나 집단, 특히 컴맹 계층(computer illiterate) 등이 문제되는 정보 격차 때문에, 우편조사와 같이 광범위하게 누구에게든지 설문지를 제시할 수 없는 제약점이 있다. 이와 같은 경우에는 조사 모집단을 결정하기가 대단히 어

---

3) 인터넷통계정보시스템(KISA)의 인터넷 통계 데이터 자료임. 자세한 내용은 웹페이지(https://isis.kisa.or.kr/statistics/?pageId=050300)를 참고하기 바람.

렵다. 비록 모집단을 결정하였다고 하더라도 표본을 구성할 수 있는 대표성 있는 표본 프레임을 찾기 어렵다. 또한 표본 프레임이 있다고 하더라도 전체 집단의 대표성이 약하기 때문에 표본 자체가 모집단을 대표할 수 없는 경우가 존재한다.

셋째, 인터넷 통신망을 이용한 자료 수집은 설문 대상자(통신망 가입자)의 적극적 참여가 없으면 불가능하다는 사실이다. 이와 같은 문제점은 전자우편을 중심으로 하는 설문조사에서 가장 심각하다. 특히, 최근에는 스팸 메일(spam mail)이나 정크 메일(junk mail) 등으로 분류되는 온갖 종류의 전자우편이 배달되고 있기 때문에, 대부분의 경우 이와 같은 불필요한 메일을 차단하는 기술이 발달되면서 점점 더 일반적인 설문조사의 메일을 발송하기 어려워지고 있다. 더구나 설문 대상자의 입장에서 보면 하루에도 수십 통의 불필요한 메일에 노출되어 있기 때문에, 자신에게 꼭 필요한 전자우편 이외에는 관심을 거의 기울이지 않는 것이 현실이다. 따라서 인터넷 통신으로 질문지를 발송한 경우에도 이것을 수신자가 받아서 적극적으로 설문지를 작성하여 회신하지 않으면 회수율은 상당히 저조할 것이다. 카플로비츠 등(Kaplowitz et al., 2004: 98)의 연구에서 밝힌 바와 같이, 전자우편에만 의존한 설문지 회수율은 20.7% 미만인 반면에, 전통적인 우편조사 회수율은 31.5%로서, 전자우편 회수율이 크게 문제가 되고 있음을 알 수 있다. 물론 2차나 3차에 걸쳐서 설문지를 탑재한 전자우편이나 또는 우편엽서, 전통적 우편을 통한 설문지의 완성을 독촉하는 방법을 사용할 수 있지만, 인터넷 통신망의 특성상 전자우편을 쉽게 삭제할 수 있기 때문에, 전통적인 우편조사와 같은 회수율을 기대하기 어려워지고 있다(Couper, 2000: 465).[4]

넷째, 정보통신망의 정보보호 장치가 미흡한 경우에는 질문 대상자의 사생활에 관한 정보 등이 침해받을 가능성이 커진다. 현재 이용되고 있는 대부분의 정보통신망은 개인 정보를 보호할 기술적인 장치를 가지고 있다. 그러나 컴퓨터의 무단 사용이나 자료의 점거 등과 같은 해킹(hacking)으로 말미암아 개인의 중요한 정보나 신상에 관한 비밀 정보 등이 누출될 가능성도 크다. 만약 조사 내용이 상당한 정도로 조사 대상자의 개인적 비밀을 보호하여야 하는 중요성을 가진 것이거나, 또는 국가나

4) 전통적 우편조사 방법과 인터넷(전자우편) 조사방법의 회수율을 비교한 연구를 정리한 윤은성·김영원(2002: 25-51)을 참조하면 인터넷조사의 사례 연구를 좀 더 정확하게 이해할 수 있을 것이다.

조직의 안전에 상당한 영향을 미칠 수 있는 조사 등을 인터넷 설문조사 방법만으로 자료를 수집하기에는 아직까지 많은 한계가 있다.

2) 인터넷 설문조사의 유형

인터넷 설문조사로 가장 많이 이용되는 유형을 소개하자면 다음과 같다(김광용 · 김기수, 1999: 135).

(1) 전자우편 조사(e-mail survey)

설문지를 전자우편으로 발송하면 이를 설문 대상자가 설문에 답하여 회신하는 방법으로 인터넷조사의 가장 일반적 방법으로 이용되고 있다. 이것은 전통적인 우편조사와 가장 유사한 방법으로서 설문지를 우편이 아닌 전자우편으로 배달한다는 점에 있어서 양자 간에 차이가 있다. 그러나 앞서 인터넷 설문조사의 특징에서 설명하였듯이 스팸 메일 등의 분류 때문에 설문지 회수율이 매우 저조할 수 있고, 더 나아가 전자우편을 가지지 못한 계층에 대한 표본 구성의 대표성이 문제되기 쉽다. 전자우편 설문은 일반적으로 설문지를 아스키 파일 형태로 전달하는 방법과 전자우편에 설문 프로그램을 첨부하는 방법으로 설문 대상자가 첨부된 프로그램을 실행하여 설문지를 완성하는 방법이 있다.

(2) HTML 파일로 작성하는 설문조사

이 방법에는 설문지가 단일 페이지에 등장하여 전체 질문 문항에 쉽게 대답할 수 있게 하는 일반적 HTML 방법과 여러 개의 질문 페이지가 나오는 복잡하고 정교한 형태의 방법(computer assisted web interviewing: CAWI), 자바 프로그램을 이용하여 서버와의 상호 작용이 없어도 설문 대상자가 직접 설문지를 작성하는 방법 등이 있다.

(3) 온라인 FGI 방법

온라인 FGI(focus group interviewing)는 익명성이 최대한 보장될 수 있는 방법으로 공간적 제약 없이 설문 대상자들이 언제든지 필요한 방법과 시기에 맞추어 자신의 ID와 패스워드 및 가명 등으로 질문을 완성시키는 방법이다.

(4) 이동통신 기기(휴대폰)의 문자 메시지 등의 방법

휴대폰의 문자 메시지 기능을 사용하여 간단한 유형의 질문(주로 여론조사나 시장의 소비자 선호 조사 등)에 제한적으로 이용되는 방법이다. 이 방법은 모니터 화면을 통한 인터넷조사나 전통적인 전화, 우편조사의 방법보다 신속하면서도 회수율이 높은 것이 특징이다. 특히, 최근에 활용되고 있는 WML(wireless makeup language) 프로그램에 따라서 문자 메시지 유형의 설문을 탑재하여 간단한 자료 수집 방법으로 이용되고 있다(이해용 · 여선미, 2002: 53－63).

(5) 무작위 웹사이트 조사

사이트에 접속한 방문객을 대상으로 준비된 설문지를 완성하여 줄 것을 부탁하는 방법으로, 언제, 누가 응답하였는가 하는 점을 알 수 없기 때문에, 간단한 조사(여론, 소비자 성향 등)에 타당하지만, 비확률 표본 구성인 편의추출 방법의 표본 대상과 같기 때문에 과학적 가설 검증의 방법으로는 타당하지 않다.5)

3) 인터넷조사의 장 · 단점

인터넷조사 방법의 장점을 요약하면 다음과 같다. 첫째, 풍부하고 정확한 자료를 비교적 적은 비용으로 신속하게 수집할 수 있다. 아직까지 대부분의 전자우편은 무료로 사용하는 경우가 많기 때문에 응답자의 입장에서 비용 부담이 없지만, 연구자의 경우에도 조사 비용이 크게 문제되지 않으면서도 전통적 우편보다는 보다 신속하게 자료를 수집할 수 있다는 것이 가장 큰 장점이다.

---

5) 인터넷 설문조사 방법으로 컴퓨터를 이용하는 방법 그 자체에 따라서 조사자는 모니터에 나타난 설문을 전화로 질문하고 이에 응답하는 CATI(computer assisted telephone interviewing) 방법과, 조사자가 컴퓨터를 휴대하고 설문 대상자를 방문하여 면접하면서 자료를 수집하는 CAPI (computer assisted personal interview) 방법, 순수한 인터넷 방법으로 조사 대상자가 설문지를 모니터 상에서 완성하는 CASI(computer assisted self interviewing) 방법 등으로 분류하기도 하였다(이해용 · 김기환, 2001: 97).

둘째, 시간과 공간의 제약을 받지 않고 자료를 수집할 수 있다. 사이버 공간에서 진행되는 자료 수집이기 때문에, 시간적 제약이나 지리적·공간적 요인에 의해서 연구에 필요한 자료를 수집할 수 없는 경우가 점점 사라지고 있다.

셋째, 웹상의 멀티미디어 기술 등을 이용하여 다양한 형태의 설문지를 작성하여 좀 더 대규모의 표본 크기에 동시에 설문지를 발송하고 수거할 수 있다. 특히, 인터넷조사는 전문가집단이나 또는 전화나 우편조사 등으로 접근이 쉽지 않은 표본에 전자우편 등으로 쉽게 접근하여 이들을 대상으로 자료를 수집할 수 있는 방법이다.

인터넷조사 방법이 이와 같은 장점을 지니고 있음에도 불구하고 단점도 만만치 않다. 첫째, 모집단의 대표성을 확보할 수 있는 표본 프레임을 구성하기가 어렵다는 점이다. 아직까지 전자우편 번호부나 휴대폰 전화번호부가 완성된 것이 없다. 또한 전자우편 등을 활용할 수 없는 계층이나 지역 등이 존재한다. 그리고 특수 직업이나 재소자, 군인 등은 전자우편으로 접근할 수 없다. 이와 같은 문제점이 인터넷 설문조사의 모집단 확정과, 더 나아가 이를 대표할 수 있는 표본 프레임을 구성하기 어려운 것이 가장 큰 문제점으로 지적된다.

둘째, 설문지 회수율이 저조하다는 사실이다. 특히, 스팸 메일 등으로 인해 정작 필요한 설문조사 이메일이 쉽게 삭제되거나 차단될 수 있다. 따라서 설문지 회수율이 대단히 저조한 것이 문제이다.

셋째, 익명이 너무 잘 보장되면서 자료의 신뢰성이 문제될 수 있고, 동시에 해킹이나 기타 컴퓨터 보안이 문제될 경우 개인 사생활에 관한 비밀이 침해받을 우려가 있다. 이와 같은 단점은 인터넷조사라는 특성 때문에 발생하는 현상이기도 하다. 그렇지만, 일반적으로 사이버 공간에서 익명성이 보장된다는 것은 자신의 이해관계를 분명하게 밝힐 수 있으면서도 동시에 설문에 응답하는 내용에 대한 윤리적, 도덕적, 법적인 책임감이나 죄책감 등을 전혀 생각하지 않고 장난이나 또는 고의로 질문내용에 대한 응답을 왜곡할 수 있는 가능성이 크게 나타날 수 있다는 문제점을 내포하고 있다. 따라서 연구자는 이와 같은 인터넷조사의 장·단점을 충분히 이해할 필요가 있고, 동시에 인터넷 설문조사에서는 무엇보다도 먼저 모집단의 실체와 모집단에서 실제로 어느 정도로 표본집단을 구성할 수 있을 것인가를 확인해야 한다. 만약 가설을 검증할 수 있는 모집단을 확정하고 모집단을 대표하는 표본집단을 구성할 수 있다면 인터넷조사 방법이 가장 이상적인 조사방법이 될 수도 있을 것이다.

아울러 연구자는 인터넷조사에 의한 질문지 회수율을 높이기 위한 다양한 방법을 개발하기 어렵다는 점도 잘 알고 있어야 한다. 전통적인 우편조사와 같이 설문 응답에 대한 감사의 표시로 간단한 선물을 준비하는 것이 사이버 공간에서는 아직까지 제대로 발달되어 있지 않다. 설문에 참여한 대상자에게 경품 추첨을 통해 선물을 지급하거나 모바일 기프티콘을 제공하는 경우도 있지만 크게 효과가 없다. 그렇다고 사이버 머니를 제공하는 것도 아직까지 활용도가 낮다. 따라서 향후 구체적인 조사 내용과 방법에 따라서 설문지를 설문 대상자가 자발적으로 완성할 수 있는 다양한 방법(know-hows)을 더욱더 많이 개발할 필요가 있다.

제2절 면접조사

면접조사(interview survey)는 조사자가 직접 조사 대상자를 상대로 자료를 수집하는 방법이다. 그러나 실제로 면접조사는 다음과 같이 두 가지 방법으로 진행되는 것이 보통이다.

첫째, 면접조사자가 면접대상자와 일대일(一對一)로 대면하면서 필요한 질의 응답 과정에서 자료를 수집하는 대면(對面) 또는 대인(對人) 면접조사(face-to-face or personal interview) 방법이다.

둘째, 전화 면접조사(telephone interview) 방법이다. 대인조사의 문제점인 시간과 지리적 공간의 장애요소를 극복할 수 있는 전화 통화 방법으로 조사자가 질문 대상자를 상대로 필요한 자료를 수집하는 방법이다.

1. 대인 면접조사

1) 대인 면접조사의 장점

첫째, 면접조사는 한정적인 조사 영역에 해당되는 것을 심층적으로 조사할 수 있다. 면접조사는 물리적 특성상 표본 크기를 지리적이고 시간적으로 제한할 수밖에 없다. 물론 전화조사에는 이러한 제약요인이 적다고 하지만 우편조사에 비교하면 대체적으로 제한적이다. 따라서 우편조사와 비교해 볼 때 면접조사는 제한적인 표본을 대상으로 하기 때문에, 표본 대상자를 상대로 구체적, 세부적, 심층적인 연구 자료를 수집할 수 있다. 또한 조사 대상자를 일단 면접조사한 이후에도 표본집단을 계속 관리할 수 있기 때문에, 이들을 대상으로 동일한 연구 주제에 따라서 장기간에 걸쳐 조사를 할 수 있다는 장점도 있다. 예를 들어, 스바라 등(Svara et al., 1994)의 연구는 면접조사 방법을 이용하여 지방자치단체장의 리더십 유형을 촉진형(facilitative model)으로 제시하였는데, 이들은 지방자치단체장의 리더십을 촉진모형으로 검증하기 위한 실증 자료를 수집하기 위해서 미국의 9개 시정부 단체장(임명된 단체장뿐만 아니라 피선된 단체장도 포함)의 리더십을 심층적으로 조사하였다. 그 조사방법으로 조사자와 단체장이 일대일로 대면하는 면접조사 방법을 이용하였다. 물론 조사자가 관찰하여 필요한 자료를 수집하였지만 그들의 리더십 조건이나 행태 또는 유형 등을 설명하기 위해 필요한 자료들은 면접조사를 통해 집중적으로 수집하였다. 단 한 차례의 면접으로는 자료 수집이 불충분하기 때문에, 상당한 조사 기간 동안 여러 차례의 면접조사를 통하여 촉진형 리더십의 가설을 검증하였다. 면접조사는 이처럼 소수의 표본집단을 대상으로 전 조사 기간에 걸쳐서 여러 차례의 면접을 통하여 필요한 자료를 수집할 수 있는 장점을 가지고 있다. 따라서 조사자는 조사 기간이 끝날 때까지 가설이나 연구 주제를 수정하거나 변경할 수도 있다. 면접 결과에 따라서 면접조사용 질문지의 내용도 변화시킬 수 있다.

둘째, 면접조사는 면접 상황과 환경에 따라서 질문지의 내용에 따른 자료 수집 방법을 신축적으로 운용할 수 있다. 일단 질문지를 완성하여 이를 표본집단에게 우편으로 발송하면 조사자는 질문지의 내용이나 형식을 수정할 수 없는 것이 우편조사의 단점이다. 그러나 면접조사는 조사자와 표본 대상자가 대면하여 질문지의 내용에 관해서 질의 응답하기 때문에 질문 내용과 형식을 필요한 경우에 수정할 수 있다. 또한 조사자가 질문지를 작성할 때 인식하지 못하였던 문제점이나 또는 연구의 관련 내용도 보충하거나 삭제할 수 있다. 동시에 면접조사는 자료 수집의 상황에 따라서 필요한 경우에는 면접조사용 질문지를 조사 대상자에게 제시하고, 이를 우편조사 질문지를 완성하는 방법처럼 질문지를 완성시키게 할 수도 있다.

셋째, 면접조사의 회수율은 기타의 자료 수집 방법의 회수율과 비교해 볼 때 상당히 높다. 왜냐하면, 면접조사 대상자는 면접을 수행하기 이전에 실제로 면접조사의 시간과 장소, 그리고 면접 내용 등에 관하여 서로가 합의된 상태에서 면접조사를 진행할 수 있기 때문이다. 만약 면접 대상자에게 시간과 장소 등이 문제라면 이것을 변경할 수도 있다. 즉, 면접 대상자의 순서나 우선순위 등을 조사자가 조사 기간 동안에 조정할 수 있기 때문에 면접대상자가 면접을 반대하거나, 조사기간 동안 대면할 수 없는 상황이거나, 또는 면접 내용에 해당될 수 있는 조건이 없어진 경우(예를 들면, 지방자치단체장의 임기가 종료된 경우 등) 등이 아니면 면접조사를 진행할 수 없는 경우는 드물다. 그러나 면접조사의 표본 크기가 큰 경우이거나 또는 자료 수집 시기를 동일한 시기로 하여야 할 경우에는 위와 같은 장점을 살릴 수 없을 것이다.

넷째, 조사 대상자의 성격이 특수하여 우편조사(인터넷조사 포함)나 전화조사 등의 방법으로 자료를 수집할 수 없는 경우에는 면접조사가 유일한 수단이 될 수 있다. 예를 들면, 조사 대상자가 문자 해독 능력이 없는 집단일 경우나 컴맹집단 등일 경우에는 조사자가 질문지 내용을 읽고 설명하면서 면접 대상자의 이해도를 향상시켜 필요한 자료를 수집해야 하는 경우를 들 수 있다. 물론 이와 같은 경우에 면접자나 조사자는 중립적인 입장을 지켜야 할 것이다. 또 다른 예로, 일상적인 전화나 우편, 전자우편 등으로 접근하기 어려운 재소자나 격리수용 환자, 청소년 또래집단 등을 대상으로 하는 경우에는 일대일의 대인 면접조사 방법 이외에는 이들에 관한 자료를 수집하기 어려울 것이다. 만약 정치범이나 사상범으로 투옥되어 있는 집단을 대상으로 '정치적 성향과 투표 행위'라는 가설을 검증하고자 한다면, 이들에게 접근할 수 있는 가장 합리적 방법은 대인 면접조사뿐이다. 이와 같은 면접조사의 특징을 현실적으로 가장 잘 활용하는 사례로, 언론기관의 기자나 프리랜서들이 소위 '잠입 취재'

형식으로 일반인이 접근하기 어려운 집단에 접근하여 면접조사를 수행하는 경우를 들 수 있다.

다섯째, 면접조사는 현장에서 자료를 수집하기 때문에 질문 대상자들이 대답하는 내용의 신뢰성을 조사자가 판단할 수 있다. 면접조사는 질문에 거짓으로 답하거나 또는 불확실하거나 불성실하게 대답하는 내용 등을 조사자가 현장에서 판단하여 이것을 취사선택할 수 있는 장점이 있다. 그러나 우편조사나 전화조사, 인터넷조사 등은 질문자와 응답자가 대면하지 않기 때문에 질문에 대한 대답의 신뢰성 여부를 제대로 판단하기가 어렵다.

2) 대인 면접조사의 단점

면접조사의 장점이 또한 면접조사의 단점으로 작용할 수 있다. 왜냐하면, 면접자인 조사자의 면접 기술과 방법, 그리고 조사 경험 등에 따라서 장점요인이 단점으로 작용할 수도 있기 때문이다.

첫째, 면접조사는 조사자와 조사 대상자의 사회적이고 인간적인 관계를 기초로 하고 있기 때문에 이에 따라서 수집된 자료에 편견이나 부정확한 요인 등이 있을 수 있다. 왜냐하면, 면접자와 면접 대상자의 인간적 접촉에 의해서 면접이 이루어지기 때문에 면접자와 대상자의 인간적 친밀감의 정도나 상호 간의 이해 정도, 인간적 선호의 정도, 이성 간의 친밀도, 연령별 친밀도, 기타 연고 관계 등의 사회적 관계의 정도에 따라서 면접조사의 자료는 상당히 왜곡되거나 변질될 가능성이 크다. 따라서 조사 자료를 수집할 과학적 방법으로서의 면접조사는 타당하지 않다는 비판이 있기도 하다(Cannell et al., 1981: 399－400). 예를 들면, 면접자가 누구인가에 따라서 수집된 자료의 양과 질이 크게 달라질 수 있다. 만약 면접자가 인기인이거나 사회적으로 저명 인사인 경우에는 그렇지 못한 경우와 비교될 수 없을 정도로 자료의 질과 양에서 차이가 발생할 것이다. 지방자치단체장을 면접조사하는 경우에도, 연구자인 교수가 직접 면접할 때와 조교나 대학원생이 면접할 때의 자료의 질과 양은 크게 차이가 날 것이다. 또한 인기 연예인이 거리의 일반 시민을 대상으로 면접조사를 한다면 면접 대상자를 통제하기 어려울 것이다. 젊은 여성이 남성을 대상으로 하는 경우나 또는 그 반대는 그렇지 못한 경우와 다를 것이고, 저명 인사나 언론기관이 면접을 실시하는 경우에는 과잉 동조 현상까지도 발생할 가능성이 크다. 이러한 경우에 수집된 자료는 항상 자료의 신뢰성과 타당성, 정확성까지도 문제되기 때문에 면접조사의 한계로 지적되고 있다.

둘째, 물리적으로 면접조사는 조사 시간과 경비가 많이 소요되며, 따라서 표본 대상자가 제한적일 수밖에 없다. 면접조사를 시행하려면 적어도 면접 조사자의 면접 경비를 지급하여야 한다. 비록 조사자가 직접 면접조사를 담당하여 조사 경비를 절감한다고 하여도 조사 기간이 많이 소요될 것이다. 따라서 면접조사는 조사 경비와 기간의 제약 때문에 표본 대상자의 크기를 조정하지 않을 수 없다. 표본 대상자의 크기가 작아지면 가설 검증에 필요한 자료의 신뢰도가 낮아질 수 있어서 결국 가설을 검증하기 어려워질 수 있다. 면접조사의 비용과 시간이 많이 소요되는 현상을 극복할 방법으로 전화나 인터넷조사 등을 이용한 면접조사 방법이 크게 발달되어 있지만 전화조사도 우편조사에 비교하여 보면, 시간과 비용, 그리고 전화조사자와 조사 대상자의 사회적 관계 등에 문제점이 많은 것도 사실이다.

셋째, 면접조사는 질문 환경에 영향을 받을 수 있기 때문에 수집된 자료의 신뢰성과 타당성에 문제가 있을 수 있다. 면접조사는 조사자의 조사방법과 태도, 그리고 개인적인 인간미나 조사 대상자에게 접근하는 방법, 면접자의 질문기술과 설명 방법, 면접자의 경험, 조사 대상자의 이해 능력과 사회적 관계 성향, 면접자의 심리적 상태, 면접 장소나 시간의 물리적 환경이나 분위기 등에 따라서 면접조사의 내용이 영향을 받을 수 있다.[6] 예를 들면, 면접자의 면접 기술 중 조사 대상자에게 질문하는 기술이나 방법이 오랜 경험으로 숙련되어 있을 뿐만 아니라, 면접자의 성격으로도 타인에게 호감이나 공감을 줄 수 있는 질문 방법을 구사할 수 있는 경우와 그렇지 못한 경우를 비교하면 면접조사로 수집된 자료의 질이나 양에 큰 차이가 있을 것이다. 그래서 면접조사 방법에서 가장 초점을 두고 있는 것 중의 하나가 연구자가 면접조사자를 대상으로 질문하는 방법을 교육하고 훈련시키는 일이다. 물론 구체적인 질문 환경과 질문 내용, 그리고 조사 대상자의 특성 등에 따라서 조사자는 질문 방법을

---

6) 이것을 '면접 편향(interview bias)'이라고 한다.

달리하여야 할 것이다. 또한 조사자는 자신만이 가질 수 있는 질문 방법의 경험적 'know-how'를 가지고 있어야 한다. 그러나 일반적으로 면접조사에 필요한 질문기법을 연구자는 먼저 조사자에게 면접조사를 실시하기 이전에 교육하는 것이 대단히 중요하다. 일반적인 질문 기법으로서 많은 것을 지적할 수 있지만 이 책에서는 대체로 다음과 같은 몇 가지만 간단히 설명하고자 한다(Payne, 1980).

① 연구 주제를 평이한 구어체로 정확하고 간단하게, 그리고 중립적으로 설명할 수 있는 기술을 개발할 것
② 폐쇄형 질문 문항을 구체적으로 지적할 때 자신의 판단이 개입될 가능성을 줄일 것
③ 질문 대상자의 이해를 돕기 위해서 질문 내용을 설명하는 경우에 자신의 판단이나 편견을 개입하지 말고 중립적 입장을 유지할 것
④ 질문을 회피하는 경우에 이성적으로 대응하는 방법을 개발할 것
⑤ 개방형 질문을 정확하고 신속하게 기록하는 방법을 개발할 것

넷째, 면접조사는 조사 대상자의 익명성이 보장될 수 없기 때문에 질문 내용이 제한적일 수밖에 없다. 특히, 조사 내용 중에 표본 대상자의 신상에 관한 개인 사생활 자료, 개인이 공개하기 어려워하는 자료 등이 꼭 필요할 경우에는 면접조사 방법을 사용하기 어렵다. 왜냐하면, 면접조사 방법의 경우에는 직접 대면하거나 또는 적어도 전화 등으로 면접자와 조사 대상자가 상대방을 잘 알 수 있는 상황이기 때문에, 면접 대상자의 익명이나 비밀 등이 보장되기 어렵기 때문이다. 전화조사는 대인 면접조사와 비교해 볼 때, 익명성이나 비밀 등의 보장 정도가 크다고 하지만 전화 응답자의 대부분은 비록 자신의 신분이 노출되지 않는다고 하여도 육성으로 자신의 비밀이나, 또는 공개하기 어려운 것 등에 대해서는 대답하지 않으려는 경향이 강해지고 있다.

다섯째, 면접조사는 전화나 또는 직접 대면하기 어려운 면접조사 대상자를 대상으로 자료를 수집할 수 없다. 특히, 대인 면접조사의 대상은 상당히 제약적이다. 그래서 많은 경우에 면접조사는 우편조사나 기타 자료 수집 방법을 주된 방법으로 하면서, 꼭 필요한 경우에 그 방법을 보완하거나 또는 심층적이고 장기적으로 조사하여

야 할 필요성이 있는 대상자를 조사하는 보조적인 방법으로 이용되고 있기도 하다.

다음에서는 이와 같은 장・단점을 가지고 있는 면접조사를 실제로 수행할 때, 질문지를 작성하고 질문 대상자를 선정하며, 면접 조사자를 교육하고 훈련하는 경우에 유의해야 할 사항에 대해서 설명하고자 한다.

3) 대인 면접조사의 유의사항

(1) 질문지 작성

먼저 면접조사용 질문지를 작성하여야 한다. 제6장에서 설명한 일반적 질문지 작성 요령도 물론 면접조사용 질문지를 작성하는 방법이지만 면접조사는 조사자가 질문지를 직접 가지고 조사 대상자와 대면하여 질문지를 완성하기 때문에 몇 가지 유의사항을 첨부할 수 있다.

첫째, 조사자가 질문하여 질문 대상자의 대답 내용을 기록하는 질문지 작성과, 조사자가 조사 목적과 조사방법만을 설명하고 난 후 질문 대상자가 질문지를 혼자서 완성시키는 질문지 작성방법을 구별하여야 한다. 조사자가 연구 목적을 설명하고 난 후 면접 대상자는 질문지를 받아서 스스로 작성하는 경우에는 질문지의 표지 인사말이나 마지막 인사, 또는 질문지의 성격 등을 질문지에 포함시킬 필요가 없다. 단지 질문에 대답하는 구체적 방법 정도만 필요한 경우에 간단히 제시하면 된다. 이때 질문지 작성 중에 의문 사항이 있는 경우에는 조사자가 설명하여 줄 수 있다. 이것은 우편조사와 면접조사의 장점을 최대한 활용하려는 방법이다. 따라서 이와 같은 방법은 질문 대상자 개인을 대상으로 하기보다 집단이나 그룹 등으로 질문 대상자를 집합시켜서 질문지를 완성시키는, 시험형 면접조사 방법에 타당한 방법이라고 할 수 있다.

그러나 조사자가 각각의 질문과 문항을 읽고 난 후 이에 대한 질문 대답을 기록하는 방법을 사용할 때는 조사자에게 초점을 두고 질문지를 작성하여야 한다. 즉, 연구의 목적이나 내용 등을 조사자가 먼저 이해하고 이것을 구술하는 것이기 때문에, 조사자가 연구 내용과 목적에 흥미를 가지고 동조할 수 있도록 하는 것이 중요하다. 또한 일반적으로 질문지를 완성하기 위해서 필요한 유의사항도 조사자에게 해당되는 유의사항이어야 한다. 예를 들면, 질문을 강요하는 질문 방법을 사용하지 말 것, 질문 대상자의 이해력을 향상시킬 때의 유의사항, 질문지를 기록할 때의 유의사항, 녹음하는 경우의 유의사항, 질문을 회피하는 경우에 대응하는 방법 등을 조사자에게 교육시켜야 한다. 물론 구체적 주의사항은 조사자를 교육할 때 제시되어야 할 것이다.

둘째, 되도록 구어체를 사용하여 질문지 내용을 완성시키는 것이 바람직하다. 왜냐하면, 구어체로 된 질문 내용은 조사자도 편하게 질문할 수 있고, 또한 질문 대상자도 쉽게 질문 내용을 이해할 수 있기 때문이다. 구어체로 하기 어려운 것은 관련되는 내용을 질문이나 또는 질문 문항에 질문지 작성자가 명확하게 정의하여 괄호 등으로 병기(倂記)해 두면 질문자가 자의적으로 그 내용을 해석하는 경향을 막을 수 있다. 또한 여러 가지 질문 문항도 정확하게 구별될 수 있도록 하여야 한다. 특히, 등간 측정의 문항에는 등간의 간격을 쉽게 조사자가 확인할 수 있도록 하고, 기타 온도계 측정이나 또는 숫자로 표기하는 것은 일관성을 유지할 수 있도록 질문지를 작성하여야 한다.[7] 따라서 면접조사용 질문지의 유형은 실제로는 면접조사의 형태에 따라서 결정된다. 예를 들면, 면접조사를 사전에 계획된 절차와 순서에 따라서 구성된, 즉 완성된 질문지를 사용하는 경우에는 질문지를 완벽하게 준비하여야 한다. 그렇지 않고 질문지를 사전에 준비하지 않은 상태에서 진행할 수 있는 면접조사의 경우에는 면접하여야 할 내용을 전부 질문지로 작성할 필요 없이, 질문하여야 할 주요 내용을 메모하여 자유롭게 질문 응답자와 토론할 수 있도록 하는 방법을 사용할 수 있다. 그러나 대부분의 경우에는 사전에 구성된 질문지를 사용하여 면접조사를 진행하면서 필요한 경우에는 신축적으로 질문지를 변화시키는 방법을 병행하고 있는 것이 면접조사의 일반적 경향이다.

---

7) 이 책에서 질문지 작성을 설명한 내용과 예는 우편조사용 질문지를 중심으로 한 것이다. 면접조사용 질문지를 작성하는 요령도 기본적으로는 우편조사용 방법과 동일하나, 구체적으로 조사자에 관한 문제나 기타 구어체 등에 관련된 내용은 면접조사용 질문지 작성 요령을 설명한 문헌을 참조하는 것이 바람직하다. 그 대표적인 것으로는 나크미아스와 나크미아스(Nachmias & Nachmias, 1987: 236–240)를 들 수 있다.

(2) 조사자 교육

첫째, 조사자가 객관적이고 공정한 면접조사를 수행할 수 있도록 대인 면접에 필요한 방법과 자질을 교육하여야 한다. 일반적으로 조사자는 대인 면접조사를 수행한 경험이 있는 경우가 많다. 이와 같은 경우에 연구자는 연구 내용과 목적, 그리고 표본 대상자의 특성이나 성격 등을 자세히 설명하여 조사자들이 연구 내용에 흥미를 가질 수 있도록 하면 될 것이다. 그러나 조사자들이 대인 면접조사에 경험이 없는 경우 연구자는 조사에 필요한 구체적 요령과 기법, 그리고 조사의 유의사항 등을 자세히 교육하여야 한다. 또한 사전조사용으로 선정된 표본에게 직접 면접조사를 실시하여 면접조사를 가상적으로 경험하게 하는 방법도 조사자 교육에서 현장훈련의 한 방법으로 활용될 수 있다. 일반적으로 조사자를 교육하여야 할 주요 내용을 언급하면 다음과 같다.

① 조사자의 질문 행태와 질문 내용의 기록에 관한 사항이다. 질문 대상자의 특성에 따라서 다양한 접근방법과 질문 유형별로 논리적으로 질문을 하면서 질문 시간을 합리적으로 관리할 수 있도록 훈련하여야 한다.

② 질문 내용을 정확하게 기록하는 방법과 질문 내용에 관한 보충 설명 등을 하면서도 질문 대상자의 답변에 영향을 미치지 않도록 하는 방법을 익혀야 한다.

③ 질문을 회피하는 경우에는 되도록 강제하지 않으면서, 동시에 질문 내용에 성실하고 정확한 대답을 유도할 수 있는 범위 내에서 최대한 협조를 구하는 기술도 중요한 훈련 항목이다.

④ 질의 응답의 내용을 녹음할 수 있는 경우에는 응답자에게서 녹음기의 사용 허가를 얻은 후에 녹음기를 사용하는 것이 바람직하다.

⑤ 질문 시간이나 질문 장소 등을 되도록 응답자와 합의하여 사전에 결정하는 것이 바람직하다. 질문 시간이 변경되거나 또는 질문 장소에 문제점이 있으면 사전에 연락하여 질문 환경을 정리해 두어야 할 것이다.

이와 같은 사항 이외에도 여러 가지를 지적할 수 있지만 구체적인 것은 조사자와 연구자가 서로 의논하여 교육하거나 훈련할 수 있다.

둘째, 조사자 교육에서 가장 강조할 사항은 정직하고 정확하게 면접조사를 수행하는 조사자의 면접조사 태도이다. 조사자는 연구자가 일일이 관리하기 어려운 면접 현장에서 질문 대상자와 마주하여 자료를 수집하기 때문에, 조사자 자신이 피로하거나 또는 기타 개인 사정 등으로 성실하게 조사를 하지 않는 경우가 있다. 그러면서 주어진 조사량을 채우기 위해서, 특히 조사자가 대답을 기록하는 경우, 실제로 면접조사를 수행하지 않고 질문지를 조사자 스스로 상상하여 완성시키는 경우가 있다. 또한 면접조사를 하는 경우에도 성의 없이 질문을 형식적으로 취급하여 질문 대상자가 짜증을 내거나 또는 서로 간에 불쾌감을 조성하여 수집된 자료가 불완전해지는 경우가 많다. 따라서 연구자는 조사자가 자신의 신체적이고 정신적인 조건에 관계없이 공정하고 정직하게 조사를 수행하여 질문 대상자가 제공하는 대답을 성실하고 정확하게 기록할 수 있는 책임감을 교육하는 일이 중요하다.

(3) 질문 대상자 선정

면접조사에서 질문 대상자를 선정하는 문제는 표본을 구성하는 과제와 같다. 물리적인 조건상 면접조사는 우편조사 등에 비교하여 많은 양의 표본을 대상으로 할 수 없지만, 그러나 선택된 표본에게는 심층적이고 장기적으로 자료를 수집할 수 있는 장점도 있다. 그래서 이러한 장점을 최대한 살릴 수 있도록 표본을 구성할 때부터 질문 대상자를 선정하는 것이 바람직하다. 여기에 필요한 구체적 사항을 몇 가지로 지적할 수 있다.

첫째, 표본 수가 작기 때문에 모집단을 대표할 표본의 대표성을 특별히 고려하여 표본(질문 대상자)을 구성하여야 한다. 면접조사에서는 연구자의 욕심대로 표본을 구성할 수 없다. 그래서 주어진 예산과 시간의 제약 범위 내에서 최대한 표본 크기를 유지하되 표본이 모집단을 대표할 수 있도록, 즉 모집단의 특성에 따라서 표본의 구성 비율을 조정하여야 한다. 또한 표본집단 중에서도 면접조사를 수행하기 어려운 표본이라고 판단되는 것이면 표본에서 배제하는 것이 바람직하다. 그러나 이것도 전체의 대표성을 손상시키지 않는 범위 내에서 결정하여야 한다. 일단 표본으로 선정된 대상은 조사가 종료될 때까지 관리하는 전략을 준비하는 것도 바람직하다. 왜냐하면, 연구의 성격이 장기적 자료 수집을 필요로 할 경우에는 표본을 교체하기보다 일단 선택된 표본을 대상으로 일관성 있게 자료를 수집하는 것이 자료의 신뢰성을 높일 수 있기 때문이다.

둘째, 질문 대상자로 선정된 표본의 특성을 면접조사를 실시하기 이전에 파악해 두어야 한다. 왜냐하면, 질문 대상자의 학력이나 연령, 성(性), 직업, 또는 근무 장소, 인간관계의 조건, 심리 상태 등을 분석해 두어야 이와 같은 특성에 따라서 면접 전략이나 기법을 결정할 수 있기 때문이다. 예를 들면, 질문 대상자의 학력 수준에 따라서 질문 형태나 질문 내용을 결정할 수 있을 것이다. 성별에 따라서도 남자인 경우에는 여자 조사자를 이용하는 것 또는 여성의 문제를 전문적으로 취급하는 경우에는 여성 조사자를 파견하여야 할 것이다. 고령층을 대상으로 할 경우에는 친절하면서도 친밀감이 가는 조사자를 파견하여 면접 시간을 충분히 가지고 질문 내용을 상세히 설명하는 면접 전략을 취해야 할 것이다. 또한 직장에서 면접을 할 경우와 가정이나 공공장소 등에서 면접을 하여야 하는 것도 면접 내용과 면접 환경에 따라서 결정할 문제이다.

셋째, 질문 대상자의 심리적이고 인간적 관계 등도 대단히 중요한 요소이다. 예를 들면, 직장의 직급이나 직위의 서열 관계를 유지하고 있는 경우에 직장 상관이 보는 앞에서, 또는 직장 상사의 허락 없이 면접을 하는 경우에는 충분한 자료를 수집하기 어려울 것이다. 더구나 면접 대상자의 심리 상태가 정상이 아닌 경우인, 실직이나 면직 또는 승진에서 탈락한 시기, 또는 다른 부서로 전직하는 때나 일반적으로 질병이나 기타 대인 관계에서 흥분된 상태에 있는 경우에는 면접 시기를 잘 고려하여야 할 것이다. 그 하나의 예로서, 부부싸움 직후의 가정주부를 상대로 현재 한국 교육정책의 문제점과 불만요인에 관한 것을 조사한다면 대단히 과장된 자료가 수집될 가능성이 클 것이다.

이와 같이 대인 또는 대면 면접조사는 장·단점이 교차하고 있지만 장점요인을 최대한 활용하면 소수의 표본으로도 장기적으로 심층 자료를 수집할 수 있는 방법이다. 그러나 전화 통신이라고 하는 기계 문명의 발달과 20세기 인간이 발명한 가장 위대한 업적 중의 하나인 컴퓨터에 의한 인터넷 조사 등이 발달하면서, 대인 면접조사의 한계와 문제점을 극복하고자 하는 전화 면접조사 방법(휴대폰 전화조사 포함)이 크게 발달하고 있다.

2. 전화 면접조사

1) 전화 면접조사의 특성

전화 면접조사(telephone interview)는 대인 면접조사의 단점이나 또는 불편한 점을 개선하기 위해서 발달된 것이다. 그러나 무엇보다도 먼저 일반 공중이 전화 통신(이동전화 통신 포함)을 가능하게 하는 통신 기술이 발달한 덕택에 전화 면접조사의 기법과 특성도 발달되었다는 사실이 중요하다. 앞에서 이미 언급한 인터넷조사 방법도 전통적인 우편조사나 면접조사 또는 지금까지 사용하고 있는 전화조사의 단점과 한계점을 극복하려는 방법으로 발달되고 있는 현상도 과거에 전화조사가 대인 면접조사의 문제점을 해결하려는 목적에서 발달된 것과 맥을 같이한다고 할 수 있다. 전화 면접조사의 특성을 대인 면접조사와 비교하여 설명하면 다음과 같다.

첫째, 전화 면접조사는 조사자가 면접 대상자를 일 대 일로 일정한 장소에서 대면하지 않고도 전화를 통하여 면접조사의 효과를 얻을 수 있다. 전화는 공간적 거리를 극복할 수 있는 편리한 기술 수단이다. 또한 시간적으로도 일정한 약속 시간에 구애되지 않고 편리한 때에 조사를 진행할 수 있다. 나아가 질문지 내용이나 성격에 따라서 한 번에 조사를 진행하지 않고 여러 차례에 나누어서 조사할 수 있는 장점도 있다. 특히, 화상회의나 이동전화기에 의한 동영상 정보 교환 등을 가능하게 할 수 있을 정도로 전화 통신 기술이 발달되면서 전화 통신을 통한 면접조사의 가장 큰 약점이었던, 면접자와 대상자가 서로 대면할 수 없는 현상을 극복할 수 있게 되었다는 점이다. 전화 통신을 하면서 동시에 휴대폰 화면이나 모니터를 통하여 서로 얼굴을 맞대면서 질문과 대답을 할 수 있다는 것은 조사자와 대상자가 대면하지 않기 때문에 발생되는 문제점, 특히 불성실하다거나 또는 부정확한 대답을 방지할 수 있게 되었다.

둘째, 전화 면접조사는 대인 면접조사에 비교하여 조사 경비가 저렴하며 또한 빠른 시간 내에 연구에 필요한 자료를 수집할 수 있다. 전화 통신 비용은 조사자가 면접 대상자를 만나기 위해서 출장을 가야 하는 비용과 조사자의 인건비 등과 비교할 수 없을 정도로 저렴하다. 아무리 해외 또는 장거리 전화를 이용한다고 하더라도 자료 수집 비용은 저렴한 것이 사실이다. 그러나 자료 수집 비용보다 더 큰 특징은 전화조사는 시급한 자료가 필요하다거나 또는 일정한 기간 내에 자료 수집을 완료하여야 하는 경우에 전화조사의 장점을 가장 잘 활용할 수 있다는 점이다. 예를 들면, 사회적, 경제적 또는 기상(氣象) 이변에 의한 큰 사건이나, 정치적인 문제가 발생한 후 일정한 기간이 경과되기 이전에 전문가나 일반 유권자 또는 관련된 주민을 대상으로 여론이나 불만요인, 요구 사항 등을 조사하여야 하는 경우에는 전화조사가 가장 적절한 방법이다. 왜냐하면, 일정한 시일이 경과되고 나면 전문가뿐만 아니라 일반 대중은 복잡한 세상살이에서 그 사건의 내용이나 중요성 등을 잊거나 또는 관심이 희박해지기 때문이다.

시간이 급한 경우에 이용되는 가장 대표적인 전화조사의 예가 여론조사(poll)이다. 여론이란 본질적으로 일정한 시기에 문제점이나 사안(事案)에 관한 다수 의견이기 때문에, 그 시기에 그 여론을 조사할 수 없으면 여론조사라고 하기 어렵다. 특히, 정치적인 선거의 시기에 수많은 여론조사기관에서 선거 후보자의 승리 가능성 등을 전화로 조사하는 것이 이제는 소수 국가를 제외하고 광범위하게 시행되고 있다. 또한 정치적인 목적을 위해서 설립된 다양한 명칭의 연구소나 단체 등도 자체적으로 전화조사를 실시하여 유권자의 성향과 의식, 그들의 요구 사항 등을 경쟁적으로 분석하고 있다. 여기에 필요한 자료를 수집하기 위해서는 전화조사 방법을 가장 많이 이용하고 있다. 물론 선거 지역의 제한된 주민이나 또는 전문가단체 등의 특정인이나 회원 등을 대상으로 하는 선거 여론조사에는 대인 면접 등의 방법이 이용되고 있기도 하다. 그리고 인터넷조사나 이동전화 조사 등을 이용하여 여론조사를 하는 방법도 크게 발달하고 있다.[8)]

셋째, 전화조사는 대인조사에 비교하여 조사 대상자의 익명이 보호되기 쉽고, 나아가 면접을 거절하는 비율도 낮으며 또한 거절한 경우에도 다음 기회에 재차 시도하여 조사할 수 있다. 전화조사는 대인 면접조사에 비교하여 전화 통화이기 때문에 서로 상대방의 신분을 밝히지 않고 단지 음성만으로 질문에 대답할 수 있다. 때문에 면접 대상자의 신분상의 비밀이나 또는 사생활 등에 관한 자료를 수집하기 쉽다. 그러나 얼굴을 맞대지 않는 전화조사이지만 우편조사에는 비교할 수 없을 정도로 질문

---

8) 선거와 여론조사에 관한 좀 더 자세한 내용은 노규형 · 김학량(1997)과 박무익(2002) 등을 참조할 수 있다.

내용과 방법 등에 따라서 면접 대상자가 거부하는 경우가 많기 때문에 일정한 예의와 신중함을 지켜야 한다. 전문적 조사가 아니어서 유감이지만 전화조사의 익명성이 가장 잘 이용되는 것이 소위 폰팅, 즉 전화로 남녀가 만남을 즐기는 경우를 들 수 있다.

첫 번째로 전화조사를 시도하였을 때 전화를 받게 되는 면접 대상자의 환경이 전화를 받을 수 없는 경우이거나 또는 일정한 시간까지 전화조사를 진행하기 어려울 때, 그리고 전화 응답자가 면접을 거절하는 경우에도 전화조사는 차기의 기회에 동일한 조사 대상자에게 면접을 재차 시도하여 조사할 수 있는 장점이 있다. 따라서 전화조사를 할 수 있는 환경이 아닌 경우에는 전화 통화를 무리하게 진행하기보다 여러 차례 시도하여 가장 적합한 환경에 조사를 함으로써 좀 더 신뢰성 있는 자료를 수집할 수 있다.

2) 전화 면접조사의 문제점

대인 면접조사의 문제점을 해결하기 위해서 이용되고 있는 전화조사는 물론 빠른 시일 내에 필요한 자료를 저렴한 비용으로 획득할 수 있는 장점이 있다. 또한 전화통신 기술(휴대폰이나 화상 통화 등)이 발달함에 따라서 전화조사의 한계점이나 문제점 등이 점차 해결되고 있는 것도 사실이다. 그러나 전화 면접조사는 통신 기술의 발달과는 크게 관계없이 다음에 설명하는 문제점을 가지고 있는 것도 사실이다. 따라서 전화조사를 이용하려면 이러한 단점을 잘 인식하고 이를 극복할 수 있는 방법도 동시에 마련하여야 할 것이다. 따라서 다음에서 설명할 전화조사의 문제점을 지닌 채 자료 수집을 실시하였다면 수집된 자료의 한계점을 연구자는 솔직하게 인정하고 가설이나 연구 문제를 해석하여야 할 것이다.

첫째, 전화조사의 모집단을 구성하고 있는 표본 프레임을 정확하게 구성하거나 찾을 수 없는 것이 가장 큰 문제점이다. 전화조사는 모집단을 대표할 수 있는 표본 프레임으로 전화번호부를 이용하는 것이 일반적이다. 그러나 전화번호부를 표본 프레임으로 이용하여 표본을 구성할 때 많은 문제점이 제기되는 것이 전화조사에서의 가장 큰 단점이다(Groves, 1990: 225－226). 예를 들면, 일반적으로 전화번호부에 등재된 전화번호와 가입자 성명이 상당히 제한적이라는 사실이다. 흔히 한국 사회에서는 가장인 남자의 이름으로 전화를 가입하는 경향이 강하기 때문에 여성이 전화번호부에 등재되기 어렵다. 또한 미성년자나 학생, 기타 특수 계층에 종사하는 사람 등은 전화번호부에 등재되지 않고 있다. 더구나 전화번호부에 등재하는 것은 개인이 자신의 전화번호를 일반에게 공개하는 데에 동의하여야 하기 때문에, 많은 경우에는 자신의 가정 생활이나 사생활 등을 침해받지 않기 위해서 전화번호부에 등재하는 것에 동의하지 않는 경우가 많다. 따라서 전화번호부는 완전한 의미의 표본 프레임이 되기 어렵다. 물론 조직이나 단체 회원을 대상으로 하는 전화번호부에는 이와 같은 문제점이 대체로 적을 것이다.

또한, 전화번호부에 등재된 전화번호는 거의 가정용 전화이다. 따라서 전화 통신을 진행하는 일일(日日) 시간대에 따라서 차이는 있지만 대체적으로 주간에 활동하는 직장인이나 회사원, 학생 등은 전화조사로 접근하기 어려운 계층이 되고 있다. 따라서 전화 통신의 상대자는 거의 가정주부나 기타 주간 시간에 가정에 상주하는 계층이 될 가능성이 많다. 비록 조사자가 야간이나 새벽 또는 공휴일 시간대에 전화 통신을 시도한다고 하여도 가장이 전화를 받을 경우 보통 복잡하고 귀찮은 내용 등은 전화를 주부나 자녀에게 넘겨 버리는 경향도 있다. 또한 1인 가구와 2인 이상 가구의 전화 보유율이 상당히 차이가 있고(허명희 외, 2004: 1-26), 일정한 가구를 선정하는 표본추출과 가구 내의 최종 응답자인 개인을 또다시 선정하여야 하는 등의 복잡한 표본추출 과정을 진행하더라도(양승목 외, 1991: 189-214) 근본적으로 표본 프레임 자체가 불완전한 것을 보완하기는 어렵다. 특히, 현재와 같이 휴대폰이 거의 모든 시민의 필수품이 되고 있음에도 불구하고 휴대폰 전화번호부는 아직까지 제작된 것이 없다. 더구나 일반 가구 내 응답자가 아닌 직장이나 회사의 전화 응답자를 포함시킬 경우에는, 공용 목적의 전화를 사적 목적으로 사용하기에 한계가 있다. 또한 바쁜 일과 도중에 전화 면접에 성실하게 응대하기 어려운 상황이 많아서 실제로 전화조사를 진행하기 힘든 경우가 많다.

이와 같이 불완전한 전화번호부를 표본 프레임으로 이용하여 전화조사를 수행해서 수집한 자료의 타당성과 신뢰성에 문제점이 있다는 것이 전화조사에서 가장 치명적인 약점이다. 이와 같은 문제점이 잘 나타나는 것으로 전화 여론조사를 들 수 있다. 즉, 선거 후보자의 당선 가능성을 일반 유권자를 상대로 전화조사 한 결과와 실제로 투표에 의해서 나타난 결과가 크게 차이가 있는 것이 현실이다. 그 이유는 단지 전화번호부가 불완전하다는 것 이외에도 전화조사 자체의 문제점으로 조사 태도, 전화 시간, 거짓이나 장난 대답 등도 있다. 심지어 전화조사 기관이 수집된 여론 자료를 왜곡하거나 또는 자신에게 불리한 자료를 은폐하는 경우도 문제이다. 그러나 전화번호부가 불완전하기 때문에 발생되는 자료의 신뢰성 문제가 가장 중요한 이유라고 할 수 있다.

앞으로 일반적인 전화번호부에 개인 정보의 하나인 전화번호를 등재할 수 있는 여지가 좁아진다. 왜냐하면, 정보사회에서 개인 정보를 법적으로 보호하고 있으며, 동시에 개인들도 자신들의 사생활에 관한 정보에 더욱 민감하게 반응할 것이기 때문이다. 그래서 전화조사는 일정한 조직의 구성원들을 대상으로 하는 경우나 또는 선거 등의 여론조사처럼 자료의 진위(眞僞) 여부나 타당성 등이 연구 결과에 크게 문제되지 않는 경우 등에만 자료 수집 방법으로 이용되고 있다.

둘째, 전화조사 응답자들이 조사 내용의 중요성을 인식하지 못하고 성실하고 진지하게 조사에 응하지 않을 가능성이 크다. 전화 통신의 발달로 수많은 여론조사 기관이나 언론기관 또는 기타 상업단체 등에서 전화로 유권자의 여론이나 소비자 성향 등을 조사하는 일이 급격히 증가하고 있다. 또한 전화 공해나 범죄로까지 발전되고 있는, 전화를 이용한 음란성 장난이나 무례한 전화 등을 경험한 전화 가입자들이 많아지고 있다. 따라서 학술적 연구 목적과 중요성, 그리고 연구자나 조사기관의 공공성 등을 알려 주어도 이것을 전화 대상자가 액면 그대로 믿지 않으려는 경향이 강하다. 왜냐하면, 이와 같은 공공성을 악용하여 전화를 통한 통신판매 전화나 기타 장난 전화 등을 경험하였기 때문일 수도 있다. 이와 같은 조사 환경에서 수집된 자료의 신뢰성이나 타당성은 크게 약화될 것이 분명하다.

따라서 전화 면접조사는 앞서 지적하였듯이, 특수한 모집단이나 또는 여론조사 등 조사 결과에 크게 부담이 없는 자료 수집에만 사용되는 경향이 강해지면서, 학술 연구나 기타 과학적으로 가설을 검증하기 위한 자료 수집에 쓰이기에는 신뢰성이 약한 방법으로 취급되고 있다. 따라서 전화조사는 우편조사나 인터넷조사 등에서 2차로 설문 대상자에게 고지하거나 아니면, 특수한 경우에 설문 내용을 수집하는 정도의 보조 수단으로 활용되는 경우가 많아지고 있다.

제3절 실험 방법

1. 실험 방법의 기본 원리

사회과학 방법론에서 실험 방법이 본격적으로 사용된 지는 오래지 않다. 일반적으로 실험 방법은 자연과학의 중심적 연구방법으로 사용되고 있다. 자연과학은 실험 이외의 방법을 이용할 필요도 거의 없다. 엄격한 의미에서 실험실(laboratory)에서의 일정한 실험 조건과 환경에 따라서 연구 결과를 도출해 내는 실험 방법 이외의 방법은 자연과학에는 별 도움이 되지 않는다. 그래서 자연과학자들이 입버릇처럼 이야기하는 "실험실(lab)에 간다"는 것이 곧 연구하러 간다는 의미이다.

사회과학은 물론 자연과학의 실험 방법처럼 진정한 의미의 실험을 사용하기도 어렵고 또한 할 수도 없다. 그러나 실험 방법의 기본 논리나 원리를 응용하는 사회실험 또는 준실험을 많이 이용하고 있다. 사회과학 실험이 자연과학에서의 실험처럼 엄격한 실험 조건과 기준을 적용하기는 어렵다고 하더라도, 준실험이나 사회실험을 이해하고 사용하기 위해서는 실험 방법의 기본 원칙이나 논리를 우선 이해하여야 한다. 그래서 준실험을 설명하기 이전에 먼저 실험의 기본 이론과 구성 원리를 설명하고자 한다.[9)]

첫째, 실험의 가장 중요한 기본 원리는 인과관계를 설명하는 방법이다. 실험 방법은 인과관계를 검증하기 위한 자료를 수집하는 가장 이상적인 방법이다. 자연과학에서는 실험실에서 일정한 실험환경을 만들고, 여기에 실험 조건인 원인변수를 작용시

9) 여기서 설명하고 있는 실험은 자연과학의 실험 방법이 아닌 사회과학의 실험 방법이다. 따라서 자연과학의 실험실에서 실험하는 방법론을 설명하는 예나 용어가 아닌, 사회과학의 실험 방법으로서 실험을 설명하였다. 그러나 실제로 사회과학 방법에는 실험을 자연과학처럼 이용할 수 없는 제약이 많다. 이러한 조건에서의 실험을 '준실험'이라고 하지만 원칙적인 실험의 논리를 먼저 이해하여야 준실험의 방법도 이해할 수 있다.

켰을 때의 결과변수의 변화 상태를 설명할 수 있지만, 사회과학에서는 실험환경을 인위적으로 설정하기 어렵다. 나아가 실험 조건을 실험 대상에게 비윤리적이고 강제적으로 적용할 수 없는 경우가 많다. 실험 대상도 근본적으로 인간이며 인간이 살아가고 있는 사회 현상을 실험 대상으로 하기 어렵기 때문에 자연과학에서의 실험과는 차이가 있지만, 그러나 인과관계를 규명하기 위한 실험 방법인 것은 자연과학과 마찬가지이다.

둘째, 실험환경을 실험 조건에 맞추어 연구자가 통제하기 때문에 자연적 실험환경과의 차이가 발생할 때는 실험환경을 변화시켜야 한다. 연구자는 자신이 연구할 가설에 따라서 실험에서의 실험환경을 조작한다. 물론 연구 내용과 연구 조건이 변화되면 실험환경을 변화시키면 된다. 그러나 사회과학에서는 실험환경을 조작할 수 없는 것이 문제이기도 하다.

셋째, 실험 조건을 실시하기 이전의 상태와 실험 조건을 실시한 이후의 상태를 비교 분석하여 차이점을 찾는 것이다. 실험은 일정한 실험 조건을 실험 대상 집단에게 시행하기 이전의 상태를 조사해 두어야 한다. 그리고 실험집단에게 일정한 실험 조건을 실시한 이후의 변화 또는 변동 상태를 조사한다. 실험 조건을 실시하기 이전의 상태에서 실시한 것과 실험 이후의 상태의 변화 내용을 조사하여 변화 내용이 가설을 검증할 수 있는 정도인지를 분석하는 것이 실험의 논리이다.

넷째, 실험집단과 통제집단 대상자를 원칙적으로 무작위로 선정하여야 한다. 이것을 설명하기 이전에 실험 방법에 관련된 용어를 먼저 간단히 설명하여야 할 필요가 있다. 실험(experimentation)은 검사나 시험(test)과 같은 의미이다. 즉, 일정한 내용을 실험한다는 것은 '테스트'한다는 것과 같은 의미이다. 실험 내용 또는 실험 조건의 실시란 실험집단에게 독립변수인 일정한 실험 내용을 실시하는 것을 말한다. 그리고 실험집단(experimental group)은 실험 조건을 실시하는 대상 집단이며, 실험 조건을 실시하지 않는 집단을 통제집단(control group)이라고 한다. 실험 조건을 실시하기 이전의 실험집단이나 통제집단의 상태를 검사하는 것을 사전검사(pre-test)라고 하며, 일정한 실험 조건을 실험집단에게 실시한 이후에 실험 또는 통제집단을 검사하는 것을 사후검사(post-test)라고 한다. 이때 실험집단과 통제집단에 소속될 표본을 구성하는 일이 실험에서는 대단히 중요하다. 실험도 모집단 전체를 대상으로 실험하여 자료를 수집할 수 없기 때문에 표본을 구성하여야 한다. 표본 구성에 관한 것은 제5장에서 설명한 바와 같이 진행하면 된다. 그러나 일정한 표본의 크기, 즉 실험집단과 통제집단의 크기를 결정하여 표본을 구성하고자 한다면, 어떤 기준으로 표본 대상자를 실험집단과 통제집단에 배치 또는 배속시킬 것인가 하는 문제를 연구자가 결정하여야 한다.

이때 가장 중요한 결정 기준으로서 1차적으로 선택된 표본을 무작위로 실험집단과 통제집단에 배속시키는 방법이다. 때로는 단순무작위 방법보다는 층화군집 무작위 방법 등을 사용하여 표본의 특성에 따라서 실험집단과 통제집단을 구성하는 것이 더욱 현실적이다. 그러나 모든 집단은 표본의 특성과 자질 등의 기준에서 볼 때 절대적으로 동일한 집단이어야 한다. 예를 들면, 성별과 연령, 학력, 직업, 지능지수 또는 지역별로 표본집단을 분류하여 각각의 특성에 따라서 일대일의 방법으로 두 집단의 크기를 채울 수 있을 것이다. 즉, 표본에서 무작위로 남자 한 명을 선발하여 이를 실험집단에 소속시키고, 그 다음의 남자를 또다시 무작위로 선발하여 통제집단에 배치하는 방법으로 실험집단과 통제집단을 구성하여야 한다. 그러나 어느 한 기준이나 특성만이 아니라 모든 중요한 자질과 특성을 동시에 반영하여 두 집단을 구성하여야 한다. 실험에서는 특성에 따라서 표본을 두 집단에 정확하게 정합(整合)시키는 것이 가장 중요한 절차이고 내용이다(Ray, 2003: 153－158).

이처럼 무작위로 구성하는 가장 큰 이유는 연구자가 통제할 수 없는 환경변수나 외부변수의 영향을 무작위로 분산시키기 위해서이다. 무작위로 구성된 두 집단 중 하나는 실험 조건을 실시하고, 나머지는 실시하지 않기 때문에 그 이후의 측정된 변수값의 차이는 순수한 실험효과와, 통제할 수 없었던 외부 환경에 의한 효과와의 차이점을 반영할 수 있다. 왜냐하면, 두 집단은 무작위로 동일한 집단으로 편성되어 출발하기 때문이다. 따라서 실험집단과 통제집단을 각각의 표본의 특성에 따라서 표본 대상이 균등하게 배분되도록 하면서 동시에 반드시 무작위로 배속시켜야 한다. 이렇게 무작위로 실험집단과 통제집단을 구성할 수 있는 것을 완전한 의미의 실험, 즉 진(true)실험이라고 하고, 무작위로 배치되지 못한 실험집단을 대상으로 하는 것을 진실험에 준한 실험이라고 해서 준(準, quasi) 또는 사회(social) 실험이라고 한다. 사회실험이라고 하는 이유는 자연과학의 실험 방법은 진실험이고 사회과학은 자연과학이 진행하는 것처럼 모든 기준, 특히 무작위 기준 등을 완벽하게 만족시킬 수 없다고 해서 사회과학의 실험방법이라고 하는 의미에서 이름을 붙인 것이다.

다섯째, 실험 조건을 통제된 실험환경에서 실시하기 때문에 인위적 실험환경과 자연적 환경과의 차이점을 찾기 위해서 통제집단을 여러 개로 이용하는 원리가 작용한다. 특히, 사회과학에서는 실험환경을 연구 조건과 내용에 맞도록 통제하기가 사실상 불가능한 경우가 많다. 이와 같이 통제할 수 없는 환경변수가 연구 결과에 어느 정도로 영향을 미쳤는가를 발견할 수 없다면 실험에 의해서 수집된 데이터만으로 가설을 검증하기 어렵다. 그래서 실험 조건 이외의 환경변수가 종속변수에 미친 영향을 분석하기 위해서 실험 조건을 실시하지 않는 통제집단을 다양하게 구성하는 실험방법이 크게 발달하고 있다. 이와 같은 대표적인 방법으로 솔로몬 통제집단의 다양한 구성 방법을 들 수 있다. 지금까지 설명한 실험 방법의 기본 원리를 [그림 7-2]와 같이 요약할 수 있다.

그림 7-2 실험 방법의 기본 원리

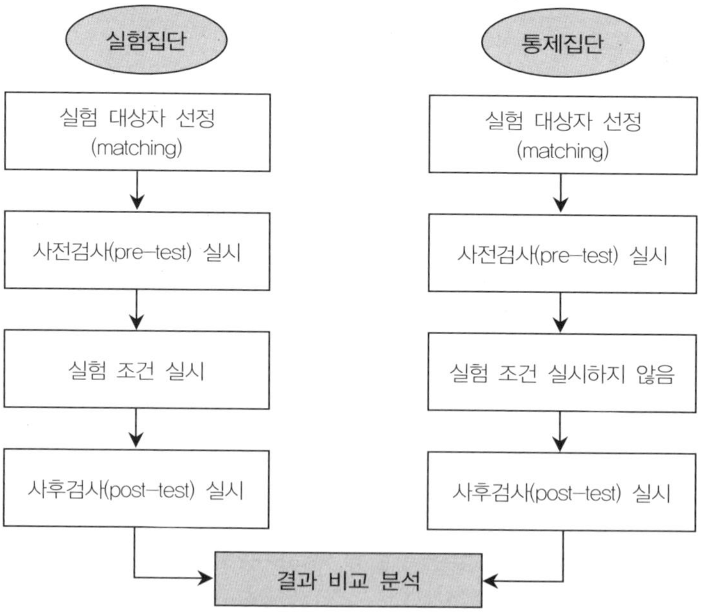

2. 실험 방법의 구성

실험 방법의 기본 원리에 따라 실제로 실험을 하기 위해서 실험을 어떻게 구성할 것인가를 결정하여야 한다. 자연과학자가 실험실을 구성하듯이, 실험 방법에 의해서 자료를 수집하려면 실험집단과 통제집단을 어떻게 구성할 것인가를 결정하여야 한다. 그것을 결정하는 기준은 가설의 내용에 따른 모집단의 특성, 표본의 구성, 환경변수의 통제 범위, 조사 기간, 경비 등을 들 수 있다. 이와 같은 요인을 종합적으로 검토하여 실험집단과 통제집단의 크기와 수를 결정할 수 있다. 그러나 여기서는 가장 보편적 실험 방법으로 전통적 방법인 단일 실험 및 통제 집단의 구성 방법과 복수 실험 및 통제 집단의 구성 방법을 설명하고자 한다.

1) 단일집단 구성 방법

(1) 단일 실험집단 구성 방법

단일 실험집단 구성 방법은 가장 간단하고 단순한 방법이다. 즉, 통제집단을 구성하지 않고 하나의 실험집단만을 구성하여 실험 조건의 실시 이전과 실시 이후의 상태 변화를 조사하는 구성 방법이다. 따라서 하나의 실험집단만이 있기 때문에 외부변수인 환경변수에 거의 영향을 받지 않는 연구 내용에 적합한 방법이다. 그러나 외부변수의 영향과 실험 조건의 영향을 구별할 수 없기 때문에 정확한 실험 조건의 영향, 즉 실험의 실시인 독립변수의 변화에 따라서 종속변수가 얼마만큼 영향을 받게 되는지를 정확하게 찾아내기 어렵다. 단일 실험집단의 구성 방법을 <표 7-1>로 요약해 볼 수 있다.

표 7-1 단일 실험집단의 구성

실험집단 I	통제집단
1. 실험 대상자 선정 2. 사전검사의 실시 3. 실험 조건의 실시 4. 사후검사의 실시	구성하지 않음
실험효과(실험집단)=사전검사 값~사후검사 값	

여기에서 실험의 실시에 따른 종속변수 값의 변화, 즉 실험효과(experimental effect)는 실험 조건을 실시하기 이전에 실험집단을 대상으로 실시한 사전검사 값과 실험 조건을 실험집단에 실시한 이후 실험집단을 대상으로 실시한 사후검사 값과의 차이점이다.

실험 조건을 실시한다는 것은 연구에서 설정된 독립변수의 내용과 조건을 실험집단에게 실시하는 것이다. 그러나 사전검사나 사후검사를 실시하는 것이 그리 간단하지 않다. 검사의 내용과 조건을 정하는 것은 연구 내용에 따라서 결정될 것이다. 일반적으로 실험 조건을 실시하기 이전의 상태를 측정하기 위해서 질문지를 준비하여 각 질문 문항의 대답을 통계적으로 정리하거나, 또는 정신적 · 심리적 상태나 육체적 상태의 변화 등을 질문지나 또는 기타 물리적 측정 방법으로 측정하여 그 값을 통계적으로 정리하는 것이 사전검사 방법이다. 예를 들면, “대학 4학년 학생을 대상으로 취업에 필요한 면접 응시 방법의 효과성”을 실험 방법으로 조사하고자 한다면, 먼저 대학 4학년 학생을 대표할 표본을 구성하여 이것을 실험집단으로 실험환경을 구성하여야 한다. 그 후 실험 조건인 면접 요령과 면접 실례나 면접의 성공이나 실패 사례 등을 자세히 기록한 교육영화를 실험집단에게 상영하기 이전에 실험집단을 대상으로 면접에 대한 심리적 부담이나 면접 요령에 필요한 기술 등을 객관식 시험 형식으로 실시하여 개인 점수를 기록하여 두면 된다. 이것이 실험집단에 속한 각 개인들의 사전검사 결과이고, 이것을 전체 실험집단의 값으로 쉽게 환산할 수 있다. 즉, 가장 간단한 통계적 정리 방법인 평균값(mean), 편차(variance), 백분율 분포 등으로 정리할 수 있다.

실험 조건인 교육영화를 상영한 이후에 실험 대상인 대학 4학년 학생들이 어떻게 반응하였는가 하는 실험효과를 찾기 위하여 사전검사와 동일한 내용과 형식을 가진 질문지를 완성시켜서 그 결과를 통계 정리하면 된다. 이때 교육영화 그 자체에 관한 질문 문항을 사후검사에서 실시할 수도 있다. 그래서 사전검사용 질문지와 사후검사용 질문지를 달리할 수 있다. 그러나 실험효과를 정확하게 파악할 항목이나 기타 실험 조건에 의한 변화를 측정하기 위한 질문 문항은 동일하여야 할 것이다.

실험효과를 계산하는 것은 실험 조건을 실시하기 이전에 실시하여 얻은 자료와 실험 조건을 실시한 후에 검사한 사후검사의 값을 비교하는 것이다. 통계적으로 처리한 결과를 비교하는 것은 쉽지만 숫자로 정리할 수 없는 내용을 비교하는 것은 연구자가 판단할 문제이다. 그러나 되도록 정확하고 정직하게 실험효과를 계산할 수 있는 방법을 개발하여 연구자가 주관적이고 자의적으로 자료를 해석할 수 없도록 하여야 할 것이다. 왜냐하면, 연구자는 자신이 실시한 실험 조건의 효과를 되도록 부각시키려고 노력하기 때문이다.

(2) 단일 실험 및 통제집단 구성 방법

실험집단 하나만을 구성하는 경우에는 실험 조건을 실시하여 발생된 효과와 그 밖의 외부변수에 의해서 발생된 효과 등을 정확하게 구별하기 어렵다. 즉, 연구자가 가정한 실험 조건 이외에 연구 결과에 영향을 미치는 변수가 없다는 것을 밝힌다는 것은 대단히 희박한 경우이다. 대부분의 경우에는 실험자가 통제할 수 없는 환경변수에 따라서 연구 결과가 크게 달라질 수 있다. 앞에서 예로 제시한 대학생은 면접고사에 응시할 기술이나 기법을 꼭 교육영화를 관람하지 않고도 자기 스스로 공부를 하거나 기타 친구나 선배, 참고문헌이나 또는 실제로 면접시험을 치르면서 면접 기술과 요령을 터득해 갈 수도 있다. 물론 단기간의 실험 기간에서는 이와 같은 외부변수가 영향을 미칠 가능성이 적지만 실험 기간이 장기간이면 실험집단이 스스로 학습하여 자각하거나 또는 자연적으로 성숙하는 경우도 있을 것이다. 이것을 성숙효과라고 한다. 또한 장기간의 실험 기간 동안에 연구자가 통제할 수 없는 상황인 실험 대상자인 대학 4학년 학생이 외부의 일상적인 인간관계나 사회 생활에서 면접을 효과적으로 수행하는 요령이나 기법을 배울 수 있다. 친구들의 면접 경험을 듣기도 하고, 스스로 면접시험을 경험하기도 하면서, 대학이나 기타 취업기관에서 실시하는 취업 프로그램에 참여하여 면접 요령을 터득할 수도 있다. 그 밖의 수많은 요인에 영향을 받을 수 있다. 이것을 외부효과라고 한다. 따라서 대학생이 면접 요령 교육영화를 감상한 후 면접 요령을 취득한 정도인 순수한 실험효과를 측정하기 위해서는 성숙효과나 외부효과를 제거할 수 있는 실험 방법을 구성하여야 한다. 그 하나의 방법으로 실험집단과 비교할 수 있도록 통제집단을 구성하는 방법을 들 수 있다. 통제집단을 하나 이상 여러 개로 구성할 수 있지만 가장 전통적인 방법으로, 하나의 통제집단을 만들어서 한 개의 실험집단과 비교할 수 있도록 구성하는 방법이다. 그래서 이것을 흔히

표 7-2 단일 실험 및 통제집단의 구성

실험집단 I	통제집단 I
1. 실험 대상자 선정	실험 대상자 선정
2. 사전검사 실시	사전검사 실시
3. 실험 조건 실시	실험 조건 실시하지 않음
4. 사후검사 실시	사후검사 실시
5. 사전검사와 사후검사 비교	사전검사와 사후검사 비교
실험효과 = 사전 · 사후검사(실험집단) 차이~사전 · 사후검사(통제집단) 차이	

실험에서 가장 많이 사용되는 전통적 방법이라고도 한다. <표 7-2>가 전통적 구성 방법을 보여 주고 있다.

<표 7-2>에서 보듯이, 통제집단에게도 사전검사와 사후검사를 실험집단과 동일한 조건으로 실시한 경우이다. 단지 실험 조건만 실험집단에는 실시하고 통제집단에는 실시하지 않을 뿐이다. 물론 통제집단에는 연구자가 실험환경을 적용하지 않고 단지 실험 대상자인 표본집단으로 선정하여 관리할 뿐이다. 즉, 4학년 대학생 100명을 통제집단으로 정한 경우에는 실험집단과 동일한 조건의 특성을 정합(matching)시킨 집단이지만, 이 집단에는 교육영화를 상영하지 않을 뿐이다. 그렇다고 통제집단을 완전히 실험에서 제외하는 것이 아니라 단지 실험 조건만을 실시하지 않고, 그 밖의 실험환경을 실험집단과 동일하게 유지하는 것이다.

따라서 실험집단에서 사전검사와 사후검사의 차이점을 분석한 것은 실험 조건을 실시하여 발생된 효과, 즉 면접용 교육영화를 본 이후에 대학생들의 면접 요령의 발달 정도를 측정한 것이다. 그러나 이 효과에는 순수한 실험효과뿐만 아니라 일정한 실험 기간 동안에 발생된 성숙효과나 외부효과도 포함되어 있다.

이와 같은 효과를 측정하기 위해서는 통제집단을 대상으로 실시한 사전검사와 사후검사의 결과를 비교하면 된다. 즉, 아무런 실험 조건도 실시하지 않은 통제집단에서 발생된 사전검사와 사후검사의 차이점은 4학년 대학생이 실험 기간 동안에 스스로 터득한 면접 요령과 숙달 정도이다. 즉, 성숙효과와 외부효과이다. 따라서 순수한 실험효과인 교육영화를 상영하여 얻은 면접 요령의 발달 정도를 분석하기 위해서는 실험집단을 대상으로 실시한 실험효과에서 통제집단에서 얻는 성숙효과와 외부효과를 제거하면 된다. 이것이 교육영화 상영이라는 독립변수에 따라서 면접 요령이라는 종속변수의 변화 정도를 나타낸 것이다.

만약 종속변수의 변화가 없었다면, 즉 실험 조건의 실시에 따른 실험효과의 정도가 성숙효과와 외부효과를 합친 효과, 즉 영화를 상영하지 않는 집단이 일정한 실험 기간 동안에 스스로 터득하고 획득한 면접 기술의 요령과 방법의 발달 정도와 같다면 순수 실험효과의 값은 없다. 이와 같은 경우에는 실험을 실시하여 얻은, 즉 독립변수는 종속변수에 영향을 미치지 못한 것이고, 따라서 두 변수 간의 인과관계를 확인할 수 없다. 또한 통제집단의 사전검사와 사후검사와의 차이값이 실험집단보다 큰 경우에는 실험 조건이 부정적인 영향을 미쳤다고 할 수 있거나, 아니면 실험 조건인 교육영화의 타당성이 문제될 수 있다. 즉, 대학생의 면접 기술 향상에는 부적절한 영화라고 할 수 있다.

2) 복수집단 구성 방법

(1) 솔로몬 2개 통제집단 구성 방법

미국 심리학자인 솔로몬(Richard Solomon, 1918~1995)이 1949년에 개발하여 그 명칭을 붙인 것이라고 해서 '솔로몬 구성 방법'이라고 한다. 그중의 하나인 솔로몬 2개 통제집단 구성 방법은 한 개의 실험집단과 두 개의 통제집단을 구성하여 통제집단에서 외부효과를 좀 더 구체적이고 정확하게 찾아내고자 하는 목적을 가지고 있다.[10]

표 7-3 솔로몬 2개 통제집단 구성

실험집단 I	통제집단 I	통제집단 II
1. 실험 대상자 선정	실험 대상자 선정	실험 대상자 선정
2. 사전검사 실시	사전검사 실시	사전검사 실시하지 않음
3. 실험 조건 실시	실험 조건 실시하지 않음	실험 조건 실시
4. 사후검사 실시	사후검사 실시	사후검사 실시
5. 사전검사와 사후검사 비교	사전검사와 사후검사 비교	사후검사만 측정
상호 작용 효과 = 사전검사 · 사후검사(통제집단 I) 차이 + 사후검사(통제집단 II)의 변화값 실험효과 = 사전검사 · 사후검사(실험집단) 차이 ~ 상호 작용 효과		

10) 솔로몬 통제집단의 구성 방법에 관한 설명은 베일리(Bailey, 1994)의 저서에 수록된 실험방법(제

<표 7-3>에서 보듯이, 통제집단 I에서는 성숙효과나 외부효과를 측정할 수 있다. 그런데 성숙효과에는 실험 대상자로 선정되어 사전검사를 하는 과정에서 실험 대상자라는 인식에서 비록 실험 조건을 부여받지는 않았어도 사전검사에서 대답한 내용을 스스로 학습하거나, 또는 단순히 한 번 더 동일한 내용과 형식의 질문지에 대답해 본 경험 때문에, 사후검사를 실시할 때 실험 대상자는 점점 더 실험 내용에 익숙해지는 경향이 있게 된다. 즉, 시험을 치른 후 동일한 시험을 다시 보면 그때는 1차 시험 때 실수한 것을 교정할 수 있는 것과 같은 현상이다. 이것을 상호 작용 효과(interaction effect)라고 하기도 하며, 또한 반발효과(reactivity)라고 하기도 한다. 비록 실험 조건을 실시하지 않는다 하여도 통제집단에 소속되어 연구자가 자신을 연구 대상으로 하면서 자신들의 변화 상태를 관찰하고 있다는 생각으로 실험 대상자가 이때까지 생각하고 행동하던 것과는 다른 상태를 유지하려는 것을 말한다. 즉, 연구자가 목적한 바를 연구 대상자가 의도적으로 순응하는 현상이라고 할 수 있다. 더구나 실험집단에 소속된 구성원이 통제집단에 소속된 구성원보다 연구자의 연구 목적과 의도에 잘 순응할 가능성이 많다. 왜냐하면, 연구자는 실험집단에게만 실험 조건을 실시하기 때문에 연구자가 부정적인 영향을 기대하면 부정적인 반응을, 그리고 긍정적인 영향을 기대하면 긍정적인 반응을 과잉으로 나타내려는 것이 인간의 본능이기 때문이다.

속담에 "하던 일도 멍석 펴면 아니한다"는 것은 부정적 과잉 반응을 나타내는 현상을 말하고 있다. 또한 각종 운동경기에서 수많은 관중이 지켜볼 때 선수들이 경기하는 것과, 관중이 없을 때의 모습과 자세는 다르다는 것이 상호 작용 효과를 잘 보여 주고 있다. 관중에 관계없이 일정한 수준의 기술과 자세로 경기를 할 수 있는 선수들이 물론 좀 더 신뢰할 수 있는 선수들이고 감독은 이와 같은 선수들을 신임하는 것이 당연하다.

실험 방법을 채택하고 있는 연구자도 마찬가지이다. 실험 대상이라는 선입견이나 또는 남이 나를 주목하고 있다는 의식 없이 일상적 관행과 태도와 생각을 유지해 줄 것을 연구자는 기대하지만, 실험 대상자가 인간인 이상, 남이 나를 주시할 때 좀 더

9장)을 기본으로 하면서 관련되는 그림이나 내용을 좀 더 쉽게 이 책에 재정리하고 설명한 것이다. 자세한 것은 솔로몬의 논문(1949: 137-150)을 참조할 수 있다.

잘 하겠다는 자아 의식을 완전히 제거하기란 어렵다. 이와 같은 반발 효과 때문에 연구 결과가 크게 왜곡된 유명한 사례를 소개할 수 있다. 1924년에 미국의 'National Research Council'의 연구자들이 테일러(Frederick Taylor, 1856~1915)의 시간과 동작과의 관계에서 개인 근로자들의 생산성을 향상시킬 과학적 관리론(scientific management: SM)을 다시 한 번 더 검증하기 위해서, 시카고 근처에 있는 호손전기공장(Western Electric Company's Hawthorne Plant)의 종업원을 실험집단과 통제집단으로 구성하여 물리적 작업환경의 변화(독립변수)에 따른 종업원 개인의 생산성의 변화(종속변수)를 측정하였다.

1차로 작업장의 조명도, 습도, 온도 등을 변화시킬 때 종업원의 생산성 변화를 실험집단과 통제집단을 대상으로 실시하였으나 그 차이는 없었다. 또한 아침 식사, 수면 시간, 휴식 시간 등의 작업 환경도 변화시켜 보았지만 생산성과는 관계가 없었다. 즉, 작업환경의 변화와 생산성의 변화에는 아무런 관계가 없었다. 그래서 그 공장의 공장장인 페노크(George Pennock)는 호손실험의 책임자인 하버드대학교 경영대학원의 메이요(Elton Mayo) 교수를 방문하여 이 실험연구를 중단할 것을 요구하였다. 그래서 메이요 교수는 뢰슬리스버거(Fritz Roethlisberger), 호먼스(George Homans), 화이트헤드(T. N. Whitehead) 등의 동료 교수와 공동으로 새로운 연구팀을 구성해서 "인간은 본질적으로 경제적이며 항상 합리적이고 이성적으로 행동한다"라고 하는 과학적 관리론을 반증할 수 있는 실험을 실시하였다. 그 결과 생산성에는 동기부여와 인간관계 요소가 중요하다고 결론을 내렸다(Shafritz, 1998: 1044－1045).

이 실험에서 메이요 교수 등이 과학적 관리론이 제시한 물리적 환경의 변화에 따른 생산성 변화를 발견하지 못한 것은 실험 대상자들이 관찰되고 있기 때문에, 물리적인 환경인 온도나 조도, 습도, 심지어 수면 시간의 조절 등의 변화에도 그 이전과 다름없이 자기들의 생산량을 일정하게 유지하였다는, 즉 반발 효과나 또는 상호 작용 효과를 무시하였다는 것이다. 그렇기 때문에 실험집단이나 통제집단에 속한 종업원들의 생산성에는 별 차이가 없었던 것이다.

솔로몬 2개 통제집단 구성 방법에서는 이와 같은 반발 효과를 제거하기 위해서 통제집단을 하나 더 구성하여 사전검사도 시행하지 않는 원래 상태를 그대로 유지할 수 있는 통제집단, 즉 스스로 실험 대상자라는 인식을 하지 않게 통제집단을 구성한 경우이다. 또한 사전검사를 경험하지 않았기 때문에 실험 내용이나 질문 방법 등을 두 번 경험하는, 경험에 의한 성숙도는 없을 것이다. 그러나 실험 조건을 실시하였기 때문에 실험 조건에 따른 변화의 내용을 사후검사에서 측정하면 실험 조건의 상태만을 측정할 수 있다. 즉, 통제집단 I에서는 사전검사에 의한 영향을, 통제집단 II에서는 실험 조건의 실시에 따른 영향만을 각각 측정할 수 있도록 한 것이다. 따라서 총 실험효과는 실험집단에서 사전검사와 사후검사 값의 차이를 계산하면 되지만, 여기에는 통제집단 I에서 나타나는 사전검사와 사후검사와의 차이와, 통제집단 II에서 밝혀진 상호 작용 효과를 제거하여야 한다. 이것이 <표 7-3>의 마지막에서 실험효과를 수식으로 표시한 내용이다.

(2) 솔로몬 3개 통제집단 구성 방법

솔로몬 2개 통제집단에서도 그러나 외부효과를 정확하게 측정하기 어렵다. 물론 통제집단 I에서 사전검사를 실시하여 발생된 성숙효과를 제거할 수 있지만, 이 경우에는 외부변수에 의한 영향이 전혀 없다는 가정에서만 가능하다. 또한 통제집단 II에서는 실험 조건을 실시하였기 때문에 사전검사에 영향을 받지 않는 반발 효과만을 계산할 수 있다. 그러나 사전검사뿐만 아니라 실험 조건도 실시하지 아니하는 순수한 외부효과를 측정할 수 있는 통제집단이 하나 더 필요하다.

다시 말해, 통제집단 I은 외부효과와 성숙효과가 혼합되어 나타나는 것을 측정할 뿐이다. 이때 외부변수 효과가 전혀 없다면 문제없지만 이와 같은 경우는 희박할 것이다. 또한 외부효과와 성숙효과 등이 상호 작용할 경우에는 서로 그 효과가 상쇄되

표 7-4 솔로몬 3개 통제집단 구성

실험집단 I	통제집단 I	통제집단 Ⅱ	통제집단 Ⅲ
1. 실험 대상자 선정	실험 대상자 선정	실험 대상자 선정	실험 대상자 선정
2. 사전검사 실시	사전검사 실시	사전검사 실시하지 않음	사전검사 실시하지 않음
3. 실험 조건 실시	실험 조건 실시하지 않음	실험 조건 실시	실험 조건 실시하지 않음
4. 사후검사 실시	사후검사 실시	사후검사 실시	사후검사 실시
5. 사전·사후검사 비교	사전·사후검사 비교	사후검사 값만 측정	사후검사 값만 측정

상호 작용 효과=사전·사후검사(통제집단 Ⅰ) 차이+사후검사(통제집단 Ⅱ) 값의 변화
실험효과=사전·사후검사(실험집단) 차이~[상호 작용 효과+사후검사(통제집단 Ⅲ) 값의 변화]

거나, 또는 상승 작용할 수 있기 때문에 이와 같은 두 가지 효과를 구별할 필요가 있다. 그래서 <표 7-4>와 같은 솔로몬 3개 통제집단을 구성할 필요가 있다.

통제집단 III에서는 단지 사후검사만 실시하기 때문에 통제집단 구성원이 실험 기간 동안에 외부에 의해서 영향을 받은 것만 측정할 수 있다. 앞서 예를 든 경우에, 4학년 대학생이 실험 기간 동안 취업 준비 프로그램에 참여한다거나 또는 스스로 취업 훈련을 개발하거나, 실제로 면접시험에서 경험한 것 등의 다양한 외부변수에 의해서 면접 기술과 요령을 터득한 것만을 측정할 수 있다. 따라서 면접 기술을 가르치는 교육영화를 상영하는 실험효과에서는 이와 같은 외부 영향을 제거하여야 한다.

<표 7-4>에서 보듯이, 2개 통제집단을 사용하였을 때의 상호 작용 효과뿐만 아니라 외부변수 효과도 제거하여야 순수한 실험효과를 얻을 수 있다. 그러나 문제는 통제집단을 여러 개 구성할 수 있는 표본 크기와 또한 통제집단의 관리 문제와 연구 경비 등에 따라서 통제집단 수를 두 개나 세 개 등으로 할 수 없을 때가 있다. 그래서 전통적으로 한 개의 실험 및 통제집단을 구성하는 방법이 가장 많이 이용되는 이유도 바로 여기에 있다.

(3) 2개 실험집단과 단일 통제집단 구성 방법

고전적으로 가장 많이 이용되는 단일 실험 및 통제집단 구성 방법은 성숙효과와 외부효과를 제거하여 순수한 실험효과를 측정하기 위한 방법이다. 그러나 표본의 특성에 따라서 실험 조건이 미치는 영향이나 정도는 다를 것이다. 예를 들면, 4학년 대학생을 남녀나 연령별로 구분한다거나 아니면 인문사회 계열과 공학 계열 등으로 구분하여 면접시험용 교육영화를 상영하는 경우에 각각의 실험집단이 실험 기간 동안에 받게 되는 영화 상영, 즉 실험효과는 다를 수 있다. 또한 금연교육 영화를 중·고등학생을 대상으로 상영하는 경우에도 표본을 흡연의 정도나 남녀 또는 중학생과 고등학생 등으로 나누어 동일한 금연 교육영화를 상영하였을 경우에 나타나는 금연 성공률이 다를 수 있다. 이와 같은 경우에는 실험집단을 적어도 두 개 이상 구성하여야 한다. 따라서 정확하고 신뢰할 수 있는 자료를 수집하기 위해서는 표본의 특성을 적어도 몇 개로 분류하여 실험집단과 통제집단을 구성하는 것이 더욱 타당할 것이다. 이때 실험집단과 통제집단을 특성과 속성에 따라서 정확하게 정합 배치하여야 하기 때문에 통제집단도 실험집단의 숫자에 따라서 구성되어야 할 것이다. 그러나 연구 기간이나 경비 등이 제약되어 있으면 이와 같은 실험 대상을 특성에 따라서 여러 개의 실험집단으로 구성하기 어렵다. 그래서 표본의 구성을 좀 더 다양하게 해서, 표본 크기를 크게 하여 실험집단 구성원의 특성에 따라서 세부적으로 실험효과를 조사하는 것이 일반적이다.

또한 표본의 특성을 무시하고 실험집단을 복수로 구성할 수 있으면 적어도 한 개 이상의 독립변수, 즉 실험 조건을 부여하여 그에 따라서 발생되는 종속변수 값의 변화를 측정할 수 있다. 이와 같은 실험 방법을 계승(階乘) 방법(factorial design)이라고 한다. 예를 들면, 면접시험용 교육영화의 경우에, 하나는 영어 면접시험에 관한 것이고, 다른 하나는 일반적 면접시험 교육영화를 상영하는 경우를 들 수 있다. 여기서도 실험 조건인 독립변수가 연구에서 차지하는 중요성이나 기타 난이도 등에 따라서 실험 조건의 우선순위를 정하여 실험집단에게 단 한 번만 실시하는 라틴 스퀘어(Latin Square) 방법도 있다. 이와 같은 것은 대단히 복잡하고 어렵기 때문에 사회과학에서 사용될 가능성은 그리 크지 않다.

3. 실험 방법의 현실적 한계

지금까지 설명한 실험 방법은 진실험(true experimentation)의 경우이다. 즉, 실험 환경을 통제할 수 있고, 통제할 수 없는 외부변수의 영향을 정확하게 찾아낼 수 있다는 전제를 가지고 있다. 또한 실험 대상자를 무작위로 구성할 수 있다는 가정을 충족시킬 수 있는 실험 방법이다. 그러나 실험의 기본 논리를 설명하면서 간단히 지적하였듯이, 특히 사회과학에서는 진실험 방법을 이용하기 어려운 많은 한계점이나 문제점이 있다. 따라서 사회과학은 진실험에 준한 실험(준실험) 또는 사회실험 방법을 이용하지 않을 수 없는 물리적이고도 윤리적인 요소가 있다. 먼저 그러한 요인을 설명하고 나서 준실험을 설명하고자 한다.

1) 진실험의 한계

첫째, 무작위로 실험집단을 구성할 수 없는 물리적인 한계가 있다.[11] 진실험의 조건으로 실험 대상자인 표본집단을 무작위로 실험집단과 통제집단으로 구성할 수 있어야 한다. 그러나 사회과학에서는 연구자가 연구 대상자를 이처럼 무작위로 실험집단과 통제집단에 배속시킬 수 없는 물리적이고 윤리적 한계가 있다. 예를 들면, 앞서 설명한 호손실험에서 실험 대상자인 전기 공장의 종업원을 실험집단과 통제집단으로 단순히 무작위로만 구성할 수 없다. 왜냐하면, 여러 작업 부서나 생산 공정에서 일정한 지위와 역할을 가지고 있는 종업원을 실험 때문에 너는 실험집단에, 또 너는 통제집단에 배속되어야 한다고 할 수 없기 때문이다. 또한 범죄 조직이나 기타 심리적 상태를 실험하는 경우 등에는 더욱더 완전한 의미의 무작위 방법을 사용하기 어렵다. 실험 대상자를 범죄 상태에 노출하거나 또는 심리적 치료 요법을 받게 하는 등 연구자가 물리적으로 구분할 수 없기 때문이다.

둘째, 무작위 방법은 사회과학에서는 윤리적으로 허용되지 않는 경우가 많다. 오랜 세월 동안 사회과학에서는 과학적 방법과 윤리와의 갈등 현상을 어떻게 해결할 것인가 하는 문제에 관심을 기울여 왔다. 특히, 실험에서는 실험 대상자를 과연 실험집단과 통제집단으로 구분하여 선정하는 것이 윤리적으로 타당하고 허용될 수 있느냐 하는 문제이다. 예를 들면, 인간이 물리적 실험 대상이 될 수 없음은 당연하다. 그럼에도 불구하고 실험 조건의 내용에 따라서 실험 대상자들이 심리적이고 신체적으로 부정적 영향을 받을 수 있는 경우에도 과연 인간을 실험 대상으로 할 수 있느냐 하는 문제이다. 과거에 일본군이 한국인을 생체 실험하였다거나, 나치(Nazi) 정부가 유태인을 실험 대상으로 하였다는 것, 또한 임상실험 등에서 실험 대상자에게 실험 사실을 알리지 않고 그들을 실험 대상으로 하였다는 것 등은 사회과학에서는 허용되기 어렵다. 그러나 전체 인류를 위하는 실험 등에 자원하여 실험 대상이 되고자 하는 경우나 또는 사회 현상을 지배하고 있는 법칙을 찾기 위한 연구 등에는 인간의 생명과 존엄성을 해치지 않는 어느 정도의 범위 내에서는 윤리적으로 실험이 허용되어야

11) 이 책에서 진실험의 한계점에 관한 기본적 설명 내용은 아첸(Achen, 1986)의 저서 제1장을 참조하여 기술하였다.

한다는 의견도 만만찮다. 더구나 구체적인 경우에, 만일 실험 조건이 상당한 정도의 교육적 효과나 장점을 가지고 있는 경우에는 누구는 실험집단의 대상이 되고, 누구는 통제집단에 배속시킬 것인가를 단순히 무작위로 결정하기 어려운 경우가 많다. 반대로 실험 대상이 되면 상당한 정도로 개인의 신체적·정신적 자유가 제약을 받게 되거나 또는 개인의 신상에 관한 비밀정보가 보호될 수 없는 경우, 또는 사회관계나 직장 생활 등에 상당한 지장을 받게 되는 경우에도 무작위 방법만으로 실험집단과 통제집단을 구분하기 어렵다.

셋째, 연구의 현실적인 제약 때문에 진실험을 할 수 없는 경우가 많다. 앞서 설명한 바와 같이 외부효과나 성숙효과 또는 상호 작용 효과 등을 정확하게 찾아서 이를 제거하기 위해서는 대규모 실험집단과 통제집단을 구성하여야 하고 또한 장기간의 실험 기간도 필요하다. 이러한 것을 수행하기 위해서는 연구 여건도 확보되어야 가능하다. 특히, 연구진이나 예산 등이 확보되지 않으면 아무리 기술적으로 가능하다고 하더라도 현실적으로 필요한 실험 규모를 갖출 수 없다. 따라서 이와 같은 현실적이고 윤리적이며 물리적 제약 때문에 사회과학에서의 실험 방법은 거의 준실험 또는 사회실험 방법을 이용하고 있는 경우가 대부분이다. 그러나 사회과학 방법론이 발달되면서 많은 제약이 있는 실험 방법보다, 현실 사회에서 이미 무작위로 구성되어 있는 각종 제도나 체제 또는 집단 등에서 매일매일 발생되는 자료를 그 자체로 이용하는 회귀분석이나 요인분석 방법 등이 많이 이용된다.

2) 준실험 구성 방법

여러 가지 형태의 준실험 방법을 설명할 수 있지만 여기서는 기초적이고 가장 많이 이용되는 것으로 몇 가지를 설명하고자 한다.[12] 특수한 연구 목적을 위한 준실험 구성은 진실험 방법의 기본 원리를 이용하여 연구자가 스스로 개발할 수도 있다. 그러나 준실험을 실시할 수밖에 없는 가장 중요한 사항은 무엇보다도 먼저 통제집단을 물리적으로 구성하기 어려운 상황이어야 한다. 그리고 비록 통제집단을 구성할 수

12) 준실험의 구성 방법에 관한 좀 더 자세한 내용은 쿡과 캠벨(Cook & Campbell, 1979)의 제2장을 참고하기 바란다.

있다고 하더라도 무작위로 실험 대상자를 배치하기 어려운 상황이어야 한다. 이와 같은 두 가지 요인에 문제가 없다면 준실험이 아닌 진실험 방법을 찾아야 할 것이다.

(1) 단일 실험집단 구성 I

준실험에서 가장 많이 이용되는 방법으로, 하나의 실험집단만을 구성하여 실험 조건을 실시하고 단지 사후검사만 시행하여 그 결과를 수집하는 방법이다. 따라서 통제집단을 구성할 수 없기 때문에 외부효과나 성숙효과 또는 실험 조건에 반응하는 실험 대상자의 상호 작용 효과 등을 분석하기 어렵다. 그러나 사전검사를 시행하지 않기 때문에 실험 내용이나 형식을 반복해서 발생되는 성숙효과를 처리할 필요가 없다. 이와 같은 방법을 가장 간단한 준실험으로, 일명 일회용(one－shot) 실험이라고도 한다. 예를 들면, 예비군 훈련 소집에 참여한 20대와 30대 성인 남성을 대상으로 가족계획 홍보용 영화를 상영한 후 불임 시술자를 즉석에서 모집하여 시술하는 경우를 들 수 있다. 그러나 일반적으로는 통제집단을 구성할 수 없기 때문에 연구자는 자신이 연구할 분야의 성격과 내용을 사전에 자세히 알고 있어야 한다. 왜냐하면, 외부변수나 기타 성숙효과 또는 실험 기간 동안에 발생된 조건의 변화에 따라서 실험 결과가 어떻게 영향을 받을 수 있는가를 정확하게 분석할 수 있는 능력이나 가능성이 없으면 이와 같은 방법을 사용하기 어렵기 때문이다. 이 방법의 단점은 사전검사에 의한 자료가 없기 때문에 실험 조건을 실시하여 발생된 사후검사 값이 어느 정도로 실험 조건의 실시에 따라서 발생된 효과인지를 정확하게 확정하기 어렵다. 또한 통제집단이 없기 때문에 실험 대상자 개개인의 실험효과를 외부효과의 정도 등과 비교하기 어려운 점도 있다.

(2) 단일 실험집단 구성 II

일회용 방법에서 사전검사를 시행하지 못하여 발생되는 문제점을 해결하기 위해서 하나의 실험집단을 대상으로 사전검사와 실험 조건의 실시, 그리고 사후검사를 시행하는 방법을 구성할 수 있다. 현실적으로는 이와 같은 방법이 사회과학의 준실험으로 가장 많이 이용된다. 실험집단을 대상으로 사전검사를 시행하기 때문에 실험 조건의 실시 효과를 비교적 구체적으로 수집할 수 있다. 즉, 독립변수인 실험 조건의 변화에 따른 종속변수 값의 변화에 따른 인과관계를 측정할 수 있다. 물론 외부변수나 기타 성숙효과 등은 통제할 수 없다.

(3) 통제집단 구성 방법

이와 같은 방법은 통제집단을 구성할 수 있는 준실험 방법의 하나이다. 그러나 통제집단이라고 해서 진실험 방법과 같은 의미로, 실험집단과 통제집단이 표본의 성격과 특성에 따라서 무작위로 구성된 동일한 특성과 자질을 가진 동등한 집단은 아니다. 왜냐하면, 무작위로 통제집단과 실험집단을 구성할 수 없기 때문이다.

실험집단에는 사전검사를 하지 않고 실험 조건과 사후검사만 실시하고, 통제집단에는 사후검사만 시행하는 방법이다. 따라서 실험집단에서 발생된 실험효과와 통제집단에게 실시한 사후검사 값과 비교하여 실험효과에 통제할 수 없었던 외부효과나 성숙효과 등이 어느 정도로 작용하였는지를 비교할 수 있다. 또한 실험집단과 통제집단의 특성이 다르기 때문에 각 집단에서 실시한 사후검사 값의 차이는 실험 대상자를 선발하는 차이점에서 발생된 것일 수도 있음을 알 수 있게 한다. 그러나 실험집단과 통제집단에게 동일한 질문지의 내용과 형식으로 사후검사를 실시하기 어려운 경우도 있을 것이다.

3) 실험 방법의 문제점

진실험 방법을 사회과학에 도입하기 어려워 준실험 방법을 개발하고 있지만 준실험도 일반적으로 실험 방법의 하나이다. 따라서 여기서는 준실험을 포함한 실험 방법으로 수집한 자료의 문제점이나 실험 과정상의 문제점 때문에 발생되는 자료의 오류 등에 대해서 설명하고자 한다.

첫째, 단순히 사전검사와 사후검사를 실험 기간 동안에 중복 실시하기 때문에 실험 결과의 신뢰성이 문제될 수 있다. 일정한 실험 기간이 경과하여 실험 대상자들이 자연적으로 성숙하거나 학습함에도 불구하고, 또는 인간이기 때문에 다양한 환경에 영향을 받을 수 있음에도 불구하고, 사전검사와 사후검사의 점수가 동일하다고 하는 가정은 잘못된 것이며, 따라서 실험효과의 신뢰성이 문제된다. 마찬가지로 실험집단과 통제집단을 동일한 집단으로 구성하여 실시한 사전검사의 값이 동일하다고 가정하는 것도 준실험에서는 받아들일 수 없기 때문에 실질적으로 사회과학의 자료 수집 방법으로는 한계가 있다고 지적할 수 있다.

둘째, 실험 결과의 타당성, 특히 내적 타당성에 문제가 있을 수 있다. 일반적으로 실험의 과정과 진행 절차 등에는 문제가 없다고 하더라도 외부변수를 통제할 수 없기 때문에 발생되는 실험 결과의 타당성이 항상 문제가 되고 있다. 이와 같은 내적 타당성에 영향을 미치는 원인을 앞서도 간단히 여러 가지로 설명하였지만, 여기서 종합적으로 다음과 같이 지적할 수 있다.

① 실험 기간에 따라서 사전검사와 사후검사 사이에 발생된 사건이나 일 때문에 실험효과에 영향을 미치는 경우이다.
② 실험 기간 동안에 실험 대상자가 사망하거나 이사 또는 단순히 떠나 버리는 현상[이것을 실험사망률(experimental mortality)이라고 한다] 때문에 실험 결과의 타당성이 문제된다.
③ 실험 기간 동안 자연적 학습과 성장에 따른 성숙효과 때문에 실험 자료가 손상될 수 있다.
④ 상호 작용 효과나 반발 효과로서, 실험 대상자라는 인식에서 반동하는 작용에 따라서도 실험 결과는 달라진다.
⑤ 실험 대상자를 선발하는 과정에서 편견과 가치판단 등에 따라서 실험에 가장 잘 해당되는 표본을 선발할 가능성이 많다.
⑥ 실험 조건을 강요하여 실시하는 경우나 또는 실험 대상자에 선발된 대가를 지불한다거나, 또는 단순히 실험 대상자가 실험 내용에 반발하는 경우 등에는 자료의 타당성이 문제된다.
⑦ 가장 어려운 점으로, 실험 대상자가 인간이기 때문에, 스스로 감정과 판단을 하고 있는 인간을 어떻게 실험 기간 동안에 일관성 있는 태도나 판단을 유지하고 있다고 믿을 수 있는가 하는 점이다.

이 밖에도 실험으로 수집한 자료에 외부변수의 영향을 얼마만큼 정확하게 제거하였는가 하는 점에서 많은 논란과 문제가 있다. 그러나 지금까지는 자연과학에서 이용되고 있는 실험이 사회과학에서도 많이 이용되는 현상은 대단히 다행스러운 일이다. 좀 더 과학적 자료를 수집할 수 있는 방법으로 아직까지 한계점이나 문제점이 있지만 실험 방법이 계속적으로 발전하고 있다.

제4절 관찰 방법

1. 관찰 방법의 원리와 유형

1) 관찰 방법의 원리

관찰 방법(observation)은 일반적으로 연구 대상자의 행태나 태도 등 언어나 문자 등으로 나타낼 수 없는 현상에 관한 자료를 수집하기 위한 방법이다. 따라서 관찰에서는 관찰자가 관찰 대상자의 행태나 기타 반응 등을 제3자 입장에서 객관적으로 관찰하여 이를 수량적 단위나 기준을 사용하여 기록하여야만 연구에 필요한 자료를 얻을 수 있다. 그래서 관찰에서는 관찰자(이는 연구자 자신이 될 수도 있고, 또한 연구 보조원이 될 수도 있다)의 객관적이고 공정한 관찰 능력, 즉 시각이나 청각, 후각, 촉각, 미각 또는 이해 능력 등의 감각기관의 작용에 따라서 자료를 수집하기 때문에 무엇보다도 관찰자의 연구 내용과 가설을 이해하는 능력과, 그리고 풍부한 연구 경험이 필수적이라고 할 수 있다.

연구자인 관찰자는 직접 연구 대상자들이 생활하고 있는 연구 환경에 참여하든지, 또는 제3자의 입장에서 직접 참여하지는 않지만 그들의 판단이나 행위, 동작 상태, 희로애락 등의 표현을 일정한 관찰 기준에 따라서 기록하는 것이 관찰의 기본 논리이다. 예를 들면, "농성중인 근로자의 심리적 갈등 현상"을 연구하고자 한다면, 연구자는 관찰자가 되어 농성을 하고 있는 근로자의 한 구성원으로 가장하여 직접 그들과 농성을 하면서 그들이 겪고 있는 심리적 불안 현상을 관찰할 수도 있고, 또한 제3자의 입장에서 관찰할 수도 있다. 이때 무엇을 어떤 기준으로 관찰하여 기록할 것인가 하는 것은 연구자가 관찰 방법을 사용하기 이전에 결정할 수 있다. 아니면 근로자들이 농성중인 현장에서 관찰하면서 자신의 연구 내용에 필요한 사항을 관찰하여 기록할 수도 있을 것이다. 따라서 관찰은 일정한 규모의 관찰 현장에서 연구에 필요한 내용을 장기간에 심층적으로 관찰하여 자료를 수집할 수 있는 것이 특징이다. 한 가지 유명한 예를 들면, 영국의 'Working Borough Council'의 기술자문 국장으로 20년간 재직하면서, 모펫(Janice Morphet)은 영국 지방자치정부 단체장의 역할이 1990년대에 와서 어떻게 변화되고 있는가 하는 것을 관찰 방법으로 자료를 수집하였다. 그는 20년이라는 장기간의 세월에 걸쳐서 지방정부 수장의 역할, 특히 리더십의 변화를 심층적으로 관찰하여 연구 결과를 발표하였다(Morphet, 1993).

관찰은 표본조사나 실험 등의 방법으로는 신뢰할 수 있는 자료를 구할 수 없는 경우에 사용되며, 또한 장기간의 연구 기간에 걸쳐서 자료를 수집할 수 있는 특징을 충분히 살릴 수 있는 연구 분야에 널리 이용된다. 또한 관찰은 관찰 이외의 방법으로는 자료를 수집하기 어려운 연구 분야에 사용되고 있다. 예를 들면, 표본조사나 기타 방법으로는 연구 대상자의 사생활에 관련된 자료를 수집하기가 사실상 어렵다. 청소년 또래집단에서 벌어지는 왕따 방법이나 근로 현장에서의 작업 안전수칙을 지키는 정도 등, 주로 연구 대상자들의 개인 행동이나 태도 등에 관한 자료를 수집하여야 할 때는 관찰 이외에 다른 방법을 이용하기 어려울 것이다. 그러나 관찰에서는 조사하여야 할 조사 환경이나 대상자를 통제하기가 어렵다. 또한 조사 대상자의 행동이나 태도 등을 관찰하기 때문에 연구자가 관찰 내용을 객관적인 자료로 수량화하기가 어려운 것이 관찰 방법에 해당되는 고유의 논리라고 할 수 있다. 이에 관한 구체적인 것은 관찰의 장·단점을 설명할 때 언급하고자 한다.

2) 관찰 방법의 유형

관찰 방법의 논리에서 설명하였듯이, 관찰은 관찰자와 조사 대상자, 그리고 관찰하여야 할 환경 등에 따라서 다양한 유형의 관찰 방법을 구성할 수 있는데, 구체적으로 다음과 같은 세 가지 관점에서 관찰의 유형을 결정할 수 있다.

① 관찰자가 직접 관찰하여야 할 환경에 참여할 것인가 하는 문제

② 관찰 환경이 인위적인가 아니면 자연적인가 하는 문제

③ 관찰 기록의 내용을 사전에 일정하게 구성할 것인가, 아니면 관찰 현장에서 필요에 따라서 기록할 것인가

관찰을 이와 같이 세 가지 관점에서 나누는 것은 어디까지나 설명의 편의에 의한 것이고, 실제로 연구자가 관찰 방법을 이용할 때는 세 가지 기준을 적절히 조화시켜서 다양한 관찰 방법을 이용하면 될 것이다. 예를 들면, 인위적 관찰 환경에서 관찰자가 참여하여 관찰 내용을 사전에 잘 준비하여 구성한 방법을 사용할 수 있듯이 다양한 조합을 만들어 낼 수 있을 것이다.

(1) 참여 · 비참여 관찰

관찰자가 관찰 대상 집단 소속 구성원이 되어 직접 관찰하여야 할 환경에 참여하면서, 관찰 대상자의 행동이나 가치관 등을 기록하는 것이 참여 관찰이다. 반대로 관찰자가 제3자의 입장에서 관찰 대상자를 관찰하는 것을 비참여 관찰이라고 한다.

참여 관찰을 할 경우에는 원래 집단구성원들로부터 이질감이나 친근감 또는 외부인의 참여에서 오는 경계심 등을 특히 조심하여야 할 것이다. 지금까지 자기들만의 집단구성원이 모여서 소속감을 가지고 있는 집단에 관찰자가 구성원으로 나타나 자기들 멤버인 것처럼 행세하는 것이 반감과 배신감을 제공할 수 있기 때문이다. 그렇다고 관찰자가 자신의 신분을 밝힐 수는 없다. 왜냐하면, 조사 대상자는 관찰되고 있다는 생각에 평소와 다른 반응을 할 가능성이 크기 때문이다. 또한 관찰자의 신분이 알려진 경우에는 혹시라도 조직이나 집단의 스파이 역할을 관찰자가 수행하는 것이라고 생각하게 되면 자료를 수집하기 어려워진다.

비참여 관찰은 직접 관찰 집단의 구성원인 것처럼 가장할 필요는 없지만 관찰 방법에 따라서 수집된 자료의 질이 달라질 수 있다. 특히, 관찰자가 직접 참여하지 않기 때문에 항상 조사 대상자는 관찰되고 있다는 것을 알 수 없도록 하여야 한다. 몰래카메라를 동원하는 방법도 이 때문이다. 또한 자연적 관찰 환경일 경우 연구자는 비참여 방법을 사용할 가능성이 크다. 따라서 관찰자가 조사 대상자들을 관찰할 수 없는 물리적인 상황에서는 자료를 수집할 수 없는 경우도 많이 있다. 예를 들면, 10

대 청소년 또래집단을 비참여 방법으로 관찰하고자 할 경우 그들 몇몇 대표들이 폐쇄된 장소에서 벌이는 행동이나 태도 또는 의사결정의 과정을 비참여 방법으로 관찰하기에는 한계가 있다.

(2) 구성 · 비구성 관찰

구성 관찰은 관찰하여야 할 사항을 사전에 관찰자가 구성하여 자료를 수집하는 경우이고, 사전에 구성하지 않고 관찰 환경과 조건에 따라서 필요한 자료를 그때그때 수집하는 것을 비구성 관찰이라고 한다. 예를 들면, 관찰자가 관찰 대상자의 일정한 행동이나 태도의 발생 빈도나 강도 또는 발생주기와 기간 등을 수량화할 수 있도록 사전에 일정한 기준을 정하여 관찰하는 방법은 구성 관찰이다.

반면에 일정한 관찰 기준이나 또는 관찰하여야 할 사항 등을 결정하지 않고, 단순히 관찰자는 조사 대상자나 집단에서 발생되는 것을 수시로 기록하는 것이 비구성 관찰이다. 그러나 비구성 관찰이라고 해서 아무런 연구 과제나 목적도 없이, 단순히 제3자나 또는 참여자의 입장에서 관찰하는 것이 아니라 일정한 가설에 해당되는 사항을 자유롭게 관찰하여 기록하는 것을 의미한다.

현실적으로는 구성과 비구성 관찰을 분명히 구별하기 어렵다. 비록 일정한 관찰 기준에 따른 관찰 내용을 구성하였더라도 실제로 조사 상황에서 연구자가 사전에 생각할 수 없었던 조사 대상자의 행동이 있으면 이를 기록하여야 한다. 특히, 관찰은 표본조사나 실험 방법과 같이 사전에 조사하여야 할 자료를 미리 결정하기보다 실제로 조사 대상 집단에서 벌어지고 있는 현상을 우선 자세히 객관적으로 관찰하여, 무엇이 중요한 조사 내용이 될 수 있을 것인가를 결정하는 방법상의 특성이 강하기 때문에 모든 관찰 사항을 사전에 결정하기란 어렵다.

(3) 인위적 · 자연적 환경 관찰

관찰 환경이 자연적인가 아니면 연구자가 인위적으로 조작한 환경인가에 따라서 관찰의 방법도 달라진다. 자연적 관찰 환경이라면 연구자가 통제할 수 있는 범위가 적을 것이고, 인위적 환경에서는 연구자가 통제할 수 있는 범위가 많아질 것이다. 관찰 환경에 따른 관찰자의 참여는 문제가 되지 않지만 자연적 관찰 환경에서 관찰자가 직접 참여하지 않을 경우에는 관찰 대상자에게 관찰자의 신분을 노출하지 않기가 어려운 경우가 많다. 특히, 외부인의 접근을 극히 꺼려하는 집단을 관찰하는 경우나 개인의 사생활에 관한 자료를 수집하여야 하는 경우에는 더욱 그러할 것이다.

대부분의 경우에 자연적 관찰 환경에서는 관찰자가 참여하면서 사전에 관찰 내용이나 기준을 정하지 않고 조사하는 비구성 관찰이 일반적이라고 할 수 있다. 이것을 현장연구(field study)라고 하기도 한다(Bailey, 1994: 254). 현장연구는 자연적 관찰 환경이라는 현장에서 관찰자가 직접 관찰 대상 집단의 구성원으로 가장 참여하여 장기간에 걸쳐 필요한 자료를 수집하는 방법이다. 그래서 관찰 방법을 때로는 현장연구라고 하는 이유가 바로 여기에 있다. 그러나 여기서는 현장연구를 관찰의 한 구체적인 방법으로 설명하고자 한다. 왜냐하면, 관찰 방법은 좀 더 광의의 개념으로 자연적 관찰 환경뿐만 아니라 인위적 환경에서도 자료를 수집하는 방법이기 때문이다.

현장연구에 관한 것은 구체적으로 설명한 문헌을 참조할 수 있고, 여기서는 간단하게 그 개념과 방법을 설명하고자 한다(Neuman, 1995). 현장연구에서는 관찰자가 제3자의 입장이 아니라 조사 대상자나 그들 집단의 한 구성원이 되어서, 그들의 문화와 가치와 생활 양식 등을 공유하면서 관찰 활동을 수행하는 자료 수집의 방법이다. 따라서 현장연구에서는 사전에 조사 항목인 조사 기준과 방법을 결정하기보다 그들과 생활하고 참여하면서 관찰 대상 집단의 특성이나 의사결정 방법 또는 집단 환경 등을 구체적이고 세부적으로 조사하는 방법이다.

비록 학술적 가설 검증을 위한 것은 아니지만 현장연구방법을 가장 잘 실천하고 있는 하나의 예가 언론 기자들의 르포 잠입 취재라고 할 수 있다. 물론 이 경우에는 철저하게 기자 신분을 위장하고 취재 대상 집단구성원으로 가장하거나 또는 대상자들이 인식할 수 없는 방법으로 관찰하는 것이 특징이다. 또한 종군 기자가 전쟁터에서 일반 전투 병사와 같이 임무를 수행하면서 전투 현장에서 벌어지는 일들을 생생하게 기록하고 보도하는 것도 현장연구의 하나라고 할 수 있다. KBS TV에서 방영되었던 '도전! 지구 탐험대'의 프로그램도 현장연구를 잘 활용한 경우이다. 즉, 아시아나 아프리카 부족민의 구성원이 되어 그들과 같이 생활하면서 현장에서 경험한 것을 녹화하는 방법을 취하는 것이 현장연구의 대표적인 예라고 할 수 있다.

현장연구는 일반적으로 관찰자인 연구자가 일정한 연구를 수행할 비교적 제한된 의미의 현장(field)을 대상으로 관찰하는 것이기 때문에, 몇 가지 기술적 전략을 준비하여야 한다. 우선 현장연구의 단계, 즉 관찰하고자 하는 현장에 진입하는 기술에서부터 실제로 관찰을 수행하기 위한 실무 행정을 조직한 후에야 관찰 대상을 관찰할 수 있다. 이때 단순히 바라보는 것이 아니라, 무엇이 연구에 중요한 관찰요소인가를 항상 생각하면서 의미 있는 관찰을 하여야 될 것이다. 또한 필요한 경우에는 녹음이나 녹화 등을 병행하여 현장을 기록해 두어야 할 것이다. 특히, 관찰 집단구성원들과의 친밀 관계나 의사 교환 등도 적절하게 하여 오히려 관찰자가 그들 집단의 친절이나 가치판단에 빠져 버리는 일이 없어야 할 것이다(Schatzman et al., 1973).

특히, 현장연구는 현장에서 일이나 사건이 진행되는 것을 관찰하고 기록하여야 하기 때문에 절대로 일을 뒤로 미루어서는 안 된다. 그래서 흔히 현장 기록의 다섯 가지 수칙을 제시하기도 한다(Bailey, 1994: 259-260).

① 현장을 빨리 기술하기
② 잊혀진 일이 생각나면 즉시 기술하기
③ 자료 분석에 필요한 아이디어나 참고 사항을 빠짐없이 기록하기
④ 관찰자 개인이 받은 인상이나 느낌도 기술하기
⑤ 더 많은 정보와 참고 자료를 얻을 수 있는 항목도 빠뜨리지 말기

2. 관찰 방법의 장 · 단점

1) 장 점

첫째, 관찰은 표본조사나 실험 등의 방법으로는 자료를 수집하기 어려운 조사 대상자의 비밀스러운 행동이나 판단 또는 집단 유형 등을 조사할 수 있다. 관찰 방법의 논리에서도 설명하였듯이, 표본조사나 실험 등은 일정한 양식의 질문지에 해당되는 사항에 질문 대상자가 성실하고 솔직하게 대답하는 경우에만 그들의 가치판단이나 사생활 등에 관한 내용을 조사할 수 있다. 그러나 관찰은 조사 대상자가 자신이 관찰당하고 있다는 사실을 인식하지 못하는 한 자신이 평소에 하던 습관이나 언행 또는 가치판단 등을 관찰자는 파악할 수 있다. 예를 들면, "대학생의 시험 부정행위와 부

정 방법"에 관한 자료를 수집하기 위해서는, 물론 대학생을 대상으로 설문조사를 할 수도 있지만 좀 더 정확하고 진실한 자료는 각종 시험 때 부정행위를 직접 관찰하여, 부정의 정도와 방법, 그리고 남녀 차이, 학년 차이, 전공별 차이 등을 조사하는 것이 더욱 신뢰할 수 있는 자료를 수집할 수 있을 것이다. 또한 조사 대상자가 특수한 집단인 경우, 예를 들면, 교도소 수감자나 장애인, 노인집단, 청소년 갱단, 소년소녀 가장, AIDS 환자나 동성연애자, 최고 관리자 계층 등을 대상으로 하는 경우에 자연적 관찰 환경에서 관찰자가 직접 참여하지 않고도 장기간에 걸쳐서 그들이 밝히기를 꺼리는 집단행동이나 또래집단의 규범 또는 가치판단 등을 조사하기 위해서는 관찰 방법이 가장 적합할 것이다.

둘째, 자연적 연구 환경에서 연구 대상자들을 대상으로 자료를 수집하기 때문에 수집된 자료의 신뢰성이 클 수 있다. 관찰 방법은 인위적 관찰 환경에서 자료를 수집하는 경우도 있지만, 현장연구처럼 대부분의 경우에는 자연적 관찰 환경에서 조사 대상자들에 관련된 자료를 수집하기 때문에, 그들의 가시적이고 인위적인 행동이나 또는 거짓 진술 등에 의해서 발생될 자료 신뢰성이 손상될 염려가 없다. 질문지에 대답한 것만을 분석하는 것은 질문지에 대답한 내용에 거짓이나 가식이 없다는 것을 전제로 한다. 그러나 많은 경우에는 질문 대상자가 자신에게 불리하거나 또는 밝히기를 꺼리는 신상에 관한 것이나, 심지어 질문 내용을 정확하게 알지 못하는 경우 등에는 정확하고 성실한 대답을 하지 않는 경우가 많다. 이와 같은 경우에는 어느 대답이 진실이고, 어느 것이 믿을 수 없는지를 연구자가 판단하기 어렵다. 관찰에서는 그러나 관찰자가 현장에서 조사 대상자의 행태를 관찰하기 때문에, 과잉 반응이나 돌출 행동 또는 가식 행위 등을 구별할 수 있다. 때문에 좀 더 신뢰할 수 있는 자료를 얻을 수 있다.

셋째, 관찰 방법은 조사 대상자를 장기적이고 정기적으로 관찰하여 구체적이고 심층적 자료를 수집할 수 있다. 실험이나 표본조사는 표본 대상자를 계속하여 정기적으로 조사하기 어려운 경우가 많다. 왜냐하면, 표본으로 구성된 조사 대상자를 계속해서 연구자가 관리할 수 없기 때문이다. 물론 실험 방법에서는 실험 기간 동안에 실험집단을 관리할 수 있지만 그러나 실험 기간을 무한대로 장기화할 수 없다. 반면에 관찰 방법은 일정한 관찰 기간을 장기적으로 정할 수 있고, 나아가 정기적이고 주기적으로 조사 대상자를 관찰하여 필요한 자료를 구체적이고 심층적으로 수집할 수 있다. 특히, 조사 기간이 장기적일수록 관찰은 동일한 조사 대상자를 상대로 깊이 있는 자료를 구할 수 있다.

그러나 이와 같은 장점을 가진 관찰 방법도 조사 여건과 연구자의 능력, 그리고 연구자가 통제할 수 없는 변수 등에 따라서 단점도 많이 가지고 있다. 따라서 실제로 관찰 방법을 이용하기 위해서는 다음에 설명하는 단점들을 극복할 수 있는 전략이나 가능성 등을 면밀히 검토할 필요성이 있다.

2) 단 점

첫째, 연구자가 통제할 수 없는 환경 변수가 많을 경우에는 관찰 방법을 이용하기 어렵다. 특히, 자연적 관찰 환경에서 생활하고 있는 관찰 대상자는 관찰 기간 동안에 수많은 외부변수에 영향을 받지 않을 수 없다. 또한 자연적 사건이나 사망 또는 집단 해체 등으로 더 이상 관찰을 진행할 수 없는 경우도 발생할 수 있다. 관찰 대상이 인간 집단인 경우에는 윤리적으로 관찰 대상자의 행동이나 가치를 관찰할 수 없는 경우나 또한 불법에 해당될 경우도 있다. 따라서 외부변수의 영향에 의해서 변화된 자료를 수집한 경우에는 자료를 해석할 때 주의하여 자료의 신뢰성을 손상시키지 말아야 한다.

둘째, 관찰 방법에 의해서 수집된 자료를 객관적 기준으로 표준화하기 어려울 때가 많다. 관찰자는 자신의 인식 기준과 가치판단에 따라서 관찰 대상자의 행동이나 태도를 기록하기 때문에, 주관적 기준에 의해서 자료를 수집할 가능성이 크다. 비록 객관적 자료라고 하더라도 조사 대상자의 행동이나 가치를 기술한 자료이기 때문에, 일정한 기준에 의해서 이것을 표준화, 특히 계량화하기에는 어려움이 많다. 예를 들면, 전쟁터에서 벌어지는 전우들의 인간관계나 마약집단들이 행하는 집단섹스 등의 강도나 태도 등을 수량적으로 기록하기는 대단히 어려울 것이다. 마찬가지로 뇌물을 수수한 공무원의 인허가 태도 변화를 어떤 일정한 기준으로 객관화하기 어렵다. 이와 같이 관찰자 자신의 가치판단과 인식 작용 또는 신체적 조건인 피로 상태나 기분, 수면, 기아, 스트레스, 특히 관찰 대상자의 행동에 의한 위협이나 놀란 상태 등에서 관찰한 내용은 객관성이 결여될 가능성이 크다. 더구나 정신적이고 신체적으로 대단히 놀라운 광경을 목격하여 관찰자 자신이 흥분된 상태에서 기록한 자료는 타당성이 약할 것이다.

셋째, 관찰 대상자나 집단구성원으로 가장하여 관찰 환경에 들어가서 오랫동안 그들과의 인간관계를 지속하기 어려운 현실적인 한계가 있다. 관찰 방법의 가장 현실적 어려움은 어떻게 관찰 환경에 진입할 것인가 하는 점이다. 특히, 관찰 대상 집단을 선정한 경우에도 어떻게 그들 집단의 정상적인 관계를 흩트리지 않고, 성공적으로 진입하여 그들과의 일상적 관계를 빨리 유지하는가 하는 점이다. 그러면서 동시에 일정한 거리를 두어야 그들 집단의 가치 규범에 관찰자가 영향을 받지 않을 수 있다. 나아가 관찰 대상자들에게 관찰자의 신분을 노출시키면 그들은 자신의 익명이 보장되지 않기 때문에, 조사 그 자체를 거부하거나 또는 반발효과를 발생시킬 수도 있다.

넷째, 관찰 대상 집단이 무정형적인 경우에는, 특히 관찰을 진행하기 어려운 경우가 많다. 예를 들면, 구성원들의 가입과 탈퇴가 빈번하여 일정한 범위를 정하기 어렵다거나, 또는 소집단으로 수 개 그룹으로 집단행동을 하여 관찰자가 어느 집단을 대상으로 관찰하여야 할 것인지를 결정하기 어려운 경우에 관찰 방법에는 현실적으로 물리적 어려움이 많을 것이다.

3. 관찰 방법의 타당성과 신뢰성

관찰 방법의 단점이나 또는 현실적 어려움 등에서 곧바로 발생되는 것은 관찰에서 수집한 자료의 타당성과 신뢰성이 떨어진다는 사실이다. 물론 관찰 방법은 질문지를 사용하여 수집한 자료보다 표면 타당성이 강한 자료를 구할 수 있다. 왜냐하면, 질문지를 작성한다는 것은 사전에 조사하여야 할 자료를 실증적으로 측정할 수 있도록 만든다는 것이다. 이와 같은 측정에서 완벽하게 현실 경험 사회에 맞도록 조작하는 것이 관찰에서는 불가능하기 때문이다. 그러나 관찰은 이러한 조작 과정을 거칠 필요 없이 실제로 관찰자가 관찰한 내용을 정리하고 기록한 것이기 때문에, 측정상의 오류나 잘못을 저질러 발생될 수 있는 타당성, 특히 표면 타당성을 훼손할 염려가 거의 없다. 그러나 앞서도 지적하였듯이, 관찰은 표본조사 등의 보조 방법으로 사용된다는 것은 아직까지 관찰 방법이 미숙하기 때문이다. 그중에서도 특히 수집된 자료의 타당성과 신뢰성이 문제되기 때문에 관찰 방법만을 온전히 사용할 수 없는 한계가 있다.

타당성이 문제된다는 것은 자연적 관찰 환경에서 외부변수를 연구자가 통제할 수 없기 때문이다. 이 점은 앞서의 단점에서 설명한 것과 같다. 또한 관찰을 시작하기 이전에 무엇을, 어떤 기준에 따라서 관찰할 것인가를 구성하지 않고 관찰 현장에서 발생되는 것을 그때그때 기록한 것도 자료의 타당성이 약할 수밖에 없다. 또한 관찰 대상자의 반발 효과나 신분이 관찰자에게 노출될 경우, 관찰 수단인 연구자의 시력이나 청력 또는 인식 기준 등이 상당히 손상되거나 주관적일 경우 등에는 자료의 타당성이 문제되지 않을 수 없다. 또한 연구자나 관찰자의 편견에 따라서도 관찰 내용의 타당성은 약해질 것이다.

관찰 대상자 또는 관찰 물건 등의 상태에 따라서도 자료의 타당성이 문제될 수 있다. 예를 들면, 외부 영향에 반응을 하는 정도가 남녀나 노소 등에 따라서 다양함에도 불구하고, 차이점을 인정하지 않은 경우에는 관찰 내용의 타당성이 결여될 것이다. 또 다른 예로, 도서관 서적은 제본 상태나 재질의 조건, 보관 방법 등에 따라서 훼손되는 정도가 다름에도 불구하고 일률적으로 책의 훼손 상태를 관찰하여 도서관 서적 이용 실태를 조사한다면 이것도 타당성이 적을 것이다.

관찰 방법에서 신뢰성 문제는 주로 관찰 수단에 의해서 제기되고 있다. 예를 들면, 관찰자의 주관적 인식과 가치판단에 따라서 관찰 내용을 달리 해석하고 기록할 수 있기 때문에 신뢰성이 문제된다. 만약 영어로 이야기하는 내용을 한국어로 번역하여 기록하는 경우나 또는 장애인의 수화 내용을 잘못 해석하는 경우, 청소년 집단의 은어를 정확하게 파악하지 못한 경우 등에는 신뢰성이 약해질 수밖에 없다. 또한 구성 방법으로 관찰한다고 하더라도 동일한 관찰 기준을 반복하여 사용할 경우에도 신뢰성이 약화된다.

특히, 관찰자의 주관적 인식에 따라서 수집된 자료의 신뢰성은 대단히 심각할 수 있다. 모든 인간은 동일한 대상이라고 하더라도 자신의 관점에서 사물을 판단하기 마련이다. 속담에 "제 눈에 안경"이라고 하듯이, 자신의 가치판단과 경험 등에 따라서 관찰 내용을 달리 관찰할 수 있기 때문이다. 또한 커피의 향을 전문적으로 판단할 수 있는 전문가의 관찰 내용과 일반인이 관찰한 커피 맛의 내용은 신뢰성에 큰 차이가 있다. 비록 전문가라고 하더라도 자신의 습관과 경험에 따라서 또한 달리 판단할 수 있을 것이다. 이와 같은 경우에는 관찰에 의한 자료의 신뢰성을 의심하지 않을 수 없다. 그러나 일반적으로 인간의 인식 작용에는 공통적인 것이 많으며, 그 밖의 것은 무작위로 분포되어 있기 때문에 과학적 자료 수집에 크게 영향을 미칠 수 없다는 것이 지배적이다(간주관주의). 따라서 관찰 방법이 자료 수집의 한 방법으로 발달되고 있다.

제5절 문헌조사

1. 문헌조사의 의의

문헌조사(document analysis)는 사회과학의 자료 수집 방법으로 광범위하게 사용되고 있으면서도 실제로는 잘 알려져 있지 않은 방법으로서, 사회과학 방법론 교재 등에서도 문헌조사 방법을 자세히 설명하고 있는 경우가 드물다. 그 이유는 여러 가지가 있지만 무엇보다도 문헌조사가 과학주의, 즉 계량적 자료를 수집하여 현실 경험 사회에서 가설을 검증할 수 있는 자료 수집 방법으로는 한계가 있었기 때문이다. 그러나 지금은 문헌조사 기법이 크게 발달되어 있고, 또한 계량적 자료를 수집할 가능성이 크기 때문에 문헌조사의 중요성이 부각되고 있다.

문헌조사는 조사하고자 하는 내용이 실려 있는 문헌 정보를 분석하는 것이다. 문헌이 문자나 언어로 기록된 것도 있고 기타 영상 매체의 수단으로 기록된 것도 있다. 따라서 문헌조사는 사회과학보다 역사학이나 문화인류학, 고고학 등의 조사방법으로 많이 이용된다. 역사적 기록물이나 자료, 물건 또는 고고학적 가치가 있는 유물이나 유품 등을 연구자가 내용이나 형식을 분석하여, 특히 역사적 경향을 연구하는 방법론으로 발달된 것이 문헌조사이다(Bailey, 1994: 325－327). 그러나 최근에는 사회과학에서도 연구 문헌이 풍부해지면서 또한 풍부하고 복잡한 문헌을 분석할 수 있는 기법, 특히 컴퓨터에 의한 문헌조사가 가능해지면서 문헌조사 기법이 다양하게 이용되고 있다.

사회과학에서의 문헌조사는 역사학이나 고고학 등에서 이용하고 있는 문헌조사보다는 때로는 다양하고 변형된 기법을 이용하고 있기도 하다. 예를 들면, 역사학자는 조선 시대 역대 왕들의 치적이나 통치 내용을 그 당시의 관리들이 사실적으로 자세히 기록한 『조선왕조실록』이나, 조선 영조 때부터 순종 때까지 150여 년 동안 임금인 통치자가 직접 일기 형식으로 자세하게 국사를 기록한 『일성록(日省錄)』이나, 승정원(承政院)에서 국사를 기록한 『승정원일기』 등의 내용을 분석하여 조선 시대의 정치나 행정 또는 군사정책, 경제정책, 대외정책 등을 설명하기도 한다.

사회과학도 이와 같이 역사학에서 취급하는 방법으로 문헌을 분석하고 있다. 특히, 정치사(史)나 행정사 또는 제도 변천의 과정, 통치 이념이나 철학의 변화, 국가조직의 비교 연구 등을 위하여 과거의 문헌 내용을 정확하게 분석하고 있다. 이러한 분석 내용은 주로 질적 자료에 한정되는 경우가 많다. 왜냐하면, 가설을 경험적으로 검증할 수 있도록 이와 같은 자료를 계량화하기에는 어려운 경우가 많기 때문이다. 그러나 여기에 더하여 사회과학에서는 비계량적 자료를 계량화할 수 있는 방법을 개발하고 있다. 예를 들면, 『조선왕조실록』에 실린 내용에서 '치산치수(治山治水)'라는 단어가 연대별로 사용된 기록 횟수를 조사하여 국가 통치에서 당시의 농업사회에서 관개(灌漑)와 산림녹화의 중요성을 검증한다거나, 일본 관계의 기사를 내용 분석하거나(손승철, 2000: 61－83), 또는 『일성록』에서 임금이 수정 또는 가필한 횟수를 조사하여, 최고 의사결정권자인 왕이 직접 국사를 기록하는 일에 어느 정도의 관심을 가지고 있었는지를 연구하고자 하는 것도 사회과학에서 문헌조사의 한 분야이다.

최근에는 정부에서 일일(日日) 발간하고 있는 『관보(官報)』[전자관보(gwanbo.korea.go.kr]가 주요한 문헌조사의 대상이다. 또한 각종 지방자치단체나 정부 등에서 일년 단위로 정부의 주요 활동을 요약하여 정리 발간하고 있는 도사(道史)나 시사(市史), 또는 국회나 지방의회에서 발행되는 국회보, 의회보, 각종 법안 심의 토론기록서, 회의록 등도 사회과학의 주요한 문헌조사 자료라고 할 수 있다.

또한 순수한 개인적 목적으로 작성된 문헌도 많은 경우에 사회과학 문헌조사의 대상으로 이용되는 경우도 많다. 예를 들면, 초등학교 아동들의 국가관을 연구하기 위해서 그들이 개인적 목적으로 작성한 일기를 수거하여 일기 내용 중에 현재의 기성사회에 대한 관점을 적은 것을 분석하거나 PC통신에 나타난 유아 양육의 내용도 분석(김영주, 2003: 187-99)해 볼 수 있다. 또한 어른들이 알 수 없었던 아동들만의 세계에서 벌어지는 심리적 갈등 현상 등도 찾아볼 수 있다.

자서전이나 개인적 목적으로 이용된 메모 등도 경우에 따라서 중요한 사회과학의 연구 문헌으로 분석되고 있다. 예를 들면, 정부의 주요 정책결정권자나 기타 주요 인물들이 펴낸 자서전이나 또는 그들이 개인적 목적으로 작성한 각종 메모나 서한(書翰) 등을 분석하여, 그 당시의 정책결정에서 어떤 요소가 중요하게 작용하였으며, 어떤 결정 유형을 선택하였는지를 설명할 수 있을 것이다.

문헌조사에서 또한 가장 많이 이용되고 있는 것으로 언론기관에서 발행되는 신문이나 잡지 또는 방송 프로그램 등을 빼놓을 수 없다. 예를 들면, 신문에 실린 기사에서 지방자치의 인식과 태도를 분석하기 위해서 신문 사설, 해설, 기획, 논평 등의 기사 형태를 지방분권, 기관 구성, 지방재정, 지방정치, 환경, 기타 등으로 내용 분석한 경우를 들 수 있고(이상호, 2001: 335-354), 2002년 한일 월드컵이 사회적으로 파생시킨 영향을 신문 기사의 내용을 중심으로 분석할 수도 있다(김진동·김남조, 2003: 57-75). 그리고 MBC TV에서 인기리에 방영된 사극(史劇) '대장금'에서 궁중요리의 종류와 요리 방법 및 한국의 전통음식이나 요리사 등을 분석할 수도 있다. 따라서 문헌조사에 사용될 수 있는 문헌은 원칙적으로 한계가 없지만 일반적으로 크게 세 가지로 나누어 볼 수 있다.

첫째, 정부나 공공기관 또는 공식적 이용 목적으로 작성된 정부 간행 공문서나 회의록, 회사나 기업체 등이 발행하는 각종 파일 등이 문헌조사의 자료로 활용되고 있다.

둘째, 개인적 목적으로 기록된 문헌으로 일기, 자서전, 전기, 메모, 서한 등을 들 수 있다.

셋째, 각종 언론기관이 발행하고 있는 문헌으로 신문이나 잡지, TV나 라디오의 프로그램, 기타 출판물 등을 들 수 있다.

이와 같이 문헌조사의 대상은 비록 연구하고자 하는 사회과학의 연구 목적으로 작성된 것은 아니지만 자료의 내용이나 양식 등이 사회과학 연구 주제에 타당한 것이면 문헌조사의 대상이 될 수 있다.

2. 문헌조사의 장 · 단점

1) 장 점

첫째, 문헌조사는 비교적 저렴한 조사 비용으로 장기간에 걸쳐서 발행된 문헌을 되도록 많이, 즉 표본 크기를 되도록 크게 하여 조사할 수 있다. 표본조사나 실험 또는 관찰 등의 방법으로 자료를 수집하고자 하면 우선 조사 경비를 생각하지 않을 수 없다. 설문지의 작성 비용과 인쇄비, 설문조사자 인건비, 실험집단의 구성에 관한 비용이나 관찰자 인건비 등, 특히 사회과학의 한정된 조사 경비로는 충당하기 어려운 비용이 소요될 때가 많다. 또한 조사 기간을 장기간으로 정할 수 없는 경우도 있다. 왜냐하면, 표본을 장기간 관리할 수 없기 때문이다. 더구나 조사 비용의 한계와 표본 프레임의 불완전 등으로 인하여 표본의 양이나 크기도 상당히 제한적이다. 그러나 문헌조사에서는 이러한 점을 극복할 수 있다. 연구자는 자신의 노력과 시간의 투자로 필요한 문헌을 상당한 수준까지 확보할 수 있다. 또한 분석하여야 할 문헌의 표본의 수도 되도록 많이 확보하여 통계분석이나 처리를 완벽하게 할 수 있다. 더구나 문헌의 존재가 장기간에 걸쳐서 이룩된 것이라면 짧은 조사 기간에도 불구하고 장기간에 걸쳐서 생산된 문헌을 대상으로 조사할 수 있는 장점도 있다.

둘째, 문헌조사 이외의 방법으로 자료를 수집하기 어려운 분야에 가장 적합한 방법이다. 우편조사 방법이나 전화 등을 사용하는 표본조사나 또는 실험 등으로는 도저히 접근하기 어려운 특수 계층 등을 조사 대상으로 하여 자료를 수집하기가 어려운 것이 현실이다. 또한 과거의 일이나 사건을 연구하고자 할 경우에 연구자는 물리적으로 그것에 접근하기가 불가능하다. 예를 들면, 1979년 10월(10 · 26 사태)에 발생된 박정희 대통령의 암살 사건과 미국의 입장을 연구하고자 한다면, 지금은 그 당시의 암살 사건에 관련된 사람을 대상으로 방문 면접이나 전화 또는 우편조사 방법 등으로 자료를 수집하기 어렵다. 할 수 있다고 하더라도 오랜 세월이 경과하여 기억을 정확하게 할 수 없는 경우도 있을 것이고, 또한 개인의 사생활이나 기타 신변상의 문제점 등으로 정확한 자료를 얻기 어려울 수도 있다. 이 경우에는 그 당시에 이 사건을 취급한 문헌을 분석하는 것이 가장 합리적 자료 수집 방법이라고 할 수 있다.

셋째, 문헌조사에서는 수집된 자료에 반발 효과나 기타 왜곡된 내용이 포함될 가능성이 가장 적다. 문헌조사는 개인이나 정부 또는 언론기관 등이 제공한 자료 그 자체를 대상으로 하기 때문에 조사 대상자라는 인식에서 발생되는 반발 효과는 없다. 또한 설문지나 전화 또는 면접 방법에 의하여 대답하기 곤란하거나 자신에게 불리한 것이나 사생활 등에 관한 자료는 상당 부분에 걸쳐서 진실이 문제될 때가 많다. 더구나 질문 내용이나 연구 주제를 잘 모르는 일반인이 제공한 자료이기 때문에 실제로 자료의 전문성이나 신뢰도가 약할 수밖에 없다. 반면에 문헌조사가 취급하는 문헌은 대체적으로 그 분야의 전문가에 의해서 작성된 것이거나 사실적인 내용을 기술한 것, 또는 연구하고자 하는 의도와는 전혀 관계없이, 즉 작성자가 자신이 작성한 문헌이 연구될 것이라고 생각하고 기록한 것이 아니기 때문에, 자료의 신뢰성이 높다고 할 수 있다. 또한 전문가가 분석한 내용이기 때문에 그 분야나 주제에 익숙하지 못한 일반인이 질문지 등을 통하여 제공하는 자료보다 더욱 구체적이고 심층적이며 신뢰할 수 있는 정보가 될 수 있다.

2) 단 점

첫째, 취급하고자 하는 문헌이 사회과학의 연구 목적으로 작성된 것이 아니기 때문에 문헌 작성의 목적과 의도에 따라서 문헌조사에 편견이 발생할 가능성이 있다. 문헌조사의 대상은 원래부터 사회과학 연구를 위해서 기록된 것은 아니다. 각종 문헌에는 각각의 작성 목적이 있다. 예를 들면, 일기를 쓴 초등학교 아동들은 일일 숙제로 일기를 썼을 수도 있고, 신문 기사는 공정한 보도를 목적으로, 기타 잡지 내용은 시중에서 잘 팔리기 위해서 쓴 것일 수도 있고, 또한 영리를 목적으로 자서전을 쓴 경우도 있을 것이다. 이처럼 다양한 목적에서 작성된 문헌을 이제 사회과학의 일정한 연구 주제에 따라서 분석할 때는 원래의 작성 의도에 따라서 자료에 편견과 부정확한 요인 등이 발생하게 될 가능성이 크다. 또한 각종 정부간행물이나 정치단체 등에서 발행하는 자료도 정치 선전이나 치적(治績)을 과장 또는 확대한 경우가 많을 수도 있다. 그러나 문헌조사는 단지 그 문헌에 나타난 것만을 대상으로 하기 때문에 이와 같은 작성자의 목적이나 편견을 찾아낼 수 없다.

둘째, 연구 목적에 따른 문헌 그 자체가 부족하거나, 또는 문헌 내용이 부실한 경우가 많은 것이 문헌조사의 또 하나의 한계이다. 원래 문헌은 사회과학의 연구 목적과는 관계없이 작성된 것이기도 하지만 그러나 많은 경우에는 조사하고자 하는 내용에 맞는 문헌의 양, 즉 일정한 표본 크기를 확보할 수 없는 경우가 많다. 또한 전혀 문헌을 찾을 수 없는 경우도 있다. 또한 문헌의 양은 풍부하다고 하여도 문헌 내용이 연구 주제와 크게 관련이 없거나 또는 문헌 내용의 신뢰성이 문제되는 경우 등에도 문헌조사를 수행할 수 없는 경우가 있다. 연구자의 능력이나 주의 부족 등으로 필요한 문헌을 충분히 찾지 못한 경우에는 표본 그 자체의 부족으로 연구 결과의 타당성이 약해질 수 있다. 실제로 문헌조사를 진행할 경우 여러 곳에 분산되어 있는 문헌을 찾기 위해서 일일이 찾아 나서지 않을 수도 있다. 또한 시간의 제약이나 조사 경비의 부족, 피로의 누적, 문헌에 접근하기까지의 여러 단계를 거쳐야 하는 불편함, 컴퓨터의 데이터베이스에 접근하기 어려움 등등에 의해서 연구자는 자료 수집을 쉽사리 포기해 버리는 경향이 있으며, 이에 따라서 문헌조사는 실패할 가능성도 대단히 높다. 예를 들면, 각종 지방자치단체가 발행하고 있는 문헌을 분석하여 자치단체들이 정부사업을 결정하는 행태를 연구하고자 할 경우에는 실제로 사업 결정의 유형에 필요한 자료를 발견하기가 쉽지 않을 것이다. 더구나 자치정부에서 발행하는 자료는 구체적 결정 과정을 기술한 것이라기보다 결정된 결과를 간단히 나열한 것이 많고, 또한 정부 업적을 과대평가한 것이 많기 때문에 일정한 결정 유형을 발견하기 어렵다. 이와 같은 경우에 연구자는 되도록 자신이 쉽게 접근할 수 있는 일정한 크기의 표본만을 대상으로 조사하고자 하는 유혹에 빠질 확률이 높다.

셋째, 실제로 문헌조사를 진행할 경우에 문헌조사의 내용을 계량화하기 어려운 것이 현실이다. 따라서 가설을 통계적으로 검증하기 어렵다. 문헌조사의 유형에서 문헌조사 기준을 설명할 때 이 점을 좀 더 자세히 설명할 것이지만, 일반적으로 가설을 경험적으로 검증하기 위해서는 문헌조사의 내용을 계량화하여야 한다. 그러나 원래

주관적 문헌 내용을 계량화하기 어렵고, 또한 문헌 형식이나 인쇄 양태, 강도 등을 계량적으로 조사할 수 있다고 하더라도 실제로 이것을 통계 처리하기 위해서는 척도(尺度)를 하여야 하는데, 이때 일정한 기준을 정하기 어려운 경우가 많다. 문헌조사의 경험에 비추어 보면, 척도의 단계가 복잡하고 때로는 많은 시간이 소요되기 때문에 연구자의 주관적 해석이 가장 많이 작용될 수 있는 분야라고 할 수 있다. 또한 일정한 분석단위를 정하였다고 하더라도 장기적으로 생산된 문헌인 경우에는 그와 같은 분석단위를 표준화하여 사용할 수 없는 경우가 대단히 많다. 예를 들면, 정부 예산을 분석한다고 하면 예산 분류 기준이 각 연도마다 다양하기 때문에 어느 것을 기준으로 표준화할 것인지를 결정하기 어렵다. 그리고 언론기관이나 각종 출판사가 발행하는 문헌도 과거의 출판 양식과 전혀 다른 양식을 사용한 경우 등에는 분석단위를 표준화하기 어렵다.

3. 문헌조사의 유형

다양한 장·단점을 가진 문헌조사가 실제로 사회과학 연구에서는 대단히 많이 활용되고 있다. 특히, 컴퓨터를 이용한 자료 분석기술이 발달되면서 각종 정보를 수집하고 저장하는 데이터베이스 산업도 발달하였고, 아울러 다양하고 풍부한 국내·외의 문헌에 손쉽게 접근할 수 있게 되었다. 따라서 사회과학에서 많이 이용되는 문헌조사를 사례연구(case study)와 내용분석(content analysis) 등으로 나누어 볼 수 있다. 그러나 대부분의 경우에 사회과학의 문헌조사 유형으로 사례연구보다 내용분석 방법이 많이 사용되고 있기 때문에, 대부분의 경우에 문헌조사라면 내용분석을 의미한다. 따라서 여기서는 내용분석을 좀 더 자세히 설명하고자 한다.

사례연구는 일정한 사건이나 사례를 집중적으로 분석하기 때문에 가설을 검증하거나 연구 주제를 해결하여야 할 임무가 적다. 대신에 각종 사례를 지배하고 있는 이념이나 사건의 발생 과정, 그리고 사례를 설명할 수 있는 모형의 개발 등을 비교적 질적인 방법으로 설명하기도 한다. 그러나 내용분석은 일정한 분석단위에 따라서 분석 내용을 계량화하는 방법을 따르고 있다. 따라서 이하에서 설명하는 것은 내용분석에 해당되는 사항이다.

1) 내용분석의 목적

내용분석도 여타의 자료 수집 방법과 마찬가지로 가설을 경험적으로 검증하는 것이 목적이지만 내용분석 고유의 목적을 다음과 같이 지적할 수 있다(Weber, 1985).

① 언어나 문자 등의 의사 전달체계와 방법을 세대 간, 집단 간, 계층 간, 시대 간 또는 국제 간 비교하기 위함이다.

② 시대적 구분으로 그 시대의 삶의 양식이나 가치관 또는 심지어 그 시대에 유행한 스타일 등을 알고자 할 경우에 내용분석이 타당하다.

③ 내용분석으로 사용할 대상 문헌 저자들의 목적이나 특징적 요소 등을 알기 위해서이다.

④ 내용분석에서 단순히 자신의 생각이나 아이디어, 심지어 정부 정책 등을 선전하고자 하는 목적이나 또는 개인이나 집단의 심리 상태 등을 파악하고자 할 목적도 있다.

2) 분석단위의 결정

내용분석의 가장 중요한 사항은 표본으로 선택한 문헌을 어떤 기준으로, 무엇을 조사할 것인가 하는 점이다. 이것을 분석단위 또는 기록단위(recording unit)라고 한다. 조사 내용에 따라서 여러 가지로 나눌 수 있지만 일반적으로 내용분석에서는 크게 다섯 가지를 들 수 있다.

첫째, 단어(word)로서, 내용분석의 가장 작은 분석단위이다. 조사 대상 문헌에 나타나는 단어의 횟수(frequency) 등을 기록하는 단위이다. 예를 들면, <표 7－5>에서 보듯이, 2002년 대통령 선거 유세에서 각 정당 후보들(한나라당 이회창, 민주당 노무현, 기타 정당 후보)의 후보 수락 연설문을 내용분석하기 위해서, 연설문에서 사용된 단어의 빈도를 기록한 것이다. 실제로 단어를 분석단위로 할 경우에는 컴퓨터를 활용하여 연설문에 사용된 단어의 빈도를 쉽게 기록할 수 있다.

표 7-5 2002년 대통령선거 각 정당 후보 연설문 단어의 빈도[13]

이회창 후보		노무현 후보		기타 정당 후보	
단어 사용 순위 빈도		단어 사용 순위 빈도		단어 사용 순위 빈도	
상생	32	우리	56	나라	28
남북정치	19	클린정치	34	도덕정치	25
균형	16	지방	31	단결	20
		―이하 생략―			

둘째, 주제(theme)를 들 수 있다. 주제는 분석 내용의 기본 방향이나 철학 또는 주장하는 내용 등을 분석단위로 기록하는 것이다. 주제를 분석단위로 하는 것은 연구 내용에 따라서 연구자가 주관적으로 결정한 주제에 해당되는 것을 분석하고자 하는 내용에 따라서 나타나는 빈도나 강도 등을 기록하는 것이다.

셋째, 항목(item)을 분석단위로 사용할 수 있다. 항목을 분석단위로 해서 주제를 상징하는 내용이나 단어의 등장 횟수나 강도를 조사할 수 있다. 주제나 단어 등을 분석 단위로 하였을 때는 방대한 양의 문헌을 분석하기 어려울 때가 많다. 이 경우에는 하나의 문헌을 여타의 문헌과 비교하든지, 아니면 문헌 전체의 입장을 항목으로 정리하기 위해서 항목을 분석단위로 사용하면 편리하다. 그러나 실제로 분석단위인 항목과 주제를 정확하게 구별하기 어려울 때가 많다. 주제와 항목 등을 사용하여 실제

표 7-6 일간 신문 내용분석의 예

신문의 구별	분석한 사설의 숫자	대단히 진보적＝1 온건 진보적＝2 중립적＝3 온건 보수적＝4 대단히 보수적＝5	탄핵 결정 찬성 항목의 수	탄핵 결정 비판 항목의 수
001	50	3	20	28
002	48	1	42	59
003	76	5	47	35
004	52	4	43	31
―이하 생략―				

13) <표 7－5>의 내용은 내용분석을 교육적으로 설명하기 위한 하나의 보기에 불과하고 실제 내용과는 관계가 없다.

로 내용분석을 할 수 있는 경우를 <표 7-6>과 같이 예시할 수 있다.

<표 7-6>은 2004년 한국 국회에서 대통령을 탄핵 결정한 이후에 주요 일간지의 신문 사설에 나타나고 있는 계층 간의 갈등 현상을 분석한다고 가정한 연구 주제이다.[14)]

넷째, 등장인물(character)을 분석단위로 하는 경우에는 영화나 TV 프로그램 또는 라디오 연속극, 드라마, 음악회 등 상당히 제약된 분야에 한정될 경우가 많다. 예를 들면, 미국 영화사들이 제작한 1990년대의 영화에서 아시아계 배우들이 등장한 횟수나 강도 등을 조사할 수 있다. 또한 TV의 일일 연속극의 등장 배우 중 노래를 부르는 연기를 하는 등장인물의 숫자를 조사할 수 있다.

다섯째, 문장이나 절(sentence or paragraph)이 분석단위로 사용될 수 있다. 예를 들면, 한 문장이나 절에서 틀린 단어를 사용한 경우나 또는 오자(誤字)의 숫자를 기록하는 경우 등을 들 수 있다. 또한 문장이나 절에서 여성과 남성을 구별하는 내용이나 또는 선전 로고용으로 사용된 문장이나 절에서 여성을 성적 상품으로 취급한 내용이나 정도 등을 분석할 수 있는 경우이다.

3) 분석단위의 계량화

문헌조사의 장·단점에서 설명하였듯이, 문헌조사를 사용하여 가설을 경험적으로 검증하려고 할 때 가장 어려운 점은 분석단위를 수량적으로 계량화하는 일이다. 비록 무엇을 어떤 분석단위에 따라서 조사할 것인가를 결정하였다고 하더라도, 실제로 분석단위를 연구 문헌에 적용하여 일관성 있고 타당성 있는 자료로 계량화하기가 대단히 어려운 것이 현실이다. 예를 들면, 문헌에 사용된 단어의 빈도를 조사하는 것은 간단하다. 그러나 사용된 단어의 의미를 분석하여 주제를 정하는 결정은 그리 쉽지 않다. 왜냐하면, 단어의 의미를 정확하게 정의하기도 어렵고, 또한 모든 사람이 동의할 수 있도록 단어를 정의한다는 것도 어렵기 때문이다. 그러나 일반적으로 내용분석에 사용되는 분석단위를 계량화하는 방법을 다음과 같이 크게 세 가지 정도로 나누어 볼 수 있다(Bailey, 1994: 319-324).

---

14) <표 7-6>의 작성에 필요한 아이디어는 바비(Babbie, 1995: 314)에서 가져온 것이다.

첫째, 단순집계 방법으로, 단순히 표본으로 채택된 문헌에서 분석단위로 결정된 것이 있느냐, 아니면 없느냐 하는 것을 표시하는 방법이다. 예를 들면, 할리우드(Hollywood)에서 제작한 영화의 등장인물에 동양인이 있느냐 없느냐 하는 것을 체크하거나, 그 영화에서 인종 차별의 주제가 있느냐 없느냐 하는 것을 결정하는 방법이다.

둘째, 빈도를 계산하는 방법이다. 내용 조사에서 가장 많이 사용되는 계량화 기법으로 <표 7-5>나 <표 7-6> 등에서 예시된 방법과 같이 빈도를 조사하는 것이다. 또한 빈도를 필요하다면 백분율(percentage)로 계량화할 수도 있다. 그러나 빈도나 백분율을 사용할 때 주의하여야 할 것으로 가중치를 어떻게 취급하여야 할 것인가 하는 점이다. 예를 들면, 표본으로 선택된 모든 영화에서 등장한 동양인의 역할이 때로는 조연일 수도 있고 때로는 주연일 수도 있다. 또한 등장 횟수에 관계없이 등장 시간이나 강도 등도 다를 것이다. 그럼에도 불구하고 일률적으로 단순히 빈도를 계산하는 것은 문헌의 내용이나 특징을 무시하게 된다.

셋째, 강도(strength) 또는 여백이나 공간의 양을 사용하여 위에서 제시한 빈도나 단순집계가 계량화할 수 없었던 가중치를 계산할 수 있다. 만약 주연과 조연의 등장인물을 구별한다거나, 또는 등장한 시간의 양을 정확하게 측정하면 단순히 영화에 동양인이 등장하였다는 것을 집계하는 것보다 정확한 질적인 것을 수량화할 수 있을 것이다. 또한 일간지 신문에 등장하는 광고에서 여성을 성적으로 상품화하는 경향을 조사한다면, 신문광고란에 사용된 양이나 지면, 광고의 위치 등도 기록하여야 할 것이다.

4. 문헌조사의 타당성과 신뢰성

문헌조사에서 수집된 자료의 타당성과 신뢰성은 표본으로 수집된 문헌이 조사의 목적과 내용에 얼마만큼 타당하고, 나아가 문헌이 작성될 때 얼마나 신뢰할 수 있도록 작성되었는가, 즉 얼마나 신뢰할 수 있는 문헌인가 하는 점에 달려 있다. 따라서 문헌조사에서는 무엇보다도 연구자가 자신의 연구 목적과 검증하고자 하는 가설에 타당한 표본의 문헌을 수집하는 것이 중요하다. 일단 대표성 있고 타당성 있는 문헌을 충분히 확보한 후에 문헌의 진위 여부나 또는 문헌 내용의 신뢰성 등을 결정하는 것이 순서이다(Weber, 1990: 17－20). 이와 같은 조건에 문제가 없다면 문헌조사는 대단히 우수한 표면 타당성을 확보할 수 있다. 즉, 조사할 문헌이 작성된 연대나 사용된 언어, 단어의 의미 등을 조사하여 문제가 없다는 조건이면 문헌조사의 타당성은 크다. 왜냐하면, 연구 내용에 맞는 문헌에는 기록자가 개인적 경험이나 사실 등을 정확하게 기록하고 있기 때문에, 연구자의 가치판단이나 편견 등이 개입될 여지가 없다. 즉, 문헌 내용에 하자가 없다는 의미이다. 그래서 표면 타당성을 내용 타당성이라고 한 것을 기억할 것이다. 그러나 기준 타당성은 그리 간단하지 않다. 장기간에 걸쳐서 작성된 문헌을 어느 한 시점에서 표준이나 기준을 정하여 판단할 수 없기 때문이다. 예를 들면, 1945년 정부 수립 이후부터 지금까지 발간된 정부간행물인 『관보(官報)』를 분석할 경우에, 관보에는 각 정권별로 또는 시기별로 다양한 편집 체제나 또는 공개 범위 등이 취급되어 있을 것이다. 그럼에도 불구하고 이것을 어느 한 시점을 기준으로 하여 분석단위를 적용하기에는 무리가 있을 것이다.

문헌조사의 신뢰성은 동일한 연주 주제를 문헌조사로 연구한 다른 연구 결과와 비교하여 연구의 신뢰성을 점검할 수 있을 것이다. 이것이 일반적으로 가장 많이 이용되고 있는 문헌조사의 신뢰성을 확보하는 방법의 하나이다. 흔히 문헌조사는 연구자의 주관적 해석과 판단이 많이 작용하게 된다. 그럼에도 불구하고 동일한 문헌을 사용하여 동일한 결과를 생산할 수 있다면 연구자에 관계없이 연구 결과의 신뢰성을 확보할 수 있을 것이다.

또 하나의 방법으로 문헌 그 자체의 신뢰성을 조사하기 위해서 여러 문헌을 비교해 보는 방법을 사용할 수 있다. 즉, 동일한 시기에 생산된 문헌 여부를 판단하기 위해서 그 시기에 발행된 문헌과 비교한다거나, 또는 문헌의 재질이나 내용을 분석하여 어느 시기에 발간된 것인지를 구별하여 문헌 그 자체의 신뢰성을 조사할 수도 있다.

제6절 2차 자료 조사

1. 2차 자료 조사의 필요성

면접조사 이외의 기타 자료 수집 방법으로 여러 가지를 들 수 있지만, 여기서는 가장 대표적인 것으로 2차 자료 조사를 설명하고자 한다. 2차 자료 조사(secondary analysis)란 연구자 자신이 수집한 자료가 아닌 다른 연구자나 기관 등이 수집한 자료를 자신의 연구 목적을 해결할 수 있는 자료인 경우에, 기존의 수집된 자료를 다시 수집하는 방법이다. 예를 들면, "성별, 연령별, 학력별, 지역별 인구 구성 비율의 변화에 따른 행정 수요의 변동"을 연구하고자 한다면, 우선 인구 구성 비율에 관한 자료를 연구자 자신이 직접 수집하기에는 시간적이고 예산적으로 거의 불가능하다. 그래서 국가기관이나 기타 연구기관이 인구조사를 실시한 자료를 가지고 있다면, 이것을 찾아서 인구 구성 비율을 자신의 연구에 맞도록 분석할 수 있다. 다행히도 거의 모든 국가는 일정한 기간마다 전수조사(census)를 시행하여 인구 분포에 관한 풍부한 자료를 소장하고 있다. 한국은 통계청(www.nso.go.kr)이 매 5년마다 '인구 및 주택에 관한 전수조사'인, 전국의 모든 가구별 인구수와 주택 및 기타 생활에 관한 자료를 표본조사가 아니라 모집단 전체를 대상으로 하는 총조사를 실시하여 그 자료를 공개하고 있다[예: KOSIS > 조사별 검색 > 인구총조사 > 인구 부분 > 총조사인구(2000) > 전수 부분 등]. 그러나 행정 수요에 관한 자료를 2차 자료로 수집하기에는 아직까지 많은 데이터베이스가 갖추어져 있지 않은 실정이다. 따라서 연구자의 연구 목적과 내용에 일치될 수 있는 행정 수요를 조사한 기관이나 또는 기타 연구소 등의 자료를 정확하게 확인하고 소재를 찾아내어 이용할 수 있는 자료를 수집하면서, 동시에 연구자가 직접 설문조사나 기타 방법을 병행하여 자료를 수집하는 것이 더욱 타당할 것이다.

다양한 분야의 연구 업적이 축적되면서 또한 정보사회로 발달되고 있는 21세기 사회에서 연구자는 다양한 분야에서 다양한 자료를 쉽게 이용할 수 있게 되었다. 그래서 직접적으로 연구자가 자료를 수집하기보다 이미 수집되어 있는 2차 자료를 이용하여 가설을 검증하거나 연구를 진행할 수 있게 되었다. 현실적으로도 2차 자료를 이용하는 사회과학 연구가 상당히 진행되고 있다. 특히, 정보 분야에 선진국일수록 풍부하고 다양한 2차 자료의 저장 덕택에 연구자가 직접 자료를 수집할 필요가 없을 정도로 2차 자료 연구가 보편적으로 이용되고 있다. 따라서 2차 자료 조사를 통한 연구가 활발해지면서 2차 자료 조사의 필요성이 커지고 있는 것이 현실이다(이명선, 2003: 83－84). 구체적으로 2차 자료 조사의 필요성을 정리하면 다음과 같다.

첫째, 연구 목적과 내용에 적합한 2차 자료를 확보할 수 있는 경우에는 조사 비용과 시간을 크게 절감할 수 있다. 앞에서 예를 든 인구조사 등과 같이 연구자 자신이 직접 자료를 수집하기 어려운 경우나 또는 할 수 있다고 하더라도 이미 그에 관한 자료가 수집되어 있다면 이것을 활용하는 것이 더욱 합리적이다. 조사 비용과 시간을 낭비하면서 동일한 자료를 여러 연구자가 수집할 필요는 없기 때문이다. 특히, 대규모의 연구 주제나 장기간 연구 기간이 필요한 연구일수록 2차 자료를 활용할 수 있는 데이터베이스가 있다면 이것을 이용하여 연구 주제를 해결하는 것이 가장 합리적이다.

둘째, 방법론적으로도 2차 자료 조사는 필요하다. 타인의 연구 과정이나 자료의 신뢰성이나 타당성 또는 자료 수집의 방법 등을 재차 분석하여 연구 결과를 일반화할 수 있는 것이 2차 자료 조사의 한 이유라고 할 수 있다. 또한 2차 자료 조사는 상당한 기간이 경과하여 연구 결과의 외적 타당성에 문제가 있다면, 이제 이것을 타인이 수집한 동일한 내용의 2차 자료를 이용하여 다시 연구할 수 있는 기회를 가질 수 있다. 또한 2차 자료 조사를 하게 되면 1차적으로 수집된 자료의 범위인 표본집단의 크기 등을 확대할 수 있고, 나아가 조사 기간도 연장할 수 있다. 더구나 1차 자료 수집 때의 측정 수단이나 자료 수집 방법상의 문제점을 개선할 수도 있다.

조사방법의 필요성으로서 또 하나 지적할 수 있는 것은 비교 연구에는 2차 자료 조사를 하여야 할 필요성이 크다는 점이다. 앞서 예를 든, “유교 문화권에 있는 아시아 국가 관료들의 생산성”을 연구하고자 한다면 연구자가 아시아 국가 관료들을 대상으로 직접 자료를 수집하는 대신에, 각 국가나 기타 연구단체가 수집하고 있는 관료들의 가치관과 행태, 업무 실적 등의 자료를 이용하여 비교 분석하는 것이 현실적으로 가장 합리적인 조사방법이 될 것이다. 물론 연구자가 이와 같은 자료를 찾을 수 없다면 연구를 포기하든지, 아니면 직접 자료를 수집하여 연구를 계속할 것인지를 결정하여야 할 것이다.

셋째, 연구 내용이나 주제가 1차 자료를 수집할 수 없는 경우가 많다. 이와 같은 경우에는 2차 자료 조사를 하지 않을 수 없는 필연성이 있다. 예를 들면, 정치 사상사나 사회 역사, 정책철학, 규범과 가치 등을 연구하고자 하는 경우에는 근원적으로 1차 자료를 수집할 방법이나 가능성은 거의 없다. 또한 연구자가 1차 자료를 수집하고자 하여도 역사적으로 이미 소멸해 버린 대상을 찾기가 어려울 것이다. 그 예로서, "한국에서 민주주의 성장 과정에 따른 국가정책의 지배적 이념"을 연구하고자 한다면, 제1공화국에서 제5공화국 정권 때의 민주주의 지표인 투표율, 정치 참여율, 정당 구성률, 정치범의 수 등을 연구자가 과거로 돌아가서 그들을 대상으로 자료를 수집할 수 없다. 연구자가 신의 능력을 부여받아 과거 세계로 회귀할 수 있다면 몰라도 현실적으로 그것은 불가능하다. 따라서 연구자는 각 공화국 당시에 조사해 둔 자료를 분석할 수밖에 없다. 특히, 사회과학은 많은 경우에 1차 자료를 수집할 수 없는 물리적이고 현실적인 조건을 가지고 있다. 따라서 현실적으로 사회과학 연구의 많은 부분은 2차 자료 조사방법을 이용하고 있다.

2. 2차 자료 조사의 한계

현실적으로 기존의 데이터베이스를 이용하여 자료를 수집하는 2차 자료 조사는 연구의 성격상 당연히 그 밖의 방법으로는 연구 자료를 수집할 수 없는 경우에, 특히 사회과학에서는 그 필요성이 대단히 크다. 그럼에도 불구하고 2차 자료 조사를 이용하기 어려운 한계점도 있다. 그와 같은 문제점을 몇 가지로 지적할 수 있다.

첫째, 기존의 연구가 미흡하거나 또는 연구에 필요한 기초 분야의 데이터베이스가 부실한 경우에는 2차 자료 조사를 수행하기 어렵다. 연구자가 훌륭한 연구 주제와 아이디어를 제시하여 자신의 주제를 과학적으로 정립하고자 하여도 연구자 혼자서 관련되는 분야의 모든 자료를 수집할 수 없다. 따라서 필요한 경우에는 다른 연구자가 조사한 자료를 기초 자료로 이용할 수 있어야 연구를 진행시킬 수 있다. 그러나 이와 같은 기초 분야의 자료 수집과 축적이 제한적인 경우에는 연구자는 연구를 포기하든지, 아니면 자료를 수집할 필요가 없는 분야의 연구로 방향을 변경하여야 한다. 그러나 사이버 공간을 중심으로 정보가 생성되고 유통되면서 현재는 다양한 분야의 풍부한 자료가 데이터베이스화되고 있다. 특히, 매 5년마다 진행되고 있는 인구 및 주택조사의 전수 자료나 기타 경제 분야의 자료(월별 통계 자료 등) 등은 대단히 풍부하다. 그러나 아직까지도 전국적 범위에 걸친 여론조사나 언론, 정책, 기상, 환경, 산업, 취업 자료 등의 데이터베이스는 부족한 실정이다.[15)]

둘째, 연구에 필요하고 적합한 2차 자료의 근원지를 찾기 어렵거나, 사생활 등의 법적 보호를 받고 있는 자료나 또는 일반인이 자료에 접근하기 어려운 경우 등에는 2차 자료 조사를 진행하기 어렵다. 비록 많은 연구기관이나 기타 국가기관에서 연구에 필요한 기초 자료를 수집하여 보관해 두고 있다 하더라도, 연구자는 자신의 연구에 필요한 적절한 자료가 어디에 있는지를 알지 못하면 2차 자료 조사를 수행하기 어려울 것이다. 물론 현재에는 인터넷 통신망의 발달로 자료의 소재를 쉽게 확인할 수 있지만, 그러나 자료를 수집한 기관이 공개하지 않을 경우나 또는 최근의 자료를 아직 데이터베이스화하지 않은 경우에는 자료의 소재를 찾기 어렵다. 그러나 자료의 소재를 찾았다고 하더라도 그 자료에 공공이 접근하기 어려운 경우나, 또는 개인 정보의 보호라고 하는 법적 보호를 받고 있는 자료인 경우에는 2차 자료로 활용하기 어렵다. 특히, 정부기관 등에서 자료를 수집하고 있는 경우에 일반인에게 자료를 공

---

15) 기초 자료 조사와 축적이 잘 되어 있는 하나의 예로서 가장 대표적인 것으로 미시간대학교에 본부를 두고 있는 ICPSR(Inter－University Consortium for Political and Social Research)(www.icpsr.umich.edu)를 들 수 있다. 여기에는 1950년대 이후부터 지금까지 전 세계 130여 개 국가와 500여 개의 대학에서 발행되는 자료를 포함한 사회과학 분야의 기초 자료를 확보하고 있다. 그 내용은 방대하지만 대표적인 것으로 1948년부터의 미국 선거 자료, 독일이나 영국 등 유럽 국가의 선거 자료, 소비자 행태 자료, 연간 정부 설문자료 등을 데이터베이스화하고 있다. 그 다음으로 소개할 수 있는 예로는 흔히 'American Database'라고 하는 미국선거 자료(American National Election Study), 미의회 투표 자료(U.S. Congressional Voting Records), 소득 자료[Panel Study of Income Dynamics(PSID)], 일반적인 사회조사[General Social Survey(GSS)], 인구조사[Current Population Survey(CPS)(stats.bls.gov/cps)], 전국 여론조사센터(National Opinion Research Center)(시카고대학교 소재)(www.norc.uchicago.edu) 등을 들 수 있다(Kiecolt & Nathan, 1985: 19－22).

개하지 않는다면 2차 자료 조사를 진행하기 어렵다. 그러나 1998년부터 시행되고 있는 '공공기관의 정보공개에 관한 법률'에서 공공정보의 공개를 의무적으로 규정하고 있으면서 자료 수집이 다소 쉬워지고 있다.

셋째, 모집단, 표본 구성, 질문지의 내용과 자료 수집 방법 등에서 연구자가 사용할 수 없는 문제점이나 또는 차이점이 있다면 2차 자료 조사를 진행하기 어렵다. 수집된 자료의 신뢰성과 타당성에 문제가 있다거나 또는 편견이나 실수 등이 있는 자료 등을 사용하기 어렵다. 이와 같은 문제점이 없다고 하더라도 모집단의 특성이 상이한 경우에는 표본 프레임도 다를 것이다. 나아가 표본 구성상의 문제점이나 자료를 수집한 방법에서 2차 자료를 이용하고자 하는 연구의 내용과 다를 경우에는 2차 자료로 사용하기 어렵다. 이와 같은 경우에는 연구자가 자신의 연구 주제에 따른 자료 수집 방법 등을 비교하여 2차 자료로 이용할 가능성 여부를 판단하여야 한다. 따라서 적합한 2차 자료를 찾아내는 것이 2차 자료 조사에서는 가장 중요하다. 이에 관한 몇 가지를 간단히 지적하고자 한다(Kiecolt & Nathan, 1985: 47-75).

① 자료 창고에 보관된 자료 목록 등을 자세히 분석한 후 자신의 연구 주제에 해당될 수 있는 구체적 가능성이나 필요성 등을 확인하여야 한다.

② 일정한 분야의 자료를 우선적으로 사용해 보기 이전에 소장된 자료의 수집 방법과 기간, 수집 때의 제약점 등을 설명한 것을 확인하여야 한다.

③ 자료 창고 목록에서 지적하고 있는 자료 목록 등을 확인하여 필요한 분야의 전문적이고 구체적인 자료의 이용 가능성을 타진한다.

④ 찾아낸 자료에 접근할 가능성과, 접근할 수 있다면 정도와 범위 등을 확인하고, 필요한 경우에는 자료에 접근할 수 있는 법적 가능성과 기타 친구나 지인(知人) 등의 인간관계 등도 파악하여 두어야 한다.

⑤ 대외적으로 공개할 수 없는 내부 자료나 기타 중요한 자료를 단 연구에만 사용한다는 조건에서 입수한 경우에는 그 조건을 준수하는 것이 바람직하다.

⑥ 무리한 욕심으로 많은 자료를 한 번에 요구하기보다 필요한 경우에 자주 자료에 접근하여 복잡한 자료의 내용을 분석하는 것이 바람직하다.

Chapter

08 통계분석과 결과 해석

제1절 통계분석과 결과 해석

1. 기술통계

1) 개념과 조건

기술통계(descriptive statistics)는 모든 통계분석에 있어서의 기초이며, 연구자가 통계분석에 활용하기 위해 수집한 표본의 기초적인 특성을 제시하고자 할 때 활용된다. 다시 말해, 본격적인 추리통계분석에 앞서, 기술통계 결과를 제시하는 것은 수집된 자료가 어떠한 특성을 갖고 있는지를 독자에게 설명하는 기능을 갖게 된다. 기술통계는 기술통계분석과 빈도분석으로 구분될 수 있다. 두 분석을 통해 제시되는 정보의 수준과 내용은 비슷하다고 볼 수 있다. 빈도분석은 주로 범주형 변수로 측정된

변인(예: 인구통계학적 배경)에 대한 전체적인 분포 현황을 설명하는 경우에 활용된다. 기술통계분석에서 제시할 수 있는 내용의 범위에는 크게 도수 분포(계급, 빈도, 백분율 등), 집중 경향(평균값, 중앙값, 최빈값 등), 그리고 분포(왜도, 첨도 등) 등이 있다. 하지만, 특별한 경우를 제외하고는 연구자는 표본의 특성을 설명하기 위해 기술통계를 제시할 때, 변수들의 집중화 경향를 대표할 수 있는 평균(mean)과 데이터의 분포가 평균값에서 어느 정도 떨어져 있는지를 나타내는 표준편차(standard deviation), 그리고 최댓값과 최솟값 등을 한 표에 담아 제시하는 것이 보편적이라고 할 수 있다.

2) 결과 해석

빈도분석과 기술통계분석의 결과 해석 방법을 설명하기 위해 필자[1)]의 학위논문(Sa, 2015)의 통계분석 결과를 일부 활용하도록 하겠다.

(1) 빈도분석

표 8-1 빈도분석 결과 예시

성 별	재택근무만족도					
	매우 불만족	불만족	보통	만족	매우 만족	합계
남(%)	961 (2.42)	2,684 (6.75)	6,449 (16.21)	16,751 (42.12)	12,927 (32.50)	39,772 (100)
여(%)	1,224 (2.69)	3,607 (7.94)	5,832 (12.83)	17,895 (39.37)	16,893 (37.17)	45,451 (100)
합계(%)	2,185 (2.56)	6,291 (7.38)	12,281 (14.41%)	34,646 (40.65)	29,820 (34.99)	85,223 (100)

<표 8-1>에 제시한 빈도분석 결과는 2011년 미국 연방정부 공무원들 중 재택근무를 활용하고 있는 공무원들의 재택근무 만족도를 측정한 것이다. 재택근무 만족도는 만족 수준에 따라 5점 척도로 측정되었으며, 성별에 따른 재택근무 만족도 분포의 차이를 보여주고 있다. 예를 들어, 남자 공무원 중의 2.42%는 재택근무 이용에 대해 매우 불만족한 것으로 나타난 반면, 32.50%는 매우 만족한 것으로 나타났다.

---

1) 본 장에서의 필자는 공동 집필진 중, 사용진임을 명시한다.

또한 여자 공무원 중의 2.69%는 재택근무 이용에 대해 매우 불만족한 것으로 나타난 반면, 37.17%는 매우 만족한 것으로 나타났다. 이런 식으로, 연구자는 빈도분석을 통해 명목이나 서열로 측정된 변수들의 기초적인 분포에 대한 설명을 제시하게 된다.

(2) 기술통계분석

표 8-2 기술통계분석 결과 예시

변 수	평균	표준편차	최솟값	최댓값
재택근무 만족도(1~5)	3.979	1.011	1	5
어린아이 부양 의무 여부(1: Yes; 0: No)	0.031	0.174	0	1
노부모 부양 의무 여부(1: Yes; 0: No)	0.023	0.150	0	1
어린자녀 돌봄 프로그램 만족도(1~5)	3.248	0.817	1	5
노부모 돌봄 프로그램 만족도(1~5)	3.195	0.690	1	5

<표 8-2>의 기술통계분석 결과는 연구에서 활용된 주요 변수들에 대한 평균, 표준편차, 최솟값, 최댓값 등의 정보를 포함하고 있다. 예를 들어, 위의 세 변수들(재택근무 만족도, 어린자녀 돌봄 프로그램 만족도, 노부모 돌봄 프로그램 만족도)은 5점 척도(매우 불만족 1~매우 만족 5)로 측정되었기 때문에, 최솟값과 최댓값은 각각 1과 5가 되는 것이다. 어린아이 부양 의무 여부와 노부모 부양 의무 여부 변수들은 부양 의무가 있다고 응답한 공무원을 1로, 그렇지 않은 공무원을 0으로 측정하였기 때문에, 최솟값과 최댓값은 각각 0과 1이 되겠다. 또한 각 변수별 평균값과 표준편차의 값을 제시하는 것을 통해 연구자는 표본의 집중화 경향과 분포를 설명하게 된다. 앞서 기술한 것처럼, 기술통계분석에서 제시할 수 있는 여러 지표들 가운데, 대부분의 학술논문에서 연구자는 연구모형에 포함된 모든 변수들에 대해 위의 네 가지 정도의 정보를 통상적으로 제시한다. 또한 연구자는 연구의 가설 검증을 위한 통계분석 결과를 본격적으로 설명하기에 앞서, 표본에 대한 기술통계분석 결과를 제시하고 간략히 설명하게 된다.

2. 문항 간 교차비교분석

1) 개념과 조건

문항 간 교차비교분석(chi-square analysis)은 흔히 카이제곱 검정으로도 통용된다. 카이제곱 검정은 독립변수와 종속변수가 서로 독립적인 관계, 즉 관련성이 없는 것인지, 아니면 상관관계, 즉 관련성이 있는 것인지를 검증하는 분석 기법이다. 카이제곱 검정을 활용할 수 있는 조건은 다음과 같다. 첫째, 독립변수의 개수는 한 개이며, 명목 척도로 측정되어야 한다. 둘째, 종속변수 역시 개수는 한 개이며, 명목 척도로 측정되어야 한다.

2) 결과 해석

카이제곱 검정의 결과 제시와 해석 방법을 설명하기 위해 필자의 학위논문(Sa, 2015)에서 활용한 데이터를 설명이 용이하도록 가상의 결과를 예로 들어 활용하도록 하겠다.

표 8-3 성별×유연근무제 선호 유형 교차표 예시

구 분			성 별		전 체
			남 성	여 성	
유연근무제 선호 유형	시차출퇴근제	빈도	400	100	500
		성별 중 %	80%	20%	50%
	재택근무제	빈도	100	400	500
		성별 중 %	20%	80%	50%
전체		빈도	500	500	1000
		성별 중 %	100%	100%	100%

<표 8-3>에서 예시로 제시된 표는 성별 간 유연근무제 선택에 있어서의 선호도의 차이를 나타내고 있다. 해석하자면, 총 1,000명의 공무원 중에서 선호하는 유연근무제의 유형이 시차출퇴근제인 경우 전체의 50%이며, 남성이 400명(80%)이고 여

성이 100명(20%)이다. 또한 전체 공무원 중에서 재택근무제를 선호하는 경우 전체의 50%이며, 남성이 100명(20%)이고 여성이 400명(80%)인 것으로 나타났다. 즉, 유연근무제 유형 선택에 있어 남녀 간의 성별 차이가 존재하며, 서로 상반되는 결과로 나타났다.

이러한 성별과 선호하는 유연근무제 유형의 차이가 통계적으로 관련성이 있는지 여부를 검증하기 위한 목적으로 카이제곱 검증을 활용하게 된다. 앞서 기술한 것처럼, 카이제곱 검정에서의 귀무가설과 대립가설은 독립변수와 종속변수와의 관련성의 유무를 나타낸다. 상기에서의 예로 다시 설명하자면, 아래와 같이 가설을 구성할 수 있을 것이다.

귀무가설: 성별과 선호하는 유연근무제 유형과는 관련성이 없을 것이다.

대립가설: 성별과 선호하는 유연근무제 유형과는 관련성이 있을 것이다.

위의 가설을 검증하기 위한 가상의 카이제곱 검정 결과를 <표 8-4>와 같이 제시할 수 있겠다. 물론, 실제 결과표에는 다른 항목들(예: 우도비, 선형 대 선형 결합 등)까지 포함될 수 있겠지만, 설명의 편의상 <표 8-4>의 항목들을 중심으로 제시하였음을 밝힌다.

표 8-4 카이제곱 검정 결과 예시

	값	자유도(df)	근사 유의확률 (양측검증)
Pearson 카이제곱	10.598	1	0.025
유효 케이스 수	1,000		

* p<.05.

카이제곱 검정 결과, Pearson 카이제곱 값이 10.598이며, 유의확률(0.025)은 연구자가 설정한 유의도 수준(0.05)보다 작기에, 성별에 따른 공무원이 선호하는 유연근무제의 유형은 차이가 있다고 할 수 있겠다. 다시 말해, 성별과 선호하는 유연근무제 유형과는 관련성이 있을 것이라는 본 연구의 대립가설을 채택한다.

3. 독립표본 t-검정

1) 개념과 조건

t-검증(t-test)은 두 집단 간의 평균값의 차이를 검증하는 통계 기법이다. 즉, 두 집단(독립변인) 간의 종속변인의 값에 대한 평균의 차이가 통계적으로 유의미한지 여부를 판단하기 위한 분석 방법으로 설명할 수 있다. t-검증 방법을 활용할 수 있는 조건은 다음과 같다. 첫째, 독립변인과 종속변인의 수가 각각 1개이어야 한다. 둘째, 독립변인은 명목 척도로 측정되어야 하며, 반드시 유목이 2개로 구성되어야 한다. 셋째, 종속변인은 등간 척도 혹은 비율 척도로 측정되어야 한다. 예를 들어, A자치단체 남녀 공무원 간의 유연근무제 만족 수준의 평균 차이를 검증하거나, B공공기관 근로자의 자녀가 있는 집단과 자녀가 없는 집단 간의 일과 삶의 균형 정도의 평균 차이를 검증하고자 하는 경우 바로 t-검증 방법이 적용될 수 있을 것이다. 여기서, 비교 대상인 두 집단이 독립된 표본으로 구성되었다면 독립표본 t-검증 방법을 활용하고, 만약 동일한 표본을 대상으로 비교 시점만 달리하여 두 시점 간의 평균값의 차이를 검증하려는 목적으로 표본을 구성되었다면 대응표본 t-검증 방법을 분석에 활용하게 된다.

2) 결과 해석

t-검증 분석 방법의 결과 제시와 해석 방법을 설명하기 위해 필자의 학위논문(Sa, 2015)에서 활용한 데이터의 일부를 예시로 제시하도록 하겠다. 참고로, 독립변수는 성별이며, 미국 연방정부 공무원들 중 재택근무를 활용하고 있는 공무원을 남녀로 구분한 것이다. 즉, 독립변수는 남녀 두 집단이 되겠다. 종속변수는 재택근무 만족도 수준이며, 5점 척도(매우 불만족 1~매우 만족 5)로 측정되었다. 종속변수인 재택근무 만족도는 Likert(5점 척도)로 측정되었으므로, 개별 문항을 분석 대상으로 활용하는 경우에는 서열 척도(범주변수)로 인정해야 한다. 다만, 개별 문항들의 점수값의 평균 혹은 합을 변숫값으로 활용할 경우에는 연속변수로 간주하여, 연속변수를 활용

표 8-5 t-검증 분석 결과 예시

종속변수	독립변인	N	평 균	t(p-value)
재택근무 만족도	남	41,138	3.902	-2.034(0.042)
	여	46,731	4.083	

* p<.05.

하여 분석 가능한 통계 기법을 활용할 수 있다.

학술논문에서 t-검증을 분석 기법으로 활용하였다면, <표 8-5>에서 제시한 수준에서의 정보를 담아 표로 작성하고, 가설 검증에 대한 해석을 제시하면 된다. t-검증의 귀무가설은 두 집단 간의 종속변수의 평균값의 차이가 없다고 가정하는 것이다. 반대로, 대립가설은 두 집단 간의 종속변수의 평균값의 차이가 있다고 가정하는 것이다. 상기에서의 예로 다시 설명하자면, 아래와 같이 가설을 작성할 수 있을 것이다.

귀무가설: 미국 연방정부 남녀 공무원 간의 재택근무 만족도의 평균값의 차이는 없을 것이다.

대립가설: 미국 연방정부 남녀 공무원 간의 재택근무 만족도의 평균값의 차이는 있을 것이다.

<표 8-5>에서 제시하고 있듯이, 미국 연방정부 공무원의 재택근무 만족도의 평균값은 남자 공무원이 3.902이며, 여자 공무원이 4.083으로 각각 나타났다. 두 집단 간의 재택근무 만족도의 평균값의 차이는 여자 공무원이 0.181 정도 높은 것으로 나타났다. 이러한 두 집단 간의 재택근무 만족도의 평균값의 차이가 통계적으로 유의미한지 여부를 검증하기 위해 t-검증 분석을 수행하였다. 분석 결과, 연구자가 설정한 유의 수준($p<0.05$)에서, 남녀 공무원의 재택근무 만족도의 차이는 통계적으로 유의미한 것으로 나타났으므로, 본 연구의 대립가설을 채택한다.

4. 일원변량분석

1) 개념과 조건

일원변량분석(one-way ANOVA)은 t-검정과 마찬가지로 집단 간의 종속변수 평균값의 차이를 검증하는 분석 방법이다. 다만, t-검정과 구별되는 점은 t-검정의 독립변인의 집단 수가 2개로 제한되는 반면, 일원변량분석은 세 집단 이상의 평균값의 차이를 검증하는 데에 있다. 일원변량분석 방법을 활용할 수 있는 조건은 다음과 같다. 첫째, 독립변인과 종속변인의 수가 각각 1개이어야 한다. 둘째, 독립변인은 명목 척도로 측정되어야 하며, 유목은 3개 이상으로 구성되어야 한다. 셋째, 종속변인은 등간 척도 혹은 비율 척도로 측정되어야 한다. 예를 들어, 재택근무를 활용하는 빈도에 따라 ① 집단1(재택근무를 일주일에 3일 이상 이용하는 공무원), ② 집단2(재택근무를 일주일에 1일 혹은 2일 정도 이용하는 공무원), 그리고 ③ 집단3(재택근무를 한 달에 1일 혹은 2일 정도 이용하는 공무원)으로 구분하고, 세 집단 간의 재택근무 만족도 평균의 차이가 통계적으로 유의미한지 여부를 검증하고자 할 때, 바로 일원변량분석 기법이 활용되는 것이다.

2) 결과 해석

일원변량분석 방법의 결과 제시와 해석 방법을 설명하기 위해 김혜숙 외(2014)에서 제시한 부모의 양육 태도에 따른 부모와 자녀 관계 지수의 차이에 관한 연구 결과를 일부 변경하여 활용하였음을 밝힌다. 참고로, 독립변수는 아동이 인식하고 있는 부모의 양육 태도이며, 인식 수준에 따라 ① 엄격, ② 보통, 그리고 ③ 온유 등의 세 집단으로 분류되었다. 종속변수는 부모와 자녀간의 관계를 측정한 것이다.

본 연구에서는 부모의 양육 태도에 따른 부모와 자녀 관계의 평균 차이가 통계적으로 유의미한지 여부를 검증하기 위해 일원변량분석 방법을 활용하였으며, 그 결과를 <표 8-6>처럼 요약하여 제시하였다. 학술논문에서 일원변량분석 기법을 활용하였다면, <표 8-6>에서 제시한 수준에서의 정보를 담아 표로 작성하고, 가설 검

표 8-6	일원변량분석 결과 예시							
종속변수	독립변수	N	평균	표준편차	F	Scheffe 사후검정		
						온유	보통	엄격
부모-자녀 관계	엄격	37	3.11	1.02	43.310*	−1.05*	−0.43*	
	보통	250	3.54	0.79		−0.62*		
	온유	170	4.16	0.73				
	합계	457	3.73	0.86				

* $p < 0.01$.

증에 대한 해석을 제시하면 되겠다. 일원변량분석의 귀무가설은 집단 간의 종속변수의 평균값의 차이가 없다가 가정하는 것이다. 반대로, 대립가설은 집단 간의 종속변수의 평균값의 차이가 있다고 가정하는 것이다. <표 8-6>에서의 예로 다시 설명하자면, 아래와 같이 가설을 작성할 수 있을 것이다.

귀무가설: 아동이 인식하고 있는 부모의 양육 태도에 따른 부모-자녀 관계 수준의 평균값의 차이는 없을 것이다.

대립가설: 아동이 인식하고 있는 부모의 양육 태도에 따른 부모-자녀 관계 수준의 평균값의 차이는 있을 것이다.

분석 결과, 부모의 양육 태도로 구분된 세 집단의 부모-자녀 관계 평균 차이에 대한 F값은 43.310으로 나타났으며, 이는 연구자가 설정한 유의 수준($p < 0.01$)에서 통계적으로 유의미한 차이가 있는 것으로 나타났다. 즉, 본 연구의 대립가설을 채택하는 것이 가능하다. 다시 말해, 세 집단(엄격, 보통, 온유) 간의 부모-자녀 관계의 평균 차이가 없다는 귀무가설(영가설)을 기각할 수 있는 것이다. 정리하자면, 아동이 인식하고 있는 부모의 양육 태도에 따라 구분된 세 집단 간의 부모와 자녀 관계 수준의 평균값은 통계적으로 유의미한 차이가 있는 것으로 도출되었다.

다음으로, 독립변수 집단 간의 평균 차이가 어느 집단에서 발생했으며, 그 차이는 통계적으로 유의미한지에 대한 검증의 목적으로 Scheffe 사후검증을 통한 다중집단 간 비교 결과를 제시하게 된다. <표 8-6>에서 제시한 분석 결과에 따르면, (엄격,

온유), (엄격, 보통), 그리고 (보통, 온유) 세 그룹 모두에서 부모와 자녀 관계 평균값에 대해 통계적으로 유의미한 차이가 나타났음을 확인할 수 있으며, 각 집단 간의 평균 차이에 대해서도 각각 확인할 수 있다. 즉, 아동이 인식하고 있는 부모의 양육 태도에 따라 부모와 자녀 관계 수준은 엄격<보통<온유 순으로 나타났다고 해석할 수 있겠다.

5. 이원변량분석

1) 개념과 조건

앞서 기술하였듯이, t－검정은 한 개의 독립변인에 대한 두 개의 집단 간의 종속변수 평균값의 차이를 검증하는 분석 방법이다. 일원변량분석(two－way ANOVA)은 t－검정과 마찬가지로 집단 간의 종속변수 평균값의 차이를 검증하는 분석 방법이다. 다만, t－검정과 구별되는 점은 t－검정의 독립변인의 집단 수가 두 개로 제한되는 반면, 일원변량분석은 세 집단 이상의 평균값의 차이를 검증하는 데에 있다. 이원분량분석은 일원분량분석의 확장된 형태의 분석 방법으로, 명목 척도로 측정된 두 개의 독립변인들 각각의 여러 집단 간의 종속변인의 평균값의 차이를 검증하는 분석 방법이다. 이때 종속변인의 개수는 한 개이며, 등간 혹은 비율 척도로 측정되어야 한다.

일원분량분석과 달리, 이원분량분석에서는 개별 독립변인이 종속변인에 미치는 주 효과(main effect)의 분석뿐만 아니라, 두 독립변인 간의 상호 작용 효과(interaction effect)도 검증이 가능한 분석 방법이다. 예를 들어, 독립변인 A와 B의 각 집단 간에 종속변인의 평균값의 차이를 분석한다고 가정하자. 독립변인 A와 B의 여러 집단들 간의 종속변인의 평균값의 차이를 검증하는 각각의 과정은 일원변량분석의 원리와 해석과 동일하다고 볼 수 있다. 이에 더해, 이원변량분석은 두 독립변수가 서로 연관되어 종속변수의 평균값의 차이에 영향을 주는지에 대한 두 독립변수 간의 상호 작용 효과(A×B)까지 고려하여 이를 검증하기 위한 분석 방법이다. 만약, 독립변인들 간의 상호 작용 효과가 통계적으로 유의미하지 않게 나타났다면, 독립변인들의 주 효과만을 분석하고 이에 대한 결과를 해석하게 된다. 참고로, 독립변수의 수가 세 개 이상이며, 종속변인에 대한 개별 혹은 독립변인들 간의 상호 작용 효과를 분석하고자 하는 경우 연구자는 다원변량분석(n－way ANOVA)을 활용하게 된다.

2) 결과 해석

이원변량분석의 결과 제시와 해석 방법을 설명하기 위해 필자의 학위논문(Sa, 2015)에서 활용한 데이터를 설명이 용이하도록 가상의 결과를 예로 들어 활용하도록 하겠다. 참고로, 독립변인은 재택근무 활용 빈도와 성별이며, 종속변인은 재택근무 만족도이다. 재택근무 활용 빈도 변수는 세 개의 집단으로 구성하였다. 즉, 재택근무를 1주일에 3일 이상 활용하고 있는 공무원(A집단), 재택근무를 1주일에 1~2일 정도 활용하고 있는 공무원(B집단), 그리고 재택근무를 1주일에 1일 미만으로 활용하고 있는 공무원(C집단)으로 총 3개의 집단으로 구성하였다. 또 하나의 독립변수인 성별은 남녀 두 집단으로 구성하였다.

표 8-7 이원변량분석 결과 예시

	자유도(df)	F	유의확률	부분 에타(eta) 제곱
전체	5	58.74	0.000	
재택근무 활용 빈도	2	9.76	0.031*	0.459
성별	1	21.42	0.020*	0.613
재택근무 활용 빈도×성별	2	11.54	0.029*	0.502

* $p < 0.05$.

본 분석에서는 미국 연방정부 공무원의 재택근무 활용 빈도와 성별에 따른 재택근무만족도의 평균 차이가 통계적으로 유의미한지 여부를 검증하고, 재택근무 활용 빈도 변수와 성별 변수 간의 상호 작용 효과를 추가적으로 검증하기 위해 이원변량분석을 활용하였으며, 그 가상의 결과를 위에 제시하였다. 본 분석에서의 독립변수와 종속변수를 사용하여 연구자는 아래와 같이 귀무가설과 대립가설을 구성할 수 있겠다.

[재택근무 활용 빈도에 따른 재택근무 만족도의 차이 분석]

귀무가설1: 재택근무 활용 빈도에 따라 재택근무 만족도의 평균값의 차이는 없을 것이다.

대립가설1: 재택근무 활용 빈도에 따라 재택근무 만족도의 평균값의 차이는 있을 것이다.

[성별에 따른 재택근무 만족도의 차이 분석]

귀무가설2: 성별에 따라 재택근무 만족도의 평균값의 차이는 없을 것이다.

대립가설2: 성별에 따라 재택근무 만족도의 평균값의 차이는 있을 것이다.

[재택근무 활용 빈도와 성별의 상호 작용에 따른 재택근무 만족도의 차이 분석]

귀무가설3: 재택근무 활용 빈도와 성별 간의 상호 작용 효과에 따른 재택근무 만족도의 평균값의 차이는 없을 것이다.

대립가설3: 재택근무 활용 빈도와 성별 간의 상호 작용 효과에 따른 재택근무 만족도의 평균값의 차이는 있을 것이다.

분석 결과, 재택근무 활용 빈도에 따른 재택근무 만족도의 평균값의 차이는 통계적으로 유의미한 것으로 나타났다[F−value=9.76, p−value(유의확률)=0.031]. 또한 성별에 따른 재택근무 만족도의 평균값의 차이 역시 통계적으로 유의미한 것으로 나타났다[F−value=21.42, p−value(유의확률)=0.020]. 마지막으로, 재택근무 활용 빈도와 성별의 상호 작용 효과가 있는 것으로 나타났다[F−value=11.54, p−value(유의확률)=0.029]. 즉, 재택근무 활용 빈도에 따라 남성과 여성 간의 재택근무 만족도는 통계적으로 유의미한 차이가 있는 것으로 나타났다. 결과적으로, 본 분석에서의 모든 귀무가설(영가설)은 유의확률 0.05 수준에서 기각되었다. 즉, 미국 연방정부 공무원의 재택근무 만족도는 ① 재택근무 활용 빈도, ② 성별, 그리고 ③ 재택근무 활용 빈도와 성별의 상호 작용에 따라 통계적으로 유의미한 차이를 보이고 있다고 설명할 수 있겠다.

6. 상관관계분석

1) 개념과 조건

상관관계분석(correlation analysis)은 둘 이상의 변수들 간의 상관관계, 즉 어느 정도로 함께 변하는 가의 정도를 분석하기 위해 활용되는 기법이다. 다시 말해, 상관관계분석을 통해, 한 변수의 값이 변할 때 다른 변수의 값이 어느 정도로 같이 변하는지에 대해서 확인함으로써, 변수들 간의 상호관계를 제시할 수 있다. 상관관계분석은 등간 척도 또는 비율 척도로 측정된 변수들을 대상으로 활용 가능한 분석 기법이다. 두 변수 간의 상관관계를 보여주는 상관관계계수(correlation coefficient)의 범위는 '－1'에서 '＋1' 사이이다. 여기서, 상관관계계수가 '＋'로 나타나면 두 변수는 정적(positive)인 관계를 갖는 것을 의미하며, 반대로 '－'로 나타나면 두 변수는 부적(native)인 관계를 갖는 것을 나타낸다. 또한 상관관계계수가 '＋1'이란 의미는 두 변수의 값이 완벽하게 정비례하여 같이 변화한다는 의미이며, 반대로 '－1'로 나타나면 두 변수의 값이 완벽하게 반비례하여 같이 변화한다는 것을 의미한다. 즉, 상관관계계수가 '0'이면 두 변수 간의 상관관계가 전혀 없다는 것이다.

2) 결과 해석

상관관계분석의 결과를 해석할 때, 상관관계와 인과관계를 혼동하는 것에 특별한 주의가 필요하겠다. 상관관계분석은 변수 간의 인과관계를 탐색하는 것에 필요한 기초 자료로써의 기능을 갖고 있지만, 변수들 간의 원인과 결과의 관계를 의미하지는 않는다. 예를 들어, 유연근무제 만족도와 직무 만족도 간의 상관관계가 통계적으로 유의미하게 나타났다 할지라도, 유연근무제 만족도가 직무 만족도의 차이에 영향을 주는 변수라고 해석할 수는 없는 것이다. 즉, 연구자는 상관관계분석 결과를 해석할 때, 한 변수가 원인변수로서 다른 변수의 변화에 영향을 준다는 식의 인과관계를 내포하는 표현은 적절하지 않다고 할 수 있다. 즉, 두 변수 간의 관련성의 정도, 즉 같이 변화하는 정도에 초점을 맞추어 해석을 하는 것이 바람직하다.

상관관계분석의 결과 제시와 해석 방법을 설명하기 위해 필자의 학위논문(Sa, 2015)에서 수행한 전체 변수들 간의 상관관계분석 결과에서 일부만 발췌하여 예시로 제시하도록 하겠다.

표 8-8 상관관계분석 결과 예시

변 수	1	2	3
1. 재택근무 만족도			
2. 재택근무 활용 빈도	-0.33*		
3. 어린자녀 돌봄 지원 프로그램 만족도	0.26*	0.03	
4. 노부모 돌봄 지원 프로그램 만족도	0.27*	0.01	0.85*

* $p<0.05$.

상관관계분석의 가설은 변수들 간의 상관관계의 유무를 내용으로 하여 다음과 같이 작성될 수 있을 것이다. 상관관계분석에서는 독립(원인)변수와 종속(결과)변수의 구분이 없다는 점을 다시 한 번 유의해야겠다.

귀무가설: 변수들 간의 상관관계는 없을 것이다.

대립가설: 변수들 간의 상관관계는 있을 것이다.

<표 8-8>에 제시된 분석 결과를 토대로 변수들 간의 상관관계를 해석하면 다음과 같다. 예를 들어, 재택근무 만족도는 재택근무 활용 빈도와 통계적으로 유의미한 음의 상관관계(-0.33, $p<0.05$)를 갖는 것으로 나타났다. 또한 재택근무 만족도는 어린자녀 돌봄 지원 프로그램 만족도(0.26, $p<0.05$)와 노부모 돌봄 지원 프로그램 만족도(0.27, $p<0.05$)와 각각 통계적으로 유의미한 양의 상관관계를 갖는 것으로 나타났다. 하지만, 재택근무 활용 빈도와 어린자녀, 그리고 노부모 돌봄 지원 프로그램 만족도와는 통계적으로 유의미한 상관관계를 갖지 않는 것으로 분석되었다.

7. 회귀분석

1) 개념과 조건

회귀분석(regression analysis)은 독립변수가 종속변수에게 미치는 영향을 분석하기 위한 통계분석 기법이다. 상관분석에서는 독립변수와 종속변수의 구분 없이 변수들간의 같이 변화하는 관계(상관관계)의 정도를 측정하는 것인 반면, 연구자는 회귀분석을 통해 독립변수의 값이 변화하는 것에 따른 종속변수의 값을 예측하는 것이 가능하다. 즉, 종속변수에 대한 독립변수의 영향의 정도를 분석할 수 있다. 회귀분석은 독립변수와 종속변수가 등간척도 또는 비율척도로 측정된 경우에 활용될 수 있다. 회귀분석의 종류에는 독립변수가 한 개인 경우의 단순회귀분석과 독립변수가 두 개 이상인 경우의 다변인회귀분석이 있다.

회귀분석에서 독립변수가 종속변수에 미치는 영향력을 제시해주는 값이 바로 회귀계수(regression coefficient)이다. 연구자는 회귀계수와 회귀계수에 대한 유의확률에 근거하여 특정 독립변수가 종속변수에게 미치는 영향력 정도를 설명할 수 있게 되며, 또한 이러한 영향력이 통계적으로 유의미한지 여부를 판단하게 된다. 이러한 회귀계수의 종류에는 비표준 회귀계수(unstandardized coefficient)와 표준 회귀계수(standardized coefficient)가 있다. 비표준 회귀계수는 독립변수와 종속변수의 원래 값(original score)을 적용하여 계산된 값이므로, 독립변수의 비표준 회귀계수는 독립변수가 한 단위 변화할 때, 종속변수가 변화하는 값의 정도를 의미한다. 즉, 비표준 회귀계수는 회귀방정식 안에서 독립변수의 값에 따른 종속변수의 값을 예측하고자 하는 경우에 활용될 수 있다. 이에 반해, 표준계수는 독립변수와 종속변수의 원래 값을 표준 점수(Z-score)로 환산하여 계산된 값을 의미한다. 독립변수들 간의 측정단위 수준이 상이하므로, 독립변수의 비표준 회귀계수를 통해 독립변수들 간의 종속변수에 대한 영향력의 정도를 비교하는 것에는 제한이 있다. 하지만, 표준 점수로 환산하여 계산된 독립변수의 표준 회귀계수의 비교를 통해, 연구모형에 포함된 여러 독립변수들의 종속변수에 대한 영향력의 정도를 상호 비교하는 것이 가능하다. 단, 변수들의 원래 값으로 계산된 것이 아니므로 표준 회귀계수로 구성된 회귀방정식을 통해 독립변수의 값에 따른 종속변수의 값을 예측하는 것은 어려운 점이 있다.

2) 결과 해석

회귀분석의 결과 제시와 해석 방법을 설명하기 위해 필자의 학위논문(Sa, 2015)에서 수행한 전체 변수들 간의 회귀분석 결과에서 일부만 발췌하여 예시로 제시하도록 하겠다.

표 8-9 회귀분석 결과 예시

독립변수	비표준화 계수		유의확률
	B	표준오차	
(상수)	0.932	0.083	0.000
어린자녀 돌봄 지원 프로그램 만족도	0.161^{***}	0.022	0.000
노부모 돌봄 지원 프로그램 만족도	0.159^{***}	0.030	0.000
재택근무 활용 빈도	-0.317^{***}	0.011	0.000

$* p<0.05$, $** p<0.01$, $*** p<0.001$.

회귀분석에서의 연구가설은 독립(원인)변수가 종속(결과)변수에 긍정적 혹은 부정적 영향을 미칠 것인지 여부를 예측하는 형태로 구성된다. <표 8-9>의 경우, 종속변수는 재택근무 이용 만족도이며, 독립변수는 어린자녀 돌봄 지원 프로그램 만족도, 노부모 돌봄 지원 프로그램 만족도, 그리고 재택근무 활용 빈도이다. 필자의 연구가설의 일부를 예로 제시하면 아래와 같다.

첫째, 어린자녀 돌봄 지원 프로그램에 대해 높은 만족도를 가진 공무원일수록 그들의 재택근무 이용 만족도 역시 높을 것이다.

둘째, 노부모 돌봄 지원 프로그램에 대해 높은 만족도를 가진 공무원일수록 그들의 재택근무 이용 만족도 역시 높을 것이다.

셋째, 재택근무 할용 빈도가 높을수록 재택근무 이용 만족도가 낮을 것이다.

앞서 설명하였듯이, 독립변수가 종속변수에 미치는 영향 정도를 나타내는 것이 회귀계수이다. <표 8-9>의 경우는 비표준화 계수만을 포함하여 제시하였으며, 비표준화 계수를 활용하여 종속변수인 재택근무 이용 만족도에 대한 회귀방정식을 구성하면 다음과 같다.

재택근무 이용 만족도 = 0.932 + (0.161) × 어린자녀 돌봄 지원 프로그램 만족도 +
(0.159) × 노부모 돌봄 지원 프로그램 만족도 +
(−0.317) × 재택근무 활용 빈도

위의 회귀분석 결과를 간략히 해석하면 다음과 같이 정리될 수 있다, 어린자녀 돌봄 지원 프로그램의 만족도 수준(B = 0.161, p = 0.000)은 재택근무 이용 만족도에 긍정적인 영향을 미치며, 이는 통계적으로 유의미한 것으로 나타났다. 또한 노부모 돌봄 지원 프로그램의 만족도 수준(B = 0.159, p = 0.000)은 재택근무 이용 만족도에 통계적으로 유의미하며, 긍정적인 영향을 미치는 것으로 나타났다. 이와는 반대로, 재택근무 활용 빈도(B = −0.317, p = 0.000)의 증가는 재택근무 이용 만족도에 부정적인 영향을 미치며, 이는 통계적으로 유의미한 것으로 분석되었다. 결과적으로, 본 연구에서 검증하고자 한 세 가설 모두 채택될 수 있는 것으로 나타났다. 참고로, 종속변수에 대한 독립변수들의 영향력의 정도까지를 비교하여 제시하고자 할 때는 앞서 설명하였던 대로, 독립변수들의 표준 회귀계수를 계산하여 이를 근거로 해석하면 될 것이다.

8. 회귀분석으로 매개효과 분석

1) 개념과 조건

매개변수(mediator, intervening variable)란 독립변수와 종속변수 사이에서 매개역할(중간다리 역할)로 작용하는 변수를 의미한다. 매개변수는 독립변수와의 관계에 있어서는 독립변수의 종속변수로 작용하며, 종속변수와의 관계에 있어서는 종속변수의 독립변수로 작용하게 된다. 즉, 매개변수는 독립변수, 종속변수 모두와 직접 영향을 주고 받는 관계를 가지며, 이는 조절변수와 구분되는 속성이기도 하다. 이러한 관계를 그림으로 도식하면 [그림 8-1]과 같이 표현될 수 있겠다.

그림 8-1 매개변수 모형

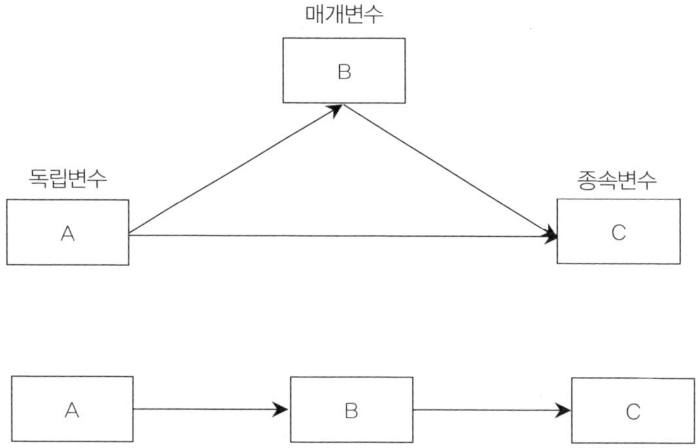

다음과 같은 조건을 충족할 경우, 연구자는 독립변수와 종속변수의 관계에 있어 매개변수가 존재하며, 통계적으로 유의미한 매개효과를 갖는다고 설명할 수 있다(Baron & Kenny, 1986). 첫째, 독립변수가 매개변수에 유의미한 영향을 미쳐야 한다(1단계). 둘째, 독립변수가 종속변수에 유의미한 영향을 미쳐야 한다(2단계). 셋째, 독립변수와 매개변수가 모두 종속변수에 유의미한 영향을 미쳐야 한다(3단계). 그리고, 3단계에서의 독립변수의 영향력이 더 이상 유의미하지 않게 되거나(완전매개효과), 유의미하지만 2단계에서의 영향력보다 감소(부분매개효과)해야 하는 조건을 충족해야 한다. 즉, 연구자는 총 3단계의 회귀분석을 통해 매개변수의 매개효과를 검증하게 되는 것이다(유수동 · 전성훈 · 사용진, 2018 재인용).

2) 결과 해석

매개효과의 분석과 검증 방법을 설명하기 위해 유수동 · 전성훈 · 사용진(2018)의

표 8-10 매개효과 결과 예시

매개효과 검증 단계		독립변수	종속변수	β	t	R^2	F
1단계		공익몰입	혁신문화	0.264***	5.032	0.242	11.362***
		자기희생		0.345***	6.564		
2단계		공익몰입	직무만족	0.357***	6.790	0.238	11.114***
		자기희생		0.266***	5.043		
3단계	독립변수	공익몰입	직무만족	0.260***	5.038	0.303	25.086***
		자기희생		0.159**	2.993		
	매개변수	혁신문화		0.323***	5.823		

** p<0.05, *** p<0.01.

연구 결과의 일부를 발췌하여 예시로 제시하도록 하겠다.

<표 8-10>에 제시된 표는 직무만족(종속변수)에 대한 독립변수(공익몰입, 자기희생)와 매개변수(혁신문화)의 회귀분석 결과이다. 부연하자면, 실제 연구모형에서는 독립변수를 공공서비스 동기로 설정하였으며, 공공서비스 동기를 총 네 가지의 하위 독립변수(공공정책호감도, 공익몰입, 동정, 자기희생)로 구분하여 회귀분석을 수행하였다. 또한 매개변수를 조직문화로 설정하였으며, 조직문화를 총 네 가지의 하위 매개변수(혁신문화, 관계문화, 합리문화, 위계문화)로 구분하여 회귀분석을 진행하였다. 다시 말해, 본 장에서는 설명의 편의를 고려하여, 상기에 제시된 값은 실제 수행되었던 분석모형 결과의 일부를 발췌하여 제시한 것임을 밝힌다.

연구자는 독립변수와 종속변수의 관계에 있어 매개변수(혁신문화)의 매개효과를 검증하기 위해 총 3단계의 회귀분석을 진행하였다. 1단계 분석 결과, 독립변수는 매개변수인 혁신문화에 유의미한 영향을 미치는 것으로 나타났다. 2단계 분석 결과, 독립변수는 종속변수(직무만족)에 유의미한 영향을 미치는 것으로 나타났다. 그리고 3단계 분석 결과, 독립변수, 매개변수 모두 종속변수에 유의미한 영향을 미치는 것으로 나타났으며, 공익몰입과 자기희생의 회귀계수는 각각 0.260, 0.159로 측정되었다. 이는 2단계에서 나타난 회귀계수 공익몰입(0.357), 자기희생(0.266)보다 작은 것으로 나타났다. 이를 토대로, 연구자는 공익몰입과 자기희생이 직무만족에 미치는 영향관

계에서 혁신문화의 부분매개효과가 존재하고 있다고 설명할 수 있으며, 매개효과에 대한 가설을 채택하게 된다.

9. 회귀분석으로 조절효과 분석

1) 개념과 조건

조절변수(moderating variable)란 주(main) 독립변수와 종속변수의 관계에서 또 다른 독립변수로 작용하여, 주 독립변수가 종속변수에 미치는 영향력의 강도 혹은 방향을 조절하는 변수를 의미한다. 매개변수와는 달리, 조절변수는 독립변수와 종속변수와의 관계에 있어 직접적인 영향관계를 형성하지는 않는다. 이러한 관계를 그림으로 도식하면 [그림 8-2]와 같이 표현될 수 있겠다.

조절변수의 조절효과를 검증하기 위해서는 독립변수와 조절변수의 상호 작용항을 추가로 만들어 회귀방정식 모형에 포함시켜야 한다. 상호 작용항은 독립변수와 조절변수의 곱(×)으로 생성할 수 있다. 다음과 같은 조건을 충족할 경우, 연구자는 독립변수와 종속변수의 관계에 있어 조절변수가 존재하며, 통계적으로 유의미한 조절효과를 갖는다고 설명할 수 있다. 첫째, 모형1(독립변수, 종속변수), 모형2(독립변수, 조절변수, 종속변수), 그리고 모형3(독립변수, 조절변수, 독립변수×조절변수, 종속변수)에서의 유의확률 F의 변화량은 모두 통계적으로 유의미해야 한다. 둘째, 모형3

그림 8-2 조절변수 모형

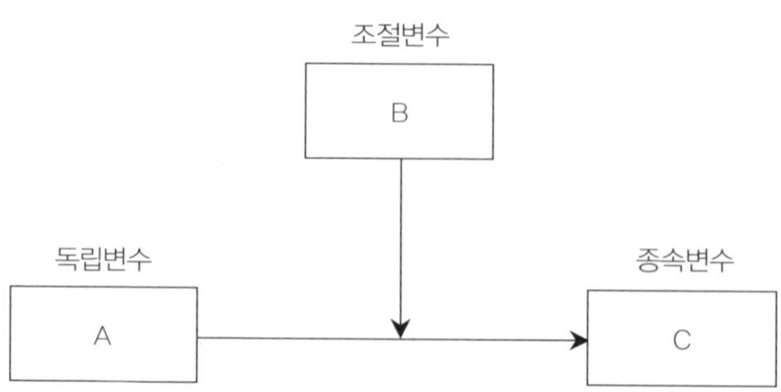

에서의 독립변수×조절변수의 회귀계수가 통계적으로 유의미해야 한다. 셋째, 모형1, 모형2, 모형3에서의 R^2(설명력)은 순차적으로 증가해야 한다.

2) 결과 해석

조절효과의 분석과 검증 방법을 설명하기 위해 필자의 학위논문(Sa, 2015)에서 활용한 데이터를 설명이 용이하도록 가상의 결과를 예로 들어 활용하도록 하겠다.

표 8-11 조절효과 결과 예시

직무만족(종속변수)		F	Adj R^2	p
모형1	재택근무 만족도	20.381	0.152	0.006
모형2	재택근무 만족도 직급	39.171	0.257	0.000
모형3	재택근무 만족도 직급 재택근무 만족도×직급	29.347	0.346	0.000

* p<0.01.

재택근무 만족도가 직무만족에 미치는 영향관계에 있어서 직급 변수의 조절효과를 분석하기 위해, 연구자는 총 3단계의 회귀분석을 수행하였다. 즉, 재택근무 만족도만을 독립변수로 포함하여 1단계의 회귀분석(모형1)을 수행하였고, 재택근무 만족도와 조절변수인 직급을 독립변수로 포함하여 2단계의 회귀분석(모형2)을 수행하였으며, 마지막으로 재택근무 만족도와 직급, 그리고 재택근무 만족도와 직급의 상호작용항을 모두 독립변수로 포함하여 3단계의 회귀분석(모형3)을 수행하였다. <표 8-11>이 제시하고 있듯이, 세 모형 모두에서의 유의확률 F의 변화량은 통계적으로 유의미한 것으로 나타났다. 또한 모형1, 모형2, 그리고 모형3에서의 수정된 R^2(설명력)은 0.152, 0.257, 0.346으로 나타나 순차적으로 증가하였음이 확인되었다. 모형3에서의 재택근무만족도×직급의 회귀계수가 유의미한 것으로 나타났다고 가정한다면, 연구자는 직급 변수는 재택근무 만족도와 직무만족 간의 영향관계에서 조절작용을 하는 것으로 설명할 수 있겠다.

Chapter

09 사회과학에서 과학적 연구조사의 한계

제1절 사회과학에서 과학적 방법의 어려움

1. 사회과학 방법론으로서 과학주의

지금까지 설명한 사회과학 방법론을 전체적으로 지배하고 있는 것은 과학적 방법, 즉 과학주의(scientism)이다. 과학주의는 현실 경험 사회에서 자료를 수집하고 분석하여 가설과 주제를 실증적으로 검증하는 방법을 중심으로 하고 있다. 그리고 이와 같은 과학적 방법에 의해서만 이론이 탄생될 수 있고, 그 이론은 과학적 이론이고 나아가 과학이며 기타의 방법에 의해서 형성된 이론과 구별하고 있다. 이와 같은 과학적 이론을 만들기 위한 방법론은 상당히 정형화되어 있다. 즉, 이론을 형성하기 위한 기본 패러다임으로 연역법이나 귀납법을 사용할 것을 우선 결정하게 된다. 먼저, 가설을 세울 것인가(연역의 세계), 아니면 어떤 일정한 사회 현상이나 경험 세계를 관찰하여 무엇을 연구할 것인가를 결정할 것인가(귀납의 세계) 하는 문제를 연구자는 우선 결정하게 된다.

물론 이와 같은 결정은 연구자의 주관적 판단에 관한 사항이지만, 이와 같은 결정에 영향을 미치는 요인은 연구자의 연구 경험과 범위, 자료 수집의 편의성이나 가능성, 연구자의 연구 습관, 연구하고자 하는 내용 등 다양하다. 그러나 귀납법이나 연역법 어느 것으로 연구하든지 연구자는 최종적으로 가설이나 연구 내용을 현실의 경험적 자료를 수집하고 분석하여 검증할 수 있어야 이론을 형성할 수 있다.

가설이나 연구 주제를 현실적으로 검증하기 위한 가장 초기 단계의 작업은, 연구 주제를 경험 사회의 영역에서 적합하고 타당한 자료를 수집할 수 있도록 조작하는 일이다. 나아가 연구 내용을 얼마나 정확하고 적절하게 조작할 수 있느냐 하는 것은 연구자의 능력과 경험에 달려 있다. 또한 얼마만큼 조작을 잘 하였느냐 하는 것에 따라서 과학적 방법의 성공 여부가 결정된다고 할 수 있다. 만약 현실 사회에서 자료를 수집할 수 없는 상황에도 불구하고 무리하게 가설을 조작하면 수집된 자료의 타당성과 신뢰성이 문제될 것이고, 그렇게 되면 가설을 검증하였다고 하더라도 그것이 과학적 이론이 될 가능성은 희박해질 것이다.

그러나 때로는 많은 경우에 사회과학이기 때문에 가설을 구성하고 있는 변수나 개념에는 추상적이며 가치적(정치적 포함) 내용을 가진 것이 많다. 그러면 과연 과학주의의 기준인 현실 경험에 의한 자료를 수집할 수 있도록 이와 같은 가치, 윤리, 정치 개념 등을 성공적으로 조작할 수 있는가 하는 것은 결국 연구자가 마지막으로 자신이 조작한 가설에 따라서 실제로 자료를 수집해 보고, 이것에 따라서 가설을 검증하는 단계에 가서야 최종적으로 판단할 수 있다. 또는 다른 연구자가 동일한 연구를 수행하여 같은 결론을 얻을 수 있어야 성공적으로 가설을 조작하였다는 것이 입증될 수 있다. 그럼에도 불구하고 과학적 방법은 가설이 성공적으로 조작되었다는 전제에서 이것에 따라서 현실 사회에 필요한 자료를 수집하게 된다.

자료를 수집하는 가장 일반적 방법은 자연과학에서는 실험 방법이지만 사회과학에서는 표본조사 방법이다. 왜냐하면, 현실적으로 조사 대상자인 인간 사회의 모든 구성요소나 환경을 연구자의 연구 환경으로 옮겨올 수 없기 때문이다. 자연과학은 연구자가 통제할 수 있는 범위 내에서 관련 자료를 엄격한 실험 방법으로 얻을 수 있지만, 사회과학은 조사 대상의 대표적인 것, 즉 표본에 한정하여 자료를 수집할 수 밖에 없다. 표본조사 이외에도 최근에는 사회과학 자료 수집 방법이나 기법이 점점 더 발달하여 자연과학이 이용하는 실험과 관찰, 문헌조사 방법 등이 광범위하게 이용되고 있다. 그러나 사회과학은 전체 조사 대상자가 아닌 대표자인 표본집단을 대상으로 사전(事前)에 연구 내용과 가설을 조작해 둔 일정한 양식인 질문지를 기본으로 하여 자료를 수집하는 방법을 기본으로 하지 않을 수 없다.

마지막으로 이와 같은 방법에 의해서 수집되고 축적된 자료를 분류하고 분석하여 연구자가 설정한 가설을 어느 정도로 검증할 수 있을 것인가를 분석하고 해석하는 일도 필요하다. 자료수집을 완성한 후에 실제로 수집된 자료를 처리하고 해석하여 자신이 세운 가설의 진위(眞僞) 여부를 판단하는 것은 방법론에서 매우 중요하다. 이와 관련하여, 특히 최근에는 구체적으로 자료를 분석하고 해석하는 데 필요한 기법이나 방법 등이 컴퓨터의 통계 처리 기술이 발달하면서 과거의 그것과 비교할 수 없을 정도로 발달되었다. 따라서 편리하면서도 신속하고 정확하게 자료를 처리할 수 있게 되었다. 개인용 컴퓨터의 발달과 이에 따른 소프트웨어의 개발과 보급으로 다양한 통계 처리용 프로그램을 연구자가 손쉽게 이용할 수 있게 되면서부터 자료의 처리나 해석 분야는 급격하게 발달하고 있다.

2. 과학주의의 한계점

지금까지 사회과학 방법론으로서 과학주의를 간략히 정리하였다. 그러나 “과연 과학적 방법만으로 아무런 문제없이 사회과학을 연구할 수 있느냐?” 하는 의문이 사회과학에서 본질적으로 제기되고 있다. 이와 같은 의문에 해답을 찾기 위해서 과학주의 방법론이 어디에서 출발하고 있느냐 하는 것을 우선 짚어볼 필요가 있다. 더 나아가 과학주의에 관한 문제점을 알 수 있으면 사회과학 방법론에 이와 같은 문제점을 치유하고 극복할 수 있는 방법을 찾아볼 수 있을 것이다. 그래서 지금부터는 과학적 방법을 사회과학에 적용할 때 발생될 구체적 문제가 무엇이며, 이와 같은 문제점이 어디에서 발생하고 있는가 하는 점 등을 설명하고자 한다. 그러나 사회과학과 자연과학 방법론의 비교와 서양 중심의 연구방법과 우리 방법의 발전, 사회과학의 과학성과 과학으로서의 사회과학 등을 설명하면서 과학주의의 문제점이나 한계점 등을 설명한 것과 중복되는 내용은 여기서 제외하였다.

첫째, 과학적 방법으로 연구할 수 없는 주제나 가설이 사회과학에서는 대단히 많다는 점이 문제이다. 연구자가 주제를 경험적으로 검증할 수 있도록 조작할 수 있는 가설을 일차적으로 형성할 수 있어야 과학주의 방법은 성공할 수 있다. 그러나 사회과학의 수많은 연구 주제를 이처럼 경험적으로 우선 정확하게 조작하기 어려운 것이 현실이다.

물론 사회과학은 과학이어야 하지만 이때의 과학은 경성과학이 아니라 연성과학이라는 의미의 과학이다. 경험적 증명 방법뿐만 아니라 논리적으로 인식하고 설명하며 해석하는 이론도 사회과학의 과학적 이론이 될 수 있다는 의미의 과학이다. 그러나 문제는 경성과학만을 과학이라고 고집한다면 사회과학의 연구 대상은 대단히 제한적일 수밖에 없다는 사실이다. 왜냐하면, 사회과학은 사회현상과 인간 행태에 관한 법칙인 사회이론뿐만 아니라 인간 존재에 관한 질문에도 대답을 찾아야 하는, 인간에 관한 법칙(human law)도 연구해야 하기 때문이다.

이와 같이 인간에 관한 법칙을 연구하는 사회과학의 연구 내용을 항상, 그리고 엄격하게 과학적 방법만으로 연구하여야 한다면, 이것은 현재의 사회과학 방법론이 당면하고 있는 커다란 문제의 하나임에 틀림없을 것이다. 왜냐하면, 인간 존재의 법칙이란 정의와 진리, 인간의 존엄성, 윤리와 도덕, 행복 등 경험 사회에서 검증하여, 그 해답을 이론으로 만들기 어려운 것이기 때문이다. 그래서 인간 존재의 연구 주제를 규범과학 또는 가치과학의 연구 대상이라고 해서 경험과학의 연구 대상이 될 수 없다고 하는 이유도 바로 여기에 있다.

둘째, 비록 가설을 조작할 수 있다고 하여도 가설을 구성하고 있는 변수를 100% 완벽하게 현실 경험 사회에서 검증할 수 있도록 조작한다는 것이 불가능하다는 점이 과학적 방법의 두 번째 문제점이다. 과학적 방법에 의하면, 가설을 구성하고 있는 변수 간의 인과관계를 경험적으로 검증하기 위해서 변수를 완벽하고 완전하게 반영하여 그 실체를 현실적으로 검증할 수 있는 자료를 획득할 수 있도록 조작하여야 한다. 그러나 많은 경우에 가설을 구성하고 있는 변수의 내용, 특히 사회과학의 내용들이 자연과학이나 기타 행태과학에서와 같이 완벽하게 현실의 경험 사회에서 그대로 반영될 수 있도록 한다는 것은 거의 불가능에 가깝다.

예를 들면, 대학생의 급진적 성향과 취업률과의 인과관계를 경험적으로 검증하고자 한다면, 취업률 변수에 관한 자료는 비교적 완벽한 의미의 통계적 경험 자료를 구할 수 있지만, 급진적 성향이라는 변수를 어떻게 정의하고 조작하여야 문자 그대로 완벽한 의미의 경험적 자료를 구할 수 있을 것인가 하는 데에는 정답이 있을 수 없다. 물론 여러 연구자들이 일반적으로 동의하고 공감할 수 있는 방법으로 급진적 성향을 잘 반영하는 자료를 수집할 수 있지만(이것을 사회과학에서는 간주관주의 접근방법이라고 설명하였음), 그러나 이것이 과학적 방법의 관점에서 볼 때 그렇게 완벽한 것인가 하는 점에서는 누구든지 그렇다고 대답하기 어려운 것이 사회과학 연구방법의 현실이다. 따라서 경험적으로 측정하고자 하는 내용을 얼마나 정확하고 진실하게 그에 해당되는 자료를 얻을 수 있을 것인가 하는 점에 자신이 없으면서, 그에 관한 자료를 수집하고 분석하여 가설을 검증한다는 것은 윤리적으로나 도덕적으로 부당하다고 볼 수 있다. 이와 같은 문제점을 표면 타당성이 결여된 자료라고 하는 것을 기억할 것이다.

또한 많은 경우에는 도저히 가설을 구성하고 있는 변수를 조작하여 경험적으로 측정할 수 없는 것이 있다. 사회과학의 대상은 자유 의지를 가진 인간과 이들이 살아가고 있는 사회 현상이다. 주관적이고 감성적이며 때로는 불규칙하게 반응하는 인간들의 삶의 현상을 항상 질서정연하게 진행되는 자연의 현상에서 자료를 수집하듯이, 그렇게 할 수 없다는 것이 과학적 방법에 더욱더 큰 문제이다. 속담에 "열 길 물 속은 알 수 있어도 한 길 사람 속은 모른다"라고 하는 것과 같이 사회과학의 연구 현실은 자연의 현실과는 상당한 차이가 있다.

셋째, 사회과학은 연구자가 통제할 수 없는 환경요인인 외부변수가 너무나도 많다는 것이 문제이다. 과학적 방법은 현실 경험 사회에서 수집된 자료에 따라서 가설을 검증하는 것이 그 핵심이다. 그러나 수집된 자료 그 자체가 과연 측정하고자 하는 변수를 정확하게 반영하고 있느냐 하는 것도 문제이지만, 비록 정확하게 반영하고 있다고 하더라도 연구자가 의도하지 못하였거나 또는 통제할 수 없었던 환경요인이 수집된 자료에 혼합되어 있을 수 있다. 이와 같은 경우에는 경험적 방법으로 증명된 가설이라고 하더라도 그것이 사회과학의 이론이 되기 어렵다. 왜냐하면, 환경요인인 외부변수의 변화에 따라서 언제든지 조사자료가 변화될 수 있기 때문이다.

또한 환경요인을 최대한 연구자가 통제하여 순수한 의미의 변수 간의 관계를 증명할 수 있는 자료를 구할 수 있다고 하더라도 물리적으로 모든 연구 대상이나 환경을 전부 다 망라할 수 있는 자료를 구할 수 없다. 그래서 사회과학에서 자료를 수집하는 방법으로 전체 모집단이 아닌 모집단을 가장 잘 반영하고 대표할 수 있는 대표집단, 즉 표본집단을 선정하여 그들만을 대상으로 자료를 수집하고 분석하여 전체 모집단에 관한 가설을 검증할 수밖에 없다.

물론 표본집단을 조사한 자료를 분석하고 해석하여 전체 모집단을 대표할 수 있는 자료로 환원시킬 수 있는 통계 기법이나 기술이 발달하고 있지만 문제는 정확한 의미에서 보면, 실제로 표본집단과 모집단은 다를 수 있다는 것이다. 아무리 완벽하게 표본을 구성한다고 해도 표본은 표본이고, 모집단은 모집단이다. 또한 모집단이나 표본집단도 끊임없이 변화되고 있기 때문에, 비록 표본을 구성할 당시에는 정확하게 대표할 수 있어도 시간과 장소와 문화적 조건이 변화되면 대표성이 변화될 수 있다. 이것이 환경적 요인의 하나이고, 이것을 연구자는 통제할 수 없기 때문에 사회과학에서는 자연과학에서처럼 과학주의를 완벽하게 적용할 수 없는 한계가 있다.

넷째, 가설이나 수집된 자료 그 자체는 이론이 아니다. 이것을 적용하고 해석하여 경험적 일반 법칙으로 증명할 수 있어야 이론이다. 그러나 이것을 적용하고 해석하는 과정에서 연구자의 주관적 판단이 작용하기 때문에 사회과학에서는 자연과학과 같이 과학적 방법을 그대로 적용하기 어려운 것이 현실이다. 연구 주제에 따라서 가설을 구성하고 이를 조작하여 현실 사회에서 필요한 자료를 수집하고 이것을 관련된 변수에 따라서 분류한 것은 이론이 아니고, 이론을 형성하기 위한 하나의 도구이고 수단이다. 특히, 사회과학의 과학 활동이 이루어지는 현실에서는, 특히 과학적 논문을 구성하고 발표하는 현장인 학술지나 또는 연구 결과의 발표 활동 등에서는 가설과 데이터, 자료 분석과 분류 방법, 변수 조작 등을 과학 활동이라고 생각하는 경향이 강하다(Sutton & Staw, 1995: 317－384).

그러나 가설이나 자료는 연구자의 연구 목적과 방법에 따라서 해석된 연구 주제에 불과하다. 이와 같은 연구 과정에 또 하나의 중요한 변수가 연구자의 주관적 가치판단이 작용한다는 점이다. 과학적 방법에서는 이론을 형성할 때 연구자의 주관이나 가치 등이 개입될 여지는 전혀 없다. 그럼에도 불구하고 사회과학에서는 비록 가설과 데이터를 과학주의가 요구하는 수준에 완벽하게 일치되는 조건으로 구성하였다고 하더라도 이것을 실제로 해석하고 적용하는 단계에서는 연구자의 주관적 판단과 편견이 개입될 여지가 많은 것이 현실이다. 예를 들면, 화폐의 수요와 공급의 균형점에서 결정되는 이자율이 상승되는 경제 현상을 해석할 때는 연구자의 주관적 가치 기준에 따라서, 이자율의 상승을 일반적 경제 활동의 위축 현상으로 해석할 수도 있다. 한편으로는 경제의 과잉 투자에 의한 물가 상승요인에 의해서 발생된 것이라고 반대로 해석할 수도 있다.

마찬가지로 표본조사의 자료를 해석하는 경우에도 연구자의 주관적 판단이 크게 작용한다. 실제로는 질문지의 응답자가 자신의 의도를 이렇게 제시한 경우에도 연구자는 저렇게 해석하는 경우가 많다. 그 하나의 예로서, 20세기 말부터 발생된 전 세계적 현상으로 나타나는 투표율의 하락과 정치 의식과의 관계를 조사한다면, 정치의식을 연구자가 어떻게 정의하고 해석하는가 하는 주관적 가치판단에 따라서 투표율과 정치 의식과의 상관관계를 검증할 수도 있고, 또한 반대로 검증하기 어려운 경우도 있을 것이다.

이와 같이 사회과학에서는 동일한 자료나 연구 주제라 하더라도 연구자의 가치판단과 문제에의 접근방법, 그리고 연구자의 경험과 인식 활동의 차이 등에 따라서 다양하게 연구 결과를 과학적 방법으로 검증할 수 있다. 과학주의에서는 이것이 허용될 수 없지만, 사회과학의 과학 활동에서는 경험 사회에서 수집한 자료에 의해서 가설을 검증하는 과정을 과학적 방법이라고 주장할 때 현실적으로 자연과학의 엄격한 과학 활동과 차이가 있음을 발견할 수 있다.

이와 같은 과학적 방법의 한계와 문제점을 설명하면서 사회과학에서 과학적 방법의 문제점의 근원, 즉 뿌리는 어디에 있는가 하는 점을 설명할 필요가 있다. 결론적으로 이와 같은 문제점의 근원은 이론과 현실이 상호 간에 불일치되는 현상과, 가치와 사실의 이분법적 분리 현상이라고 할 수 있다. 사회과학 방법론의 문제점의 근원을 이론–실제 이원론과 가치–사실 이원론에서 찾는다면, 사회과학에서 과학적 방법의 한계를 어떻게 극복할 것인가 하는 점도 논의할 수 있을 것이다.

제2절 이론과 실제의 괴리

이론과 현실(실제)의 괴리 현상(theory－practice dichotomy)은 사회과학에서는 아마도 영원히 해결되기 어려운 하나의 숙제임에 틀림없다. 현실을 모태로 하여 탄생된 이론, 즉 현실의 경험 사회에서 수집된 자료를 통해서 검증을 거친 과학적 방법에 의해서 형성된 이론은 반드시 현실을 정확하게 설명하고 예측할 수 있어야 함에도 불구하고, 그렇게 되지 못한 경우가 많다는 것이 이론－실제 이원론이다. 특히, 사회과학에는 이론과 현실이 일치되거나 조화되지 못하고 있다.

이론과 현실의 불일치 또는 괴리 현상이란 과학적 방법에 의해서 만들어진 이론은 방법론 그 자체에서는 문제가 없다고 하더라도, 이론 본래의 기능을 수행할 수 없다는 비판에서 제기되는 문제이다. 예를 들면, 20세기 초 과정철학론[1)]의 주창자로 유명한 영국의 수학자이며 철학자였던 화이트헤드(Alfred N. Whitehead, 1861~1947)에 의하면(1929: 4), 다윈(Charles Darwin, 1809~1882)의 적자생존(適者生存) 이론은 하나의 과학적 이론이지만, 이 이론이 인간 사회나 자연 현상에 적용되는 현실 세계에서 보면, 적자생존의 법칙을 가장 잘 지켜가는 것은 수백만 년 세월 동안 변함없이 생존하고 있는 바위라고 비판하기도 하였다.

그러나 수많은 세월의 풍상(風霜)에도 불구하고 살아남은 바위는 적자생존의 원칙에 따라서 현실에 가장 잘 적응한 것이라고 보기 어렵다. 역설적으로 바위는 현실에 적응하지 못해서 수백만 년 바위 그 자체를 유지하고 있다고 할 수 있다. 적자생존의 원칙은 돌이나 바위와 같은 무생물(無生物)이 아닌 인간이나 생물체 등에 한정되어 적용되는 이론이다. 즉, 기린은 현실 조건과 상태에 적응하여 지금까지 자신의

1) 과정철학(process philosophy)은 전통적 서양철학이 주장하는 실존과 영원한 실체의 이론 등에 반대하여, 인간이 경험하는 것은 실체에서 생성되고 변화되는 항상 새로운 사실이라는 점을 강조한 20세기 철학의 한 이론이다. 즉, 과거 역사와 현재 경험세계에서 미래에의 새로운 길이 발생되며 이와 같은 과정은 항상 복잡한 단계와 모습이지만 일정한 일시적 일관성이나 응집력이 있고, 그렇기 때문에 과정은 일정한 유형이나 형태의 구조를 가지고 있다는 설명이다(plato.stanford.edu/entries/process－philosophy, 2019년 1월 2일). 화이트헤드의 과정철학에 관한 자세한 것은 대표적으로 문창옥(1999)을 참고 바람.

종족을 보존할 수 있었지만, 공룡은 현실 적응에 실패하여 지구의 생존 역사에서 사라져 버린 것이라는 의미일 것이다.

사회과학의 이론이 현실과 괴리된다는 것은 현실을 배경으로 하여 탄생된 이론이 그 현실에 적용되기 어렵다는 의미이다. 다시 말해, 현실의 경험 사회에서 검증을 거친 이론이 현실을 과학적으로 설명하고, 더 나아가 앞으로 현실의 변화 방향을 예측할 수 있는 이론 고유의 능력과 기능을 수행할 수 없다는 의미이다.

이론과 실제의 괴리 현상을 논리적으로 보면 자가당착의 오류를 범하고 있다고 할 수 있다. 왜냐하면, 현실을 배경으로 하고, 경험적이고 일상적으로 인지(認知)되는 사회 현상과 인간 행태를 과학적으로 설명할 수 있는 이론이 탄생되었다면, 이제 이론은 당연히 자기가 생성된 인간 사회의 현실을 다시 과학적으로 설명할 수 있어야 한다. 그럼에도 불구하고 생성의 배경이 된 현실을 이론이 설명할 수 없다는 것은 이론의 생성 과정에 연구자의 오류나 실수 또는 과실이 있었거나, 아니면 수집된 자료가 현실을 제대로 반영하거나 대표할 수 없었던 경우라고 할 수 있다. 또한 이론 이전 단계인 가설을 구성할 때, 가설의 내용인 변수를 잘못 조작하여 현실적으로 타당하고 신뢰할 수 있는 자료를 수집하기 어려웠거나, 또는 가설 그 자체가 현실과 아무런 상관관계도 없이 연구자의 상상의 세계에서 형성된 것이어서, 처음부터 현실 사회에서 경험적으로 검증할 수 없는 것을 무리하게 검증하여 이론을 만든 경우라고 할 수 있다.

과학적으로 형성된 이론이 그것이 탄생된 현실에 적용되어 현실을 설명할 수 없거나, 또는 제한된 범위 내에서만 설명력을 가지고 있음에도 불구하고 사회과학의 연구 현실에서는 계속해서 이와 같은 이론을 형성하고, 이것이 과학적 이론이라고 하는 것도 모순이다. 즉, 현실에서 만들어진 이론이 또다시 현실을 설명하기가 어려움에도 불구하고 계속해서 그와 같은 이론을 만든다는 것은 무한회귀(無限回歸)의 오류를 범하고 있다고 할 수 있다. 또한 현실과 괴리되는 이론을 무한히 생성하는 것은 연구의 낭비이고 연구 가치가 없는 일일 수도 있다. 비록 현실과 괴리되는 이론을 수정하거나 또는 새로운 이론을 제시하였다고 할지라도 이와 같은 이론도 현실을 얼마만큼 잘 설명하고 그에 적용될 수 있느냐 하는 검증을 받아야 될 것은 당연하다.

이와 같은 현상을 두고 사회과학에서는 소위 이론과 현실의 괴리 현상을 사회과학의 영원한 숙제라고 하는 이유가 바로 여기에 있다. 이론 그 자체는 현실을 모태로 하고 발생하였다. 이것이 경험적 이론이고 곧 과학이 될 수 있다고 하였다. 이와 같은 과학적 이론은 이제 현실 사회를 설명할 수 있어야 한다. 그러나 문제는 곧바로 현실 그 자체에서 탄생된 이론이 현실을 설명하기 어렵다는 것이다. 그 이유를 사회과학 방법론은 규명할 수 있어야 할 것이다. 나아가 어떻게 하면 이와 같은 이론과 현실의 불일치(不一致) 현상을 수정할 것인가 하는 실천적 측면에서도 사회과학 방법론은 관심을 기울여야 할 것이다.

1. 이론과 실제의 괴리 현상의 원인

이론과 실제의 괴리 현상의 원인을 사회과학의 구체적 영역에 따라서 여러 가지로 설명할 수 있을 것이다. 예를 들면, 문제 해결을 위한 이론을 개발하는 측면에 초점을 두는 사회과학, 특히 응용 사회과학의 경우에는 순수과학에 비교하여 좀 더 복잡하고 다양한 괴리 현상을 경험하고 있을 것이다. 그러나 여기서 설명하고자 하는 이론과 현실과의 괴리 현상은 일반적으로 사회과학에서 공통적으로 제기되는 문제점과 원인이다.

첫째, 가설을 현실 경험 사회에서 검증할 수 없는 경우나 또는 가설의 조작에 문제가 있었기 때문이다. 과학적 방법에서는 모든 가설을 경험적으로 검증할 수 있어야 한다는 것을 전제로 한다. 그러나 사회과학의 연구 주제는 많은 경우에 경험적으로 조작할 수 없다. 이와 같은 연구 주제를 무리하게 조작하여 현실에서 검증하여 이론을 형성하였다고 하더라도 연구 과정 그 자체는 과학적일 수 있지만 연구 결과는 과학적이지 않다. 왜냐하면, 현실 상태와 진정한 의미의 연구 주제가 상호 간에 일치되지 않기 때문이다. 이와 같은 경우에는 이론 그 자체가 이미 현실 경험 사회와 괴리되어 있는 것이다. 따라서 이와 같은 이론은 이론으로 포장되었다고 해도 현실을 설명하고, 나아가 앞으로 현실의 변화를 예측할 수 없을 것이다.

또한 연구 주제가 현실적으로 검증될 수 있는 것임에도 불구하고 연구 주제를 구성하고 있는 가설을 경험세계와 일치시키는 작업이 미숙하였기 때문이다. 즉, 변수나 개념을 조작하여 자료를 수집하는 것과 변수의 내용과 일치하도록 하는 기술적 조작 능력의 미숙이나 실수에 의해서, 비록 검증된 이론이라고 하여도 이것을 다시 현실에 적용할 때는 그와 맞지 않을 수도 있을 것이다. 이와 같은 경우에는 이론을 수정하거나 또는 가설을 다시 형성하고 조작하여 연구를 새로이 진행시켜 이론을 좀 더 과학화할 수 있다. 실제로 이와 같은 일들이 하나하나씩 쌓여 가면서 학문은 발전한다. 그러나 문제는 완성된 이론이 되기 이전까지는 이론과 현실의 이원 관계는 항상 제기되는 문제이다. 비록 완성된 이론이라고 하여도 현실의 변화에 따라서 이론이 변화되지 못한다면, 또 한 번 더 이론과 현실은 괴리된다고 하는 비판을 받게 된다.

둘째, 변화하고 있는 현실의 실체를 기존 이론이 설명할 수 있을 것이라고 기대하기 어렵기 때문이다. 과학적 방법에서 이론은 이론을 검증할 당시의 현실에서 가장 타당하고 신뢰할 수 있는 자료에 의해서 검증된 것이다. 그러나 현실의 상황은 항상 변화하고 있다. 영원히 변화하지 않는 현실은 없다. 물론 자연과학의 대상인 자연 현상뿐만 아니라 인간 사회의 현상도 항상 변화하고 있다. 단지 그 변화의 속도와 폭에 있어서 차이가 있을 뿐이다. 그럼에도 불구하고 이론은 이론 자신이 검증될 때의 현실을 기초로 하고 있기 때문에, 자신이 태어난 이후에 변화된 현실에 잘 맞지 않는다는 것은 당연한 사실이다. 따라서 이미 존재하고 있는 이론은 이미 변화된 또는 변화를 겪고 있는 현실과 괴리될 수밖에 없는 운명을 가지고 있다.

특히, 사회 현상은 자연 현상에 비교하여 변화의 속도가 빠르고 폭이 깊기 때문에 사회과학의 이론은 자연과학의 이론에 비교하여 현실 적용 능력이나 설명 능력이 약할 수밖에 없는 숙명에 놓여 있다. 따라서 이론과 현실이 괴리되는 정도나 폭이 커지면 커질수록 이론은 이론으로서의 기능과 자격을 상실하게 되고, 이제 새로운 현실에 기초해서 그것을 설명할 수 있는 또 다른 이론이 탄생되어야 할 것이다. 이것이 학문의 발전이고 진보이다.

그렇다고 해서 숙명적으로 모든 이론, 특히 사회과학의 이론은 현실과 괴리될 수밖에 없을 것이고, 따라서 이론과 현실의 괴리 현상은 당연한 것이라고 하는 주장은 맞지 않다. 단지 장기적인 관점에서 이론의 형성과 학문의 진보라는 점을 설명할 때에 현실과 괴리되는 이론은 새로운 이론으로 수정되면서 변화되고 대체되어야 한다는 점을 강조한 것뿐이다.

또한 현실 그 자체에서 볼 때도 현재의 상황을 설명할 수 있고, 현재의 현실이 미래에 어떻게 변화될 것인가를 설명할 수 있는 이론이 존재하여야 한다는 것을 포기한다는 것은 더욱 아니다. 이것이 이론과 실제의 괴리 현상을 설명할 때 가장 어려운 점이면서 또한 모든 사회과학의 딜레마의 하나이다. 왜냐하면, 변화하는 현실에 따라서 이론도 변하여야 하지만, 동시에 이론은 현실을 기반으로 하고 탄생되었기 때문에 어느 시기까지는 이론은 현실에 부합될 수 있어야 한다.

셋째, 다양하고 복잡한 현실에서 수집된 자료는 항상 어느 일정한 시기와 일정한 분야에 한정된 것임에도 불구하고, 이것을 기초로 해서 형성된 이론은 과학적이고 일반적이라고 인정하기 때문에, 이론은 전체의 복잡한 현실 모두를 설명하여야 하는 부담을 안고 있다. 특히, 사회과학에서는 이론을 검증하기 위하여 수집한 자료는 대부분 일정한 범위에 한정되어 있는 경우가 많다. 모집단을 대표하는 표본집단을 대상으로 자료를 수집하는 경우에는 항상, 그리고 완벽하게 모집단과 일치되는 자료를 수집하기 어렵다. 그러나 물리적 제약요인 때문에 사회과학은 표본집단을 대상으로 하지 않을 수 없다.

이와 같이 수집된 자료 그 자체에 이미 현실을 있는 그대로 전부 다 반영할 수 없음에도 불구하고, 이것을 기초로 해서 형성된 이론이 현실 그 자체를 설명할 수 있을 것으로 기대한다는 것은 과욕일 수도 있다. 비록 표본집단에서 추출된 자료가 완벽하게 모집단을 대표한다고 해도 연구에서 설정한 모집단은 사회 전체의 현실에서 보면 공간적으로나 시간적으로 대단히 제한적인 일부의 현실에 불과하다. 사회 현실은 문자 그대로 다양하고 복잡하다. 이것을 지금까지 개발되고 발달된 사회과학의 방법론으로 연구할 수밖에 없기 때문에, 연구 내용과 범위에 맞도록 사회 현실을 조작하면서 그 범위 내에서 이론을 형성하고 있을 뿐이다. 이렇게 해서 탄생된 이론은 당연히 조작된 범위의 현실만을 설명할 수 있기 때문에, 사회 전체의 현실을 설명하기 어렵다.

그래서 사회과학에서의 이론과 현실의 괴리 현상이란 제한된 사회 현실의 범위 내에서 그 이론이 그 현실을 얼마나 잘 설명할 수 있는가 하는 점에 문제가 있을 때 이를 두고 하는 말이다. 이것을 확대하여 사회 전체의 현실을 설명할 수 있는 이론이 되기 어렵다고 해서 이론과 현실이 괴리되어 있다고 하는 것은 아니다. 그럼에도 불구하고 과학적 이론을 강조하다 보면 이론이 탄생된 현실의 한계를 잊어버리고 현실 전체에 적용될 수 있어야 한다는 점에 집착할 수도 있을 것이다.

2. 이론과 실제의 괴리 현상의 극복

이론과 현실이 잘 맞지 않는다는 사실과 그 원인에 대해서는 앞에서 이미 설명하였다. 이제 원인을 알았다면 아마도 그 원인에 따라서 그것을 치유할 수 있는, 즉 이론과 현실의 괴리를 극복할 수 있는 방법을 찾아볼 수도 있을 것이다. 여기서 '극복'이라는 용어를 사용하기는 하였지만 완벽하게 이론과 현실의 괴리 현상을 극복한다는 것은 아니다. 이것은 사회과학의 현실에서는 아마도 불가능하다. 또한 괴리 현상이 없다면 사회과학을 발전시키고자 하는, 즉 끊임없이 새로운 이론을 개발하려는 노력도 없을 것이다. 단지 극복한다는 것은 제한된 사회과학의 현실에서 탄생된 이론이 그것을 설명할 수 있는 능력을 좀 더 향상시킬 수 있는 방법을 찾고자 한다는 의미이다. 즉, 어떻게 하면 이론과 현실의 괴리 현상을 좀 더 좁힐 수 있을 것인가 하는 점을 찾고자 한다는 것이다.

그러나 결론적이지만 모든 사회과학에서 이론과 현실을 조화시키고자 하는 과제는 사회과학이 출발하면서 지금까지 끊임없이 연구되고 있는 분야이다. 그럼에도 불구하고 지금까지 이 분야에 만족할 만한 결과가 있었던 것도 아니다. 사회과학의 영원한 숙제로, 모든 사회과학자는 자신의 연구 분야에서 완성한 이론이 얼마나, 어느 정도로 사회 현상을 잘 설명할 수 있을 것인가 하는 점을 고민하고 있다. 특히, 현실사회에서 발생하고 있는 문제 해결의 수단적 성격을 강하게 가지고 있는 응용사회과학에서는 이론이 현실을 설명할 수 있는 능력과 문제 해결의 가능성을 가장 큰 연구과제로 취급하고 있기도 하다.

여기서는 그러나 일반적으로 사회과학에서 이론과 현실의 괴리 현상을 진단한 결과 그에 따라서 괴리 현상을 줄일 수 있는 방안을 방법론의 관점에서 간단히 설명하고자 한다. 물론 각각의 학문 분야에 따라서 다양한 해결책을 제시할 수 있을 것이다.

첫째, 사회 현실의 다양성과 복잡성을 있는 그대로 정확하게 이해하는 것이 우선 중요하다. 과학적 이론이 탄생되는 사회 현실을 현실 그 자체로 정확하게 이해하고, 무엇이 사회 현실을 지배하고 있는 이념이며 발생요인인가 하는 점을 객관적이고 사실적으로 이해하는 것이 무엇보다도 중요하다. 물론 연구자는 지금까지 자신이 훈련받고 교육받으면서 형성된 가치관과 인생관에 따라서 자신의 눈으로(social lenses) 사물을 판단하게 된다.

그러나 과학적 이론을 형성하여 현실을 설명할 수 있는 이론을 만들 수 있는 교육과 훈련이 사회과학에서는 잘 이루어지지 않았기 때문에, 사회과학에서는 이론과 현실의 괴리 문제가 심각하다는 주장도 고려할 가치가 있다(Weick, 1995: 385－390). 즉, 사회 현실을 사실적이고 객관적으로 관찰하고 이해하여 여기서 무엇을 연구할 수 있을 것인가를 찾아내고, 이것을 다시 현실에서 검증받아 이론을 형성할 수 있는 능력을 교육하고 훈련하는 일을 소홀히 하였다는 지적이다.

이론은 무엇보다도 먼저 현실의 실체를 설명할 수 있어야 한다. 과학적 방법이든지 또는 인식주의나 철학적 방법이든지 이것을 잘 설명할 수 있어야 한다. 동시에 이론이 현실의 변화 상태를 예측할 수도 있어야 한다. 물론 과학적 방법이 현재 가장 많이 이용되는 방법이지만 반드시 이론은 과학주의의 전유물(專有物)은 아니다. 더구나 현실은 이론뿐만 아니라 인간의 일상 생활 가치를 평가하는 장소이다. 나아가 현실은 이론이 이론으로서의 기능과 역할을 다하고 있는가 하는 것을 결정하는 필요조건이면서 동시에 충분 조건이다(Borgmann, 1995: 148). 현실의 실체를 이해한다고 해서 각각의 현실을 자신이 보는 그대로 이해하는 것을 의미하는 것은 아니다. 보이는 대로, 마음 가는 대로 현실을 이해하는 것은 문학이나 미학의 세계에서는 가능하다. 그러나 사회과학의 세계에서는 공통적 현실을 타인과 공유(sharing)하여 이해할 수 있어야 한다는 의미이다.

또한 사회 현실을 현실 그 실체를 하나하나 해부하여 이해할 수 있는 논리적 순서와 절차를 알고 있어야 할 필요가 있다. 이것은 사회 현실을 허공 속에 뜬구름 잡는 식으로 이해하는 것이 아니라, 유형적 실체를 논리적으로 인식할 수 있어야 한다는 의미이다. 이와 같은 인식과 이해가 선행되어야 무엇을 연구할 것이며, 그것이 현실에 얼마나 잘 작용될 수 있을 것인가 하는 목적 의식이 발생될 수 있을 것이다. 그래서 화이트헤드는 이것을 이성의 기능이라고 하였다(Whitehead, 1929: 37).

둘째, 현실 세계를 기초로 하여 이론이 형성되며, 동시에 현실에서 이론이 검증되고 적용되어야 하기 때문에 이론 그 자체와 현실 그 자체를 분리해서는 이론과 현실의 관계를 이해하기 어려울 것이다. 이론은 이론이고 현실은 현실이라고 하는 이분적(二分的) 사고로 이론과 현실의 관계를 이해하고자 하면 할수록 이론과 실제의 괴리 현상은 더욱 깊어질 것이다. 이론이 탄생된 현실을 이성적으로 이해하였으면, 이제 그 현실과 조금도 다름이 없는 이론을 그 자체로 이해하는 것이 필요하다. 그렇다고 하여 이론과 현실 각각의 고유한 실체를 무시하는 것은 아니다. 이론의 세계는 논리적이고 간결하며 과학적이고 검증적이다. 반면에 현실의 세계는 실체적이고 실천적이며 복잡하고 다양하다. 따라서 이 두 세계의 특성을 무시하고, 제3의 새로운 개념으로 이론과 현실의 세계를 이해한다는 것은 아니다. 두 세계의 실체를 있는 그대로 이해하는 것이 필요하다. 즉, 이론은 현실을 배경으로 하고 있으며 동시에 현실은 이론의 모체가 되면서, 이론의 정당성과 타당성을 검증할 수 있는 세계이기 때문에, 이것을 따로따로 분리하여 이해해서는 안 된다는 의미이다.

셋째, 사회과학의 이론은 실천적이며 실용적 이론이 될 수 있어야 이론과 현실의 괴리 현상을 극복할 수 있을 것이다. 사회과학에서는 현실을 떠나서 이론을 구성할 수 없다. 또한 이론도 현실에서 정당성과 타당성, 실용성을 인정받아야 한다. 따라서 이론은 현실이라는 곳에서 이론의 능력인 현실 세계를 논리적이고 합리적으로 설명할 수 있고 나아가 현실 세계의 변화를 예측할 수 있어야 한다. 이것이 현실적 이론(practical theory)이란 의미이다.

실용적이라고 해서 이것이 논리적으로 이론의 구성 요건을 만족시킬 수 없는 단순히 실천적 면을 강조하는 이론(pragmatic theory)이라는 비판을 할 수도 있다. 즉, 실용적 이론은 현실적으로 보더라도 실용성이 사라지면 이론의 역할이 없어지기 때문에 이제는 더 이상 이론이 될 수 없다. 또한 학문적으로 보더라도 실용적인 면이 없는 이론은 이론이 될 수 없기 때문에 실용적 이론이란 논리적으로 불가능하다는 비판(Sandelands, 1990: 235－262)을 할 수도 있다. 그러나 실용적 이론이란 현실을 기초로 하고 있지만 현실의 조건에 따라서 수동적으로 이론의 운명을 100% 수탁(受託)하고 있는 이론이란 의미는 아니다. 이론적 지침이나 방향 또는 설명이나 예측 없이도 현실은 그 자체로서 아무런 변함없이 스스로의 변화 방향으로 진행할 수 있다. 그러나 그와 같은 변화 방향을 좀 더 인간다운, 합리적인, 조화로운, 바람직한 인간의 행복과 존엄성을 향상시킬 방향으로 변화될 수 있는 이론적 지침과 체계가 필요하다(Bellah, 1983: 37-68; Craig, 1996: 66; 이해영, 2001: 5-7).

따라서 이론을 떠나서 현실 세계를 예측하거나 설명하기도 어렵지만, 또한 현실 세계에 대한 방향타를 논리적이고 합리적이며 경험적으로 제공할 수 있는 것도 이론이다. 이와 같은 기능과 역할을 수행할 수 있는 이론이 실천적 이론이란 뜻이다. 그렇기 때문에 사회과학에서는 이론이 실천적 이론이 될 수 있으면 현실과 괴리되거나 유리되는 현상은 줄어들 것이다. 이것이 이론과 실제의 괴리 현상을 극복할 수 있는 중요한 방법론의 기초이다.

제3절 가치-사실 이원론

1. 가치의 세계와 과학적 방법

사회과학의 과학적 방법에서 또 하나의 문제점은 가치와 사실을 어떻게 연구할 것인가 하는 과제이다. 즉, 가치의 세계는 사실의 대상이 될 수 없으며, 나아가 사실의 세계만을 대상으로 하고 있는 과학적 방법에서는 당연히 가치의 세계를 포함시킬 수 없다는 것이다. 이것을 가치-사실 이원론(value-fact dichotomy)이라고 한다. 또한 가치의 세계는 주관적이고 사실의 세계는 객관적이기 때문에 이것을 흔히 주관-객관 이원론(subjectivity-objectivity dichotomy)이라고도 한다.

과학적 방법은 경험적으로 검증 가능한 자료에 한정하여 가설을 입증하고 이론을 구성하기 때문에, 경험적으로 반복하여 규칙화할 수 없는 인간 인식 작용의 결과 산물인 가치나 윤리 등 주관적 주제를 가설로 구성하여 이론을 만들 수 없다. 따라서 과학주의에 의하면, 가치나 윤리 문제는 사회과학의 연구 대상이 될 수 없다. 그러나 사회과학의 연구 대상에는 사실뿐만 아니라 가치와 윤리, 도덕과 이데올로기 등과 같은 주관적 세계의 현상도 분명히 포함되고 있다. 그렇다면 이와 같은 연구 주제를 어떻게 과학적 방법으로 설명할 수 있을 것인가 하는 것이 현실적 고민이고 어려움이다. 이것은 과학주의의 또 하나의 한계이고 문제임에는 틀림없다. 자연과학 방법론인 과학주의를 엄격하게 사회과학에 적용한다는 불만은 사회과학이 독자적 방법론을 개발하고 발전시키지 못하였다는 점도 포함되어 있다. 그러나 문제는 과학적 접근방법을 너무나도 좁은 의미로 사회과학에서 사용해 왔다는 점도 포함되어 있다.

그러면 문제의 핵심을 이제 크게 두 가지로 요약할 수 있다. 즉, "가치의 세계를 어떻게 과학적 방법으로 연구할 것인가?" 아니면, "가치의 세계를 연구할 수 있는 과학적 방법은 없는가?"라고 하는 것이다. 앞의 질문은 과학적 방법이 아니라 연구 대상인 가치를 과학주의에 맞출 수 있는 방법을 찾는 일이고, 뒤쪽의 질문은 방법론인 과학주의를 연구 대상인 가치의 세계에 맞추는 일이다. 사실 이 두 가지 질문은 동전의 양면과 같이 동일한 내용의 질문을 두 가지 다른 관점에서 제기한 것에 불과하다. 그러나 가치와 사실의 관계를 설명하여 과학적 방법에서 사회과학의 연구 대상인 가치판단의 문제를 해결하고, 그에 관한 이론을 구성할 수 있도록 하는 것이 가치와 사실 그리고 주관과 객관의 이원적 현상을 극복할 수 있는 길임에 틀림없다.

철학교수로서 방법론 연구에 크게 공헌한 노스롭(Filmer Northrop)은 가치와 윤리의 세계를 설명하는 사회과학이론은 규범적 사회이론이고, 경험적 사실의 세계를 설명하는 것은 사실적 사회이론라고 구분하였다. 따라서 규범적 사회이론을 구성하는 방법에는 자연과학의 접근방법인 과학주의를 사용하기 어렵다고 하였다. 그는 또한 과학적 방법에 의해서 구성되고 발견된 이론의 목적을 과연 과학주의로 결정할 수 있는가, 나아가 과학주의는 이론의 좋고 나쁨, 또는 흔히 무엇이 인간 존재의 목적을 위한 좀 더 훌륭한 이론인가 하는 점을 과연 결정하고 판단할 수 있는가 등의 질문을 제기하였다. 그래서 그는 사회적으로 인간의 행동 결과는 사회적 원칙인 이데올로기에 의해서 결정되며, 거꾸로 이데올로기는 하나의 이론으로서, 인간들의 사회적 행동 결과와 목적을 결정하는 것이라고 주장하였다. 즉, 사회가 어디로 가야 할 것인가 하는 방향을 결정해 주는 것이 곧 이론이라고 하였다. 그래서 과학적 방법으로 규범적 사회이론을 검증하려고 하는 것은 자연과학의 방법이나 사실적 사회이론을 적용하려는 것과 같이 있을 수 없는 일이라고 하였다(Northrop, 1947: 328-339).

노스롭과 같은 시대에 살았던 영국의 경제학자이며 철학자였던 하이예크(Friedrich Hayek, 1952)도 자연과학의 과학 선동가들에 의해서 사회과학을 연구하려는 사람들이 과학주의를 마치 노예처럼 사용하였다고 비난하기도 하였다.

과학적 방법을 사회과학에 사용할 수 없다면 사회과학에 고유한 이론을 형성할 수 있는 방법이 있어야 할 것이다. 즉, 가치와 판단 및 윤리 등의 사회과학 고유의 연구 영역을 취급할 수 있는 연구방법이 있어야 전통적인 과학주의를 대체할 수 있을 것이다. 이와 같은 관점에서 자연과학에서 이용할 수 있는 과학적 방법과 사회과학에 적용할 수 있는 고유한 과학적 방법을 구별하고자 하는 것이 사회과학 방법론의 일반적 경향이었다. 이것을 방법론의 이중성(methodological dualism)이라고 할 수 있다(Rothbard, 1979: 23－40). 노스롭이나 하이에크 등이 주장한 자연과학의 방법을 적용할 수 없는 분야에는 사회과학 고유의 방법이 있어야 한다는 것을 강조한 것도 방법론의 이중성을 주장한 것이라고 할 수 있다.

가치판단의 사회과학 연구 문제를 가치 중립적 입장에서, 현실 사회에서 경험적으로 검증할 수 있는 사항을 연구할 수 있는 과학주의 방법론을 그대로 적용한다는 것은 잘못된 일이다. 선악과 시비, 희로애락 등 인간의 감정적 요소와 판단 작용에 따라서 다양한 모습으로 발생되는 사회 현상을 규칙적이고 질서정연한 자연의 현상을 연구하는 과학적 방법으로 연구할 수 없다. 그럼에도 불구하고 굳이 과학적 방법을 적용하고자 한다면 가치 주제를 과학주의에 맞도록 조작하여야 할 것이다. 그러나 가치판단을 과학적 방법에 타당한 방법으로 완벽하게 조작할 수 없는 것은 당연하다. 또한 연구자들이 각자 다양하게 조작한 가치 주제를 비록 현실 사회에서 그에 필요한 자료를 수집하여 자신의 가설을 검증하였다고 하더라도 이것이 이론이 될 수 없다. 왜냐하면, 자신이 생산한 연구 결과의 일반성이 없기 때문이다. 즉, 외적 타당성이 없는 자신만의 세계에서 인정되는 연구 결과이기 때문이다.

가치판단과 가치의 해석을 과학적 방법이라고 주장할 수 있고, 또한 이를 일반적 이론으로 보편화할 수 있으면 사회과학 방법론에는 크게 문제가 없을 것이다. 이와 같은 관점에서 사회과학의 객관성과 가치 주제를 어떻게 연구할 것인가를 설명한 가장 고전적 연구자가 독일 사회학자 베버(Max Weber, 1864~1920)라고 하는 것은 잘 알려진 사실이다. 그의 방법론을 간단히 요약하면, 문화적 가치와 역사적 관점에서 공통적으로 이해할 수 있는 것은 객관적 가능성이 있는 범주이다. 이것을 연구하는 것이 사회과학의 과학이라고 한 것이다(Weber, 1949). 그렇다고 하여 베버의 연구 방법이 사회과학의 가치 문제를 연구할 수 있는 하나의 대안은 될 수 있어도 유일한 대안은 될 수 없음은 당연하다. 왜냐하면, 베버 이후에도 가치를 연구할 사회과학의 방법에 관한 논의가 끊임없이 제기되고 있기 때문이다.

결론적으로 사회과학을 단순히 자연과학의 과학적 방법만으로 연구할 수 없는 것은 당연하다. 그러나 사회과학에서도 사실의 문제는 얼마든지 과학적 방법의 대상이다. 단지 문제는 가치를 어떻게 연구할 것인가 하는 것이다. 왜냐하면, 가치는 사실과 달리 객관적이고 규칙적이지 못하다. 또한 가치 현상에는 일정한 질서를 찾기 어렵기 때문이다. 그렇다고 해서 가치 주제를 사회과학의 연구 대상에서 제외하고, 단지 사실적 사회 현상만을 연구할 수는 없다. 가치는 사회과학의 주요한 연구 대상이기 때문이다.

모든 이론, 즉 과학을 지배하고 있는 논리적 기준은 모순의 원칙과 이성의 원칙, 그리고 인과율의 원칙 등이다[(Rommen, 1998(1936): 166－167]. 모순의 원칙은 반증주의(falsificationism)의 핵심으로, 이론은 논리적이고 경험적으로 이론의 내용과 형식에 반대되는 요소가 없어야 한다는 의미이다. 이성의 원칙은 이론을 형성시킬 유형적 실체를 논리적으로 인식할 수 있어야 한다는 원칙이다. 인과율은 원인과 결과의 관계가 우연이 아니라 실증적이고 반복적이어야 한다는 원칙이다. 따라서 이론이 되기 위해서는 이와 같은 세 가지 기준을 만족시킬 수 있어야 한다.

가치가 이론이 되기 위해서도 사실(fact)과 마찬가지로 적어도 논리적으로는 위의 세 가지 기준을 만족시킬 수 있느냐 하는 점에서는 많은 논란의 여지가 있다. 더구나 가치 현상을 실증적이고 반복적으로 이해하기 어렵다는 것도 주지의 사실이다. 이와 같은 관점에서 보면 가치를 경험적 이론이나 적어도 논리적 오류가 없는 이론으로 형성하기란 쉬운 일이 아님을 알 수 있다. 그래서 가치와 사실의 이원론이 계속적으로 논의되고 있고, 또한 가치를 제외하고 사실적인 것만 사회과학의 연구 대상으로 하여야 한다는 주장도 어느 정도 이해할 수 있다. 그러나 핵심은 가치 주제를 사회과학에서 제외시킨다면 사회과학의 핵심이 제외될 것이다. 또한 사실을 사회과학의 연구 대상으로 선택하는 그 자체도 결국 연구자의 가치판단의 부분이기 때문에 가치를 연구 대상에서 제외시킬 수는 없다. 그렇다고 가치를 연구하는 방법을 과학적 방법과 별개로 취급하면 가치를 대상으로 하는 연구 주제는 결코 이론이 될 수 없다는 또 하나의 큰 문제가 발생할 수 있다.

결론적으로 사회과학은 과학이다. 과학이기 때문에 가치도 과학적 방법의 대상이 될 수 있다. 단지 자연과학에서처럼 엄격한 경험주의를 고수하는 경성과학도 과학이지만 연성과학도 과학이라는 입장에서 가치를 과학적으로 연구할 수 있을 것이다. 이것은 사회과학의 연구 대상과 특성에 따라서 과학적 객관주의를 간주관주의로 연구할 수 있다는 의미에서 과학이 될 수 있다는 것이다.

2. 가치에 대한 과학적 연구방법으로서 간주관주의 접근방법

사회과학에서 과학적 방법을 적용하는 문제에서 부딪치는 어려운 과제 중의 하나인 가치를 어떻게 연구하여야 과학이 될 수 있는가 하는 점을 해결하기 위한 방법론으로 간주관주의 접근방법을 간단히 설명하고자 한다.

간주관주의(間主觀主義)는 주관과 객관의 중간적인 것이 있다는 것을 뜻하는 것은 아니다. 즉, 검정색과 흰색의 중간인 회색의 접근방법이 간주관주의라고 하는 것은 아니다. 가치는 인간 자유의지의 산물이다. 이것을 경성과학의 경험주의로, 즉 완벽한 의미의 객관주의로 연구할 수 없다. 그렇다고 가치가 오로지 주관적 사회 현상인 것만은 아니다. 타인의 자유의지의 산물인 가치가 동시에 자신의 자유의지의 결과인 가치판단과 공통적이고 동일한 요소를 가지고 있다면 이것은 얼마든지 과학적 연구의 대상이 될 수 있다. 더 나아가 타인이 가치를 연구하여 결과를 발표한 것과 자신의 연구 결과와 동일하다면 이것은 과학주의 연구 대상으로서 그 결과는 이론이 될 수 있다는 것이 간주관주의이다.

이러한 입장에서는 가치도 사회과학의 과학적 연구 활동의 대상이며, 따라서 연구 결과는 이론이 될 수 있을 것이다. 따라서 가치와 사실을 분리하여 가치는 사실의 영역이 아니기 때문에, 과학적 연구 대상이 아니라고 하는 이원론은 과학적 방법을 엄격하게 해석하는 자연과학 방법의 입장일 뿐이다.

부록 학술논문 작성

부록에서는 앞서 설명하였던 사회과학 분야에서의 연구와 조사방법을 바탕으로 실제 학술지 혹은 학위논문 작성방법에 대해서 상세히 소개하고자 한다. 논문이라 함은, 연구자가 선택한 특정 연구 주제에 대해 적합한 연구방법을 적용하여 도출된 연구 결과에 대해서 논리에 맞게, 그리고 일정한 형식에 맞게 작성된 글을 의미한다. 여기서 중요한 점은, 연구자는 자신이 선택한 주제에 대해 이전의 연구에서 이미 주장하였던 동일한 내용에 대해서 반복하거나 거의 유사한 내용의 연구 결과를 제시해서는 안 된다. 설령, 큰 범주 내에서 연구 주제가 유사하더라도, 연구의 세부 주제, 연구 모델, 그리고 데이터 등을 차별하여 연구자는 자신의 논문을 통해서 새로운 결과제시와 학문적 주장을 해야 한다. 또한 본인 연구와 연구의 결과는 학문적(이론적)으로나 실무적(실용적)으로 기여할 수 있는 점이 분명이 있어야 한다. 이와 관련된 자세한 설명은 부록의 전반에 걸쳐 구성하였다.

논문의 종류에는 학위(academic degree)를 취득하기 위해 학위 과정의 최종 단계로서 수행되는 학위논문(학사 · 석사 · 박사)이 있다. 또한 학문 분야에 따라 다수의 학술지 논문(academic journal)들이 존재한다. 마지막으로 학술대회 발표를 위한 논문, 주로 연구원에서 발간되는 연구 과제의 결과물 형식의 연구 보고서 등의 다양한 형태의 학술논문 유형이 있다. 이 중, 부록에서 중점적으로 설명될 논문의 범위는 학위논문과 학술지논문으로 한정한다. 일반적으로 학위논문과 학술지논문의 구성은 서론, 이론적 논의(선행연구 고찰, 가설), 연구방법(연구모형, 자료, 변수 등), 분석 및 해석, 그리고 결론의 단계로 이루어진다. 필자는 부록을 통해 논문 구성 각 단계별 작성 요령과 유의사항 등에 대해서 설명을 제시하였다.

어떠한 방식과 체계를 가지고 학술논문의 작성 요령에 대한 설명을 구성하면 더 효과적일까 하는 논의와 고민이 있었다. 고민 끝에, 필자[1]의 박사학위논문을 주 사례로 정하여 실제로 필자가 박사학위논문을 작성하는 과정의 처음부터 끝까지를 예로 들어 설명하면, 단순한 이론적 설명과 유의사항의 나열에서 그치는 것보다, 효과적인 학술논문 작성 요령의 전달에 도움이 될 것이라는 결론을 내렸다. 즉, 부록의 구성은 위에서 언급하였던 학술논문 작성의 각 단계의 일반적인 요령 및 유의사항을 정리하고, 필자의 박사학위논문을 예로 제시하면서 전반적인 설명을 보완하는 방식으로 이루어졌음을 밝혀 둔다. 필자의 박사학위논문의 제목은 「An Analysis of the Effects of Family Responsibility and Teleworking Volume on Satisfaction with Teleworking in the United States Federal Government」이며, 이를 국문으로 번역하면 「가족부양 의무와 재택근무의 빈도(양)가 재택근무 만족도에 미치는 효과에 관한 연구: 미국 연방정부 공무원을 중심으로」 표현될 수 있겠다.

1. 연구 주제

1) 연구 주제 정하기

연구 주제는 내 연구에서 무엇을 연구할 것인가? 라는 질문에 '무엇'에 해당되는 것이다. 통상, 연구 주제를 정하는 것은 학술논문 작성 단계에서 가장 먼저 이루어져

1) 부록에서의 필자는 공동 집필진 중, 사용진임을 명시한다.

야 하는 과제이다. 물론, 연구 초기 단계에서 결정된 연구 주제와 연구 질문은 선행연구 분석 과정 단계를 거치면서 변경되는 경우도 발생하지만, 연구 주제 선정 작업이 선행되어야 한다는 것은 분명하다. 연구 주제가 무엇이냐에 따라 연구 질문, 선행연구의 구성, 분석 방법 등의 학술논문의 전반적인 구성요소에 중요한 영향을 미치게 되므로, 연구 주제의 선정은 연구 전체의 과정에서 가장 중요한 작업이라 설명할 수 있다.

학술논문의 연구 주제 혹은 연구 세부 분야는 보통 연구자 개인 고유의 관심 영역과 관심 질문에서 도출된다 하겠다. 보통, 학위 과정 기간 동안 전공 분야의 여러 과목들을 이수하면서 개인의 연구 관심 분야와 연구 대상의 범위가 세분화될 수 있다. 예를 들어, 행정학이라는 전공 속에 인사, 조직, 재무, 정책, 환경, 복지 등의 다양한 과목의 이수를 통해, 여러 세부 전공 분야 중 보통 한 개 정도의 분야를 연구자는 자신의 세부 전공으로 선택하게 된다. 이렇게 되면, 연구자의 학위논문 분야는 자연스레 자신의 세부 전공 분야와 일치되는 경우가 대부분일 것이다. 연구자는 자신의 세부 전공 안에서 구체적인 학위논문 주제 선정을 위한 작업을 거치게 될 것이다.

좋은 연구 주제에 대한 정의와 충족되어야 할 기준은 학자마다 그리고 교과서마다 다양하게 제시될 수 있겠지만, 보통 다음과 같은 특성을 지닌 주제가 좋은 주제일 것이다. 첫째, 학술논문의 결과가 해당 학문 분야의 이론적(학문적)인 발전이나 실무적(실용적)인 활용에 있어 충분히 기여할 수 있는 연구 주제이어야 한다. 둘째, 연구자의 전공 분야 내에서 과거에는 없었지만 최근 들어 새롭게 나타나고 있는 현상에 관한 탐색 목적의 주제인 경우이다. 셋째, 세부 전공 분야에 대한 선행연구에서 연구되어지지 않았던 독창성 있는 주제이어야 한다. 넷째, 동일한 전공 분야에 유사한 연구 주제라 할지라도, 선행연구의 연구 결과를 보다 분명히 하거나, 확장하는 등의 이론적 공헌이 높은 주제이어야 한다. 마지막으로, 연구자에게 허락되는 시간적 범위 혹은 주어진 연구 여건 범위 내에서 충분히 완료될 수 있는 주제이어야 한다(김혜숙 외, 2014).

2) 선행연구 탐색의 필요

연구자가 자신의 세부 전공 분야와 학위논문에서의 주제 분야를 결정하였다면, 다음으로 구체적인 연구 주제에 대한 모색이 필요하겠다. 바로 이 과정에서, 구체적인 연구 주제 도출을 위해 관련 선행연구의 대략적 탐색 과정이 필요하다고 볼 수 있다. 학술논문의 작성에 필요한 선행연구의 종류에는 학위논문, 학술지논문, 도서, 연구보고서 등의 다양한 자료가 있다. 학술논문의 서론 파트 뒤에 이어지는 선행연구 고찰(이론적 논의) 파트에서는 연구 주제와 연구 질문과 직·간접적으로 연관된 논의들을 심도 있게, 그리고 체계적인 구성에 의해 정리하는 것이라면, 구체적인 연구 주제 도출을 위한 선행연구는 탐색적 수준에서 이루어지는 것이라 이해하면 좋을 것이다.

그렇다면, 구체적인 연구 주제를 얻기 위해 선행연구의 탐색이 왜 필요한 것이며, 어떠한 기능을 갖고 있는 것인가? 연구 주제의 구체성과 명확성을 높이기 위해 선행연구의 탐색이 필요한 가장 중요한 이유는 바로 관련 분야의 선행연구들이 지금까지 다루었던 연구 주제와 아직까지 다루어지지 않았던 연구 주제를 구분하는 것에 있다고 볼 수 있다. 이는 앞서 기술한, 좋은 주제의 여러 요건 중, 기존의 연구들이 다루지 않았던 독창성 있는 연구 주제를 착안하기 위한 필수적인 작업이라 설명될 수 있겠다. 즉, 아무리 의미있고 좋은 연구 주제를 발견했다 할지라도, 이미 그 주제에 대해서 연구된 논문과 결과가 있다면 아쉽게도 학술논문의 주제로서 적합한 주제라 판단할 수 없을 것이다. 하지만, 동일한 세부 주제 하에 유사한 연구 질문을 다루었던 선행연구가 존재하는 경우에, 연구자가 연구방법, 분석 대상, 자료 등을 달리함으로써, 기존의 연구와 차별화되는 연구를 수행하는 것이 가능하다. 이 경우는 선행연구에서 수행하지 않았던 새로운 주제나 현상을 탐구하는 학술논문의 유형에는 해당되지 않겠으나, 유사한 연구 주제로 수행되었던 선행연구와의 차별화를 통해서 선행연구의 결과를 더 확장하거나 분명히 하는 등의 이론적 기여를 할 수 있겠다. 정리하자면, 동일한 연구 분야에서 그동안 연구 주제로 다루지 않았던 새로운 주제를 탐색하는 경우, 그리고 유사한 연구 주제를 논의하였던 선행연구들과의 차별화된 연구 주제를 착안하는 경우, 모두 구체적이고 독창적인 연구 주제를 얻기 위해 선행연구의 탐색이 필요한 이유로 볼 수 있다.

필자의 박사학위논문 주제의 선정 과정에 대한 간략한 소개를 통해 상기 기술한 연구 주제 선정에 대한 이해를 돕고자 한다. 필자의 박사학위논문 주제는 재택근무 만족도 요인이다. 연구 대상의 범주는 미국 연방정부 공무원 중에서 재택근무를 활용해 본 경험이 있는 공무원들이다. 위에서 설명한 것처럼, 필자의 경우도 행정학 석사, 그리고 박사 과정 동안 행정학의 여러 세부 분야에 대한 강의를 다수 이수하였다. 그러던 중, 인사행정, 인적자본관리 등의 행정학의 인사 분야에 해당되는 과목들을 공부하는 과정에서, 필자는 필자의 세부 전공 분야이자 박사학위논문의 잠정적인 분야를 인사행정으로 정하게 되었다. 박사학위논문의 구상 단계에서, 필자는 인사행정 분야에서 구체적인 연구 주제를 착안하기 위해, 인사행정과 관련된 선행연구의 탐색을 시작하였고, 그러던 중 유연근무제도(flexible–work arrangement)라는 연구 주제를 발견하게 되었다.

공무원의 유연근무제를 다루었던 수많은 선행연구들 중에서, 필자는 기존의 연구와 차별적인 연구 주제, 즉 기존의 연구에서 다루어지지 않았던 독창적인 연구 주제를 도출하기 위한 선행연구 분석을 진행하였다. 탐색이 진행되던 말미에, 유연근무제도 중의 한 유형인 재택근무제도의 연구가 비교적 활발히 이루어지 않았던 것을 발견하였다. 또한 기존의 연구들은 재택근무를 사용한 집단과 사용하지 않은 집단 간의 조직 결과 변수들의 차이(예: 조직성과, 직무만족도, 조직몰입, 근속의지 등)를 분석한 논문이 대부분이었던 점을 착안하여, 재택근무 이용 만족도에 영향을 주는 요인을 분석하는 새로운 연구 주제를 도출하였다. 즉, 필자의 박사학위논문 연구 주제가 도출되었던 과정을 간략하게 정리하자면, 행정학이라는 학문에서 인사행정이라는 전공 분야를 선택하였고, 인사행정 분야에서 세부 연구 주제인 유연근무제도를 선택하였으며, 유연근무제를 다루었던 기존의 연구와의 차별성을 위해, 재택근무 이용 만족도 요인분석이라는 주제를 필자의 박사학위논문 최종 주제로 결정하였다. 필자의 학위논문 세부 연구 주제를 도출하는 과정에 대한 추가적인 설명은 바로 이어지는 서론 작성 파트와 선행연구 고찰 파트에서 상세히 다루도록 하겠다.

2. 서론 작성

1) 논문의 제목 쓰기

논문의 서론을 작성하기 전에, 논문의 제목 쓰는 요령에 대해서 간략히 설명하겠다. 학술논문의 제목은 연구자가 무엇을 연구하였는지에 대해서 독자가 제목만을 보고도 쉽고, 명확하게 예측이 될 수 있도록 작성되어야 한다. 즉, 가장 축약적이면서 간단명료한 핵심 단어들을 위주로 학술논문의 연구 주제와 연구 문제 혹은 가설의 내용을 효과적으로 표현될 수 있는 제목으로 작성되어야 한다. 이러한 학술논문의 제목은 보통 서술형 문장으로 표현되지 않도록 하며, 주로 논문의 핵심 변수(독립, 종속변수)들의 명칭을 나열하거나 변수들 간의 영향 관계를 제시함으로써 표현된다고 볼 수 있다. 필요한 경우엔, 논문의 제목에 종종 부제를 활용하기도 한다. 논문의 제목의 길이를 줄이려는 목적, 특정 변수를 부각시키려는 목적, 혹은 연구 대상을 별도로 표시하려는 목적 등의 경우에 연구자는 콜론(:)을 이용하여 부제를 활용할 수 있겠다.

위에서 언급한 것처럼, 필자의 박사학위논문의 제목을 국문으로 번역하면, 「가족부양 의무와 재택근무의 빈도(양)가 재택근무 만족도에 미치는 효과에 관한 연구: 미국 연방정부 공무원을 중심으로」 표현될 수 있겠다. 필자의 논문 제목의 경우에도, 박사학위논문의 핵심 독립변수인 가족부양 의무와 재택근무의 빈도(양), 그리고 종속변수인 재택근무 만족도 등의 변수가 논문 제목의 키워드로 제시되고 있다. 만약 필자의 논문 제목의 경우에 부제(미국 연방정부 공무원을 중심으로)를 활용하지 않았다면, 논문의 제목은 아마도 「미국 연방정부 공무원들의 가족부양 의무와 재택근무의 빈도(양)가 재택근무 만족도에 미치는 효과에 관한 연구」와 같이 다소 길어졌을 것이다. 즉, 연구자는 학술논문의 제목에 부제를 적절히 활용함으로써 논문 제목이 전달하고자 하는 의미를 독자에게 보다 더 명확하게 전달할 수 있다.

2) 연구의 배경, 필요성, 목적 쓰기

학술논문의 서론 파트의 시작은 보통 연구의 배경에 대한 설명, 연구 수행의 필요성에 대한 설득 내용, 그리고 연구의 주요 목적 등을 기술하는 것으로 구성된다. 학위논문이든 학술지논문이든 논문에 있어 서론이 갖는 역할은 매우 중요하다고 볼 수 있다. 대다수의 연구자들은 좋은 내용의 서론을 작성하는 것에 많은 시간과 노력을 들이며, 연구가 완료된 이후에도 서론 파트에 대한 수정 작업을 여러 차례에 걸쳐 반복하곤 한다. 논문을 읽게 되는 독자의 입장에서 보더라도, 잘 구성된 서론을 갖춘 논문은 계속해서 완독하려는 동기가 유발되게 된다. 반대로 서론을 읽었음에도 불구하고 해당 연구가 어떤 목적을 가지고 무엇을 연구할 것인가, 또는 연구가 왜 중요한지 등에 대해서 독자가 충분히 이해하지 못하거나, 혹은 내용에 대한 설득이 효과적으로 이루어지지 않았다면, 독자는 해당논문을 계속해서 읽으려는 강한 동기와 흥미를 갖지 못할 것이다. 이렇듯, 서론은 학술논문의 완성도와 가치에 있어 매우 중요한 역할을 한다고 볼 수 있다.

연구자는 본인 연구의 배경에 대한 기술로 서론을 시작한다. 연구의 배경은 연구의 주제가 속하는 영역, 관련이 깊은 전공 분야에 대한 소개를 독자에게 처음으로 설명하는 내용으로 구성된다. 또한 연구 주제와 연구 문제와 연관되는 사회적 이슈나 관심도 등과 같은 내용을 소개함으로써, 연구자는 독자에게 연구의 필요성과 중요성에 대한 설득을 시작하게 된다. 연구의 배경을 기술하는 방식은 연구 주제가 속하는 영역과 분야에 대한 다소 포괄적이고 일반적인 수준에서의 설명으로 시작하여, 설명의 내용적 범위 수준을 점점 해당 연구의 연구 주제로 초점을 맞추어 좁혀 나가는 방식이 일반적이다.

다음으로 연구가 왜 중요한지, 그리고 왜 수행될 필요가 있는지 등에 대한 연구의 중요성, 가치에 대한 내용을 기술하게 된다. 연구가 지니는 중요성과 필요성에 대한 독자의 충분한 이해와 설득을 이끌어 내지 못했다면, 연구의 전체적인 수준과 가치가 저하되는 부정적인 결과를 가져오게 된다. 보다 설득력 있고 독자로 하여금 연구의 중요성에 대한 충분한 인식을 끌어 내기 위해, 연구자는 가장 효과적인 방식으로 내용을 기술하기 위해 노력과 정성을 들이게 된다. 연구의 중요성과 필요성을 기술하는 일반적이지만 효과적인 방식 중의 하나는 바로 연구 주제와 관련된 기존의 연구들을 소개하는 방식일 것이다. 다시 말해, 연구 주제와 관련된 영역에서 기존의 연구들은 주로 어떤 연구 주제, 연구방법, 연구 목적 등을 가지고 수행되었는지에 대한 간략한 소개가 필요하겠다. 선행연구를 단순히 정리하여 나열하는 수준의 기술보다는 해당 연구가 선행연구들이 다루지 않았던 어떠한 주제와 내용을 다루는 것인지, 혹은 유사한 주제로 수행된 선행연구가 존재한다면 해당 연구는 어떠한 측면에서 다른 것인지 등의 해당 연구가 이미 수행된 연구들과 어떠한 차별성이 있으며, 또한 그러한 차별성은 왜 중요한지에 대해서 설득력 있게 제시되어야 한다. 중요한 것은, 서론 파트에서 선행연구를 소개하는 수준은 지나치게 구체적일 필요는 없다. 왜냐하면, 서론 뒤에 이어질 선행연구 고찰(이론적 배경) 파트에서 기존 연구에 대한 정리는 구체적으로, 그리고 체계적으로 구성되어야 되기 때문이다.

앞서 설명한, 연구의 배경과 필요성에 대한 설명을 효과적으로 기술하였다면, 연구의 목적은 자연스레 도출될 것이며, 정리되어 표현할 수 있을 것이다. 즉, 연구의 목적에 대한 기술은 연구의 여러 필요성에 대한 내용을 명료하게 정리하여 재표현된 것이라 볼 수 있겠다. 통상, 연구의 목적은 해당 연구의 수행을 통해 관련되는 학문과 이론적 발전에 있어서 어떠한 기여를 할 수 있는지를 기술하는 이론적(학문적) 목적과 연구 결과의 활용이 실무에 있어 어떠한 기여를 할 수 있는지를 기술하는 실용적(실무적) 목적 등으로 구분하여 표현되곤 한다.

필자의 박사학위논문의 연구의 배경, 필요성, 그리고 연구의 목적에 대한 기술 방식과 내용을 소개하면 다음과 같다. 공무원 유연근무제(flexible－workarrangement)는 획일화된 공공 조직에서의 근무 환경(조건)을 공무원 개인의 특성, 업무 및 기관의 여건에 맞게 다양화할 수 있도록 유연성을 부여하는 제도이다. 유연근무제는 다양한 형태의 가족친화정책(family－friendly policy) 중의 일부이며, 재택근무제 역시 다양한 유형의 유연근무제 중의 하나이다. 그러기에, 재택근무제의 만족도의 영향요인이라는 필자의 학위논문 연구 주제를 소개하기 위해, 필자는 재택근무제의 상위 개념인 가족친화정책, 그리고 유연근무제의 개념, 특성, 종류, 그리고 유형 등을 소개하는 내용을 차례로 기술하였다. 그런 다음, 유연근무제, 그리고 재택근무제의 관심과 이용의 증가, 그리고 제도의 필요성 등과 같은 연구 주제의 중요성을 강조하는 것으로 본 연구의 배경을 기술하였다.

다음으로, 연구의 필요성에 대한 내용을 작성하였다. 유연근무제를 전반적으로 논의하였던 선행연구들 중, 본 연구와 관련성이 깊은 몇 개의 논문들의 결과와 시사점을 소개하였다. 특히, 재택근무제를 중점적으로 다루었던 논문들의 분석 흐름과 결과에 대한 내용을 제시하였다. 앞서 기술한 연구의 필요성 혹은 중요성을 작성하는 요령과 관련하여, 필자의 학위논문을 간략히 설명하겠다. 우선, 필자는 유연근무제, 그리고 재택근무제를 다루었던 기존의 연구들을 크게 세 가지 유형으로 정리하였다.

첫째는 유연근무제의 효과에 관한 연구이며, 둘째는 유연근무제를 선택(참여)하는 요인에 관한 연구이며, 셋째는 유연근무제도의 개선 방안에 관한 연구이다. 특히, 유연근무제의 활용 여부에 따른 여러 결과변수들(예: 조직성과, 개인성과, 직무만족도, 조직몰입, 근속의지, 일가정양립 등) 간의 차이를 분석하는, 즉 유연근무제의 효과에 관한 연구들이 많이 수행되고 있다.

필자의 학위논문과 기존의 연구들과의 차별성을 찾아내려는 고민 끝에, 선행연구들은 유연근무제, 특히 재택근무제의 이용 만족도에 영향을 주는 변수들을 찾아내려는 시도는 없었다는 것을 발견하였다. 즉, 재택근무의 활용에 따른 효과 분석은 여러 연구들을 통해서 시도되었지만, 재택근무의 이용 만족도를 유의미하게 증가시키거나 감소시키는 독립변수들을 분석하려는 연구의 시도는 없었다. 또한 연구의 분석 대상과 관련하여, 기존의 재택근무제도를 연구한 논문들은 단일 혹은 소수 몇 개의 정부기관을 대상으로 양적 연구를 수행하였던 한계를 가지고 있음을 발견하였다. 이러한 선행연구의 한계를 극복하기 위하여, 필자의 연구는 미국 연방정부의 모든 기관에 소속되어 근무하는 공무원 전체를 분석 대상으로 하였다. 이러한 내용을 바탕으로, 필자는 서론 파트에서 필자의 연구가 어떠한 점에서 선행연구와 차별되는지, 연구의 수행이 왜 필요하며 중요한지, 그리고 연구의 결과가 활용될 수 있는 점들에 대해서 설명하였다. 마지막으로, 필자의 학위논문이 유연근무제 연구, 그리고 인사행정 연구의 발전에 기여할 수 있는 내용들(theoretical contributions)과 공공 실무 행정 혹은 인사관리에 있어 기여할 수 있는 내용들(managerial or practical contributions) 등에 대해 강조하였으며, 이를 본 연구의 연구 목적으로 설명하였다.

3) 연구 문제 쓰기

서론 파트에서 기술해야 할 중요한 것 중의 하나가, 연구 문제(research question)일 것이다. 연구 문제는 연구자가 해당 연구를 통해서 알고 싶은, 풀어나가고 싶은 중요한 질문을 의미한다. 그러기에 논문의 본론 단계로 넘어가기 전에, 서론에서 연구문제를 명확하고 구체적으로 제시함으로써 논문의 선행연구와 연구방법 및 분석 등의 내용의 전반적인 방향과 주요 흐름을 독자에게 알려주는 기능을 하게 된다. 연구 문제는 상기 기술한 연구의 필요성과 목적을 충분히 반영하여 주로 의문문의 형태로 제시된다. 연구 문제는 선행연구의 체계적인 검토와 정리가 아직 완성되지 않은 단계에서 제시되는 것이므로, 연구의 독립변수와 종속변수의 관계의 방향(양 혹은 음)까지를 분명히 제시하는 형태의 연구가설과는 구분이 된다고 볼 수 있다. 그러기에, 연구가설은 선행연구(이론적 고찰) 파트에서 제시되는 것이 일반적이다. 이에 비해, 연구 문제는 독립변수와 종속변수는 어떠한 관련이 있는가? 혹은 독립변수는 종속변수에 어떤 영향을 미치는가? 등의 형태로 제시되게 된다.

필자의 학위논문의 경우, 논문 제목에서 유추할 수 있듯이, 논문의 종속변수는 재택근무 이용 만족도이다. 독립변수는 크게 가족부양 의무와 재택근무 빈도(양) 두 가지로 구분된다. 이 중, 가족부양 의무는 어린자녀 돌봄 의무와 노부모 돌봄 의무로 구분된다. 추가적으로, 정부의 가족 돌봄 프로그램에 대한 만족도가 독립변수로 선정되었으며, 이는 어린자녀 돌봄 프로그램에 대한 만족도와 노부모 돌봄 프로그램에 대한 만족도로 구분하여 분석 모델에 포함시켰다. 재택근무 빈도(양) 독립변수는 재택근무를 이용하는 빈도(양)에 근거하여 재택근무를 활용하고 있는 미국 연방정부 공무원들을 총 4개의 하위 집단으로 분류하였다. 즉, 필자의 학위논문은 5개의 독립변수(가족부양 의무 관련 4개 변수와 재택근무 빈도(양) 관련 1개 변수)와 1개의 종속변수로 구성되었다. 이들 변수들로 구성된 필자의 학위논문의 연구 질문은 다음과 같다.

첫째, (재택근무를 활용하고 있는 미국 연방정부 공무원들의) 어린자녀 돌봄 의무 여부와 재택근무 만족도는 관련이 있는가?

둘째, (재택근무를 활용하고 있는 미국 연방정부 공무원들의) 노부모 돌봄 의무 여부와 재택근무 만족도는 관련이 있는가?

셋째, (재택근무를 활용하고 있는 미국 연방정부 공무원들의) 어린자녀 돌봄 지원 프로그램에 대한 만족도와 재택근무 만족도는 관련이 있는가?

넷째, (재택근무를 활용하고 있는 미국 연방정부 공무원들의) 노부모 돌봄 지원프로그램에 대한 만족도와 재택근무 만족도는 관련이 있는가?

다섯째, (재택근무를 활용하고 있는 미국 연방정부 공무원들의) 재택근무를 활용하는 빈도(양)와 재택근무 만족도는 관련이 있는가?

4) 연구의 구성(목차) 설명하기

학술논문의 서론 구성의 마지막으로 해당 연구의 서론 다음으로 이어질 내용과 구성(목차)에 대한 간략한 소개를 담을 것을 권고한다. 학위논문 혹은 학술지논문 중에 연구의 구성에 대한 설명을 생략한 채 바로 본론으로 들어가는 경우를 종종 발견할 수 있게 되는데, 독자의 편의를 고려한다면 본문 구성에 대한 소개를 설명하는 내용이 필요하다고 생각한다. 서론을 읽은 독자는 해당 연구의 전반적인 목차와 각 목차에서 다루어질 핵심 내용에 대한 인지를 통해, 논문의 전반적인 흐름과 체계를 이해하는 것에 유용한 도움을 받을 수 있게 된다. 예를 들어, 서론 파트 뒤에 바로 이어질 선행연구 고찰(이론적 배경), 연구방법, 연구 분석 및 결과 해석, 그리고 결론 등에서 각각 다루어질 핵심 내용에 대해서 간략한 수준의 설명을 서론 말미에 제시하는 것이 필요하다고 할 수 있다.

3. 선행연구 고찰(이론적 배경)

연구자는 이론적 배경 혹은 선행연구 고찰 파트를 통해 연구 주제 및 연구 질문과 관련되는 이론이나 선행연구를 유기적으로 구성하고 논리적으로 제시한다. 학술논문을 작성하는 전체 과정에서 연구자가 가장 어려워하는 작업이기도 하며, 가장 시간과 공을 많이 들여서 완성되는 것이 바로 선행연구 정리 파트일 것이다. 그 이유는 아마도 선행연구를 탐색하고 이론적 배경을 작성하는 과정은 논문 작성의 시작부터 마무리 단계에 이르기까지 계속해서 이루어지는 것이기 때문이다. 앞서 기술하였듯이, 연구 주제와 연구 질문을 도출하는 과정부터 해당 전공 분야의 이론과 미리 수행된 연구들을 찾아 탐색하는 작업이 필요할 것이다. 또한 선행연구 고찰 파트의 초안을 완성했다 할지라도, 연구가 진행되는 동안 계속해서 새로운 문헌과 좀 더 논문 주제에 적합한 논문을 찾아 정리하고 보완하는 작업은 반복될 것이다. 그리고 연구 주제를 선정하는 연구 초기 단계에서 탐색적 수준으로 살펴본 선행연구들은 이론적 배경 파트를 작성하는 단계에 들어서면, 보다 심층적인 논의를 제시하기 위해 탐색했던 선행연구들을 반복하여 재확인하면서 이론적 배경을 작성하게 된다. 이처럼, 선행연구 파트를 잘 정리하는 것은 학술논문의 전반적인 논리를 잡아주고 완성도를 높이는 것에 결정적인 역할을 한다고 볼 수 있다.

우선, 좋은 이론적 배경을 구성하기 위해서, 연구자는 자신의 연구 주제와 연구 질문과 밀접하게 연관되는 학문적 이론, 그리고 선행연구에 대한 충분한 공부와 정리 작업이 선행되어야 한다. 사실, 연구자가 아무리 선행연구를 탐색하는 노력과 시간을 많이 투자했다 할지라도 자신의 연구 주제와 연관되어 미리 수행된 연구들을 모두 살펴보고 정리하는 것은 불가능한 일일 것이다. 그러기에, 연구 주제와 관련성이 높고, 연구자의 연구 질문과 연구 목적에 부합하며, 주요 변수들을 도출하는 데 유용한 선행연구들을 집중적으로 탐색하고 정리하는 것이 무엇보다 중요하다 할 수 있다. 이런 과정이 보다 효과적으로 이루어지기 위해서는 연구 주제와 관련된 선행연구들을 연구자가 정한 일정한 기준 혹은 구성 목차에 따라 유형화하는 작업이 필요할 것이다. 선행연구를 유형화하는 작업이 잘 이루어졌다면, 연구자는 보다 체계적인 구성체계를 가지고 이론적 배경 파트를 작성하는 데에 유용한 도움을 받을 수 있다.

선행연구 파트의 시작은 보통 연구 주제와 관련된 개념, 정의, 특성, 그리고 제도 등에 대한 소개로 이루어질 것이다. 물론, 연구 주제에 따라 혹은 연구자의 구성 논리에 따라 차이는 있을 것이다. 예를 들어, 연구 주제가 특정한 정책 혹은 제도와 관련이 있다고 가정하면, 정책과 제도에 대한 개념이나 용어 정의 혹은 주요 특성들에 대한 설명이 필요할 것이다. 가능하면, 독자들의 연구 주제에 대한 효과적인 이해를 돕기 위해, 이러한 내용은 선행연구를 본격적으로 제시하기에 앞서, 사전에 소개되는 것이 적절하다고 판단된다.

그 다음으로 이어질 내용은 연구 주제 및 연구 질문과 연관성이 깊은 선행연구들을 정리하는 것이다. 앞서 설명하였듯이, 선행연구들을 정리하는 순서는 연구 주제가 속한 영역, 전공 분야에 대한 넓은 범위에 포함되는 선행연구들을 정리하는 것부터 시작해서 연구자가 실제로 연구하려는 주제와 질문에 직접적으로 연관되는 선행연구들에 초점을 좁혀 나가면서 이론적 배경 파트를 구성하는 것이다. 연구 주제가 속한 영역과 관련된 넓은 범위에 포함되는 선행연구들을 우선 제시함으로써, 독자들은 연구자의 연구 주제와 질문에 대한 배경적 지식을 이해하는 것에 도움을 받을 수 있을 것이다. 그런 다음, 연구자의 연구 주제와 질문과 초점이 일치한 선행연구들을 살펴보면서 해당 연구에 대한 중요성, 그리고 필요성에 대한 이해를 하게 될 것이다.

넓은 범위의 이론적 배경에는 연구 주제와 관련되는 학문적 이론들의 소개, 연구 주제가 속한 상위 개념에 해당되는 주제의 소개, 혹은 연구 주제에 대한 주요한 현황 및 사실에 기초한 특성들을 기술하는 것이 해당되겠다. 좁은 범위의 이론적 배경에는 연구 질문에 제시된 주요 독립변수와 종속변수의 관계를 직·간접적으로 다루었던 선행연구들을 체계적으로 정리하여 제시하는 것이다. 물론, 연구 주제와 연구 질문을 도출하는 연구 초기 단계에서, 선행연구 탐색 과정을 통해 연구의 독립변수와 종속변수, 그리고 이들 간의 관계를 살펴볼 수 있는 선행연구의 검토는 선행되었을 것이다. 연구 초기 단계에서 탐색적 수준의 선행연구 검토가 있었다면, 이론적 배경 파트에서는 보다 심층적으로, 그리고 유기적으로 연구 질문과 관련된 선행연구들을 상세히 제시하는 것이 필요하다. 특히, 연구자가 설정한 각각의 독립변수들이 종속변수와 왜 혹은 어떠한 영향 관계에 있는지에 대해 근거를 찾을 수 있는 선행연구들의 풍부한 제시가 필요하겠다. 이는 연구자가 자신의 연구 모델에서 포함시킨 독립변수와 종속변수를 왜, 어떠한 이유에서 도출했는지에 대한 독자의 이해를 돕는 것에 중요한 근거로써 작용하게 되는 것이기 때문이다.

학위논문이든, 학술지논문이든 연구자가 이론적 배경 파트 작성 시 자주 범하는 실수, 달리 표현하자면 연구의 이론적 배경 파트가 갖게 되는 흔한 한계점은 바로 연구에서 규명할 독립변수와 종속변수 간의 관계를 직·간접적으로 중요하게 다룬 선행연구들을 충분히 발견하지 못하거나 체계적으로 정리하여 제시하지 못하는 것이라고 생각한다. 다시 말해, 넓은 범위 내에서의 선행연구들의 정리로 이론적 배경 파트의 대부분을 구성하고, 실상 해당 연구에서 규명할 핵심인, 독립변수와 종속변수 간의 관계에 대한 논거를 설득력 있게 제시하지 못한다면, 학술논문의 이론과 분석 결과에 대한 논리와 유기적인 연결에 큰 결함이 발생하게 되는 것이다. 또한 연구자가 선택한 독립변수와 종속변수에 대한 논리적 근거가 부족하며, 이는 연구모형의 적합성 역시 저하되는 결과를 가져오게 된다. 상기 기술한 내용을 충분히 제시한 후에, 해당 연구에서 검증하고자 하는 연구가설이 이론적 배경 파트의 말미 혹은 가설과 연관된 선행연구의 논의 말미에 소개된다.

필자의 학위논문의 선행연구 파트의 구성과 내용에 대해서 소개하면 다음과 같다.

우선, 필자의 학위논문의 연구 주제인 재택근무에 대한 정의, 제도의 배경 및 주요 특성에 대해서 소개하는 것으로 선행연구 파트를 시작하였다. 이를 위해, 재택근무 제도 관련 법령상에 제시된 재택근무의 정의와 기준을 기술하고, 또한 재택근무를 다룬 선행연구 일부를 참조하여 재택근무에 대한 실용적인 정의, 주요 내용 등을 정리하였다. 그런 다음, 넓은 범위의 선행연구 제시를 위해, 재택근무제의 상위 개념인 유연근무제도, 그리고 유연근무제도의 상위 개념인 가족친화정책에 대해 논의한 선행연구들을 정리하였다. 이 과정에서, 가족친화정책과 유연근무제를 직·간접적으로 다루었던 선행연구들을 보다 짜임새 있게 제시하기 위해서, 필자가 구상한 분류 기준에 따라 선행연구들을 유형화하여 구성하였다. 다음으로, 가족친화정책 혹은 유연근무제를 분석하였던 선행연구들이 학문적 이론으로 주로 논의하였던 'Social Exchange Theory(사회교환이론)'에 대한 내용을 포함시켰다. 즉, 가족친화정책 혹은 유연근무제의 효과에 대한 논거로서 왜 사회교환이론이 적합한지, 왜 분석의 기준 이론으로서의 역할을 하는지 등에 대한 내용을 선행연구들을 참조하여 제시하였다.

다음은 연구 주제, 특히 연구의 독립변수와 종속변수의 관계에 대한 중요한 논거가 될 수 있는 선행연구들을 집중 탐색하여 좁은 범위의 이론적 배경 파트를 작성하였다. 여기서는 필자의 연구 주제인 재택근무제를 다루었던 논문들을 중점적으로 살펴보고 정리하였다. 특히, 기존의 재택근무 관련 선행연구들이 다루지 않았던 연구 주제, 그리고 유사한 주제로 다루었지만 연구 질문이나 분석 대상에서 차별화를 가질 수 있는 연구변수와 가설 도출을 위한 선행연구 분석 작업이 이루어졌다. 앞서 언급하였듯이, 필자의 연구에서의 주요 독립변수들은(재택근무를 활용하고 있는 미국 연방정부 공무원들의) ① 어린자녀 돌봄 의무, ② 노부모 돌봄 의무, ③ 어린자녀 돌봄 지원 프로그램 만족도, ④ 노부모 돌봄 지원 프로그램 만족도, 그리고 ⑤ 재택근무 이용 빈도(양)이다. 그리고 종속변수는 재택근무 이용 만족도이다. 각각의 독립변수들이 왜, 어떠한 논리에서 종속변수에 영향을 미치는지에 대한 내용을 정리하였으며, 이러한 논의 과정을 통해 논문의 가설들이 도출되었다. 이는 필자 논문의 선행연구 고찰 파트의 핵심이라 할 수 있겠다. 구체적으로 말해, 어떠한 이유(근거)에서 재택근무를 이용하고 있는 공무원들의 가족부양 의무 여부와 정부에서 제공하는 가족돌봄 지원 프로그램에 대한 만족도 수준의 차이가 재택근무 이용 만족도와 관련이 있으며, 구체적으로 어떤 영향 관계에 있는가에 대한 내용을 선행연구들을 참조하여 정리하였다. 마찬가지로, 재택근무를 활용하고 있는 빈도, 혹은 양의 차이가 어떠한 이유(근거)에서 재택근무 이용 만족도 수준의 차이에 영향을 미치는가, 혹은 관련이 있는가에 대한 내용을 추가적으로 포함하였다. 이러한 선행연구 정리 작업을 통해, 필자 학위논문의 주요 가설들이 아래와 같이 도출되었으며, 선행연구 고찰 파트 말미에 제시하였다.

첫째, 어린자녀 부양 의무가 없는 공무원들은 부양 의무가 있는 공무원들보다 그들의 재택근무 이용 만족도가 높을 것이다.

둘째, 노부모 부양 의무가 없는 공무원들은 부양 의무가 있는 공무원들보다 그들의 재택근무 이용 만족도가 높을 것이다.

셋째, 어린자녀 돌봄 지원 프로그램에 대해 높은 만족도를 가진 공무원일수록 그들의 재택근무 이용 만족도 역시 높을 것이다.

넷째, 노부모 돌봄 지원 프로그램에 대해 높은 만족도를 가진 공무원일수록 그들의 재택근무 이용 만족도 역시 높을 것이다.

다섯째, 일주일이 1일 혹은 2일 정도 재택근무를 이용하는 공무원들은 재택근무를 일주일에 3일 이상 이용하는 공무원들보다 그들의 재택근무 이용 만족도가 높을 것이다.

여섯째, 일주일이 1일 혹은 2일 정도 재택근무를 이용하는 공무원들은 재택근무를 한 달에 1일 혹은 2일 정도 이용하는 공무원들보다 그들의 재택근무 이용 만족도가 높을 것이다.

일곱째, 일주일이 1일 혹은 2일 정도 재택근무를 이용하는 공무원들은 재택근무를 매우 드물게 혹은 단기적으로 이용하는 공무원들보다 그들의 재택근무 이용 만족도가 높을 것이다.

4. 연구방법

선행연구 고찰을 통해 연구의 구체적인 가설까지 도출되었다면, 그 다음으로 이어질 내용은 가설 검증을 위해 연구가 어떻게 진행될 것인가에 대한 연구방법을 기술하는 것이다. 연구가 양적분석(quantitative analysis)을 활용하는가, 아니면 질적분석(qualitative analysis)을 활용하는가에 따라, 연구방법 파트에서 작성되어야 할 내용의 차이가 있을 것이다. 부록에서는 양적분석을 적용한 학술논문의 구성에 좀 더 적합한 연구방법 작성 요령에 대해서 설명하도록 한다.

연구방법 파트는 보통 연구의 분석에서 활용될 데이터(자료)에 대한 소개로 시작한다. 연구의 분석에 1차 자료(primary data), 즉 연구자가 설문을 통해 직접 수집한 데이터를 분석에 활용하는 경우에는 설문 문항에 대한 내용, 범위, 구성, 그리고 조사 대상 등에 대해서 상세히 설명하는 것이 필요하다. 특히, 어떠한 이유에서 특정 설문 문항을 연구의 설문에 포함하였는지에 대한 논리적 근거를 제시하는 것이 중요하겠다. 이를 위해, 관련 선행연구들의 논의와 주요 결과를 제시하면서 연구의 설문 문항 구성에 대한 이론적 근거를 명시하도록 한다. 또한 연구의 분석에 2차 자료(secondary data), 즉 연구자가 데이터를 직접 수집하지 않고, 기존에 수행되었던 설문조사를 통해서 수집된 데이터를 연구의 분석에 활용하는 경우도 마찬가지로, 기수행된 설문 조사에 대한 조사 배경, 조사 주체, 조사방법, 조사 대상 등의 상세한 설명을 기술하도록 한다.

연구의 분석에서 활용될 데이터(자료)에 대한 내용 제시 이후에, 연구자는 자신의 연구 분석 대상(샘플)에 대한 구체적인 명시를 해야 한다. 다시 말해, 설문에 응답한 대상 모두가 자신의 연구 분석 대상에 그대로 활용되는 것인지, 아니면 설문에 응답한 전체 대상 중의 일부만 분석 대상에 포함되는 것인지에 대해 연구자는 구체적으로 명시할 필요가 있다. 특히, 2차 자료를 통한 양적연구를 수행할 경우, 연구자는 자신의 연구 목적과 연구가설 검증에 적합하게 원 데이터의 일부만을 활용하거나 응답 대상을 달리하여 연구 분석에 활용하는 경우가 종종 이루어진다. 이럴 경우, 연구자는 자신의 분석 대상에 대한 기술을 분명히 할 필요가 있다.

다음으로, 연구의 가설을 구성하고 있는 독립(설명)변수와 종속(결과)변수에 대한 설명 제시가 필요하겠다. 또한 연구의 가설에는 직접적으로 드러나지 않지만, 연구모형에 포함될 통제변수에 대한 설명 역시 필요하다. 연구가설의 핵심인 독립변수와 종속변수를 기술할 경우, 앞서 이론적 배경 파트에서 논의되었던 선행연구들의 논의를 일부 재 인용하는 방법을 통해, 연구자는 자신의 연구에 포함된 독립변수와 종속변수에 대한 이론적 근거를 제시하는 것이 가능해진다. 또한 통제변수 소개의 경우도 마찬가지로, 왜 특정 변수들이 자신의 연구에 통제변수로 선택되었는지, 혹은 선택된 통제변수가 종속변수와 어떠한 영향 관계가 있는지 등에 대한 설명이 필요하겠다. 이 경우에도, 연구자는 관련 선행연구들의 논의를 적절히 활용하여 자신의 연구모델의 통제변수 설정에 대한 논리적 근거를 설명하게 된다. 연구에 활용되는 주요 변수들에 대한 설명과 더불어 각 변수들의 측정을 위해 구체적으로 어떠한 설문 문항이 적용되었는지에 대한 기술이 필요하겠다. 즉, 단일 설문 문항의 응답 결과가 적용되었는지 혹은 복수의 설문 문항의 응답 결과를 합한 결과가 적용되었는지에 대한 기술이 있어야 한다. 그리고 각각의 설문 문항을 어떻게 측정하였는지에 대한 측정기준(방식) 역시 언급되어야 하는 부분이다.

연구의 주요 변수와 변수 측정에 대한 기술을 바탕으로, 연구자는 자신의 연구 모델 혹은 분석 모형을 제시하게 된다. 연구 모델은 가설 검증 단계에서 분석될 연구의 주요 변수들 간의 영향 관계에 대한 표시가 되어 있으며, 연구자가 연구 수행을 통해 밝히려고 하는 연구 문제와 가설에 대한 설명을 축약적으로 제시하는 기능을 한다. 보통, 하나의 그림 혹은 표를 활용하여 연구 모델이 제시되게 된다. 연구방법 파트에서 마지막으로 기술되어야 할 내용은 분석 방법에 대한 내용이다. 연구자는 자신의 연구 모델에서 포함된 변수의 측정 방식과 연구의 가설 검증에 적합한 분석 방법을 선택하여 이에 대한 설명을 하게 된다. 양적연구를 활용한 연구에서 주로 활용되는 분석 방법에는 기술통계분석, 교차분석, 독립표본 t-검정, 일원변량분석, 상관분석, 회귀분석 등이 있다.

지금껏 설명한, 학술논문의 연구방법 작성 요령에 대한 보다 효과적인 이해를 돕기 위해서 필자의 학위논문을 예로 활용하여 설명을 하도록 하겠다. 필자의 학위논문의 연구 문제와 가설 검증을 위한 분석에 활용한 데이터는 미국인사처(Office of Personnel Management)에서 미국 연방정부 전체 부서 공무원들을 대상으로 매년 시행하는 Federal Employee Viewpoint Survey이었다. 즉, 필자는 2차 자료를 연구 분석의 데이터로 활용한 것이다. Federal Employee Viewpoint Survey에 대한 독자의 이해를 돕기 위해, 본 설문의 기본적인 설문 문항 내용, 구성체계, 설문의 주요 목적 등에 대해서 간략히 기술하였다. 또한 본 설문으로 수집된 데이터를 활용하여 이미 수행된 연구들의 일부를 소개하는 것을 통해 필자의 학위논문 관련 분야의 선행 연구들이 동일한 자료를 활용하여 수행되고 있음을 제시하였다. 통상, 설문이 매년 수행되어 공개가 되기 때문에, 다른 연도에 수집된 데이터가 아닌, 2011년 데이터를 어떠한 이유에서 필자 논문의 분석에 활용했는가에 대한 설명을 추가로 제시하였다. 그 이유는 다른 연도에서 수행된 설문에 비해서 2011년도 설문 문항에는 필자의 연구가설의 핵심인 공무원의 재택근무 사용 여부에 대한 문항과 재택근무 사용 빈도(양)를 측정하는 문항들이 새롭게 제시되어 있었기 때문이다. 분석 데이터에 대한 소개의 끝으로, 필자는 해당 연도의 설문의 총 응답 대상자 규모와, 실제로 응답한 인원 수, 그리고 최종 응답률을 소개하였다.

다음으로, 필자의 학위논문의 분석에 실제로 포함된 분석 대상에 대해서 명시하였다. 즉, 2011년도 Federal Employee Viewpoint Survey에 응답한 266,376명의 미국 연방정부 공무원들 중에서, 실제로 필자의 분석에 활용된 분석 대상에 관한 설명을 제시하였다. 필자의 학위논문의 연구 대상은 현재 재택근무를 활용하고 있는 공무원이다. 재택근무를 활용하고 있는 공무원들을 대상으로 재택근무 만족도 요인을 찾는 것이 필자 학위논문의 주요 목적이기 때문이다. 따라서 본 설문에서 재택근무를 활용하고 있지 않다고 응답한 공무원들은 당연히 연구의 분석 대상에서 제외가 되는 것이다. 2011년도 설문 문항에 공무원들의 현재 재택근무 이용 실태에 관해 묻는 문항이 있다. 그 질문에 대한 8개의 선택지를 소개하면 다음과 같다. (A) "나는 1주일에 3일 혹은 그 이상 재택근무를 한다"; (B) "나는 1주일에 1일 혹은 2일 재택근무를 한다"; (C) "나는 한 달에 1일 혹은 2일을 넘지 않게 재택근무를 한다"; (D) "나는 아주 드물게 혹은 불규칙적으로 재택근무를 한다"; (E) "나는 내 직무를 수행함에 있어서 현장에 있어야 하는 관계로 재택근무를 하지 않는다"; (F) "나는 기술적 문제의 이유로 재택근무를 하지 않는다"; (G) "나는 내 직무가 재택근무를 통해 수행 가능한 것임에도 불구하고, 재택근무 사용에 대한 허가를 받지 못했기 때문에 재택근무를 하지 않는다"; (H) "나는 내가 재택근무를 선택하지 않았기 때문에 재택근무를 하지 않는다." 이상의 재택근무의 이용 실태를 묻는 질문의 여덟 가지 선택 중에서, 위의 네 가지, 즉 (A), (B), (C), (D) 중의 하나에 응답한 91,386명의 미국 연방정부 공무원들만을 필자의 학위논문 가설 검증의 분석 대상에 포함시켰다.

앞서 언급하였듯이, 필자의 연구에서 주요 독립변수들은 (재택근무를 활용하고 있는 미국 연방정부 공무원들의) ① 어린자녀 돌봄 의무, ② 노부모 돌봄 의무, ③ 어린자녀 돌봄 지원 프로그램 만족도, ④ 노부모 돌봄지원 프로그램 만족도, 그리고 ⑤ 재택근무 이용 빈도(양)이다. 그리고 종속변수는 재택근무 이용 만족도이다. 그리고 8개의 통제변수가 필자의 학위논문의 분석 모형에 추가로 포함되었다. 독립변수, 종속변수, 그리고 통제변수들이 각각 무엇인지를 다시 한 번 명시하고, 이와 더불어 각각의 변수들의 측정을 위해 어떤 설문 문항들이 활용되었으며, 어떤 선택지를 사용하여 응답자의 응답을 조사하였는지에 대해서 구체적으로 기술하였다. 그리고, 이상의 논의를 바탕으로 연구방법 파트의 마지막에 필자 학위논문의 연구 모델을 제시하였으며, 가설 검증을 위해 활용한 연구 분석 방법과 선택 근거에 대해서 구체적으로 기술하였다.

5. 분석 및 결과 해석

앞서 설명한 단계까지의 학술논문 작성 작업이 완료되었다면, 다음 단계에서는 수집된 자료를 분석하고 분석된 결과를 해석하는 작업을 수행하게 된다. 즉, 연구모형에 따른 주요 변수들(종속, 독립, 통제변수 등)이 결정되고, 연구방법에 의해 분석에 사용될 자료의 수집이 완료되었다면, 이제는 연구자가 자료의 분석을 통해 연구의 가설 검증을 포함한 연구의 분석 결과를 해석하고 정리하게 된다. 연구가 양적분석(quantitative analysis)을 활용하는가, 아니면 질적분석(qualitative analysis)을 활용하는가에 따라, 연구방법 파트에서 작성되어야 할 내용의 차이가 있듯이, 분석 및 결과 해석을 위한 방법이나 기술할 내용 등에 있어서도 차이가 있다고 볼 수 있다. 부록에서는 양적분석을 활용한 연구에 초점을 맞추어, 자료 분석과 결과 해석에 있어 각 단계별 수행해야 할 내용에 대해 노성호 외(2018)를 참고하여 간략히 제시하도록 하겠다.

첫째, 연구자는 통계분석을 위한 소프트웨어(예: SPSS, SAS, STATA 등)를 활용하여 양적분석을 수행하기 위해, 수집된 자료를 통계 소프트웨어를 사용하기에 적합하도록 입력 혹은 변환하는 작업을 해야 한다. 예를 들어, 설문지를 통해 회수된 응답자의 응답 내용을 연구자가 정한 기준에 근거하여 숫자로 변환하거나 혹은 통계 소프트웨어에 인식될 수 있는 버전의 파일로 변환하는 등의 본격적인 통계분석 수행을 위한 준비 작업이 필요하다.

둘째, 연구모형에 포함된 주요 변수들의 기술통계를 확인하고 결과를 제시한다. 기술통계는 주요 변수들의 평균, 표준편차, 최댓값, 그리고 최솟값 등을 구해서 변수들의 분포를 확인하기 위해 활용된다. 즉, 연구의 가설 검증을 위한 본격적인 통계분석 수행 전, 기술통계를 확인하고 이를 제시함으로써 독자들로 하여금 연구의 주요 변수들에 대한 분포의 특징을 확인할 수 있게 된다.

셋째, 연구가설 검증을 위해 활용될 적합한 통계분석 기법을 선택한다. 다시 말해, 연구자는 여러 통계분석 기법(예: 교차분석, t-검증, 일원분산분석, 다원분산분석, 상관분석, 회귀분석 등) 중에서 연구의 가설 검증에 가장 적절한 통계분석 기법을 결정하게 된다. 이는 연구모형에서 제시하고 있는 독립변수의 수 및 측정 수준, 그리고 종속변수의 측정 수준에 따라 적합한 통계분석 기법이 달라지게 된다.

넷째, 준비된 자료와 선택된 통계분석 기법을 적용하여 실제 통계분석을 수행한다. 통계분석은 타인에 의해서가 아니라 연구자 본인이 직접 수행하는 것이 바람직하다. 또한 일회성으로 분석 수행을 종료하는 것이 아니라, 다양한 방법을 적용하여 통계분석을 반복 시행하는 것을 통해 최선의 결과가 연구에서 도출될 수 있도록 하는 것이 필요하다.

다섯째, 통계분석에 의해 제시된 분석 결과를 해석하는 작업을 수행하게 된다. 표본에 대한 통계분석을 통해 모집단의 특성을 설명하는 대부분의 추리통계에서는 유의도 수준를 기준으로 통계적인 유의미 여부를 결정하게 된다. 통상, 5%의 수준($p < 0.05$)보다 유의도 값이 작게 나오는 경우는 독립변수와 종속변수 간의 관계가 통계적으로 유의미한 영향 관계에 있다고 해석한다. 반대로, 유의도 값이 5%의 수준보다 크게 나오게 되면 변수 간의 관계는 통계적으로 유의미하지 않다고 판단하게 된다. 물론, 연구자에 따라 유의도 수준을 0.01 혹은 0.1로 정하고, 이를 기준으로 하여 분석 결과를 제시할 수 있다. 유의도 수준에 따른 통계적 해석을 판단 근거로 하

여 연구자는 연구가설의 채택 여부를 결정하고 이를 해석하는 작업을 하게 된다. 즉, 연구에서 설정한 연구가설이 통계분석 결과 최종적으로 수용되었는지 혹은 기각되었는지에 대한 결과를 분명하게 제시하게 된다. 여기서 중요한 점은, 연구자는 수용(채택)된 연구가설에만 초점을 맞추어서 결과를 해석하고 시사점을 제시하는 것은 바람직하지 않다고 본다. 다시 말해, 기각된 연구가설이라 할지라도 선행연구의 결과와는 달리, 본 연구에서는 어떠한 이유에서 기각되었는지에 대한 설명을 제시하는 것이 필요하겠다. 또한 비록 가설이 기각되었지만, 기각된 가설의 독립변수와 종속변수의 관계가 가지는 의미와 시사점에 대해 제시하는 것 역시 연구 분석 및 해석 파트에서 포함되어야 할 내용임을 강조하고 싶다.

6. 결 론

학술논문 본문의 마지막 파트는 결론이다. 결론 부분은 연구 주제, 연구 목적, 연구방법, 연구의 주요 결과, 연구의 결과가 갖는 학문적 또는 실제적 함의, 연구의 제한점, 그리고 후속 연구에 대한 제언 등으로 구성된다.

우선, 결론 파트의 시작은 연구 전체에 대한 요약을 기술한다. 연구의 주제와 목적은 무엇인지, 연구가 갖는 중요성은 무엇인지, 연구에서 검증하였던 연구가설은 무엇인지, 연구가설을 검증하기 위해 어떠한 자료와 연구방법을 활용하였는지, 연구가설 검증 및 분석 결과는 무엇인지, 그리고 연구의 결과의 이론적, 실제적 함의(시사점)은 무엇인지 등 연구 전체 내용에 대해서 간략한 버전으로 요약을 제시한다. 연구에서 분석된 모든 결과들을 결론 부분에 제시하는 것이 불필요하다고 판단하면, 중요한 연구 결과만을 중점적으로 부각시키면서 제시하는 것이 효과적이라 하겠다. 연구의 결과를 제시할 때, 아무런 논의없이 연구 결과만을 나열하는 것은 좋은 기술 방식이 아니다. 즉, 연구에서 도출된 결과들을 논문의 이론적 배경 파트에서 논의하였던 선행연구의 결과들과 통합하여 유기적인 논의가 뒷받침 된 방식으로 제시하는 것이 보다 잘 구성된 학술논문의 결론일 것이다. 예를 들어, 선행연구의 연구 결과들과 자신의 연구 결과가 다르게 나왔다면, 왜 그러한 결과가 나왔는지에 대한 연구자의 해석과 논의가 필요하겠다. 반대로, 선행연구의 결과들과 자신의 연구 결과가 일치하게 나왔다면, 이렇게 일관된 연구 결과가 갖는 의미, 시사점 등에 대해서 연구자의 해석과 논의가 필요한 것이다.

또한 연구의 분석 단계에서 수락(지지)되지 않았던 가설에 대한 연구 결과도 함께 제시할 것을 권고한다. 연구가설은 선행연구의 검토와 이론을 바탕으로 도출된 것이기 때문에, 설령 자신의 연구에서 가설이 입증되지 않았다면, 왜, 어떠한 이유에서 이런 결과가 나왔는지에 대한 연구자의 논의 역시 필요한 것이라 강조하고 싶다. 이러한 방식으로 연구 결과의 요약을 정리하였다면, 그 다음으로 연구의 결과가 갖는 이론적(학문적) 시사점과 실용적(실무적) 시사점 등에 대해 제시하는 것이 필요하겠다. 연구자는 자신의 연구 결과가 연구 주제와 관련된 전공 혹은 학문 분야에 어떠한 이론적 기여를 하는지, 그리고 어떠한 학문적 함의(시사점)를 가지는지에 대한 심도 있는 논의가 필요하다. 그리고 자신의 연구 결과가 실무에 적용되었을 때 예상되는 긍정적 기대 효과 등에 대한 연구 결과의 실용적 시사점 역시 제시되어야 한다.

다음으로 연구자는 자신의 연구가 갖는 한계점 혹은 제한점에 대해서 기술하여야 한다. 어떠한 연구나 논문은 절대 완벽할 수 없으며, 정도의 차이는 있겠지만 모두 한계점을 지니고 있다. 중요한 것은, 연구자가 자신의 연구에 대해서 스스로 연구가 갖는 한계점을 구체적으로 파악할 수 있는 능력이 필요하며, 이러한 한계점을 결론 부분에 독자들에게 효과적으로 제시할 필요가 있다. 일부 학생들은 연구자 스스로 본인의 연구에 대한 약점 혹은 결점을 공개함으로써 자신의 연구의 질적 수준을 떨어트리는 결과가 초래되지 않을까 하는 염려와 오해를 갖고 있다. 하지만 더 중요하게 받아들여야 할 점은, 연구자가 자신의 연구에 대한 한계점을 스스로 충분히 파악할 연구 능력을 갖추지 못했다면, 이것이 더 큰 문제점이라는 사실이다. 또한 연구자가 제시한 본인 연구의 한계점은 자연스레 후속 연구 주제에 대한 제언으로 이어지는 중요한 기능을 하게 된다는 것을 인식할 필요가 있다고 생각한다.

학술논문의 한계점은 보통 연구에서 선택된 연구방법과, 분석에 활용된 데이터(자료)로 인해 발생되는 경우가 흔하다. 특정 연구방법은 고유의 목적을 갖고 있는 반면, 해결할 수 없는 제한점 역시 지니고 있다. 따라서 어떤 연구든지 선택한 연구방법 자체가 갖고 있는 한계점은 분명 존재하는 것이다. 또한 선택한 연구방법이 연구의 목적에 충분히 부합되지 않는다면 이것 역시 연구방법에 따라 초래되는 연구의 한계점이라 볼 수 있다. 그리고 연구에서 활용된 자료 혹은 데이터에서 발생되는 한계점이 있다. 연구의 목적에 적합한 데이터나 자료가 있다 할지라도 그 자료의 접근성이 허락하지 않는다면, 연구자는 최적의 데이터를 활용할 수 없게 되며, 차선의 자료를 활용하여 연구를 수행하게 된다. 또한 연구자가 직접 설문을 하여 수집한 직접(1차) 데이터를 활용하든, 혹은 직접 설문 방식이 아닌 공개된 자료를 바탕으로 활용하는 간접(2차) 데이터를 활용하여 연구를 수행하든지 간에, 각각의 한계점은 모두 지니고 있는 것이다. 그리고 연구자가 연구에서 활용한 자료(데이터)의 분석 결과가 과연 어느 범위까지 적용되어 시사하는 의미가 통용될 수 있는지에 관한 한계 역시 연구에서 활용한 데이터(자료)로 초래되는 연구의 한계점으로 설명될 수 있겠다.

학술논문의 결론 파트의 마지막 구성은 보통 후속 연구를 위한 제언으로 이루어진다. 후속 연구 주제를 위한 제언이 중요한 이유는 특정 연구의 주제가 속한 학문적 분야와 실무적 분야 모두에 지속적인 기여를 하기 위해서 어떠한 후속 연구들이 수행될 필요가 있는지에 대해서 연구자가 후속 연구를 수행할 연구자들에게 단서를 제공하는 것이기 때문이다. 이런 과정을 통해, 후속 연구 수행자들은 보다 더 발전된 수준의 방법과 주제를 가지고 연구를 수행함으로써 연구 분야의 학문적 발전에 기여할 수 있게 되며, 동시에 연구와 관련된 실무 분야에서의 기여 역시 가능하도록 작용하는 것이다. 앞서 설명하였듯이, 연구자가 제시하는 연구의 한계점들이 후속 연구를 위한 제언을 도출하는 것에 있어 가장 기본적이며 중요한 단서가 된다. 즉, 연구자가 밝힌 본인 연구의 한계점을 극복 혹은 보완하기 위해서 후속 연구들은 어떻게 수행되어야 하는가에 대한 방향을 제시하는 기능을 하게 된다. 좋은 연구 주제와 연구 질문, 그리고 정교하고 적합한 연구방법에 의한 정확한 연구 분석과 해석 등 논문의 모든 요소들이 각각의 중요성을 갖고 있겠지만, 연구자의 고찰을 통해 의미있는 내용을 담아 후속 연구 제언을 기술하는 것 역시 학술논문의 수준을 결정짓는 중요한 요소임을 명심할 필요가 있겠다.

7. 기 타

1) 초록 작성하기

초록(abstract)은 논문 전체의 내용에 대한 간단한 요약문을 지칭한다. 학위논문의 경우는 당연하겠고, 학술지논문의 경우에도 비교적 분량이 크기 때문에, 연구자는 자신의 논문의 핵심이 되는 용어와 내용을 중심으로 초록을 작성하여 제시한다. 국문으로 작성된 학술논문의 경우에도 영어 버전의 초록을 추가로 작성하여 논문에 싣게 된다. 통상, 국문초록은 논문의 서론이 시작되기 전에 위치하게 되며, 영문초록은 논문 말미에 제시된다. 초록의 분량에 대한 특별한 규정은 없으나, 학위논문에서 국문초록의 경우는 1,000~1,500자, 영문초록의 경우는 500~1,000단어 정도가 적절하다 하겠다. 물론, 학술지 논문의 경우는 학위논문의 경우보다 더 적은 분량으로 초록을 작성하게 된다. 초록의 내용에는 연구의 주요 목적 혹은 연구가설, 연구방법, 연구의 결과, 그리고 시사점 등에 대한 내용 중 핵심적인 내용을 선별하여 기술하도록 한다. 특히, 선행연구의 제시나 연구의 분석 결과에 대한 세세한 설명은 가급적 초록에 포함시키지 않도록 한다. 초록 작성 시, 논문 본문의 내용 일부를 그대로 옮겨 기술하는 것은 권장하지 않으며, 가급적 핵심 내용을 축약적으로 다시 표현하여 기술하는 것이 바람직하다. 초록의 말미에는 논문의 중심어(key workds)를 3~5개 정도 제시하도록 한다. 연구자는 키워드 제시를 통해서 자신의 연구 내용에 대한 핵심 주제어를 독자에게 제시하게 되고, 독자는 초록과 키워드 확인을 통해서 논문을 읽기 전에 논문의 본론에서 전개될 내용에 대한 단서를 얻는 기회를 갖게 된다.

2) 참고문헌 작성하기

연구자가 학술논문을 작성하는 과정에서 직·간접적으로 인용하거나 참조한 모든 자료들에 대한 정보를 일정한 규칙과 구조에 맞게 제시하는 것이 참고문헌(reference)을 작성하는 것이다. 학술논문 작성에 있어 참고문헌을 작성하는 이유나 올바른 참고문헌 작성의 중요성 등과 같은 설명은 별도로 하지 않아도 될 만큼, 학술논문을 작성하는 연구자들에게 정확한 참고문헌을 작성해야 한다는 것은 매우 중요하게 인식되고 있다. 연구자는 논문의 본문과 말미에 참고문헌을 기입함으로써, 연구자 본인의 의견 혹은 주장과 다른 연구자의 의견 혹은 주장을 구분하여 독자에게 제시하는 것이다. 즉, 문장이나 글의 아이디어에 있어 내 것과 남의 것을 구분하려는 노력이 바로 참고문헌을 작성하는 것이라 이해하면 좋겠다. 만약, 논문의 특정 내용을 작성하는 과정에서 인용한 선행연구가 있음에도 불구하고, 원문의 출처를 밝히지 않았다면 이는 연구윤리를 심각하게 위배하는 것이 된다는 것을 명심해야 하겠다. 그러기에, 논문 작성을 모두 완료한 후에 참고문헌을 정리하고 기입하기 보다는, 논문을 작성하면서 인용할 때 마다 해당 참고문헌을 기입하는 것이 좀 더 효율적일 것이다.

참고문헌은 선행연구나 자료를 인용하여 작성한 글이 위치한 곳, 즉 논문의 본문에 참고문헌을 표시하는 것과 논문의 가장 끝에 논문 작성을 위해 참고하거나 인용한 자료를 모두 일정한 규칙에 의해 제시하는 것으로 구분될 수 있겠다. 중요한 점은, 논문 본문 안에 인용한 참고문헌 모두가 논문 말미에 제시된 참고문헌 리스트에 하나도 누락되지 않고 모두 포함되어야 한다. 본문 안에 참고문헌을 인용하는 방식은 크게 간접 인용과 직접 인용으로 설명될 수 있다. 직접 인용은 연구자가 다른 사람의 글을 아무런 수정 업이 그대로 옮겨와서 본인의 글에 적는 것을 의미한다. 직접 인용의 경우, 인용된 글의 처음과 끝은 반드시 " "(따옴표)로 표시되어야 하며, 따옴표 안에 있는 글은 원래 저자가 표현한 글 그대로 인용되어야 한다. 인용된 글의 맨 끝에는 원저자의 이름, 출판연도, 그리고 인용한 글이 담겨 있던 논문 혹은 도서의 쪽수를 정확히 기입해야 한다. 이를 표시하는 방법은 대학이나 학술저널에 규정하고 있는 참고문헌 인용 스타일에 따라 약간의 차이가 있지만, 보통 인용된 문장 끝에 괄호를 활용하여, 저자이름, 출판연도, 연도 다음에 콜론(:)을 표시하고 'p.'표기를 한 다음에 인용한 글이 위치한 쪽수를 기입하는 경우가 일반적이다. 또한 직접 인용한 글의 분량이 3~4줄 이상일 경우에는 줄(행)을 바꾸어 일정한 여백을 둔 후 독립된 문단으로 구성하여 제시하는 방법을 선택하도록 한다. 간접 인용은 다른 사람의 주장이나 아이디어를 가져와 연구자 자신의 글로써 다시 표현하는 경우에 활용된다. 즉, 다른 사람의 글을 그대로 옮겨 적는 직접 인용 방식과는 달리, 연구자는 간접 인용을 통해 원저자의 주장이나 생각을 본인의 표현으로 다시 기술하는 것을 의미한다. 학술논문의 경우 반드시 필요한 경우에 한해서 직접 인용을 활용하고, 대체로 간접 인용 방식을 활용하여 선행연구를 정리하는 것이 보편적이다. 간접 인용 시 중요한 점은, 연구자 본인의 표현 방식으로 기술하는 과정에서 원 저자의 주장이나 생각의 핵심 내용이 변질되서는 안 된다는 것이다. 본문 안의 간접 인용 표시 방법은 문장 시작 위치에 저자이름과 저자이름 옆에 괄호를 사용하여 출판연도를 표시하는 방법과 문장 말미에 괄호를 사용하여 저자이름과 출판연도를 기입하는 방법이 있다. 물론, 직접 인용과 마찬가지로 대학이나 학술저널이 규정하고 있는 참고문헌 인용 스타일에 따라 기입 방식에 있어 약간의 차이가 있게 된다.

다음으로, 논문의 가장 끝에 참고문헌이라는 별도의 페이지 속에 논문(본문) 작성을 하면서 인용하였던 모든 참고문헌들의 리스트를 일괄적으로 정리하여 제시하는 작업을 해야 한다. 참고문헌들을 나열하는 데에는 몇 가지 규칙들이 있다. 물론, 이 경우도 참고문헌 인용 스타일에 따라 조금씩 다른 규칙으로 정리되곤 한다. 하지만 일반적으로 통용되는 규칙들을 정리하면 다음과 같다. 통상, 국문으로 작성된 참고문헌을 먼저 기입한 후에, 영문 참고문헌을 기입하는 것이 일반적이다. 국문문서의 경우는 저자의 가나다순으로 영문문서의 경우는 저자의 알파벳순으로 차례로 표시하며, 모든 저자의 이름을 표시하도록 한다. 만약, 동일한 저자의 다수 문헌을 나열할 경우에는 자료의 출판연도가 이른 것부터 제시한다. 예를 들어, 책(도서)을 참고문헌으로 작성할 경우, “저자명(연도). 책 제목. 출판사 소재 도시: 출판사명.”의 순서로 기입한다. 학술지 논문의 경우, “저자명(연도). 논문 제목. 학술지명, 권(호), 시작페이지－끝 페이지.”의 순서로 작성한다. 학위 논문의 경우에는 “저자명(연도). 논문 제목. 대학명 석사(혹은 박사)학위 청구논문.”의 순으로 제시한다. 하지만, 학위논문의 경우에는 대학이, 학술지논문의 경우에는 학회가 준수하는 고유한 참고문헌 스타일(예: APA style, MLA style, Chicago style 등)이 있다. 즉, 어떤 스타일을 선택하느냐에 따라 위에서 설명한 참고문헌 기입 방식에는 약간의 차이가 있기 마련이다.

3) 부록 작성하기

부록(appendix)은 학술논문의 본문에 포함시키기에는 분량이 많거나 내용의 중요도가 다소 떨어지는 자료이지만, 독자가 논문을 효과적으로 이해하는 데에 있어 필요한 자료를 제시하는 것이다. 즉, 독자가 논문의 내용을 보다 충실히 파악하는 것에 도움이 될 만한 참고 자료를 논문의 맨 끝에 부록을 통해서 소개하는 것이다. 보통 양적연구를 수행하는 학술논문의 경우, 논문 자료 수집에 사용한 설문 문항 원본, 논문 본문의 분석 및 결과 해석 파트에서 포함시키지는 않았지만 참고가 될 수 있는 데이터 분석 결과, 혹은 분석 및 연구 대상에 관한 설명 자료 등을 부록으로 제시하곤 한다. 질적연구를 수행하는 학술논문의 경우, 연구 진행 과정에서 획득한 자료 중, 연구의 핵심 결과는 아니지만 독자에게 참고가 될 수 있는 자료를 부록에 소개하기도 한다. 또한 실무담당자들이나 전문가들을 대상으로 인터뷰 조사 혹은 조사표 조사를 시행한 경우에 그 결과들을 정리하여 부록을 통해 제시하는 경우도 있다. 물론, 수집된 자료들을 모두 부록에 싣는 것은 지양하며, 논문에 대한 독자의 충분한 이해에 유용하게 참고가 될 수 있는 자료 중심으로 소개하는 것이 바람직하겠다.

참고문헌

[국내 문헌]

강병서(1999). 『인과분석을 위한 연구방법론』, 서울: 무역경영사.

고봉성 · 남궁평(1997). "표본조사론 관점에서의 여론조사," 『응용통계연구』, 10권 2호: 203－213.

공기두(1992). "한국 행정사학의 연구방법론 서설," 『한국행정사학지』, 1권: 15－28.

권용주 외 3인(2003). "과학적 가설지식의 생성과정에 대한 바탕이론," 『한국과학교육학회지』, 23권 5호: 458－469.

권재술 · 이경호 · 김연수(2003). "인지 갈등과 개념 변화의 필요조건과 충분조건," 『한국과학교육학회지』, 23권 5호: 574－591.

김경동(1992). 『사회학의 이론과 방법론』, 서울: 박영사.

김경태 · 박현주 · 정홍상(2016). "임파워링 리더십과 직무몰입, 혁신행동, 직무성과 간의 인과적 관계에 대한 실증연구: 대구광역시 일선 소방공무원을 대상으로," 『한국행정논집』, 28권 3호: 517－538.

김광용 · 김기수(1999). "인터넷 설문조사를 활용한 사이버 쇼핑몰에 관한 연구," 『한국경영정보학회연구』, 9집 2호: 134－150.

김동건(1998). 『비용 · 편익분석』, 서울: 박영사.

김동춘(1997). 『한국 사회과학의 새로운 모색』, 서울: 창작과 비평사.

김 렬(1999). 『사회과학 조사방법론: 정책연구의 원리』, 서울: 박영사.

김명선(1998). "필요조건, 충분조건, 필요충분조건에 관한 소고," 『한국수학교육학회 뉴스레터』, 14권 5호: 28－31.

김상원(1985). "과학적 지식의 객관성에 대한 비판적 고찰: Popper와 Kuhn의 논쟁을 중심으로," 『철학』, 23권: 95－117.

김아영 · 김태련(1998). 『사회과학 연구를 위한 통계분석법의 이해』, 서울: 학문사.

김영명(2000). "한글 사회과학의 모색," 한국정치학회 기획학술회의 발표 논문.

김영주(2003). "PC통신에 나타난 어머니의 유아 양육에 관한 내용분석," 『대한가정학회지』, 41권 2호: 187－199.

김용학 · 전효관(1994). "사회과학 패러다임의 위기와 그 쟁점: '근대적 과학성'의 문제를 중심으로," 『위기의 세계와 한국』, 경남대 극동문제연구소 편.

김웅진(1993). “방법론의 이론 종속성과 이론의 방법론 종속성: 연구방법론의 성화와 지식의 화석화,” 『한국정치학회보』, 27권 2호: 165－180.

______(2002). “과학적 패권과 연구방법론: ‘우리’ 방법론의 모색,” 『21세기정치학회보』, 12권 1호: 217－228.

김진동 · 김남조(2003). “2002년 한 · 일 월드컵의 영향분석: 신문기사의 내용분석을 중심으로,” 『관광학연구』, 26권 4호: 57－75.

김태일 · 노화준(2018). 『사회과학을 위한 통계학』. 서울: 법문사.

김혁래(1997). “보조측정이론(auxiliary measurement theory),” 한국사회학회 후기학술대회 발표 논문.

김혜숙 · 공윤정 · 여태철 · 황매향(2014). 『초보자를 위한 학위논문 작성법』, 서울: 학지사.

김효명 옮김(1984). 『논리철학』, 서울: 종로서적.

남궁근(1994). 『행정조사방법론: 경험적 연구의 설계와 분석』, 서울: 법문사.

남궁평(1999). 『표본조사설계와 분석』, 서울: 탐진출판사.

노규형 · 김학량(1997). 『선거와 여론조사』, 서울: 나남출판사.

노동일(1997). 『정치학방법론: 이론－통계 SPSS』, 서울: 법문사.

노성호 · 구정화 · 김상원(2018). 『사회과학 연구방법론』, 서울: 박영사.

문창옥(1999). 『화이트헤드 과정철학의 이해』, 서울: 통나무.

박노열(1998). 『사회교육방법론』, 서울: 형설출판사.

박명섭 · 박광태(1998). 『SPSSWIN 활용 통계학 개론』(3판), 서울: 홍문사.

박무익(2002). “조사동향: 선거여론조사의 역사와 의의,” 『조사연구』, 3집 1호: 91－119.

박이문(1993). 『과학철학이란 무엇인가』, 서울: 민음사.

박정일(1993). “산업보건 전문가 국제윤리강령,” 『산업보건』, 12호: 40－43.

박종원(2003). “과학적 가설 검증을 위한 학생들의 실험설계 내용분석,” 『한국과학교육학회지』, 23권 2호: 200－213.

방정배(1981). “사회연구방법론과 비판이론적 신문학 연구 방법,” 『한국언론학보』, 14권: 6－34.

배정민(2016). 『그림으로 이해하는 닥터배의 술술 보건의학통계』, 서울: 한나래.

백승기(2010). “옹호연합모형(ACF: Advocacy Coalition Framework)에 의한 의료보험 통합정책에 관한 연구,” 『한국행정학보』, 44권 1호: 233－259.

성내경(1990). 『PC/SAS 해설』, 서울: 자유아카데미.

소영일(1994). 『연구조사방법론』, 서울: 박영사.

손승철(2000). “조선왕조실록 일본 관계 기사 내용분석(조선후기 편),” 『조선시대사학보』, 15집: 61－83.

양승목 · 김현주 · 조성경(1991). “전화조사에서 가구 내 응답자의 무선확률표집에 관한 연구,” 『신문학보』, 26호: 189-214.
오창희(1994). “전체론과 개체론의 대립을 넘어선 새로운 사회과학방법론의 한 시도,” 서울대학교 대학원 박사학위 논문.
용수보살 저, 김성철 역주(1993). 『중론』, 서울: 경서원.
유민봉 · 심형인(2011a). “공무원이 조직생활에서 경험하는 체면 현상과 행위에 대한 질적 연구: 근거이론(Grounded Theory)을 적용하여,” 『한국행정학보』, 45권 1호: 199-225.
______(2011). “공무원의 체면민감도 척도개발 연구: 척도 타당화를 중심으로,” 『한국행정학보』, 45권 3호: 335-364.
유수동 · 전성훈 · 사용진(2018). “지방공기업의 공공서비스동기가 직무만족에 미치는 영향에 관한 연구: 조직문화의 매개효과를 중심으로,” 『한국행정논집』, 30권 3호: 243-271.
육조혜능 저, 광덕 역주(1975). 『육조단경』, 서울: 불광출판부.
윤은성 · 김영원(2002). “인터넷을 활용한 표본조사 방법에 관한 사례연구,” 『조사연구』, 3권 1호: 25-51.
이명선(2003). “질적자료의 이차분석: 방법론적 쟁점과 함축성,” 『간호학탐구』, 12권 1호: 82-95.
이병문 편저(1995). 『속담 · 고사성어사전』, 서울: 학문사.
이상호(2001). “지방자치에 관한 지방지(local paper)의 인식과 태도: 매일신문(1991-1998) 내용분석에 의한 총괄적 평가,” 『한국행정학보』, 35권 4호: 335-354.
이순목(1990). “측정이론의 세 줄기,” 『한국심리학회지: 실험 및 인지』, 2집: 139-161.
이승주(1998). “경찰정책 평가 방법에 관한 고찰: 진실험방법의 설계 유형과 사례를 중심으로,” 『한국공안행정학회보』, 7집: 372-399.
이영호(1982). “사회과학과 해석학적 변증법,” 『사회과학』, 19집: 139-154.
이윤희(1998). “정보통신윤리의 확립 방안,” 『사이버커뮤니케이션학보』, 3호: 5-45.
이장우 · 우제호 · 박세욱 역(2003). 『고문진보 · 후집』, 서울: 을유문화사.
이초식(1982). “과학성이란 무엇인가: 분석철학의 입장,” 『철학연구』, 17집: 63-88.
이태식 · 정현진(2000). “토목기술자를 위한 윤리강령 모델안의 제안,” 2000년도 대한토목학회 학술발표 논문.
이해영(2001). 『다차원 정책론: 실체와 적용』, 서울: 법문사.
이해용 · 김기환(2001). “인터넷 조사방법론,” 이계오 등, 『인터넷 조사』, 서울: 나남출판사: 95-134.

이해용 · 여선미(2002). “이동전화 조사에 관한 연구: 시스템 구성과 설문 작성을 중심으로,” 『조사연구』, 3권 1호: 53－63.
장인식(1996). 『표본조사론』, 서울: 다산출판사.
전명남(2000). “솔로몬 4집단 실험설계를 위한 적절한 통계적 분석방법의 탐색,” 『교육학논총』, 21권 2호: 183－198.
정대연(1997). 『사회과학방법론사전』, 서울: 백의출판사.
정창수(1996). 『사회과학방법론』, 서울: 대영문화사.
제갈욱 · 김병규 · 윤기웅 · 제갈돈(2016). 『조사방법론』, 서울: 대영문화사.
중앙일보사(1998). 『한국을 움직이는 인물들(*Who's Who in Korea*)』.
채선희(1996). “사회과학 연구방법론의 재정립을 위한 개념적 접근: 질적 · 양적 방법을 중심으로,” 『교육학연구』, 34권 5호: 281－297.
한국사회과학연구협의회 편(1983). 『사회과학방법론』, 서울: 박영사.
한국전산원(2003). 『2003정보화통계집』.
______(2003). 『2003한국인터넷백서』.
허명희(1991). “설문지 · 시험지 문항의 신뢰성분석,” 『응용통계연구』, 4권 1호: 93－104.
허명희 · 강용수 · 손은진(2004). “사회조사에서 조사방법에 따른 가중 칸(weighting cell) 설정에 관한 연구: 전화조사, 인터넷조사, 모바일조사,” 『조사연구』, 5권 1호: 1－26.
홍두승(1992). 『사회조사분석』, 서울: 다산출판사.
홍종선 · 박옥희 · 최창현(1996). 『조사방법과 통계자료분석』, 서울: 박영사.
황태연(1997). “계몽과 근대 기획: 인간과학 및 인간화 이념의 재건과 탈근대 기획의 비판,” 『한국정치연구』, 7집: 171－207.

『금강반야바라밀경』, 『논어』, 『대학』, 『맹자』, 『산해경』, 『우리말큰사전』(한글학회, 1992), 『잡아함경』, 『전국책』, 『중용』, 『*Encyclopedia of Britannica*』(1997년판), 『*Oxford English Dictionary*』(1996년판).

[국외 문헌]

Achen, Christopher H.(1986). *The Statistical Analysis of Quasi－Experiments*, Berkely, California: University of California Press.
Allison, Graham T.(1971). *Essence of Decision: Explaining the Cuban Missile Crisis*, Boston, Massachusetts: Little, Brown and Company.
Arabie, Phipps, J. Douglas Carroll, and Wayne S. DeSarbo(1987). *Three－Way Scaling and Clustering*, Beverly Hills, California: Sage Publications, Inc.

Ashford, Jose B., Craig W. LeCroy, and Kathy L. Lortie(2001). *Human Behavior in the Social Environment: A Multidiemnsional Perspective*, 2nd ed., Stanford, Connecticut: Brooks/Cole.

Austin, Homer W.(1983). “Sample Size: How Much is Enough?” *Quality & Quantity*, 17(3): 239－245.

Ayer, A. J.(1959). *Logical Positivism*, New York, New York: The Free Press.

Babbie, Earl(1986). *Observing Ourselves: Essay in Social Research*[최명 옮김(1987). 『사회연구의 철학』, 서울: 법문사].

______(1995). *The Practice of Social Research*, 7th ed., Belmont, California: Wadsworth Publishing Co.

Bailey, Kenneth, D.(1994). *Methods of Social Research*, 4th ed., New York, New York: The Free Press.

Baron, Reuben. M. and David A. Kenny(1986). “The Moderator－Mediator Variable Distinction in Social Psychological Research: Conceptual, Strategic, and Statistical Considerations,” *Journal of Personality and Social Psychology*, 51(6): 1173－1182.

Bellah, Robert N.(1983). “Social Science As Practical Reason,” in *Ethics, the Social Sciences, and Policy Analysis*, edited by Daniel Callahan and Bruce Jennings, New York, New York: The Hastings Center: 37－68.

Beteille, Andre(1976). “The Dangers of Researech Methodology,” *International Social Science Journal*, 28(1): 195－197.

Blackburn, Simon(1996). *Oxford Dictionary of Philosophy*, Oxford, New York: Oxford University Press.

Borgmann, Albert(1995). “Theory, Practice, Reality,” *Inquiry: An Interdisciplinary Journal of Philosophy*, 38(1/2): 143－156.

Cannell, Charles F., Peter V. Miller, and Lois Oksenberg(1981). “Research on Interviewing Techniques,” *Sociological Methodology*, 12: 389－437.

Cook, Thomas D. and Donald T. Campbell(1979). *Quasi－Experimentation: Design & Analysis Issues for Field Settings*, Boston, Massachusetts: Houghton Mifflin Company.

Couper, Mick P.(2000). “A Review of Issues and Approaches,” *Public Opinion Quarterly*, 64: 464－494.

Craig, Robert T.(1996). “Practical Theory: A Reply to Sandelands,” *Journal of the Theory of Social Behavior*, 26(1): 65－79.

Crossan, Frank(2003). "Research Philosophy: Toward an Understanding," *Nurse Researcher*, 11(1): 46－55.

Desu, M. M. and D. Raghavarao(1990). *Sample Size Methodology*, Boston, Massachusetts: Academic Press, Inc.

de Vaus, David A.(1995). *Surveys in Social Research*, 4th ed., London, United Kingdom: UCL Press.

Dillman, Don A.(1978). *Mail and Telephone Survey: The Total Design Method*, New York, New York: John Wiley & Sons, Inc.

Dillman, Don A., Michael D. Sinclair, and Jon R. Clark(1993). "Effects of Questionnaire Length, Respondent－Friendly Design, and a Difficult on Response Rates for Occupant－Addressed Census Mail Survey," *Public Opinion Quarterly*, 57(3): 289－304.

Dunn, William N.(1994). *Public Policy Analysis: An Introduction*, 2nd ed., Englewood Cliffs, New Jersey: Prentice－Hall, Inc.

Evera, Stephen Van(1997). *Guide to Methods for Students of Political Sciences*, Ithaca, New York: Cornell University Press.

Fish, Stanley(1989). *Doing What Comes Naturally: Change, Rhetoric, and the Practice of Theory in Literary and Legal Studies*, Durham, North Carolina: Duke University Press.

Fitz－Gibbon, Carol Taylor, and Lynn Lyons Morris(1987). *How to Analyze Data*, Newburry Park, California: Sage Publications, Inc.

Formaini, Robert(1990). *The Myth of Scientific Public Policy*, New Brunswick, New Jersey: Transaction Publishers.

Fowler, Floyd J. Jr.(1988). *Survey Research Methods*, revised ed., Newburry Park, California: Sage Publications, Inc.

Friedman, Milton(1953). *Essays in Positive Economics*, Chicago, Illinois: University of Chicago Press.

Goyder, John(1987). *The Silent Minority*, Cambridge: Blackwell Publishers.

Graziane, Anthony M. and Michael L. Raulin(2000). *Research Methods: A Process of Inquiry*, Needham Height, Maine: Allyn and Bacon.

Groves, Robert M.(1990). "Theories and Methods of Telephone Surveys," *Annual Review of Sociology*, 16: 221－240.

Hamermesh, Daniel S. and Jeff Biddle(1994). "Beauty and the Labor Market," *American*

Economic Review, 84(5): 1174-1194.

Hayek, Friedrich A.(1952). *The Counter-Revolution of Science: Studies on the Abuse of Reason*, New York, New York: The Free Press.

Hollis, Martin(1996). *Reason in Action: Essays in the Philosophy of Social Sciences*, New York, New York: Cambridge University Press.

Hox, Joop J. and Edith D. de Leeux(1994). "A Comparision of Nonresponse in Mail, Telephone, and Face-to-Face Surveys," *Quality and Quantity*, 28(4): 329-344.

Hughes, John A. and Wesley W. Sharrock(1999). *The Philosophy of Social Research*, 3rd ed[이기홍 옮김(2000). 『사회연구의 철학』, 서울: 한울아카데미].

Huntington, Samuel(1993). "The Clash of Civilizations?" *Foreign Affairs*, 72(3): 22-49.

Johnson, Phillip E.(2000). *The Wedge of Truth: Splitting the Foundations of Naturalism*, Downers Grove, California: InterVarsity Press.

Kalton, Graham(1983). *Introduction to Survey Sampling*, Beverly Hills, California: Sage Publications, Inc.

Kaplowitz, Michael D., Timothy D. Hadlock, and Ralph Levine(2004). "A Comparison of Web and Mail Survey Response Rates," *Public Opinion Quarterly*, 68(1): 94-99.

Kiecolt, K. Lill and Laura E. Nathan(1985). *Secondary Analysis of Survey Data*, Beverly Hills, California: Sage Publications, Inc.

King, Gary, Robert O Keohane, and Sidney Verba(1994). *Designing Social Inquiry, Scientific Inference in Qualitative Research*, Princeton, New Jersey: Princeton University Press.

Kruskal, Joseph B. and Myron Wish(1978). *Multidimensional Scaling*, Beverly Hills, California: Sage Publications, Inc.

Kuhn, Thomas S.(1962). *The Structure of Scientific Revolution*, Chicago, Illinois: University of Chicago Press.

Leonard, Stephen T.(1990). *Critical Theory in Political Practice*, Princeton, New Jersey: Princeton University Press.

Lindblom, Charles E., and David K. Cohen(1979). *Usable Knowledge: Social Science and Social Problem Solving*, New Haven, Connecticut: Yale University Press.

Madison, G. B.(1991). "The Practice of Theory, the Theory of Practice," *Critical Review*, 5(2): 179-202.

Mannheim, Karl(1932). "Book Reviews: Methods in Social Science," *American Journal of Sociology*, 38(2): 273−282.

Meter, Karl M. van(1994). "Sociological Methodology," *International Social Science Journal*, 46(1): 15−25.

Mill, John S.(1973). "Of Four Methods of Experimental Inquiry," in *A System of Logic*, edited by J. M. Robson, Toronto, Canada: University of Toronto Press: 388−406.

Minger, John and Anthony Gill, edited(1997). *Multimethodology: The Theory and Practice of Combining Management Science Methodologies*, West Sussex, England: John Wiley & Sons.

Morphet, Janice(1993). *The Role of Chief Executives in Local Government*, Harlow, Essex, England: Longman Information and Reference.

Nachmias, David and Chava Nachmias(1987). *Research Methods in the Social Sciences*, 3rd ed., New York, New York: St. Martin's Press.

Neuman, W. Lawrence(1994). *Social Research Methods: Qualitative and Quantitative Approaches*, Needham Heights, Massachusetts: Allyn and Bacon.

Northrop, Filmer, S. C.(1947). *The Logic of the Sciences and the Humanities*, Westport, Connecticut: Greenwood Press, Publishers.

Paige, Glenn D.(1968). *The Korean Decision*, New York, New York: The Free Press.

Payne, Stanley L.(1980). *The Art of Asking Questions*, Princeton, New Jersey: Princeton University Press.

Pedhauzer, Elazar and Liora Pedhauzer Schmelkin(1991). *Measurement, Design, and Analysis: An Integrated Approach*, Hillsdale, New Jersey: Lawrence Erlbaum Associates, Publishers.

Phillips, Bernard S.(1976). *Social Research: Strategy and Tactics*, New York, New York: Macmillan Publishing Co.

Popper, Karl R.(1972). *Objective Knowledge: An Evolutionary Approach*, Cambridge, New York: Oxford University Press.

______(2002). *The Logic of Scientific Discovery*, New York, New York: Routledge.

Proctor, Sue(1998). "Linking Philosophy and Method in the Research Process: The Case for Realism," *Nurse Researcher*, 5(4): 73−90.

Ray, William, J.(2003). *Methods toward a Science of Behavior and Experience*, 7th ed., Belmont, California: Thomson/Wadsworth.

Reinike, Wolfgang H.(1997). "Global Public Policy," *Foreign Affairs*, 76(1): 127−137.

Rommen, Heinrich, A.(1998)(original 1936). *The Natural Law: A Study in Legal and Social History and Philosophy*, Indianapolis, Indiana: Liberty Fund, Inc.

Rothbard, Murray(1979). *Individualism and the Philosophy of the Social Sciences*, San Francisco, California: Cato Institute.

Sandelands, L. E.(1990). "What Is So Practical About Theory?: Lewin Revisited," *Journal for the Theory of Social Behavior*, 20(1): 235－262.

Sa, Yongjin(2015). "An Analysis of the Effects of Family Responsibility and Teleworking Volume on Satisfaction with Teleworking in the United States Federal Government," Baltimore, Maryland: University of Baltimore Press.

Schatzman, Leonard and Anselm L. Strauss(1973). *Field Research: Strategies for a Natural Sociology*, Englewood Cliffs, New Jersey: Prentice－Hall, Inc.

Scott, Christopher(1961). "Research on Mail Survey," *Journal of the Royal Statistical Society*, 124, Series A: 143－195.

Shafritz, Jay M., edited(1998). *International Encyclopedia of Public Policy and Administration*, vol.2, Boulder, Colorado: Westview Press.

Simon, Herbert A.(1978). "Rationality as Process and Procedure of Though," *American Economic Review*, 68(2): 1－16.

______(1997). *Administrative Behavior: A Study of Decision－Making Processes in Administrative Organization*, 4th ed., New York, New York: The Free Press.

Solomon, Richard L.(1949). "An Extension of Control Group Design," *Psychological Bulletin*, 26: 137－150.

Stehr, Nico(1992). *Practical Knowledge: Applying the Social Sciences*, London, England: Sage Publications, Ltd.

Stewart, David W.(1984). *Secondary Research: Information Sources and Methods*, Beverly Hills, California: Sage Publications, Inc.

Strauss, Leo(1959). *What Is Political Philosophy?* Glencoe, Illinois: The Free Press.

______(1983). *Studies in Platonic Philosophy*, Chicago, Illinois: University of Chicago Press.

Sutton, Robert I. and Barry M. Staw(1995). "What Theory Is Not," *Administrative Science Quarterly*, 40(3): 317－384.

Svara, James H. et al.(1994). *Facilitative Leadership in Local Government: Lessons from Successful Mayors and Chairpersons*, San Francisco, California: Jossey－Bass, Inc., Publishers.

Wallace, Walter(1971). *The Logic of Science in Sociology*, Chicago, Illinois: Aldine－Atherton.

Weber, Marx(1949). *The Methodology of Social Sciences*, translated and edited by Edward A. Shils and Henry A. Finch, New York, New York: The Free Press.

Weber, Robert Philip(1985). *Basic Content Analysis*, Beverly Hills, California: Sage Publications, Inc.

Weick, Karl E.(1995). "What Theory Is *Not*, Theorizing *Is*," *Administrative Sciences Quarterly*, 40(3): 385－390.

Weisberg, Herbert F., Jon A. Krosnick and Bruce D. Bowen(1989). *An Introduction to Survey Research and Data Analysis*, 2nd ed., Glenview, Illinois: Scott, Foresman and Company.

Whitehead, Alfred North(1929). *The Function of Reason*, Boston, Massachusetts: Princeton University Press.

Wonnacott, Ronald and Thomas Wonnacott(1985). *Introductory Statistics*, 4th ed., New York, New York: John Wiley & Sons.

Yegidis, Bonnie L. and Robert W. Weinbach(2002). *Research Methods for Social Workers*, 4th ed., Boston, Massachusetts: Allyn and Bacon.

찾아보기

ㄱ

가설 94
가추법(abduction) 45
가치－사실 이원론(value－fact dichotomy) 284
간주관주의(間主觀主義) 288
개방형 질문(open－ended question) 141
거트만 척도(Guttman scaling) 74
경성과학 272
과학주의(scientism) 269
관찰 방법(observation) 220
구성 관찰 223
구성 타당성(construct validity) 84
군집추출 방법(cluster sampling) 127
귀납법(induction) 48
기술통계(descriptive statistics) 247
기준 타당성(criterion validity) 82
깔때기형 질문(funnel question) 148

ㄴ

내용분석(content analysis) 236
내적 타당성(internal validity) 86

ㄷ

다원변량분석(n－way ANOVA) 257
단순무작위 표본추출(SRS) 122
대면(對面) 또는 대인(對人) 면접조사 (face－to－face or personal interview) 185
더미 변수(dummy variable) 64
독립변수 302
등간 척도(interval scale) 72
등간 측정(interval measurement) 68

ㄹ

리커트 척도(Likert scaling) 73
리커트(Likert)형 질문 141

ㅁ

매개변수(mediator, intervening variable) 263
매개효과 264
매트릭스(matrix)형 질문 145
면접조사(interview survey) 185
명목 척도(nominal scale) 72
명목 측정(nominal measurement) 63
모집단(population or universe) 110
목적추출 방법(purposive sampling) 131
무작위표본추출 방법(random sampling) 120
문항 간 교차비교분석(chi－square analysis) 250
문헌조사(document analysis) 230

ㅂ

반분법(split－half method) 91
방법론의 이중성(methodological dualism) 286
범주형(categorical/qualitative) 자료 72
복수 양식법 90
부록(appendix) 315
분석단위(unit of analysis) 63
비구성 관찰 223

비율 척도(ratio scale) 72
비율 측정(ratio measurement) 69
비참여 관찰 222
비체계적 오차 78
비표준 회귀계수(unstandardized coefficient) 261
비확률표본추출 방법(nonprobability sampling) 120
빈도분석 247

ㅅ

사례연구(case study) 236
사전검사(pre-test) 202
사후검사(post-test) 202
상관관계 259
상관관계계수(correlation coefficient) 259
상관관계분석(correlation analysis) 259
상호 작용 효과(interaction effect) 256
서스턴 척도(Thurstone scaling) 75
서열 척도(ordinal scale) 72
서열 측정(ordinal measurement) 66
선별형 질문을 'screening, filter, skip 또는 contingency questions' 146
선행연구 25, 291
설문지 또는 질문지(questionnaire) 135
스노볼(snowball) 추출 방법 132
실험 방법 201
실험집단(experimental group) 202
실험효과(experimental effect) 206

ㅇ

양적분석(quantitative analysis) 307
양적 측정(quantitative measurement) 62
연구 11
연구가설 298
연구 문제(research question) 297
연구 주제 290
연성과학 272
연속형(numerical/quantitative) 자료 72
연역법(deduction) 44
외적 타당성(external validity) 86
요인 척도(factor scaling) 75
우편조사(mailed questionnaire) 169
유의도 308
응답률 또는 회수율(response rate) 112
이론과 현실(실제)의 괴리 현상 (theory-practice dichotomy) 276
이원변량분석(tow-way ANOVA) 256
인과관계 201, 259
인식(consciousness) 15
일원변량분석(one-way ANOVA) 254

ㅈ

재검법(test-retest method) 88
전수조사(census) 105
전자우편(electronic mail)을 통한 설문조사 178
전화 면접조사(telephone interview) 185, 196
조사 12
조작화(操作化, operationalization) 22
조절변수(moderating variable) 266
조절효과 266
종속변수 302
주관-객관 이원론(subjectivity-objectivity dichotomy) 284
주 효과(main effect) 256
준(準, quasi) 또는 사회(social) 실험 203
중심어(key workds) 312
진(true)실험 203
질적분석(qualitative analysis) 307
질적 측정(qualitative measurement) 62

ㅊ

참고문헌(reference) 312
참여 관찰 222
척도(scale) 72
체계적 오차 78
체계추출 방법(systematic sampling) 124
체크리스트(checklist)형 질문 144
초록(abstract) 312
총액 척도(summated rating scale) 73
측정(measurement) 57
측정 오차 77
측정의 신뢰성(reliability) 87
측정의 타당성(validity) 80
층화추출 방법(stratified sampling) 126

ㅋ

카이제곱 검정 250

ㅌ

통제변수 304
통제집단(control group) 202

ㅍ

편의추출 방법(convenience, accidential, haphazard sampling) 130
평균(mean) 248
폐쇄형 질문(close-ended question) 140
표면 타당성(face validity) 80
표본(sample) 101, 110
표본 단위(sampling unit) 110
표본오차(sampling error) 118
표본 요소(sampling element) 110
표본의 크기(sample size) 112
표본조사 99
표본 프레임(sample frame) 110
표준 점수(Z-score) 261
표준편차(standard deviation) 248
표준 회귀계수(standardized coefficient) 261

ㅎ

할당추출 방법(quota sampling) 131
현실적 이론(practical theory) 283
현장연구(field study) 224
확률표본추출 방법(probability sampling) 119
회귀계수(regression coefficient) 261
회귀분석(regression analysis) 261

1차 자료(primary data) 304
2차 자료(secondary data) 304
2차 자료 조사(secondary analysis) 242
multiple, alternative, parallel forms 90
t-검증(t-test) 252

저자 소개

이해영(李海盈)

- 영남대학교 행정학사
- 경북대학교 행정학석사
- University of Maryland, Baltimore, 정책학박사
- 영남대학교 행정학과 교수
- 한국행정학회 회장(2014년), 정부업무평가 위원회 위원장
- haylee@ynu.ac.kr

정홍상(鄭洪相)

- 고려대학교 행정학사
- 고려대학교 행정학석사
- The Florida State University, Tallahassee, 행정학박사
- 경북대학교 행정학부 교수
- jhs@knu.ac.kr

도수관(都守洀)

- 울산대학교 행정학사
- 고려대학교 행정학석사
- George Mason University, 정책학박사
- 대구가톨릭대학교 행정학과 교수
- 경상북도경제진흥원 등기이사, 해양수산부 3관 혁신 T/F 위원, 청소년전문가패널
- doh.soogwan@gmail.com

사용진(史容鎭)

- 고려대학교 행정학사
- Indiana University, 행정학석사
- University of Baltimore, 행정학박사
- 계명대학교 행정학과 조교수
- yjsa@kmu.ac.kr

연구조사방법론

펴낸날 제1판 제1쇄 2019년 8월 30일
지은이 이해영 · 정홍상 · 도수관 · 사용진
펴낸이 임춘환
펴낸곳 도서출판 대영문화사
주소 (본사) 사무실: 경기도 고양시 일산서구 주화로 70
우신프라자 307호 (㊂ 10387)
(본사) 물류센터: 경기도 고양시 일산서구 덕산로
107번길 68-50 (㊂ 10205)
등록 1975년 12월 26일 제3-16호
전화 (031) 913-3062, (031) 914-3884~5
팩스 (031) 913-3839
홈페이지 http://www.dymbook.co.kr

ISBN 978-89-7644-743-2
값 19,000원